DIE AEG

Portal der Maschinenfabrik in der Brunnenstrasse

DIE AEG

PETER STRUNK

nicolai

Lektorat: Antje Heer, Berlin
Graphische Gestaltung: Pauline Schimmelpenninck, Adrian Parsons, München
Satz und Repro: Mega-Satz-Service, Berlin
Druck und Bindung: Clausen & Bosse, Leck

Printed in Germany
ISBN 3-87584-863-2

INHALT

EINLEITUNG

Die »Allgemeine Elektricitäts-Gesellschaft« (AEG) existierte 113 Jahre – vom 19. April 1883 bis zum 20. September 1996. In der Zeit von 1883 bis 1912 erlebte der Konzern einen in der deutschen Industriegeschichte beispiellosen Aufstieg. Ebenso beispiellos war auch der Abstieg, der Anfang der siebziger Jahre einsetzte und 1996 mit der Verschmelzung auf die Daimler-Benz AG endete. Kein anderes deutsches Großunternehmen hat eine so lange und dramatische Krisengeschichte durchlaufen. Höhepunkt war zweifellos der Antrag auf Eröffnung eines gerichtlichen Vergleichsverfahrens am 9. August 1982. Die AEG beschäftigte damals weltweit rund 123 000 Mitarbeiter. Noch nie zuvor in der Nachkriegszeit hatte ein so großes deutsches Unternehmen seine Zahlungsunfähigkeit erklären müssen. Es war einer der größten Insolvenzfälle in der deutschen Wirtschaftsgeschichte überhaupt.

Entgegen mancher Spekulation kam es aber nicht zum erwarteten Anschlußkonkurs. Statt dessen konnte das Vergleichsverfahren eröffnet und erfüllt werden. Im September 1984 hatte die AEG die größte Krise seit ihrer Gründung überstanden.

Während des Vergleichsverfahrens war es gelungen, den AEG-Konzern in wesentlichen Teilen zu erhalten. Trotzdem wollten die bedrohlichen Schatten, die das Bild des Konzerns lange Zeit verdunkelten, nie ganz weichen. Die Frage, ob er aus eigener Kraft in eine gesicherte Zukunft hätte marschieren können, wurde nicht eindeutig beantwortet. Hierzu bestand auch bald kein Bedarf mehr, denn im Herbst 1985 stieg die Daimler-Benz AG bei der AEG ein. Plötzlich war es »wie mit Aschenputtel, auf das einer der reichsten Prinzen des Landes sein begehrliches Auge geworfen hatte«[1].

Nach Übernahme der Aktienmehrheit durch Daimler-Benz im Februar 1986 sollte die AEG Bestandteil eines integrierten Technologiekonzerns werden. Dieser Fall trat jedoch nicht ein. Statt dessen geriet das Unternehmen Ende der achtziger Jahre erneut in eine Krise. Versuche, neue Tätigkeiten zu definieren bzw. zu erschließen und diese durch Zukäufe zu stärken, gelangen nur teilweise. Am Ende stellte sich die Frage einer Sanierung der AEG nicht mehr. Im Herbst 1995 entschied die Daimler-Benz AG, wesentliche Teile der AEG zu verkaufen, ihr restliches Vermögen auf eine Tochtergesellschaft, die EHG Elektroholding GmbH, zu übertragen und die juristische Person AEG Aktiengesellschaft auf die Daimler-Benz AG zu verschmelzen. Damit endete die Geschichte der AEG, auch wenn der Markenname erhalten blieb und durch die Herstellung elektrischer Hausgeräte nach wie vor einen hohen Bekanntheitsgrad besitzt.

Dieses Buch erzählt keine vollständige Geschichte der AEG. Viele der beachtlichen technischen und wissenschaftlichen Leistungen werden nur am Rande erwähnt. Vielmehr geht es darum, eine Antwort auf die Frage zu finden, warum die AEG am Ende gescheitert ist und warum es so lange gedauert hat, bis sich die Erkenntnis des Scheiterns bei den verantwortlichen Entscheidungsträgern durchgesetzt hat.

Wer vom Abstieg der AEG erzählt und nach den Ursachen forscht, muß weit in die Geschichte des Unternehmens zurückgreifen, nicht nur bis zum Beginn des Wiederaufbaus nach dem Zweiten Weltkrieg. Auch der Verlauf der Unternehmensgeschichte bis zum Ende des Zweiten Weltkriegs läßt Schlüsse auf eventuelle in der Firmentradition verankerte Ursachen für spätere Probleme zu. Deshalb steht am Anfang dieses Buches ein Kapitel, das sich mit dem Aufstieg und Werdegang der AEG bis 1945 befaßt.

Als Thema der Presse war die AEG beliebt, selbst noch ganz zum Schluß, als der längst zerfallene Konzern allenfalls Anlaß zu nostalgischen Rückblicken bot, die eher ins Feuilleton als in den Wirtschaftsteil einer Zeitung gepaßt hätten. Der Wert der Presseberichterstattung insgesamt ist hoch einzuschätzen, obwohl sie manches Mal oberflächlich und opportunistisch war.

In der Wissenschaft ist die AEG in jüngster Zeit nur selten Gegenstand von Untersuchungen gewesen, auch wenn in betriebswirtschaftlichen Universitätsseminaren gerichtliche Vergleichsverfahren häufig an ihrem Beispiel erklärt werden. In den Jahren des Aufstiegs war das wissenschaftliche Interesse an der AEG noch groß. Sehr früh schon lenkte der Firmengründer Emil Rathenau die Aufmerksamkeit der Publizistik auf sein unternehmerisches Konzept, das große Bewunderung hervorrief, war er doch einer der ganz wenigen, die es geschafft hatten, praktisch aus dem Nichts einen riesigen Konzern aufzubauen.

Rathenaus erste Biographen waren Zeitgenossen.[2] Sie verknüpften seinen Lebenslauf auf das engste mit der Entwicklung der AEG und vermittelten auf diese Weise Einblicke in die Entstehungsgeschichte des Konzerns. Die komplizierte Biographie seines ältesten Sohnes Walther, der nicht nur bei der AEG, sondern auch als Politiker und Schriftsteller Karriere machte, unterliegt schon seit langem einer akribisch-wissenschaftlichen Exegese, in der die Unternehmensgeschichte der AEG allerdings eher eine untergeordnete Rolle spielt.[3]

In dem insgesamt recht dürftigen Rinnsal der Veröffentlichungen über die AEG ist das 1921 publizierte Gemeinschaftswerk von Paul Ufermann und Carl Hüglin eine Ausnahme. Beide Autoren hatten versucht, den Werdegang und die überaus komplizierte Verflechtung des AEG-Konzerns anschaulich zu machen – sehr zum Verdruß der Konzernführung übrigens, die es nach Erscheinen des Werks eilig hatte, sich von dessen Inhalt zu distanzieren.[4] Aus dem Jahr 1933 stammt dann die bisher einzige umfassende Geschichte des Unternehmens, die sowohl den technischen als auch den wirtschaftlichen Werdegang bis zum Beginn der dreißiger Jahre berücksichtigt. Das Buch sollte aus Anlaß des 50jährigen Firmenjubiläums erscheinen, wurde dann aber erst nach dem Zweiten Weltkrieg veröffentlicht.[5] Diese merkwürdige Verspätung hatte offenbar sowohl wirtschaftliche als auch politische Gründe. Zum einen befand sich die AEG 1933 am Rande des Ruins, zum anderen wurden im Manuskript die Leistungen ihres jüdischen Firmengründers gelobt, was der Unternehmensleitung nach dem Machtantritt der Nationalsozialisten nicht mehr genehm war.

Nach dem Zweiten Weltkrieg veröffentlichte die AEG zum 75jährigen Jubiläum (1958) eine hauptsächlich dem Eigenlob verpflichtete Broschüre.[6] Ihr folgte in den sechziger Jahren ein vorbildlich redigiertes dreibändiges Kompendium zur elektrotechnischen Entwicklung im Unternehmen.[7] Das 100jährige Jubiläum (1983) sollte ursprünglich auch mit einer auf drei Bände konzipierten Unternehmensgeschichte publizistisch abgerundet werden. Wegen des Vergleichsverfahrens wurde dieses ehrgeizige Projekt jedoch gestoppt. Zum wiederholten Mal scheiterte damit die Aufarbeitung der Vergangenheit an aktuellen wirtschaftlichen Problemen. Statt dessen erschien eine Unternehmenschronik, die unter dem Eindruck der Vergleichssituation entstanden war und sich bemühte, die technische Kompetenz des Unternehmens in den Vordergrund zu stellen. Ihr Aussagewert zur wirtschaftlichen Entwicklung der AEG ist gering, und in den Erklärungen mancher innerbetrieblicher Vorgänge sind die Ausführungen irreführend.[8] Zum 150. Geburtstag des Firmengründers Emil Rathenau entstand schließlich eine von Manfred Pohl verfaßte, von der AEG unterstützte Dokumentation, die einen guten Überblick über die Aufstiegsjahre des Konzerns gibt.[9]

Als der Generator einer Beleuchtungsanlage heißzulaufen drohte, eilte Emil Rathenau (2.v.l.) persönlich in den Keller, um ihn mit nassen Tüchern zu kühlen (1882)

Während die Geschichte der AEG in der Bundesrepublik Deutschland nur lückenhaft aufgearbeitet ist, war das Unternehmen in der DDR ein willkommenes Untersuchungsobjekt. Dies kam nicht von ungefähr, denn die meisten AEG-Fabriken befanden sich im sowjetischen Besatzungsgebiet Deutschlands und wurden dort nach 1945 ausnahmslos enteignet. Die Zerschlagung der Konzernstrukturen der AEG im Osten Deutschlands besaß für die Machthaber in der DDR hohen Symbolwert. Der Konzern wurde zum Synonym für das kapitalistische System schlechthin. Allerdings überhöhte man damit seine Rolle, so daß ein gewisser Rechtfertigungsdruck entstand. Dies führte wiederum dazu, daß – so paradox es klingt – einige interessante Gesamtdarstellungen entstanden. Auch im Westen Deutschlands wurde in den siebziger Jahren eine Reihe dem Marxismus-Leninismus verpflichteter Arbeiten publiziert. Ihr Verdienst ist es, trotz extremer Einseitigkeit in der Darstellung wenigstens den Versuch

»Ich steh zur AEG« – ein Slogan aus der Zeit des Vergleichs (1982)

unternommen zu haben, die Geschichte der AEG in Gänze darzustellen.[10] Natürlich leiden diese Arbeiten darunter, daß interne Quellen nicht zugänglich waren.

Die Quellenlage zur AEG-Geschichte ist problematisch. Das große und einst in der Konzernzentrale am Friedrich-Karl-Ufer in der Mitte Berlins untergebrachte Firmenarchiv ging im Zweiten Weltkrieg größtenteils verloren. Ob Teile davon erhalten sind und bisher unentdeckt blieben, ist gegenwärtig nicht geklärt. Erst Ende der fünfziger Jahre wurde bei der Tochtergesellschaft Telefunken in Hannover mit dem Aufbau einer Sammlung von Akten und Exponaten begonnen. Die Muttergesellschaft zeigte dafür zunächst wenig Interesse und lag damit durchaus im Trend der Zeit, denn die Jahrzehnte nach 1945 waren in Deutschland auch eine Zeit verdrängter Erinnerungen. Eine umfassende Aufarbeitung der deutschen Vergangenheit sollte erst in der zweiten Hälfte der sechziger Jahre ihren mühseligen Anfang nehmen.

Ungeachtet dessen schien sich in den sechziger Jahren in der AEG-Führung ein Sinneswandel abzuzeichnen, denn aus dem Telefunken-Archiv wurde ein AEG-Archiv, das sich jedoch nicht in Frankfurt am Main am Sitz der Konzernzentrale befand, sondern weit abseits in Braunschweig ein Schattendasein führte. Eine kleine Gruppe engagierter Mitarbeiter baute dort die Sammlung, so gut es ging, mit bescheidenen Mitteln aus.

Als die AEG 1982 den Vergleich beantragte, stand das Archiv zur Disposition. Schließlich entschied sich der Vorstand unter dem damaligen Vorsitzenden Heinz Dürr für den Umzug der Sammlung nach Frankfurt am Main und 1987 für den Wiederaufbau eines Firmenarchivs. Ein Teil der ohnehin unvollständigen Akten fiel 1988 während der Zwischenlagerung in Mainz-Kostheim einem Wasserschaden zum Opfer. Der immer noch beträchtliche Rest bildete den Grundstock für ein neues Archiv und Museum am Theodor-Stern-Kai in der Mainmetropole, mit dessen Ausbau 1985 begonnen wurde. Die AEG-Sammlung nahm in den folgenden Jahren zwar beachtliche Ausmaße an, eignete sich zur Rekonstruktion der Geschichte des Unternehmens jedoch nur bedingt. Elf Jahre nach dem Umzug mußte in Frankfurt alles wieder verpackt werden. Die AEG existierte nicht mehr; die Archivbestände traten in den Jahren 1996 bis 1999 den Weg nach Berlin in das Deutsche Technikmuseum an, wo sie seither in mühseliger Kleinarbeit gesichtet, sortiert und verzeichnet werden.[11]

Das AEG-Archiv enthält nur sehr wenige Akten aus der Zeit vor 1945, die fast ausnahmslos nach dem Krieg zusammengetragen wurden. Eine beachtliche Sammlung an Sekundärquellen schließt vorhandene Lücken nur unzureichend. Das erklärt auch den Umstand, daß sich mit Hilfe des AEG-Firmenarchivs die Geschichte des Unternehmens im »Dritten Reich« kaum rekonstruieren läßt. Hieraus sollten aber keine falschen Schlüsse gezogen werden: Die AEG hatte nur deshalb nichts zu verbergen, weil es in dem nach 1945 aufgebauten Archiv kaum Akten aus dieser Zeit gibt. Damit ist eine Bewertung möglicher Verstrickungen in Verbrechen des nationalsozialistischen Regimes schwierig. Dies betrifft vor allem die Beschäftigung von KZ-Häftlingen in AEG-Fabriken während des Zweiten Weltkriegs. Hierzu hat Benjamin B. Ferencz in seinem 1981 auch in deutscher Sprache erschienenen Buch »Lohn des Grauens«[12] die Ergebnisse der Recherche der Conference on Jewish Material Claims Against Germany dokumentiert. So hat die AEG wie viele andere deutsche Unternehmen vor allem in den besetzten Gebieten im Osten Europas KZ-Häftlinge als Zwangsarbeiter beschäftigt. Ende August 1960 erklärte sich der AEG-Vorstand gegenüber der Conference on Jewish Claims zur Zahlung von vier Millionen Mark als Betrag für die jüdischen KZ-Häftlinge »zur Linderung ihrer Leiden« bereit.[13]

Detaillierte und vor allem quellengestützte Untersuchungen zur Rolle der AEG im »Dritten Reich« stehen noch aus. Diese werden sich allerdings anderer Archivalien als der des Firmenarchivs bedienen müssen. In dieser Untersuchung ist die Darstellung der Rolle der AEG im »Dritten Reich« entsprechend kurz gehalten. Dies liegt aber nicht nur an der Aktenlage: Entscheidende geschäftspolitische Weichenstellungen für die weitere Entwicklung des Konzerns sind nicht während der Zeit des Nationalsozialismus vorgenommen worden, sondern erst unmittelbar nach dessen Untergang. Ganz anders sieht es mit der Quellenlage zur Nachkriegszeit aus. Der Aktenbestand ist riesig, allerdings noch nicht erschlossen. Eine wissenschaftliche Aufarbeitung hat bislang nicht stattgefunden. Die Akten befanden sich in dem Zustand, in dem sie von den jeweiligen Führungsstellen in das Archiv überführt wurden. Insofern mußte – um den Überblick zu behalten – eine enge Auswahl getroffen werden. Hierzu bot sich der vergleichsweise überschaubare Bestand des Aufsichtsrats (vor allem die Begleitakten) an, der es allerdings nicht immer ermöglicht, in Interna des Konzerns tief genug vorzudringen. Sofern dies erforderlich war, wurden daher auch Akten des Vorstands und der Geschäftsbereiche bzw. von Tochtergesellschaften herangezogen.

Die Protokolle des Aufsichtsrats lassen sich in ihrer Aussagekraft nicht einheitlich beurteilen. In den fünfziger Jahren wurden sie kurz und knapp gehalten, besitzen aber einen relativ hohen Aussagewert. Allerdings zeichnete sich schon damals die Tendenz ab, daß die Papiermenge größer, die Formulierungen vager und damit interpretierbar wurden. In den siebziger Jahren – inzwischen hatten die Kopiergeräte ihren Siegeszug durch die Büros in aller Welt angetreten – nahm die Papiermenge sprunghaft zu, mit der die Aussagekraft allerdings nicht Schritt halten konnte. Auch trug die Tatsache, daß seit März 1978 nach Einführung der Mitbestimmung zehn Arbeitnehmervertreter im Aufsichtsrat der AEG saßen, dazu bei, daß die Formulierungen erheblich vorsichtiger wurden. Dennoch gestattete es das ausgewertete Material, die Nachkriegsgeschichte des Konzerns bis zu seiner Auflösung sehr genau zu rekonstruieren.

Dieses Buch wäre ohne Unterstützung nicht zustande gekommen. Zunächst einmal waren es die Leiter des früheren AEG-Zentralbüros, vor allem Helmut Maier und Dr. Reinhard Siepenkort, die mir Zugang zu Akten und Gesprächspartnern vermittelten und den Fortgang der Arbeit mit Kritik und Anregungen unterstützten. Wesentliche Einblicke in die internen Strukturen des Konzerns verschafften mir Dr. Hans-Joachim Brüchner sowie die früheren AEG-Vorstände Günter Schad und Dr. Wolfgang Scholz. Zu den kritischen Lesern des Manuskripts, denen ich für ihre Anregungen danken möchte, gehören Dr. Wilfried Elben, einstiger Leiter des juristischen Büros der AEG, Ferdinand Görlich, ehemaliger Leiter des Controllings, und schließlich mein früherer Kollege Peter Kerz, der routiniert und mit der notwendigen Akribie eines anspruchsvollen Redakteurs den Text überprüfte. Mein besonderer Dank gilt überdies Wolfram Schwantag, der als Bilanzfachmann nicht die Mühe scheute, das Zahlendickicht zu durchforsten und auf seine Stichhaltigkeit hin zu überprüfen.

Ernst Georg Stöckl, letzter AEG-Vorstandsvorsitzender, und Edzard Reuter, früherer Vorstandschef des Daimler-Benz-Konzerns, vermittelten mir in ausführlichen Interviews ein ungeschminktes Bild von der AEG in ihrer Schlußphase. Schließlich möchte ich den Geschäftsführern der EHG Elektroholding GmbH – der AEG-Rechtsnachfolgerin – Hans Dieter Pfingsten und Dr. Roland Schiele, danken. Sie standen mir nicht nur als Gesprächspartner zur Verfügung, sondern veranlaßten auch die notwendige Überprüfung des unendlich komplizierten Zahlenmaterials und trugen wesentlich dazu bei, daß der Weg zur Veröffentlichung dieses Buches geebnet wurde.

Schichtwechsel 1912:
Arbeiter verlassen das
Tor 4 der AEG-Fabriken
in der Berliner
Brunnenstraße

Fotos oben:
Uniformen des
AEG-Wachpersonals

ERSTER TEIL: AUFSTIEG

Gründungsvertrag der Deutschen Edison-Gesellschaft für angewandte Elektricität (DEG)

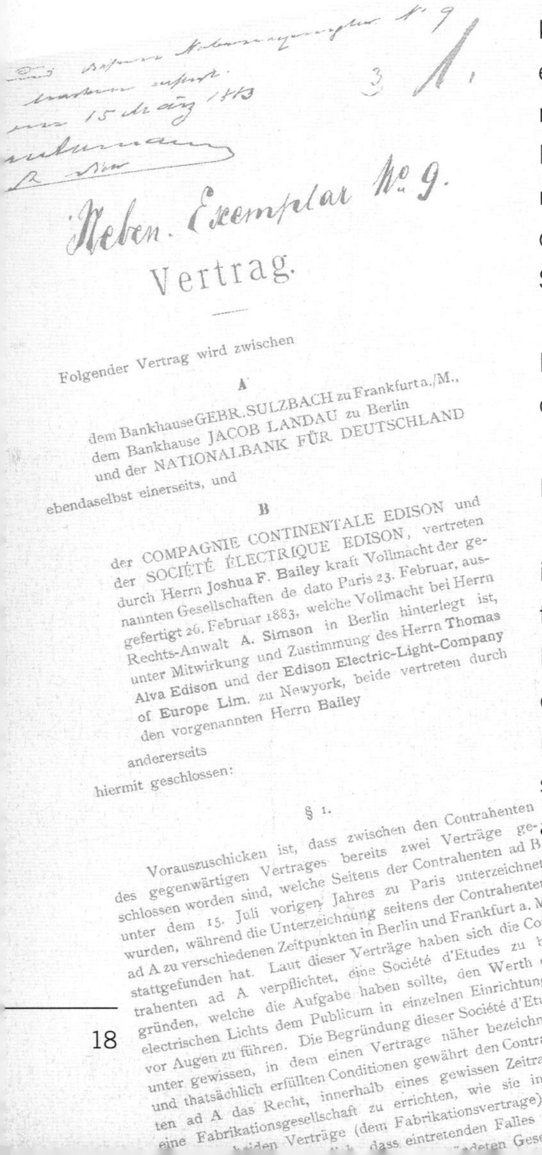
Neben-Exemplar No. 9.

Vertrag.

Folgender Vertrag wird zwischen

A

dem Bankhause GEBR. SULZBACH zu Frankfurt a./M.,
dem Bankhause JACOB LANDAU zu Berlin
und der NATIONALBANK FÜR DEUTSCHLAND
ebendaselbst einerseits, und

B

der COMPAGNIE CONTINENTALE EDISON und
der SOCIÉTÉ ÉLECTRIQUE EDISON, vertreten
durch Herrn Joshua F. Bailey kraft Vollmacht der genannten Gesellschaften de dato Paris 23. Februar, ausgefertigt 26. Februar 1883, welche Vollmacht bei Herrn Rechts-Anwalt A. Simson in Berlin hinterlegt ist, unter Mitwirkung und Zustimmung des Herrn Thomas Alva Edison und der Edison Electric-Light-Company of Europe Lim. zu Newyork, beide vertreten durch den vorgenannten Herrn Bailey

andererseits

hiermit geschlossen:

§ 1.

Vorauszuschicken ist, dass zwischen den Contrahenten des gegenwärtigen Vertrages bereits zwei Verträge geschlossen worden sind, welche Seitens der Contrahenten ad B unter dem 15. Juli vorigen Jahres zu Paris unterzeichnet wurden, während die Unterzeichnung seitens der Contrahenten ad A zu verschiedenen Zeitpunkten in Berlin und Frankfurt a. M. stattgefunden hat. Laut dieser Verträge haben sich die Contrahenten ad A verpflichtet, eine Société d'Etudes zu begründen, welche die Aufgabe haben sollte, den Werth des electrischen Lichts dem Publicum in einzelnen Einrichtungen vor Augen zu führen. Die Begründung dieser Société d'Etudes unter gewissen, in dem einen Vertrage näher bezeichneten und thatsächlich erfüllten Conditionen gewährt den Contrahenten ad A das Recht, innerhalb eines gewissen Zeitraumes eine Fabrikationsgesellschaft zu errichten, wie sie in dem Fabrikationsvertrage) näher ...

Edisons Glühlampe und Rathenaus unternehmerische Unruhe

Am Anfang war das elektrische Licht. 1879 erfand der Amerikaner Thomas Alva Edison die elektrische Kohlefaden-Glühlampe. Zwei Jahre später zeigte er seine bahnbrechende Neuheit auf der Internationalen Elektrizitätsausstellung in Paris. Unter den Besuchern befand sich auch der Berliner Maschinenbauingenieur Emil Rathenau, den Edisons Erfindung so sehr faszinierte, daß er noch Jahre später begeistert schrieb: »Edisons Beleuchtungssystem war bis in die Einzelheiten so genial erdacht und sachkundig durchgearbeitet, daß man meinte, es sei in unzähligen Städten jahrzehntelang erprobt gewesen. Weder Fassungen, Umschalter, Schmelzsicherungen, Lampenträger noch zur Installation gehörige Gegenstände fehlten, und die Stromerzeugung, die Regulierung, die Leitungen mit ihren Abzweigen, Hausanschlüssen, Elektrizitätsmessern usw. waren mit staunenswertem Verständnis und unvergleichlichem Genie durchgebildet.« Die Begegnung mit Edisons Glühlampe wurde für Emil Rathenau zum Schlüsselerlebnis. Sie mündete geradewegs in die Gründung der AEG.

Rathenau war ein gescheiterter Unternehmer. Seine Biographie erlebte 1875 eine böse Zäsur. Bis dahin war sein Leben in den vorgezeichneten Bahnen eines Erfolgreichen verlaufen, wofür er allerdings hart hatte arbeiten müssen. Rathenau war am 12. Dezember 1838 in Berlin als Sohn eines jüdischen Kaufmanns zur Welt gekommen. Er besuchte das renommierte Berlinische Gymnasium zum Grauen Kloster und trat 1855 eine vierjährige Lehre in der Maschinenfabrik seines Großvaters Josef Liebermann im schlesischen Sprottau an. Ausgestattet mit einer stattlichen Summe von mehreren tausend Talern, die ihm sein Onkel vererbt hatte, nahm Rathenau 1859 ein Maschinenbaustudium am Polytechnikum in Hannover auf. Dort studierte er nicht nur, sondern engagierte sich politisch, was dazu führte, daß er das Polytechnikum verlassen mußte und sich künftig politisch zurückhielt. Er ging nach Zürich an die angesehene Eidgenössische Technische Hochschule (ETH), schloß 1862 sein Studium als Diplomingenieur ab und kehrte wieder nach Berlin zurück. Dort fand er eine Anstellung als Zeichner im Konstruktionsbüro der Firma Borsig. Die Stelle war miserabel bezahlt und entsprach keineswegs seiner Ausbildung.

Emil Rathenau (vorne links) und Thomas Alva Edison (vorne rechts) im Berliner Kraftwerk Moabit, 1911

Glasbläser in der AEG-Glühlampenfabrik in der Berliner Schlegelstraße. Erst von 1910 an wurde die Glühlampenfertigung automatisiert

Emil Rathenau, Gründer und erster Vorstandsvorsitzender der AEG

Emil Rathenau und sein Sohn Erich in Ägypten, 1903. Erich Rathenau hatte wie sein älterer Bruder Walther Karriere in der AEG gemacht und war 1900 in den Vorstand aufgestiegen. Kurze Zeit nachdem diese Aufnahme entstanden war, starb Erich Rathenau noch während der Ägyptenreise

Rathenau entschloß sich, Berlin zu verlassen. Mit einem Empfehlungsschreiben Borsigs ging er nach England, um dort für zwei Jahre seine Fachkenntnisse zu vertiefen. Nach seiner Rückkehr heiratete er 1866 Mathilde Nachmann, die Tochter eines Frankfurter Bankiers. Aus der Ehe gingen drei Kinder hervor. Walther, 1867 geboren, übernahm nach dem Tod seines Vaters im Jahr 1915 die Leitung des Aufsichtsrats der AEG. 1922 wurde er Reichsaußenminister. Walthers 1871 geborener Bruder Erich wurde 1900 Vorstandsmitglied der AEG; drei Jahre später starb er auf einer Reise in Ägypten. Die Tochter Edith heiratete den Bankier Fritz Andreae, Partner des Bankhauses Hardy und Co.

1867 tat Rathenau endlich das, was er schon immer tun wollte und nach dem Wunsch seines Vaters auch tun sollte: Er wurde Unternehmer. Gemeinsam mit einem Jugendfreund erwarb er eine kleine Maschinenfabrik an der Berliner Chausseestraße. Das Unternehmen nahm einen erfreulichen Aufschwung, wozu in nicht unerheblichem Maße der Krieg von 1870/71 beitrug. Der Erfolg machte die Fabrik allerdings auch zum begehrten Objekt für die Banken, denen es schließlich gelang Rathenau und seinen Kompagnon zu überreden, das Unternehmen in eine Aktiengesellschaft umzuwandeln. Rathenau ließ sich seinen Anteil von rund 750000 Mark auszahlen und blieb angestellter Direktor. Wenig später geriet das Unternehmen in Turbulenzen. Die Fabrik war zu groß angelegt und arbeitete infolge mangelnder Belieferung unrentabel. Hinzu kam, daß sich das Konjunkturklima im noch jungen Deutschen Reich erheblich verschlechtert hatte. Es war die Gründerkrise, mit der die Phase der Wachstumseuphorie nach dem Deutsch-Französischen Krieg (1870/71) ihr jähes Ende fand. 1875 wurde die Maschinenfabrik liquidiert.

Rathenau konnte zwar sein Vermögen retten, ihm haftete aber das Odium unternehmerischen Versagens an. Statt sich zurückzuziehen und das bequeme Leben eines Pensionärs zu führen, suchte er verbissen nach einer Chance, sich unternehmerisch rehabilitieren zu können. Als er 1881 nach Paris fuhr, hatte er bereits sechs Jahre vergeblichen Suchens hinter sich. Die Begegnung mit Edisons Glühlampe sollte dieser Zeit der Unruhe ein Ende bereiten.

Die Gründung der DEG

Nach seinem Besuch in Paris wandte sich Rathenau an Edison, der jedoch wenig Interesse an einem Geschäftskontakt mit dem unbekannten Berliner Ingenieur zeigte. Statt dessen riet er diesem, sich mit der französischen Edison-Gesellschaft, der Compagnie Continentale Edison, in Paris in Verbindung zu setzen. Dabei handelte es sich um ein Tochterunternehmen der Edison Electric Light Co. in London, die wiederum Ableger der Edison Electric Light Co. of Europe Ltd. mit Sitz in New York war. Als Muttergesellschaft aller dieser Unternehmen fungierte die Edison Electric Light Co., deren Gründung auf Betreiben einer amerikanischen Bankengruppe zustande gekommen war. Sie hatte Edison die benötigten Geldmittel für sein Projekt zur Entwicklung einer elektrischen Glühlampe verschafft.

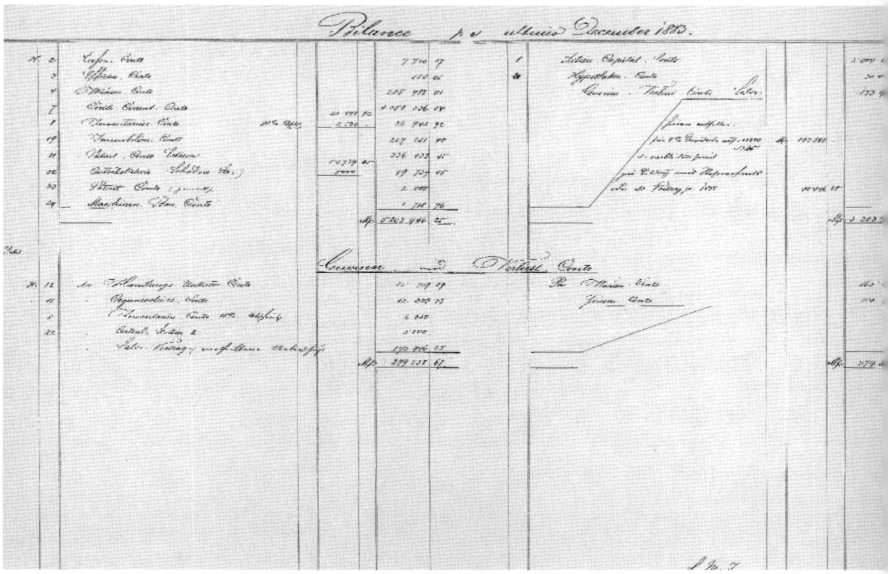

Erste Bilanz der Deutschen Edison-Gesellschaft für angewandte Elektricität (DEG), 1883

Jedoch auch die französische Edison-Gesellschaft zeigte wenig Neigung, auf Rathenaus Vorschlag einzugehen, woran er noch sehr viel später verärgert erinnerte: »Edison hatte seine europäischen Interessen in die Hände von Gesellschaften gelegt, deren Ideal zum wenigsten darin bestand, die Welt mit einem Kulturwerk zu beglücken.«[2] Rathenau ließ sich aber nicht entmutigen. Schließlich gelang es ihm, mit Hilfe eines deutschen Bankenkonsortiums und der französischen Edison-Gesellschaft zunächst eine sogenannte Studiengesellschaft zu gründen. Sie sollte die Vorzüge des Edisonschen Beleuchtungssystems nachweisen, was ihr beispielsweise mit Beleuchtungsanlagen im Böhmischen Brauhaus, im Gebäude des Berliner Börsen-Couriers und des Union-Clubs, auch recht eindrucksvoll glückte.

Die Existenz der Studiengesellschaft war zeitlich begrenzt. Nach Ablauf eines Jahres sollte geprüft werden, ob es zur Bildung einer dauerhaften Unternehmung kommen konnte oder ob das Vorhaben aufgegeben werden sollte. Im Prinzip waren sich alle

Beteiligten einig, daß es sich lohnen würde, Edisons Glühlampe auf dem deutschen Markt einzuführen. Der große Durchbruch gelang jedoch erst während einer weiteren Elektrizitätsausstellung, die der Ingenieur Oskar von Miller 1882 in München organisierte. Sie fand zwar bei den Behörden breite Zustimmung, stieß aber bei der etablierten Industrie auf Skepsis. Vor allem die Telegraphenbauanstalt Siemens & Halske, damals schon unbestrittener Branchenführer, lehnte eine Teilnahme ab und eröffnete damit jungen Firmen wie der Studiengesellschaft die Chance zur Profilierung. Die Präsentation des Edisonschen Beleuchtungssystems war dementsprechend unbestrittener Mittelpunkt der Ausstellung.

Die Gründung eines zweiten Elektrounternehmens in direkter Konkurrenz zu Siemens & Halske wagte das Beleuchtungskonsortium allerdings nicht. Dazu war der Branchenprimus schon viel zu stark. Werner Siemens, der Firmengründer, setzte seinerseits alles an eine Eigenentwicklung, kam damit jedoch nicht voran, so daß er schließlich an den zu erwartenden Segnungen der Edison-Glühlampe partizipieren wollte. Das Bankenkonsortium der Studiengesellschaft drängte nun darauf, den Konkurrenten Siemens in das Projekt einer deutschen Edison-Gesellschaft einzubinden und sich mit ihm über eine Aufteilung des sich rasch entwickelnden elektrotechnischen Markts zu einigen.

Im März 1883 verständigten sich das Bankenkonsortium der Studiengesellschaft und die französischen Edison-Gesellschaften auf die Gründung der Deutschen Edison-Gesellschaft für angewandte Elektricität (DEG). Zwischen Thomas Alva Edison, den amerikanischen und französischen Edison-Gesellschaften, dem deutschen Bankenkonsortium und der Firma Siemens & Halske wurde außerdem ein »Lieferungsvertrag« geschlossen. Danach erhielt die DEG das Recht zur Fabrikation von Glühlampen, mußte aber Bogenlampen, Dynamomaschinen, Motoren, Kabel und Drähte bei Siemens & Halske kaufen. Siemens verzichtete auf den Bau kompletter Beleuchtungsanlagen. Dies garantierte das Überleben der DEG, zugleich war das Fundament für den späteren furiosen Aufstieg der AEG gelegt.

Felix Deutsch, engster Mitarbeiter und Nachfolger Emil Rathenaus als AEG-Vorstandsvorsitzender

Werner Siemens' Verzicht war mit Bedacht getroffen worden, denn neben wirtschaftlichen Erwägungen besaß für ihn die Festigung seiner eigenen Machtstellung im Unternehmen höchste Priorität, die Umwandlung seiner Firma in eine Aktiengesellschaft kam für ihn nicht in Frage.[3] Dies bedeutete aber, »daß er sich die Möglichkeiten fast beliebig zu erweiternder Geldaufnahmen ... verschloß«[4]. Siemens hatte allerdings auch das Schicksal vieler Aktiengesellschaften vor Augen, die während der Gründerkrise zugrunde gingen, und sah sich auch deshalb in seiner Ansicht bestärkt, eine eher defensive Unternehmensstrategie zu wählen. Rathenau ließ sich vom Untergang seiner Aktiengesellschaft dagegen nicht beirren. Um sein neuerliches unternehmerisches Engagement zum Erfolg führen zu können, blieb ihm nur der Weg über die Fremdfinanzierung. Er war sich der damit verbundenen Risiken bewußt. Sie veranlaßten ihn zu besonderer Vorsicht und Vorsorge, sehr zum Verdruß mancher Aktionäre, die auf schnellen Gewinn spekulierten. Rathenaus unternehmerische Kunst bestand darin, die dynamischen Kräfte einer Aktiengesellschaft im Interesse seiner langfristigen Unternehmensstrategie zu bändigen und dafür Sorge zu tragen, daß möglichst alle seine Geschäfte auf finanziell sicherer Basis standen. Im großen und ganzen ist ihm das auch gelungen.

Am 19. April 1883 wurde die DEG von 15 Banken und Privatpersonen gegründet und am 5. Mai 1883 in das Berliner Handelsregister eingetragen. Die Banken des Konsortiums, das schon die DEG gegründet hatte, übernahmen das gesamte Grundkapital in Höhe von fünf Millionen Mark. Der zehnköpfige Aufsichtsrat wählte in seiner konstituierenden Sitzung den Bankier Rudolf Sulzbach zum Vorsitzenden. Emil Rathenau wurde zum ersten »Director« und damit zum alleinigen Vorstand der DEG gewählt, als Prokuristen stellte man ihm den jungen, 1858 in Breslau geborenen Kaufmann Felix Deutsch zur Seite. Deutsch war mit 15 Jahren als Lehrling in eine Firma zur Herstellung von Ausrüstungen für Zuckerfabriken eingetreten und hatte dort schon nach kurzer Zeit eine einflußreiche Position erreicht. Weil er weiterkommen wollte, bewarb er sich 1881 erfolgreich beim Bankhaus Landau, das sich damals gerade im Zuckergeschäft engagierte. Der junge Felix Deutsch wurde im Juni 1882 nach Rositz geschickt, um dort die neue Zuckerfabrik aufzubauen. Anfang 1883 kehrte er nach Berlin zurück, um seine Karriere an der Seite Emil Rathenaus fortzusetzen.

Die erste Fabrik der DEG: das 1884 in der Berliner Schlegelstraße eröffnete Glühlampenwerk

Mit einem Dutzend Beschäftigten ging die DEG in ihr erstes Geschäftsjahr. Sie stellte 138 Dynamomaschinen auf, schloß 12 000 Glühbirnen an und erzielte einen Reingewinn von genau 173 984,17 Mark.

1884 nahm die DEG in der Berliner Schlegelstraße ihre erste Fabrik, ein Glühlampenwerk, in Betrieb. Außerdem gründete sie auf Betreiben Rathenaus ihre erste Beteiligungsgesellschaft, die Städtische Elektricitäts-Werke AG zu Berlin (A.G. StEW, ab Oktober 1887 Berliner Elektricitäts-Werke, BEW), aus denen später die Berliner Kraft und Licht Aktiengesellschaft (BEWAG) hervorging. Bereits 1885 errichtete die DEG in der Berliner Markgrafenstraße Deutschlands erstes öffentliches Kraftwerk, in dem zwei Generatoren insgesamt 500 Glühlampen mit Energie versorgten.

1885 begann die DEG außerdem als erstes Unternehmen der deutschen Industrie mit dem Aufbau von Vertriebsniederlassungen im In- und Ausland. Hierdurch konnte sie am jeweiligen Ort als einheimisches Unternehmen auftreten und sich erhebliche Vorteile verschaffen. Die erste Vertriebsniederlassung entstand in München. Vier Jahre später folgten in Spaniens Hauptstadt Madrid das erste Auslandsbüro und die erste Auslandsgesellschaft. Zur Jahrhundertwende sollte die AEG bereits weltweit rund 140 eigene Vertretungen und Tochtergesellschaften besitzen.

Arbeiter in der
AEG-Großmaschinenfabrik
in Berlin-Wedding

Während der Aufbau des Vertriebsnetzes von Anfang an erfolgreich verlief, geriet die Städtische Elektricitäts-Werke AG schon nach kurzer Zeit in finanzielle Schwierigkeiten und drohte 1887 die DEG in den Konkurs zu reißen. Siemens hätte nun die Chance gehabt, sich seines ehrgeizigen Konkurrenten zu entledigen, und tatsächlich beabsichtigte er, das Unternehmen selbst zu übernehmen. Dies mißlang jedoch, denn Rathenau sicherte den Städtischen Elektricitäts-Werken das Überleben, indem er mit Unterstützung der Banken kurzerhand sämtliche Aktien kaufte. Am Ende sollte sich der Aufbau von Energieversorgungsunternehmen aber dennoch lohnen. Aus den Städtischen Elektricitäts-Werken entwickelte sich in den folgenden Jahren ein Modell für ein modernes Energieversorgungsunternehmen, nach dessen Vorbild auch in anderen Städten Elektrizitätswerke entstanden. Sie wurden 1897 zu einer Holding, der Elektricitäts-Lieferungs-Gesellschaft (ELG), zusammengefaßt. Zum damaligen Zeitpunkt waren von der AEG bereits 15 Elektrizitätswerke fertiggestellt worden. Auch auf anderen Gebieten gründete die AEG Tochtergesellschaften, so zum Beispiel 1893 die Elektrochemischen Werke Bitterfeld.

Der schwierige Weg zur unternehmerischen Emanzipation

Binnen vier Jahren hatte sich die Deutsche Edison-Gesellschaft etabliert. Siemens mußte einsehen, daß er nicht mehr die Macht hatte, den Konkurrenten zu verdrängen. Rathenau wollte nun seinerseits für das von ihm geführte Unternehmen völlige Bewegungsfreiheit erreichen. Nach langwierigen Verhandlungen kam es 1887 zur Neufassung der vertraglichen Grundlagen zwischen beiden Unternehmen. Das Bankenkonsortium der DEG unter Führung der Deutschen Bank erhöhte das Kapital auf zwölf Millionen Mark. Die Deutsche Bank und das Bankhaus Delbrück übernahmen davon Aktien von je zwei Millionen Mark, andere Aktionäre – darunter Siemens – für je eine Million Mark. Die Edison-Gesellschaft löste ihre Bindungen an die Pariser Edison & Co. und benannte sich in »Allgemeine Elektricitäts Gesellschaft« (ab 1898 abgekürzt mit »AEG«) um.[5]

Kaum war der neue Vertrag geschlossen worden, begann die AEG ihre Produktionspalette erheblich zu erweitern. Noch 1887 wurde die Weddingsche Maschinenfabrik in der Berliner Ackerstraße gekauft und dort mit zunächst 100 Beschäftigten die Produktion von Dampfmaschinen, Dynamomaschinen, Elektromotoren, Fahrzeugen, Hebevorrichtungen, Pumpen, Gebläsen und Installationsmaterial aufgenommen.

Elektrischer Oberleitungsomnibus, 1903

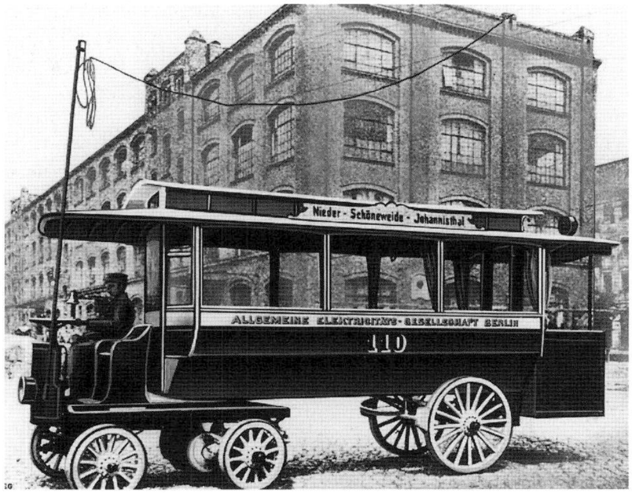

Erstmals in Europa errichtete die AEG 1891 in Halle an der Saale ein komplettes elektrisches Straßenbahnnetz

Im Jahr darauf stieg die AEG in das Geschäft mit der »Construction elektrischer Bahnen« ein und verschaffte sich damit ein weiteres wichtiges unternehmerisches Standbein. Die Grundlage bildete der Kauf bewährter Techniken, vor allem der Erfindungen des Amerikaners Frank Julian Sprague, der einen funktionstüchtigen Rollenstromabnehmer und eine zuverlässige Konstruktion zur Befestigung des Fahrmotors an der Treibachse (Tatzlagermotor) von Bahnfahrzeugen erfunden hatte. Der Kauf der Patente versetzte die AEG in die Lage, sofort mit dem Bau elektrischer Bahnfahrzeuge zu beginnen. Bereits 1889 gründete das Unternehmen eine Bahnabteilung, richtete in der Ackerstraße eine Fabrik ein und lieferte noch im selben Jahr ihre erste Grubenlokomotive aus.

Als nächster Schritt folgte der Bau kompletter Straßenbahnsysteme. Die Vorteile des neuen elektrischen Nahverkehrsmittels standen außer Zweifel. Jedoch konnten sich die meisten Kommunen die kostspielige Umstellung auf elektrischen Betrieb nicht leisten. Hier mußte die Industrie Vorleistungen erbringen. Im Jahr 1890 gelang es der AEG, mit dem Magistrat der Stadt Halle an der Saale einen Vertrag zur Umstellung der Pferdebahn auf elektrischen Betrieb und die Übernahme des Betriebs zu schließen. Für die AEG ergab sich damit die Gelegenheit, erstmals in Europa ein komplettes elektrifiziertes Straßenbahnnetz zu errichten und dem neuen Verkehrsmittel zum Durchbruch zu verhelfen. 1891 wurde der Betrieb aufgenommen und bis 1911 von der AEG in Eigenregie betrieben. Zur Finanzierung des Straßenbahngeschäfts hatte die AEG 1890 die Dortmunder »Allgemeine Lokal- und Straßenbahngesellschaft« übernommen und nach Berlin verlegt. Das Bahngeschäft nahm in den folgenden Jahren einen stürmischen Verlauf. Mitte 1896 befanden sich bereits 34 Straßenbahnen in Betrieb oder im Bau. 1900 stieg die Zahl weltweit auf 70 Straßenbahnen mit 1475 Kilometern Streckenlänge und 2700 Motorwagen.

Carl Fürstenberg, der Inhaber der Berliner Handelsgesellschaft, begleitete die AEG von 1889 an im Aufsichtsrat: zunächst als Mitglied, seit 1897 als dessen stellvertretender und schließlich von 1922 an als Erster Vorsitzender

Fassade der AEG-Kleinmotorenfabrik an der Brunnenstraße in Berlin-Wedding

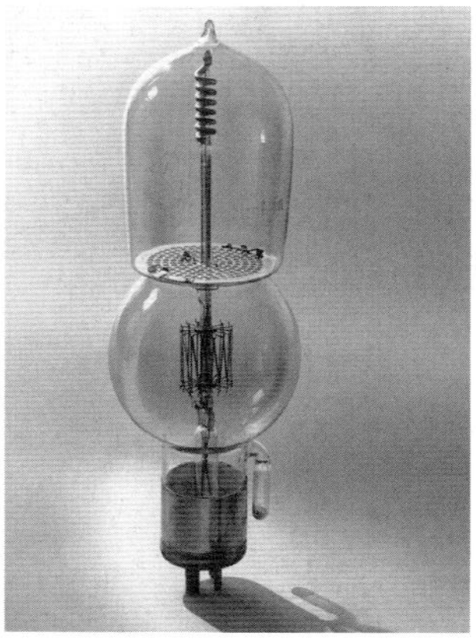

1913 hatte ein deutsches Konsortium, dem auch die AEG angehörte, die ersten Telefonverstärkerröhren gebaut

Die ganze Welt als Markt

Der neue Vertrag zwischen AEG und Siemens war auf zehn Jahre geschlossen worden. Er gewährte der AEG zwar mehr unternehmerische Freiheit, engte das Unternehmen beispielsweise durch festgelegte Produktionsbeschränkungen aber weiterhin in seiner Bewegungsfreiheit ein. In einem rasch wachsenden elektrotechnischen Markt handelte es sich dabei letzten Endes um einen Anachronismus. So war unter anderem festgelegt worden, daß Aufträge zum Bau städtisch betriebener Kraftwerke Siemens zufallen sollten, während die AEG dieses Geschäft auf der Grundlage von Konzessionen betrieb, was ihr erhebliche Nachteile brachte. Als nämlich die Städte in den neunziger Jahren des 19. Jahrhunderts in zunehmendem Maße Kraftwerke in eigener Regie errichteten, blieb die AEG von diesen Aufträgen ausgeschlossen. Nach langwierigen Verhandlungen einigten sich die Firmen 1894 darauf, den Vertrag von 1887 aufzuheben. Beiden Unter-

Das AEG-Kabelwerk Oberspree, mit dessen Errichtung 1897 begonnen worden war

nehmen war es nunmehr gestattet, Zentralstationen zu bauen und zu betreiben. Zwei Jahre später fielen auch die letzten vertraglichen Bindungen. Die Unternehmen standen nunmehr auf allen Gebieten der Elektrotechnik im Wettbewerb, was Georg Siemens bewog, 1896 aus dem AEG-Aufsichtsrat auszuscheiden. Nachfolger wurde der Bankier Carl Fürstenberg, Gründer und Inhaber der Berliner Handelsgesellschaft, die 1898 an Stelle der Deutschen Bank die Führung des Bankenkonsortiums übernahm. Fürstenberg sollte die Finanzpolitik der AEG bis 1931 maßgeblich bestimmen.

Nach der Lösung von Siemens entwickelte sich die AEG in raschem Tempo. Die Arbeiterschaft wuchs von 3400 (1893/94) auf über 17000 (1900). Der Umsatz versechsfachte sich auf 100 Millionen Mark (1900), und der Reingewinn stieg von 2,2 Millionen auf über acht Millionen Mark. In und um Berlin sollten in den nächsten zwei Jahrzehnten zahlreiche moderne Fertigungsstätten zur Herstellung von elektrischen Bahnen, Maschinen, Apparaten und Kabeln entstehen.

Die AEG-Fabriken (1884–1929)

1884	Fabrik Schlegelstraße (Glühlampen, Installationsmaterial), Berlin-Mitte
1887	Fabriken Ackerstraße (Dampfmaschinen, Dynamomaschinen, Elektromotoren), Berlin-Wedding
1896	Fabriken Brunnenstraße (Generatoren, Großmaschinen, Bahntechnik), Berlin-Wedding
1897	Kabelwerk Oberspree, Berlin-Oberschöneweide
1904	Turbinenfabrik Huttenstraße, Berlin-Moabit
1905	Fabrik Sickingenstraße (Glühlampen, später Röhrenwerk), Berlin-Moabit
1909	Fabriken Hennigsdorf (Isolierstoffe, Bahntechnik, Flugzeugwerft, technisches Porzellan, Hausgeräte)
1918	Stahl- und Walzwerk Hennigsdorf
1919	Fabrik Mülheim/Ruhr (Reparaturwerk)
1920	Fabrik Scheibenberg (Installationsmaterial), Erzgebirge
1921	Transformatorenwerk Berlin-Oberschöneweide
1921	Fabrik Crottendorf (Installationsmaterial), Erzgebirge
1922	Fabrik für Elektrobeheizung (Hausgeräte), Nürnberg
1926	Fabrik Annaberg (Installationsmaterial), Erzgebirge
1926	Apparatefabrik (Schaltgeräte, Gleichrichter, Rundfunkgeräte), Berlin-Treptow
1929	Fabrik Stuttgart-Bad Cannstatt (Instandsetzung von Transformatoren, Elektrowerkzeuge)

Röhrenlaboratorium

1891 gelang der AEG gemeinsam mit der Maschinenfabrik Oerlikon aus der Schweiz die erste Drehstrom-Fernübertragung von Lauffen bei Heilbronn über 175 Kilometer nach Frankfurt am Main

1889 baute Michael von Dolivo-Dobrowolsky, Fertigungsleiter in der AEG-Fabrik Ackerstraße (Berlin-Wedding), den ersten brauchbaren Drehstrom-Asynchronmotor mit Käfigläufer

Engagement bei General Electric – eine Episode mit Folgen

Seit ihrer Gründung war die AEG daran interessiert, im Ausland neue Märkte zu erschließen. Rathenaus Augenmerk richtete sich dabei auch auf die Vereinigten Staaten von Amerika und dort besonders auf die von Thomas Alva Edison gegründeten Elektrounternehmen. Edison war beim Aufbau seiner elektrotechnischen Industrie von Geldgebern abhängig. Rathenau erkannte darin eine günstige Gelegenheit, mit Hilfe des AEG-Bankenkonsortiums das Verfügungsrecht über die Edison-Unternehmen mit ihren Patenten zu erwerben. In europäischen Finanzkreisen bestand damals allerdings wenig Interesse an Investitionen in den USA. Rathenau war anderer Ansicht und reiste kurzentschlossen in die Vereinigten Staaten. Nach seiner Rückkehr gelang es ihm, das Bankenkonsortium von einer Beteiligung zu überzeugen. Am 1. August 1890 kam es dann zur Gründung der Edison General Electric Co. Die Finanzierung übernahmen das Bankenkonsortium der AEG und eines amerikanischen Kreditinstitutes. Die AEG war zunächst mit 210 000 Dollar, später mit 416 000 Dollar beteiligt. 1891 reiste Emil Rathenau erneut nach New York, um über eine Vertiefung der Beziehungen mit der Edison General Electric Co. zu verhandeln. Diese kam jedoch nicht zustande, weil die Edison General Electric durch einen Vertrag mit der Edison Electric Light Co. in der freien Verfügung über die Patente beschränkt war. Am 1. Juni 1892 erfolgte dann die Gründung der General Electric Co. (GE), und zwar durch Fusion der Edison General Electric Co. und der Edison Electric Light Co. mit ihrer bis dahin schärfsten Konkurrentin, der Thomson-Houston International Electric Co. Emil Rathenau war von der Fusion wenig angetan, da er die Aktien der Thomson-Houston erheblich überbewertet fand. Deshalb zogen sich die AEG und nach und nach auch das deutsche Bankenkonsortium aus ihrem finanziellen Engagement bei dem neuen Unternehmen zurück. Die engen Beziehungen blieben allerdings bestehen. Sie sollten in Marktaufteilungen, Beteiligungen und Lizenzverträge münden. General Electric spielte in der AEG-Geschichte bis in die siebziger Jahre des 20. Jahrhunderts hinein stets eine besondere Rolle.

Anläßlich der ersten Drehstromfernübertragung besuchte 1891 auch Emil Rathenau (6.v.l.) das Wasserkraftwerk in Lauffen bei Heilbronn

Zur Erschließung zusätzlicher Kapitalquellen für die Aktivitäten im Ausland gründete die AEG 1895 in Zürich unter Beteiligung der Deutschen Bank die Bank für elektrische Unternehmungen, kurz Elektrobank genannt, deren Kapital zwei Jahre später in den Besitz der AEG überging. Vor allem in Italien und Spanien finanzierte die Bank die rasche Expansion des AEG-Konzerns, und sie wurde auch in Südamerika aktiv. Sie erreichte bis zum Ersten Weltkrieg eine Beteiligung an etwa 50 zumeist ausländischen Unternehmen der Elektrotechnik.

Das Kraftwerksgeschäft

Die Situation im Kraftwerksgeschäft war lange Zeit von Auseinandersetzungen mit Siemens & Halske beherrscht. Ungeachtet dessen versuchte die AEG, auch auf diesem Gebiet zu expandieren, und versprach sich deshalb von der Einführung neuer Technologien besondere geschäftliche Impulse. So konnte 1889 der Ingenieur Michael von Dolivo-Dobrowolsky, Leiter der Fertigung in der AEG-Fabrik Ackerstraße, den ersten brauchbaren Drehstrommotor der Welt vorstellen.

1891 realisierten die schweizerische Maschinenfabrik Oerlikon und die AEG auf die Initiative Oskar von Millers hin zwischen Lauffen bei Heilbronn und Frankfurt am Main die erste Drehstromfernübertragung. Mit diesem bedeutenden Experiment war ein wesentlicher Schritt auf dem Weg zur flächendeckenden Elektrifizierung in Deutschland unternommen worden.

Den entscheidenden Durchbruch erzielte das Kraftwerksgeschäft bei der AEG allerdings erst, nachdem man sich mit Siemens 1894 auf eine Beendigung der vertraglichen Bindungen geeinigt hatte. 1899 wurde das Kraftwerksgeschäft zum selbständigen Ressort erhoben, die Leitung übernahm Emil Rathenaus älterer Sohn Walther, der zugleich in den Vorstand des Konzerns berufen wurde. Der Kraftwerksbau hatte zunächst in der Verantwortung Oskar von Millers gelegen.

Drehstromgenerator im Wasserkraftwerk Rheinfelden, 1898

Kraftzentrale in der Maschinenfabrik Brunnenstraße, Berlin, 1911

Allein im Verlauf des Geschäftsjahres 1898/99 errichtete die AEG neben Bauten für die Berliner Elektricitäts-Werke (BEW) 19 Elektrizitätswerke mit insgesamt 40000 PS Gesamtleistung, weitere 34 Werke mit rund 80000 PS Gesamtleistung befanden sich im Bau. Zur Jahrhundertwende hatte das Unternehmen insgesamt rund 248 Elektrizitätswerke mit einer Gesamtleistung von 210000 PS im In- und Ausland errichtet. Im Jahr 1902 nahm die AEG den Turbinenbau nach Patenten von Riedler und Stumpf auf und sicherte sich wenig später die Rechte zur Nutzung der Patente von Curtis aus den USA. Im Gegenzug erwarb General Electric die Nutzungsrechte an den Riedler-Patenten für den amerikanischen Markt.

Ungeachtet der unternehmerischen Verdienste Walther Rathenaus blieb dessen Rolle im Konzern allerdings umstritten. In der Generalversammlung des Jahres 1902 warfen Aktionärsvertreter seinem Vater – wohl nicht ganz zu Unrecht – Bestrebungen zur Errichtung einer »Dynastie« vor. Kurze Zeit später verließ der Sohn den Konzern. Der Grund lag allerdings weniger in den Attacke der Aktionäre als in einem geschäftspolitischen Streit mit dem Vater, bei dem es um den mißlungenen Einstieg der AEG bei der Elektrizitäts-Aktiengesellschaft vorm. Schuckert & Co. ging. Am 12. Mai 1902 gab der AEG-Aufsichtsrat »unter Bedauern und mit dem Ausdrucke des Dankes« dem Wunsch Walther Rathenaus statt, aus dem Vorstand auszuscheiden.[6] An seine Stelle rückte Georg Klingenberg, der eine neue Phase im Kraftwerksbau einleitete und richtungsweisende Großprojekte verwirklichte. Klingenberg hatte ein raumsparendes Baukastenprinzip entwickelt. Es wurde 1909 erstmals im Kraftwerk Heegermühle bei Eberswalde angewendet und diente als Vorbild für alle weiteren Kraftwerksbauten. Im Dezember 1915 ging das Kraftwerk Golpa-Zschornewitz bei Bitterfeld in Betrieb. Es war mit einer Leistung von 128 Megawatt das damals größte Dampfkraftwerk der Welt. Nach dem Ersten Weltkrieg wurde die flächendeckende Stromversorgung in Deutschland systematisch ausgebaut. Voraussetzung hierfür war der Übergang zum Bau von Großkraftwerken und Überlandzentralen sowie die Einführung des Verbundbetriebs der Kraftwerke. Vor dem Ersten Weltkrieg hatte sich die AEG auf die Elektrizitätswirtschaft konzentriert, und zwar nicht nur auf die Fabrikation, sondern auch auf den Bau von Kraftwerken und die Errichtung von Energieversorgungsunternehmen. Seit 1914 zeichnete sich für das Unternehmen ein bemerkenswerter Strukturwandel ab. Ein besonders großer Einschnitt erfolgte 1915, als die Berliner Elektricitäts-Werke (BEW) vereinbarungsgemäß in städtisches Eigentum übergingen. Zur Klärung der Situation und um eine Auflösung der BEW abzuwenden, kam es auf der Basis einer Kapitalerhöhung bei der AEG zu einem Aktientausch von Stammaktien der BEW gegen junge AEG-Aktien. Die Aktionäre der BEW akzeptierten diese Transaktion, mit der auch der Fortbestand und die Weiterentwicklung der inzwischen zur BEW gehörenden Beteiligungen an elektrowirtschaftlichen Gesellschaften und mitteldeutschen Braunkohlegruben gesichert wurde. Insgesamt erhielt die AEG zwar eine Entschädigung in Höhe von 123 Millionen Mark, hätte jedoch auf diese Einnahme zugunsten einer Fortführung der BEW in eigener Regie gerne verzichtet.[7] Die BEW wandelte sich zur Finanzierungsgesellschaft – ähnlich wie die Züricher Elektrobank – und änderte dementsprechend ihren Namen in »Bank für elektrische Werte«.

Drehstrom-Schnelltriebwagen auf der Versuchsstrecke Marienfelde-Zossen. Im Oktober 1903 stellte ein solches Versuchsfahrzeug mit 210,2 Stundenkilometern einen Geschwindigkeitsweltrekord auf

Aufschwung im Bahngeschäft

Ende des 19. Jahrhunderts begann die AEG in zunehmendem Maße auch Industriebahnen zu elektrifizieren und sich mit Fragen der Fernbahnelektrifizierung zu befassen, der jedoch noch erhebliche technische Hindernisse im Weg standen. Nicht nur die AEG war auf der Suche nach Lösungen. Eine der interessantesten Überlegungen war die eines elektrischen Hochgeschwindigkeitsbahnnetzes, eine Idee, von der noch gar nicht bekannt war, ob sie sich unter den gegebenen und absehbaren technischen Möglichkeiten verwirklichen lassen würde. Um dies festzustellen, beteiligte sich die AEG gemeinsam mit Siemens und einem Bankenkonsortium 1899 an der Gründung einer Studiengesellschaft für elektrische Bahnen, die im Süden Berlins Versuchsfahrten mit drehstromgetriebenen Fahrzeugen unternahm. Zwar wurde dabei mit 210,2 Kilometern pro Stunde sogar ein Geschwindigkeitsweltrekord aufgestellt, aber letzten Endes brachten die Versuche nicht den gewünschten Erfolg. Ungeachtet dessen gelang es aber der elektrotechnischen Industrie unter maßgeblicher Beteiligung der AEG, noch vor Ausbruch des Ersten Weltkriegs den Weg zur Elektrifizierung der Fernbahnen mit Einphasenwechselstrom zu ebnen. Nach erfolgreichen Pilotprojekten in der Nähe Innsbrucks und in Hamburg wurde 1911 zwischen Bitterfeld und Dessau die erste elektrifizierte Fernbahnlinie Deutschlands in Betrieb genommen. Zwei Jahre später erhielt die AEG ihren ersten Großauftrag zur Lieferung elektrischer Fernbahnlokomotiven.

Nach ihrer Gründung rüstete die Gesellschaft für drahtlose Telegraphie mbH (Telefunken) in der Umgebung Berlins, vor allem in Nauen und Königs Wusterhausen, zahlreiche Sende- und Empfangsanlagen für den Funkverkehr in alle Welt aus

Der große Erfolg in der Bahntechnik, vor allem beim Bau kompletter Nahverkehrssysteme, führte aber schließlich dazu, daß die AEG ihre Kräfte überschätzte. Im Jahr 1911 wartete das Unternehmen mit dem kühnen Projekt auf, in Berlin eine komplette U-Bahnlinie von Gesundbrunnen bis Neukölln in eigener Regie zu errichten. Zu diesem Zweck wurde die AEG-Schnellbahn A.-G. gegründet. Der Auftrag hatte ein Volumen von 60 Millionen Mark, was 15 Prozent des gesamten Auftragsbestands der AEG ausmachte. Während des Kriegs sollten die Bauarbeiten an der U-Bahnlinie allerdings zum Erliegen kommen und das Schnellbahnprojekt sich zu einer großen finanziellen Belastung für den Konzern entwickeln. Nur mit Mühe sollte es nach dem Krieg gelingen, das gescheiterte Großprojekt abzustoßen. Die Strecke wurde schließlich von der Stadt Berlin fertiggestellt.

Im Jahr 1903 hatte die AEG mit der Fertigung sogenannter Eintaster-Schreibmaschinen (»Mignon«, links im Bild) begonnen und ein Tochterunternehmen gegründet, das 1936 in Olympia Büromaschinen AG umbenannt wurde

Einstieg in die drahtlose Telegraphie

1897 war Professor Adolph Slaby ein entscheidender Schritt auf dem Weg zur Entwicklung der drahtlosen Telegraphie gelungen, indem er eine Funkverbindung zwischen Sacrow bei Berlin und Potsdam herstellte. Ein Jahr später richtete die AEG im Kabelwerk Oberspree ein funktechnisches Labor ein, dessen Leitung Slabys Assistent Graf Georg von Arco übernahm. 1903 gründeten die AEG und Siemens & Halske gemeinsam die Gesellschaft für drahtlose Telegraphie mbH, die am 15. Juli 1903 das Warenzeichen Telefunken beantragte. Das Unternehmen arbeitete zunächst als Entwicklungs- und Vertriebsgesellschaft, produziert wurde in den Fabriken der Eigentümer.

Das Gemeinschaftsunternehmen Telefunken war auf staatlichen Druck zustande gekommen, denn im Deutschen Reich bedienten sich Heeres- und Marineverwaltung verschiedener Systeme und Hersteller, die in Konkurrenz zum britischen Marconi-Weltmonopol standen. Im Kriegsfall hätte dieses zu gefährlichen Komplikationen in der Kommunikation zwischen den Teilstreitkräften führen können.

Als Telefunken gegründet wurde, rechnete keines der beteiligten Unternehmen mit einem großen Aufschwung in der Nachrichtentechnik. Allerdings konnte das Unternehmen schon vor dem Ersten Weltkrieg auf diesem Gebiet Erfolge vorweisen. In der Umgebung Berlins, vor allem bei Nauen und Königs Wusterhausen, entstanden zahlreiche Sende- und Empfangsanlagen für den Funkverkehr in alle Welt. Im Ersten Weltkrieg erwies sich die drahtlose Telegaphie als unersetzliches Kommunikationsmittel. Danach wirkte Telefunken maßgeblich an der Entwicklung und dem Aufbau des deutschen Rundfunkwesens mit. Als am 29. Oktober 1923 in Berlin der erste deutsche Rundfunksender seinen Betrieb aufnahm, geschah dies mit Telefunken-Sendern. Auch auf den Gebieten der magnetischen Tonaufzeichnung, der Bildübertragung und der Fernsehtechnik leisteten die Ingenieure von AEG und Telefunken Pionierarbeit: 1935 wurde auf der Funkausstellung in Berlin das erste Tonbandgerät der Welt (»Magnetophon«) vorgestellt. 1936 folgte zwischen Berlin und Leipzig die erste Bildtelefonverbindung Deutschlands. Ebenfalls 1936, anläßlich der Olympischen Spiele in Berlin, kam die erste elektronische Fernsehkamera der Welt zum Einsatz. Bedient wurde sie von Walter Bruch, der nach dem Krieg bei Telefunken das PAL-Farbfernsehsystem erfand.

Aufbruch in fremdes Terrain

Im Jahr 1900 begann sich die AEG für den Automobilbau zu interessieren und gründete ein Jahr später die Neue (ab 1915 Nationale) Automobil-Gesellschaft m.b.H. (NAG). Dahinter stand zunächst der Gedanke, Fahrzeuge elektrisch zu betreiben. Sollte sich dies aus technischen Gründen nicht verwirklichen lassen, war an den Bau von Fahrzeugen mit Verbrennungsmotoren gedacht. 1905 baute die AEG für ihre neue Tochtergesellschaft in Berlin-Oberschöneweide eine Fabrik, in der neben Sport- und Personenwagen Lastkraftwagen und Zugmaschinen hergestellt wurden.

Flugzeugfertigung in Hennigsdorf

Eine zusätzliche Einnahmequelle erschloß sich das Unternehmen durch die Schreibmaschinenfertigung, mit der bereits vor der Jahrhundertwende begonnen wurde und die 1903 mit Aufnahme der Fabrikation von »Eintaster-Schreibmaschinen« mit auswechselbarem Schreibkopf (»Mignon«) einen bedeutenden Aufschwung nahm. Nach dem Ersten Weltkrieg sollte sie in die AEG-Deutschen Werke A.-G. eingebracht und in eine ehemalige Gewehrfabrik nach Erfurt verlegt werden. Später benannte die AEG das Unternehmen in Europa Schreibmaschinen A. G. und 1936 in Olympia Büromaschinen AG um. Die geschäftliche Entwicklung verlief bis Kriegsbeginn mehr als zufriedenstellend. Die Nachfrage war zeitweilig größer als das Angebot, wie der Geschäftsbericht im Frühjahr 1939 voller Stolz zu berichten wußte.

1917 stellte ein AEG-Flugzeug mit 6500 Metern einen Höhenflugweltrekord auf

Im Jahr 1910 richtete die AEG eine flugtechnische Abteilung ein und stellte ihr erstes Flugzeug vor – einen Doppeldecker aus Holz. Mit Beginn des Ersten Weltkriegs entwickelte sich der Flugzeugbau zu einem der bedeutendsten Produktionszweige des gesamten Unternehmens. Entsprechend stieg die Produktion in den beiden Werken in Berlin-Johannisthal (Sitz des Tochterunternehmens AGO Flugzeugwerke) und Hennigsdorf. 1918 verließen täglich bis zu sechs Maschinen die Werkhallen. Schließlich engagierte sich die AEG auch in der Lieferung von Schiffsausrüstungen. Der neue Geschäftszweig umfaßte neben Schiffsantrieben Stromerzeuger, Decksmaschinen, Regel- und Steuergeräte, Schaltanlagen, Beleuchtungsanlagen und Instrumente zur elektrischen Schiffssteuerung.

Ende des 19. Jahrhunderts kam das Glühlampengeschäft in Bewegung. Die elektrische Glühlampe bekam noch einmal ernsthafte Konkurrenz, als der österreichische Chemiker Graf Auer von Welsbach dem Gasglühlicht zu einer Renaissance verhalf. Die elektrotechnische Industrie betrachtete dies als technische Herausforderung. Emil Rathenau steckte viel Geld in die Forschungen des Göttinger Professors Walter Nernst, dem es gelungen war, den aus organischem Material gefertigten Glühfaden einer elektrischen Glühlampe durch anorganisches Material zu ersetzen. Die Entwicklungsarbeiten gestalteten sich jedoch äußerst schwierig, so daß Finanzkreise einen Fehlschlag befürchteten. 1900 wurde die nach Nernst benannte und inzwischen zur Serienreife entwickelte Lampe auf der Pariser Weltausstellung vorgestellt. Ein wirtschaftlicher Erfolg war ihr jedoch nicht beschieden, denn Auer von Welsbach hatte inzwischen eine preiswertere elektrische Glühlampe mit Metallfaden entwickelt.

Wachstumsschübe in Krisenzeiten

In den Jahren 1900 bis 1903 kam es in Deutschland zu einem Konjunktureinbruch, dem 1907 eine Rezession folgte. Die Entwicklung neuer Technologien und damit die Erschließung neuer Märkte sowie die Konkurrenz zwischen den aufstrebenden Konzernen hatte zu Überkapazitäten geführt. Zur Jahrhundertwende gab es in Deutschland neben der AEG und Siemens & Halske, die zusammen knapp die Hälfte aller in der Elektroindustrie tätigen Menschen (rund 30 000) beschäftigten, noch sieben weitere große Elektrounternehmen. Es waren dies die Elektrizitäts-Aktiengesellschaft vorm. Schuckert & Co in Nürnberg, die Union Elektricitäts-Gesellschaft AG (UEG) in Berlin, die Elektrizitätsgesellschaft AG Helios in Köln, die Elektrizitäts-AG vorm. W. Lahmeyer & Co. in Frankfurt am Main und die Aktiengesellschaft Elektrizitätswerke vorm. O. L. Kummer & Co. in Dresden. Zwölf Jahre später waren im wesentlichen nur die AEG und Siemens übrig geblieben.[8]

Allerdings blieb auch die AEG von den Folgen des Konjunktureinbruchs nicht verschont. In den Jahren 1900/01 ging die Belegschaft von 17 300 auf 14 600 Beschäftigte zurück, in eine substantielle Krise geriet der Konzern jedoch nicht. Seine erheblichen Reserven bildeten die Grundlage für eine Reihe von Unternehmensaufkäufen und -zusammenschlüssen, aus denen das Unternehmen gestärkt hervorging.

Der Reigen von Fusionen und Unternehmenskäufen wurde 1902 eingeleitet, als die Kölner Firma Helios zum Sanierungsfall wurde. AEG und Siemens kauften sie 1903 gemeinsam auf und legten sie kurzerhand still. Im selben Jahr gliederte die AEG die elektrotechnische Abteilung der Firma Gebr. Körting in Hannover ein. Dagegen kam die Übernahme der Elektrizitäts-Aktiengesellschaft vorm. Schuckert & Co. nicht zustande. Die 1873 in Nürnberg gegründete Firma zählte zwar zu den bedeutendsten Elektrokonzernen Deutschlands, war jedoch in Schwierigkeiten geraten, als ihr führender Financier, die Leipziger Bank, 1902 in Konkurs ging. Schuckert suchte daher Anschluß an die AEG. Walther Rathenau und Felix Deutsch sprachen sich trotz der desolaten finanziellen Lage des Unternehmens für eine Übernahme aus. Emil Rathenau wollte aber nicht auf Jahre hinaus Geld in die Sanierung Schuckerts stecken. Er überließ die Entscheidung dem Vorstand, der sich sehr zum Verdruß des Sohnes mehrheitlich gegen die Fusion aussprach.[9] Schuckert wandte sich daraufhin an die Firma Siemens. Am 23. März 1903 wurde die Starkstromproduktion beider Unternehmen zur Siemens-Schuckert Werke GmbH zusammengefaßt.

Nach den gescheiterten Verhandlungen mit Schuckert trieb die AEG besonders die Integration der Union Elektricitäts-Gesellschaft (UEG) voran. Die UEG war 1892 von der amerikanischen Thomson-Houston International Electric Co., Boston, unter Beteiligung der Ludwig Loewe & Co. und der deutschen Thyssen & Co. gegründet worden. So verschaffte sich Thomson-Houston – schärfster Konkurrent der AEG auf dem Gebiet der Bahntechnik – Zugang zum deutschen Markt. Jedoch schon im selben Jahr ging Thomson-Houston in der General Electric Co. (GE) auf.

Die Konkurrenzsituation zwischen UEG und AEG gestaltete sich allerdings einigermaßen erträglich, wofür vor allem Isidor Loewe, Chef der Ludwig Loewe & Co. sorgte, der mit Emil Rathenau befreundet war. Loewe war es auch, der die UEG der AEG zur Übernahme anbot. Emil Rathenau winkte zunächst ab, weil er gerade damit beschäftigt war, seine Beziehungen zur GE enger zu gestalten.

Im Jahr 1902 wurden die Fusionsverhandlungen dennoch wieder aufgenommen. Die UEG verfügte auf dem Gebiet der Bahntechnik zwar über große Potentiale, war aber sonst auf die Zusammenarbeit mit anderen Unternehmen angewiesen. Als Ergebnis der Verhandlungen kam zunächst die Bildung einer Interessengemeinschaft beider Gesellschaften zustande. Im Herbst 1903 handelte dann Emil Rathenau in den Vereinigten Staaten Verträge mit der GE und Thomson-Houston zum gegenseitigen Austausch von Patenten und Erfahrungen aus. Sie bildeten die Grundlage für die endgültige Fusion, der die AEG-Generalversammlung im Februar 1904 zustimmte. Infolge der UEG-Eingliederung stieg der AEG-Umsatz von 132 Millionen Mark (1904/05) innerhalb weniger Jahre auf 237 Millionen Mark. Die Dividende, die während der Krise 1901/03 auf acht Prozent gefallen war, stieg im Geschäftsjahr 1906/07 auf zwölf Prozent.

Nach dem Ausstieg der AEG aus der amerikanischen GE (1892) kam lange Zeit keine Geschäftsverbindung mit dem amerikanischen Unternehmen zustande. Die UEG hatte aufgrund ihres Vertrags mit Thomson-Houston (und später mit der GE) das alleinige Recht zur Nutzung von deren Patenten in zahlreichen europäischen Ländern erhalten. Durch die Fusion mit der AEG konnte diese nun auch auf GE-Patente zurückgreifen und zu dem amerikanischen Konzern mit eigenen Entwicklungen in Konkurrenz treten, wodurch die Interessen von GE auf das äußerste gefährdet waren. Im Herbst 1903 reiste Emil Rathenau erneut in die Vereinigten Staaten, um mit GE und Thomson-Houston ein Abkommen zu schließen, das auch die Grundlage für die endgültige Fusion mit der UEG bildete, der die AEG-Hauptversammlung im Februar 1904 schließlich zustimmte. Im einzelnen handelte Rathenau mit GE die gegenseitige Überlassung aller Patente aus und grenzte das Geschäft territorial ab. Danach war GE ausschließlich für die Märkte in den USA und Kanada zuständig; die AEG in einem Großteil der Länder Europas. In Italien gründeten beide Unternehmen eine gemeinsame Gesellschaft; in Großbritannien schlossen die Britische Thomson-Houston Co. und die AEG einen Vertrag über das Exportgeschäft. Thomson-Houston beteiligte sich an der englischen AEG-Tochter zur Herstellung von Glühlampen. In Frankreich erfolgte ein gegenseitiger Patentaustausch mit der dortigen Thomson-Houston Cie. Außerdem gründeten die AEG und GE eine Gesellschaft zur gegenseitigen Verwertung von Patenten auf dem Turbinensektor und vereinbarten einen Austausch von Rechten beim Bau von Schiffsantrieben. Im Ergebnis wurde das Abkommen so gewertet, »daß die AEG und GE die geistigen Grundlagen ihrer Fabrikation vereinigten und sozusagen die Welt unter sich aufteilten«[10]. Die engen Beziehungen beider Unternehmen fanden unter anderem auch darin Ausdruck, daß die AEG 1905 bei GE ein Verbindungsbüro einrichtete, das – mit Unterbrechungen

– bis in die achtziger Jahre existieren sollte. So wie die AEG sich frühzeitig mit der amerikanische GE liierte, suchte Siemens den Kontakt zum Konkurrenten Westinghouse, mit dem 1905 ein Vertrag zur weltweiten Marktaufteilung geschlossen wurde.

Im Jahr 1907 kam es zum erneuten Konjunktureinbruch, in dessen Verlauf die traditionsreiche Felten & Guilleaume-Lahmeyerwerke A.G. in eine bedrohliche Lage geriet. Das Unternehmen benötigte dringend einen Partner. Walther Rathenau setzte sich bei der AEG für eine Eingliederung nach dem Vorbild der UEG ein und hatte mit seinem Vorhaben Erfolg. Die AEG übernahm 1910 das Frankfurter Dynamowerk des Unternehmens, brachte es in eine eigene Aktiengesellschaft ein und erwarb zusammen mit der Züricher Elektrobank die Aktienmehrheit am Konzern.

Das »System Rathenau«

Die AEG fand bei ihrer Gründung ein günstiges konjunkturelles Umfeld vor, sie präsentierte sich als ein für den damaligen Zeitgeist maßgeschneidertes Unternehmen: aggressiv, innovativ und in hohem Maße risikobereit. Treibende Kraft war Emil Rathenau, der in der AEG sein Lebenswerk verwirklicht sah. Er tat dies mit der Verbissenheit desjenigen, der die bittere Erfahrung des Scheiterns gemacht hat und alles daran setzt, diese Erfahrung nicht noch einmal machen zu müssen. Er tat dies auch, weil fast alle seine Bedürfnisse auf unternehmerisches Handeln ausgerichtet waren. Ihm wird nachgesagt, daß er sich weder für Kunst noch für Literatur oder Musik interessierte. Sein Tun ließ weniger darauf schließen, daß er jüdischen Glaubens war, vielmehr mochte der Beobachter versucht sein, in ihm einen Menschen zu erblicken, der sich eher einem protestantischen Arbeitsethos verschrieben hatte.[11] Emil Rathenaus Lebenswerk wurde zum Synonym für den Aufbau und die Finanzierung moderner Industriekonzerne. Er galt als »Erfinder von Industrien«: So wie andere Maschinen erfinden und konstruieren, hat er den industriellen Aufbau von Fabriken und Unternehmungen erdacht und ausgeführt. Damit gab er dem Aufbau der Elektroindustrie und der Elektrizitätswirtschaft durch die Entwicklung des elektrotechnischen Anlagengeschäfts und die Gründung zahlreicher Tochter- und Beteiligungsgesellschaften entscheidende Impulse. Er entwickelte ein sicheres Gespür für technische Zukunftsentwicklungen und trug wesentlich dazu bei, daß wissenschaftliche Erkenntnisse auf dem damals neuen Gebiet der Elektrotechnik ausgewertet und nutzbar gemacht wurden. Es war sein Ziel, durch Massenfertigung Gebrauchsgüter herzustellen, die bei den Kunden neue Bedürfnisse weckten und befriedigten. Die Marktchancen der neuen Technik wurden durch modernes Industriedesign und moderne Werbestrategien noch erhöht.

Aus eigener Erfahrung waren Emil Rathenaus Geschäftspraktiken von großer

Politische und wirtschaftliche Macht – Kaiser Wilhelm II. begrüßt Emil Rathenau

Festbankett zu Ehren Emil Rathenaus 70. Geburtstag

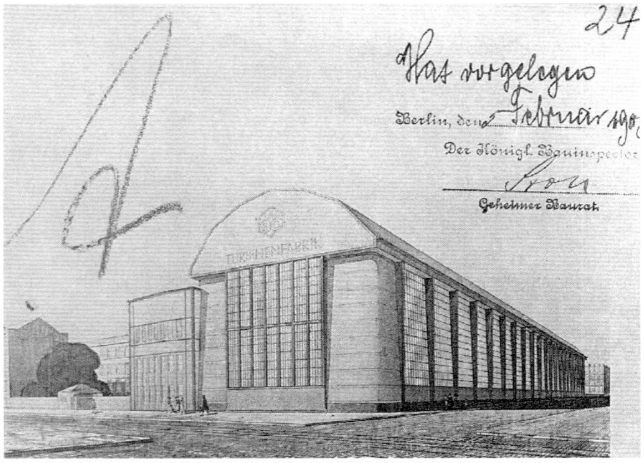

Wegweisend für den modernen Industriebau: die AEG-Turbinenfabrik in Berlin-Moabit (Entwurfsskizze von Peter Behrens, 1908)

Peter Behrens verschaffte als Architekt, Formgestalter und Graphiker der AEG ein einheitliches Erscheinungsbild

Vorsicht geprägt: Ehe es zur Einrichtung eines neuen Produktions- oder Geschäftszweiges oder zur Aufnahme der Fabrikation eines neuen Produkts kam, wurden zunächst kleine Studiengesellschaften gegründet, deren Aufgabe darin bestand, die Marktchancen zu erkunden. Anschließend wurden die Fabrikation in kleinen Produktionsgesellschaften in bescheidenem Umfang aufgenommen und die Versuchsfabrikate einer praktischen Dauerprüfung – zumeist in eigenen Betrieben der AEG – unterzogen.

Ehe die volle Ertragsfähigkeit erreicht war, wurden die neuen Produktionsgesellschaften zunächst von der Muttergesellschaft »geschont«. Erst wenn sich das neue Produkt oder der neue Produktionszweig bewährt hatte, wurde in großem Stil die Fertigung aufgenommen. Durch diese vorsichtige Geschäftspraxis blieb die AEG von manchem Fehlschlag verschont.

Auch wenn Rathenau kein Mäzen, kein Musik- und Kunstliebhaber war, vollzog die AEG dennoch unter seiner Führung einen entscheidenden Schritt zur Einbindung der Kunst in die Industrie: 1907 wurde der Architekt und Formgestalter Peter Behrens als künstlerischer Beirat des Unternehmens verpflichtet. Dieser Schritt erfolgte zu einem Zeitpunkt, als die industrielle Formgestaltung noch am Anfang stand. In den Jahren seiner Tätigkeit für die AEG hat Behrens mit seinen Entwürfen, die von der Visitenkarte bis zu kompletten Fabrikanlagen reichten und die sich durch einfache und klare Formen auszeichneten, das Erscheinungsbild des Unternehmens entscheidend geprägt. Hierzu gehörten unter anderem die Maschinenhalle der Turbinenfabrik in der Berliner Huttenstraße und die Lokomotivfabrik in Hennigsdorf. Behrens gestaltete außerdem elektrische Bogenlampen, Ventilatoren, Tee- und Wasserkessel, Heizkörper und Uhren. Von ihm stammen Plakate, Festschriften, Werbebroschüren und schließlich auch die Firmenzeichen. Peter Behrens gilt als Schöpfer der »Corporate Identity« und des »Corporate Design«.

Wer gezielt Bedürfnisse bei den Menschen wecken will, um sie anschließend zu befriedigen, benötigt dafür Geld, viel Geld. Die Banken fanden in Rathenau von Anfang an den richtigen Partner, der den nötigen Sachverstand in technischen Angelegenheiten besaß, so daß man in ihn investieren konnte. Doch Rathenau war in finanziellen Dingen ein vorsichtiger Mann, der in seiner Geldpolitik langfristig dachte. Die AEG stützte sich daher auf ein geschickt aufgebautes System. Rathenau gründete zahlreiche Betriebs-, Finanzierungs- und Beteiligungsgesellschaften vor allem für Elektrizitätswerke und Straßenbahnen. Sie sollten sicherstellen, daß die Produktion der elektrotechnischen Kerngeschäftsfelder entsprechende Absatzmärkte fand. Daneben verbuchte das Unternehmen überdies Aktivwerte wie Grundstücke, Gebäude und Wertpapiere.

Dieses »System Rathenau« bedeutete, wie Rathenau-Biograph Alois Riedler schreibt, die Vereinigung vieler Unternehmungen zu einem Wirtschaftsganzen, zur sogenannten Großwirtschaft: »Die Einzelwirtschaft will und kann nur soviel abschreiben, als dem wirklichen Verschleiß und der Entwertung der Fabrikationseinrichtungen entspricht, die Großwirtschaft kann, wenn sie ohnedies reiche Dividenden verteilt, weit darüber hinaus gehen, kann Gewinne aus anderen Quellen für die Verbilligung der Fabrikation verwenden, bis der Wettbewerb für die Gegner vernichtend wird.«[12]

Für den Außenstehenden war der AEG-Konzern schon längst zu einem kaum noch durchschaubaren Industriegeflecht geworden, in dem unzählige direkte und indirekte Beteiligungsgesellschaften relativ selbständig arbeiteten. Auf den Kerngeschäftsfeldern der Elektrotechnik sorgte Emil Rathenau allerdings für ein einfaches und effektives Kontrollsystem, indem er sämtliche Fertigungsstätten auf Berlin und dessen nähere Umgebung konzentrierte.

Rathenaus Sohn Walther beschrieb das Lebenswerk seines Vaters im Jahr 1907 als weltweit größten Industriekonzern: »Hiernach ist als Geschichte der AEG nicht so sehr die Chronik der Muttergesellschaft als vielmehr der Ausbau des weitverzweigten Unternehmensgebäudes anzusehen, das den Namen ihres Konzerns trägt. Die Gesellschaft selbst ist zu einer der bedeutendsten des Kontinents herangewachsen; der Konzern aber ist unbestreitbar die größte Kombination wirtschaftlicher Einheiten unter einer zentralisierten Führung und Durchgestaltung.«[13] Sieben Jahre später war der Konzern mit einem Aktienkapital von 155 Millionen Mark, über 66000 Arbeitern und Angestellten und einem Umsatz von 460 Millionen Goldmark das unbestritten größte deutsche Unternehmen der Elektroindustrie, größer noch als Siemens, der große Konkurrent.

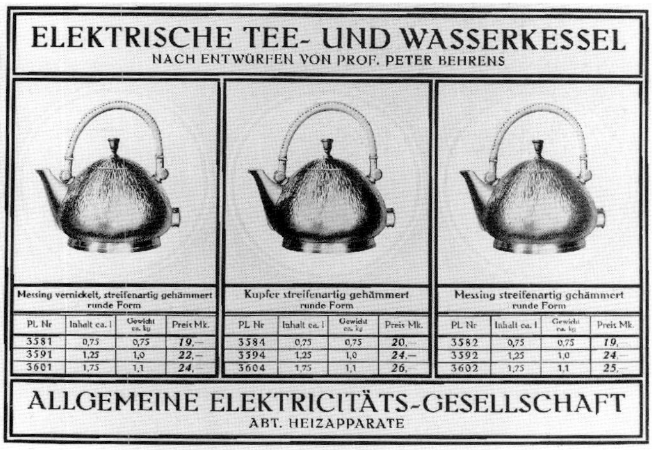

Elektrisch beheizbare Tee- und Wasserkessel, entworfen von Peter Behrens, um 1910

KARRIEREKNICK EINES GROSSKONZERNS

Der Gründer tritt ab

Im Jahr 1912 erkrankte Emil Rathenau ernst und mußte sich von der Geschäftsführung der AEG zeitweilig zurückziehen. Damit geriet das von ihm mit aller Konsequenz verfochtene Unternehmenskonzept ins Wanken. Felix Deutsch, Emil Rathenaus engster Mitarbeiter, und Walther Rathenau taten nichts eiliger, als einen Machtkampf vom Zaun zu brechen. Rathenaus älterer Sohn hatte sich mit seinem Engagement um die Fusion mit der Felten & Guilleaume-Lahmeyerwerke A.G. besondere Verdienste erworben und war 1910 auf Vorschlag von Carl Fürstenberg zum stellvertretenden Aufsichtsratsvorsitzenden der AEG berufen worden. Nun, zwei Jahre später, drängte Walther Rathenau, teils aus Ehrgeiz, teils auf Wunsch des Vaters, darauf, entweder Vorstandsvorsitzender oder Präsident des Aufsichtsrats mit besonderen Vollmachten gegenüber dem Vorstand zu werden. Die daraus resultierenden Spannungen erreichten im Oktober 1912 ihren Höhepunkt, als Emil Rathenau bei Carl Fürstenberg um die Aufnahme seines Sohnes in den Vorstand bat. Felix Deutsch widersetzte sich dieser Absicht energisch und drohte mit seinem Austritt aus der Direktion. Walther Rathenaus Versuch, erneut in den Vorstand der AEG einzutreten, war damit gescheitert. Er zog daraus die Konsequenz und wählte das Naheliegende, den Posten des Aufsichtsratsvorsitzenden, womit er Vorgesetzter seines Vaters wurde. Emil Rathenau konnte 1913 die Geschäfte wiederaufnehmen. Sein Sohn legte den persönlichen Streit mit Felix Deutsch bei; geschäftlich kamen beide ohnehin gut miteinander aus.

Nachdem Emil Rathenau am 20. Juni 1915 gestorben war, entbrannte an der AEG-Spitze erneut ein Streit über die künftige Kompetenzverteilung zwischen Vorstand und Aufsichtsrat. Walther Rathenau pochte auf Sondervollmachten und den Titel des Präsidenten der AEG – mit Erfolg.[14] Damit rückte er in eine Position, in der er Funktionen des Aufsichtsrats mit denen des Vorstands in seiner Person vereinigte, und hatte im Grunde genommen damit in der AEG alles erreicht, was er erreichen konnte.

Die Führungskrise war überwunden, nachdem an der Konzernspitze zwischen Felix Deutsch und Walther Rathenau ein fragiles Machtgleichgewicht hergestellt worden war. Als ernsten Konkurrenten mußte Deutsch Walther Rathenau ohnehin nicht fürchten, zog es den AEG-Präsidenten doch zunehmend in die Politik. Ende Mai 1922, nachdem

Auf dem Weg zur letzten Ruhestätte: Trauerzug hinter dem Sarg Emil Rathenaus

er Reichsaußenminister geworden war, legte er sein Amt als Präsident der AEG nieder und schied aus dem Vorstand aus. Einen Monat später fiel er einem Attentat Rechtsradikaler zum Opfer. Sein Position im Aufsichtsrat der AEG hatte der Bankier Carl Fürstenberg übernommen, der diese Position bis zu seinem Tod 1933 innehatte.

Felix Deutschs Verdienste beim Aufbau des Unternehmens waren unbestritten, doch reichte sein unternehmerisches Format nicht an das seines Vorgängers heran. Vermutlich hätte Rathenaus ältester Sohn, der bereits viel für den Aufbau der AEG getan hatte, das Unternehmen im Einklang mit dem kaufmännischen Talent eines Felix Deutsch zu neuen Erfolgen führen können, wenn beide einträchtig zusammengearbeitet hätten. Zum Schaden des Unternehmens war das zeitweilig nicht der Fall gewesen.

Der Erste Weltkrieg

Zu Beginn des Ersten Weltkriegs war man in Deutschland der Meinung, daß die militärischen Auseinandersetzungen möglichst rasch beendet würden. Dementsprechend waren keine Vorbereitungen für einen längeren Kriegsverlauf getroffen worden, schon gar nicht für den Fall, daß Deutschland von ausländischen Rohstoffeinfuhren abgeschnitten sein könnte. Genau dies trat jedoch ein. In aller Eile und mit erheblichen Kraft-

Granaten für die Front: Im Ersten Weltkrieg stieg die AEG nach Krupp zum bedeutendsten deutschen Rüstungshersteller auf

Kinder mit gefährlicher Fracht. Ob die auf der Rückseite des Firmenfotos erwähnten »kleinen Helfer« tatsächlich in AEG-Diensten standen, mag dahingestellt bleiben. Vermutlich war die Szene gestellt

anstrengungen gelang es, eine funktionierende Kriegswirtschaft auf die Beine zu stellen, deren Kern ein ausgeklügeltes System der Rohstoffbewirtschaftung war. Es war dies eine beachtliche Leistung, die Walther Rathenau damals zustande brachte. Neben seinem Posten als Aufsichtsratsvorsitzender der AEG organisierte er 1914/15 im Preußischen Kriegsministerium die Rohstoffversorgung der deutschen Wirtschaft und trug damit maßgeblich dazu bei, daß der Krieg überhaupt erst über einen längeren Zeitraum führbar wurde.

Während Walther Rathenau sich um das militärische Wohl des Kaiserreichs verdient machte, erlebte die AEG einen geschäftlichen Einbruch ohnegleichen. Im August 1914 war mit einem Schlag dem bisher so erfolgreichen Wirtschaften des Unternehmens der Boden entzogen worden. Die AEG sollte fortan nie wieder jene Rahmenbedingungen vorfinden, die ihren Erfolg einst garantiert hatten, nämlich eine liberalisierte Volkswirtschaft in einer Welt mächtiger Globalisierungsschübe und revolutionärer technischer Innovationen.

Walther Rathenau machte nicht nur als Industrieller, sondern auch als Schriftsteller und Politiker Karriere

Mit Beginn des Ersten Weltkriegs ging der AEG ein Großteil ihres Auslandsgeschäfts und damit ein Anteil am Umsatz von rund 20 Prozent verloren. Allein in Rußland, wo sich die größte Auslandsgesellschaft befand, verlor der Konzern rund 24 Millionen Goldmark. In den deutschen Fabriken kam es zu Massenentlassungen und das, obwohl 13000 der rund 66000 Beschäftigten eingezogen worden waren. Erst als sich nach der Marneschlacht (6. bis 9. September 1914) ein längerer Kriegsverlauf abzeichnete, verbesserte sich die Auftragslage.

Als Walther Rathenau Ende März 1915 in die AEG-Führung zurückkehrte, konzentrierte er sich dort auf die Rüstungsfabrikation. Die Voraussetzungen hierfür waren günstig, denn die AEG lieferte schon seit langem Ausrüstungen für Schiffe, Kraftfahrzeuge, Funktechnik sowie Flugzeuge und zählte damit zu den bedeutenden deutschen Rüstungsproduzenten. Dennoch waren gewaltige Investitionen erforderlich, um die militärischen Auftraggeber zufriedenzustellen. Immerhin gelang es, diese ohne Eigen-

Frauen bei der Wurfgranatenfertigung

kapitalzufuhr und ohne Veräußerungen von Beteiligungen zu finanzieren. Die Investitionen wurden auch dadurch erleichtert, daß die Liquidität des Unternehmens ständig zunahm, verursacht unter anderem durch Zahlungen für Rüstungsaufträge und durch die Bereitstellung großer Summen für Neuinvestitionen von staatlicher Seite.

Durch die Rüstungsproduktion gelang es, den Verlust der Auslandsmärkte zu kompensieren. Im Geschäftsjahr 1916/17 stieg die AEG zum zweitgrößten Rüstungslieferanten Deutschlands nach Krupp auf. Von den 534 Millionen Mark Umsatz in jenem Geschäftsjahr lag der Anteil der Kriegsfertigung bei 234 Millionen Mark, was einem Anteil von mehr als 45 Prozent am Gesamtumsatz entsprach.[15] Die Zahl der Beschäftigten des Unternehmens kletterte auf fast 80 000. Die AEG lieferte elektrische Ausrüstungen für Unterseeboote, funktechnische Anlagen, Scheinwerfer und Flugzeuge. Schwerpunkt war allerdings die Munitionsherstellung. Sie erreichte binnen kurzem eine so große Bedeutung, daß in der Unternehmensführung zeitweilig Pläne kursierten, sie nach dem Krieg fortzusetzen. Dieses Vorhaben wurde allerdings Mitte 1917 wieder fallengelassen, nachdem staatliche Betriebe diese Aufgabe übernommen hatten.

Granatenfertigung bei der AEG während des Ersten Weltkriegs, 1917

Zwar hatte sich das Rüstungsgeschäft zum lukrativen Unternehmenszweig entwickelt, aber dennoch machte sich die Konzernführung Sorgen um die Zukunft. Kriege dauern nicht ewig, es mußte also Vorsorge für die Zeit danach getroffen werden. Schon

1915 sah sich die AEG-Führung veranlaßt, Vorsorge für die »Rückkehr zur Friedenswirtschaft« zu treffen.[16] Als es im Verlauf des Jahres 1917 zu einem merklichen Rückgang in der Kriegsfabrikation kam, wurden die Vorbereitungen zur Umstellung auf die Friedenswirtschaft beschleunigt. Ein sichtbares Zeichen dieser Politik war die von der AEG gemeinsam mit der Gutehoffnungshütte und der Hapag Lloyd AG Anfang 1918 gegründete Deutsche Werft AG, die nach Kriegsende Handelsschiffe bauen sollte.

Kriegsfolgen

Die Ausgangslage für den Wiederaufbau des Geschäfts nach dem Ersten Weltkrieg war für die AEG nicht günstig. Für einige Geschäftszweige, wie die Automobil- oder Flugzeugfertigung bedeutete das Ende der Belieferung des Militärs schwere Absatzeinbrüche und damit das Aus. Zwar versuchte die AEG 1919 den Einstieg in das zivile Luftfahrtgeschäft, indem sie sich an der Gründung der Deutsche Luft-Reederei GmbH (DLR) beteiligte. Jedoch schon im selben Jahr mußte aus Rentabilitätsgründen die flugtechnische Abteilung in Hennigsdorf geschlossen werden. Eine Beteiligung an den AGO-Flugzeugwerken wurden 1919 liquidiert, deren Grundstückseigentum in Johannisthal bei Berlin abgestoßen. Die DLR wurde 1921 in die Aero-Union A.-G. eingebracht, die wiederum mit der Aero-Lloyd A.-G. fusionierte. Aus diesem Gemeinschaftsunternehmen ging schließlich 1926 die Deutsche Luft Hansa AG hervor.

Auch der Nationalen Automobilgesellschaft (NAG) gelang der Wiederaufstieg nicht. Das Tochterunternehmen hatte während des Kriegs vor allem Lastkraftwagen für militärische Zwecke produziert, der Umstieg auf die zivile Fertigung brachte zwar technisch bemerkenswerte Leistungen hervor, blieb jedoch wirtschaftlich erfolglos. 1930/31 wurde schließlich der Bau von Lastkraftwagen in ein Gemeinschaftsunternehmen mit den Büssing-Automobil-Werken in Braunschweig eingebracht und als gemeinsame Gesellschaft die Büssing-NAG Vereinigte Nutzkraftwagen AG, Braunschweig, gegründet. 1933/34 gab die NAG die Fertigung von Personenkraftwagen auf und beschränkte sich auf die Verwaltung ihres Grundvermögens, darunter eines großen Fabrikkomplexes in Berlin-Oberschöneweide, der an die Muttergesellschaft vermietet wurde. Der Fahrzeugbau bei der AEG reduzierte sich auf die Fertigung elektrischer Transportkarren in Hennigsdorf und die Ausrüstung elektrischer Oberleitungsomnibusse (sogenannter O-Busse).

Nach Kriegsende machte sich der Verlust der Auslandsmärkte besonders deutlich bemerkbar. In vielen Ländern mußten unter völlig veränderten Bedingungen neue Vertretungen aufgebaut werden. So wurde beispielsweise die französische AEG-Thomson-Houston liquidiert. Nach dem Krieg war es deutschen Firmen zunächst nicht gestattet, sich in Frankreich und Belgien niederzulassen. Die AEG gründete daher zur Bearbeitung der Märkte in beiden Ländern die Société Luxemborgeoise pour Entreprises Electriques S. A. mit Sitz in Luxemburg. Im ehemaligen Habsburgerreich übernahm die Wiener Tochtergesellschaft AEG Union das Geschäft in Deutsch-Österreich. In der Tschechoslowakei, Ungarn, Rumänien, Jugoslawien und Polen baute die AEG neue

Landesgesellschaften auf. In Italien hatte das Gemeinschaftsunternehmen Thomson-Houston sein Kapital verdoppelt und die AEG damit in eine Minderheitenposition gedrängt. Die AEG-Gesellschaften in Großbritannien waren liquidiert worden, ebenso die in Südafrika. In Großbritannien hatten Treuhänder die Vertretung des Konzerns übernommen. In Nordamerika war die AEG aufgrund vertraglicher Vereinbarungen mit GE nicht präsent. Die Märkte in Südamerika waren an nordamerikanische Firmen gefallen, die – ungleich kapitalkräftiger als die deutsche Konkurrenz – auf Drittmärkten offensiv auftraten. Besondere Hoffnungen knüpfte man an die Wiedererschließung der Märkte im Osten, insbesondere im nachrevolutionären Rußland. 1920 wurde gemeinsam mit Siemens-Schuckert die »Industrie-Einkaufs- und Verwertungs-Gesellschaft mbH« und 1922 die »Fabrikenvereinigung West-Ost GmbH« gegründet.

Obwohl es der AEG gelungen war, viele ihrer alten ausländischen Vertretungen und Tochtergesellschaften wieder aufzubauen, hatten sich die Kräfteverhältnisse auf den ausländischen Märkten verschoben. Viele Länder hatten während des Kriegs eigene Elektroindustrien aufgebaut und unternahmen große Anstrengungen, diese vor der deutschen Konkurrenz zu schützen. Während des Kriegs war die deutsche Industrie außerdem von wissenschaftlich-technischen Entwicklungen im Ausland abgeschnitten und konnte daher manche Anforderung ausländischer Kunden nicht erfüllen. Aufgrund der Bestimmungen des Versailler Friedensvertrags unterlag die deutsche Exportwirtschaft außerdem wirtschaftlichen und technischen Restriktionen.

Wiederaufnahme der Expansion

Im Inland setzte die AEG nach dem Ersten Weltkrieg ihre Politik der Konzentration und Firmenzusammenschlüsse fort. Wie schon in den Konjunkturkrisen nach der Jahrhundertwende wurde versucht, über Partnerschaften und Fusionen den Konzern zu stärken. Als Anfang der zwanziger Jahre die Felten & Guilleaume Carlswerke AG in Schwierigkeiten geriet, stockte die AEG 1920 ihr Kapital um zehn Millionen Mark auf, um diese für sie wichtige Beteiligung zu halten. Ebenfalls 1920 bildete sie eine Interessengemeinschaft mit der Ph. Rosenthal & Co. A.-G. aus Selb zur Herstellung technischen Porzellans und beteiligte sich an der Firma Mix & Genest (Telefon- und Telegraphenbau).

Im Jahr 1928 zog die AEG in das ehemalige »Passage«-Kaufhaus an der Berliner Friedrichstraße und richtete dort ein Präsentationszentrum für ihre Produkte und Leistungen ein

Der Staubsauger »Vampyr« war eines der ersten elektrischen Hausgeräte, die in moderner Fließbandfertigung hergestellt wurden

Seit 1918 gehörte auch der Bau von Dampflokomotiven zur Produktpalette der AEG-Lokomotivfabrik in Hennigsdorf, darunter 1927 diese Lok mit Kohlenstaubfeuerung

1921 wurde mit den Linke-Hoffmann-Werken eine Interessengemeinschaft gebildet und gemeinsam mit dem Aufbau eines Stahlwerks in Hennigsdorf bei Berlin begonnen. Im selben Jahr gründete die AEG gemeinsam mit den Nürnberger Bing-Werken die Elektrobeheizung G.m.b.H., die wenig später von der AEG übernommen wurde. Das Werk produzierte elektrische Hausgeräte, welche die AEG schon seit 1886 – zunächst aus britischer Fertigung – anbot, ehe sie 1892 selbst mit der Herstellung begann und diese 1911 auf das Gelände der AEG-Fabriken Hennigsdorf verlegte. 1922 folgten der Kauf der Hartung A.-G. Berliner Eisengießerei und Gußstahlfabrik sowie eine Beteiligung an der Otto Jachmann A.-G.

Häufig war die AEG-Führung aber auch damit befaßt, ausländische Konkurrenz abzuwehren, die nach dem Krieg massiv auf den deutschen Markt drängte. Beispielsweise machten niederländische und japanische Unternehmen der deutschen Glühlampenindustrie zu schaffen. Die AEG, Siemens & Halske und die Deutsche Gasglühlicht-A.-G. (Auer-Gesellschaft) sahen sich daher veranlaßt, ihre Glühlampenfertigung zusammenzulegen und 1920 gemeinsam die Osram GmbH KG (Abkürzung Osram, zusammengesetzt aus den Worten Osmium und Wolfram) zu gründen. Der Zusammenschluß führte schon bald zu positiven Ergebnissen: Osram stieg nicht nur zum führenden europäischen Glühlampenhersteller auf, sondern teilte bald mit der amerikanischen Glühlampenindustrie den Weltmarkt untereinander auf.

Auf dem heimischen Markt litt die AEG nach dem Ersten Weltkrieg wie alle anderen Unternehmen unter der rapiden Geldentwertung in Deutschland, die eine ständige Erweiterung der Kapitalbasis zur Finanzierung der weiteren Expansion notwendig machte. So wurde allein in den Jahren 1918 bis 1921 das Aktienkapital von 200 Millionen Mark auf 850 Millionen Mark erhöht. Der enorme Kapitalbedarf konnte vom heimischen Geldmarkt aber nicht erbracht werden. Auch war es schwierig, Geld aus dem Ausland zu beschaffen. Die einst so erfolgreiche Elektrobank in Zürich war durch den

Ersten Weltkrieg in schwere Turbulenzen geraten und schrieb seit 1919 rote Zahlen. Infolge der gravierenden Verluste war soviel Kapital aufgezehrt, daß nur ein Kapitalschnitt, also eine Kapitalherabsetzung, das Bankhaus rettete. Als Großfinanzier hatte es seine Bedeutung verloren. Einen Teil seiner Aufgabe übernahm die 1923 in Amsterdam gegründete N. V. Internationale AEG Electriciteits Maatschappij.

Die AEG-Konzernführung hatte während des Ersten Weltkriegs ihre Unternehmensplanungen auf die Wiederherstellung friedenswirtschaftlicher Verhältnisse ausgerichtet. Sie ging davon aus, daß es nach dem Krieg einen enormen Bedarf an elektrotechnischen Investitionsgütern und Serienprodukten geben würde. Diese Annahme war zwar richtig, aber es fehlte an einigen Voraussetzungen dafür, den Bedarf auch tatsächlich zu befriedigen. So konnte die AEG zwar ihre Produktion erheblich steigern, versäumte es jedoch, den während des Kriegs verschlissenen Maschinenpark zu erneuern. Dies sollte sich bitter rächen, wie der spätere Vorstandschef Hermann Bücher in einer Rede später feststellte: »Wir haben dann vom Jahr 1925 an ... versucht, nachzuholen, was ein Teil der anderen Firmen bereits in den Jahren 1920 bis 1923 getan hatte, nämlich mit Hilfe der sich immer mehr entwertenden Papiermark den Maschinenpark zu ergänzen und damit ein neues Leben anzufangen. Diese Chance während der Inflation hatten wir versäumt.«[12] Die AEG mußte diese notwendigen Ausgaben mit fremden Mitteln finanzieren. Das erhöhte die Krisenanfälligkeit des Konzerns.

Nach Einführung der Rentenmark wurde das Kapital der AEG auf 156 Millionen Mark festgesetzt. Hinzu kam, daß sich der Konzern nach der Währungsumstellung einem erhöhten Wettbewerbsdruck ausgesetzt sah, dem er aufgrund seiner geschwächten Weltmarktposition nur schwer standhalten konnte. Dennoch gelangen einige bemerkenswerte Investitionen, darunter der Aufbau eines neuen Transformatorenwerks (1921) und der Ausbau des Kabelwerks Oberspree (KWO) zum modernsten Kabelwerk Europas. 1926 eröffnete die AEG außerdem in Berlin-Treptow eine neue Apparatefabrik. Schon frühzeitig war außerdem die Bedeutung einer zentralen Forschung zur Sicherung der technischen Basis für die Geschäftsfelder des Konzerns erkannt worden. Am 1. April 1928 wurde in Berlin-Reinickendorf das erste Forschungsinstitut der AEG gegründet und damit die Forschung im Unternehmen zentralisiert. 1936 kamen die Technisch-Physikalischen Werkstätten in Berlin-Reinickendorf hinzu.

Zur Entlastung der Berliner Fabriken und zur Einsparung von Transportkosten wurde mit dem Bau größerer Reparaturwerkstätten außerhalb der Reichshauptstadt begonnen. Den Anfang machte der 1919/20 eingerichtete Reparaturbetrieb in Mülheim/Ruhr, dem 1921 eine Fabrik in Stuttgart folgte. Auch begann die AEG Produktionsbetriebe aus Berlin auszulagern. Betroffen waren davon in erster Linie lohnintensive Fertigungen, die in strukturschwachen Regionen mit entsprechend niedrigem Lohnniveau kostengünstiger hergestellt werden konnten als in der teuren Reichshauptstadt. Zur Fertigung von Installationsmaterial erwarb die AEG daher drei Fabriken im Erzgebirge, und zwar in Scheibenberg (1920), Crottendorf (1921) sowie in Annaberg (1926).

Das von 1925 bis 1927 in Berlin-Rummelsburg errichtete Kraftwerk Klingenberg (benannt nach seinem Erbauer Georg Klingenberg) erreichte eine Leistung von 270000 Kilowatt und war das modernste Kraftwerk seiner Zeit

Mit all diesen Maßnahmen reagierte die Konzernführung auf die Folgen der Inflation: Ziel war es, die Aktivität des Unternehmens nach möglichst vielen Richtungen auszubauen, um neue Märkte und Einnahmequellen zu erschließen. In dieser Hinsicht folgte sie der Strategie anderer Großunternehmen, die aber noch weiter gingen, indem sie während der Inflationszeit wahllos Unternehmen aufkauften, auf Kredit versteht sich, um diese mit entwertetem Geld abzuzahlen.

Mit den Käufen hat man jedoch nicht den Aufbau eines Vertikaltrusts beabsichtigt. Zwar waren freundschaftliche Beziehungen zur Schwerindustrie wichtig, da diese Hauptabnehmer der AEG-Produkte waren, doch Walther Rathenau und Felix Deutsch schwebte der Aufbau eines Horizontalkonzerns der Elektrotechnik vor, dem auch die Rheinisch-Westfälische Elektrizitätswerke AG (RWE) angehören sollte. Diese gehörte Hugo Stinnes, einem der schärfsten Kritiker Walther Rathenaus. Rathenau hatte sich 1921 als Wiederaufbauminister in der Regierung unter dem Zentrumspolitiker Joseph Wirth mit der Frage der deutschen Reparationsleistungen zu befassen. Es gelang ihm, mit seinem französischen Amtskollegen ein Abkommen (Wiesbadener Abkommen) über deutsche Sachlieferungen zu schließen, die mit dem Reparationskonto verrechnet werden sollten. Stinnes diffamierte Rathenau vor allem wegen dieses Abkommens als »Erfüllungspolitiker«.[18] Die AEG bekam diese Attacken unangenehm zu spüren, indem ihr mancher attraktive Auftrag aus dem Stinnes-Imperium verlorenging. Nachdem Felix Deutsch die Leitung des AEG-Konzerns übernommen hatte, bemühte er sich, das Unternehmen aus dem politischen Fahrwasser zu steuern und den Kollisionskurs mit der Schwerindustrie zu korrigieren.

Nach der Überwindung der Inflation setzte in Deutschland eine konjunkturelle Erholung ein, von der auch die AEG profitierte. 1927/28 überschritt der Umsatz 500 Millionen Reichsmark. Die Struktur des Konzerns hatte sich gründlich gewandelt. Nach der Trennung vom Engagement in der Elektrizitätswirtschaft konzentrierte sich die AEG auf die Kerngeschäftsfelder der elektrotechnischen Industrie und dort vor allem auf den Bau von Großkraftwerken und Anlagen zur Energieverteilung. Außerdem unternahm der Konzern große Anstrengungen zur Rationalisierung der Produktion und führte als eines der ersten Großunternehmen zum Beispiel im Berliner Zählerwerk die Fließbandproduktion ein. Mit besonders großem Engagement widmete sich Felix Deutsch seiner Domäne, dem Auslandsgeschäft, dessen Wiederaufbau er energisch vorantrieb.

Generationswechsel

Am 19. Mai 1928 starb Felix Deutsch im Alter von 70 Jahren. Nach seinem Tod übernahm zunächst ein dreiköpfiges Direktorium, bestehend aus Hermann Bücher, August Elfes und Professor Waldemar Petersen, die Leitung der AEG, aus der Elfes bereits 1930 wieder ausschied. Daraufhin wurde Bücher – mit tatkräftiger Unterstützung Carl Fürstenbergs – alleiniger Vorstandsvorsitzender und Petersen sein Stellvertreter. Bücher verfügte über reichlich politische Erfahrung und stand mit seinem Engagement durchaus in der Tradition seines großen Vorgängers Walther Rathenau. Felix Deutsch hatte noch kurz vor seinem Tod den damals 46jährigen am 1. Februar 1928 in den Vorstand der AEG geholt.

Hermann Bücher hatte 1928 zunächst gemeinsam mit August Elfes und Professor Waldemar Petersen die Leitung der AEG übernommen, 1930 wurde er alleiniger Vorstandsvorsitzender

Bücher, Nationalökonom und Naturwissenschaftler, war zunächst für die deutsche Kolonialverwaltung in Kamerun tätig gewesen. Mit Beginn des Ersten Weltkriegs wurde er in das Reichskolonialamt berufen, trat aber schon wenig später als deutscher Vertreter in das türkische Landwirtschaftsministerium ein. 1919 kehrte er nach Berlin in das Auswärtige Amt zurück und wechselte 1921 als geschäftsführendes Präsidialmitglied in den Reichsverband der deutschen Industrie. 1925 ging er als wirtschaftlicher Berater zu den Badischen Anilin- und Sodafabriken (BASF) bzw. zur I.-G. Farben-Industrie AG.

General Electric steigt ein

Nach dem Ersten Weltkrieg stellte die AEG auch ihre Beziehungen zur amerikanischen GE wieder her. 1923 schlossen beide Unternehmen einen Vertrag über den freien Austausch von Betriebserfahrungen und Erfindungen. Von einer erneuten Aufteilung der Weltmärkte war jedoch nicht mehr die Rede. Die AEG war für die Amerikaner zwar längst kein ebenbürtiger Partner mehr, doch vorsichtshalber verständigten sich beide Konzernführungen darauf, daß die AEG auch weiterhin nicht in den USA und GE nicht in Deutschland tätig werden sollte.

Kompressorkühlschränke zählten Ende der zwanziger Jahre zu den modernsten Hausgeräten. Die AEG ließ dieses schwere Gerät in Hennigsdorf fertigen. Die elektrische Ausrüstung wurde von General Electric aus den USA importiert. Mit rund 1900 Reichsmark war der Kaufpreis des Gerätes exorbitant

Dies änderte sich allerdings schon im August 1929, als sich der amerikanische Konzern am Aktienkapital der AEG beteiligte. Dieser Einstieg war ein Politikum und führte in Deutschland wegen eines angeblichen Ausverkaufs der Industrie an das Ausland zu erregten Debatten. In Wirklichkeit spiegelte sich darin nur das veränderte Kräfteverhältnis zwischen der deutschen und der amerikanischen Wirtschaft wider. Die deutsche elektrotechnische Industrie hatte im Ersten Weltkrieg ihre weltweit führende Position verloren. Amerikanische Unternehmen zogen gleich und drängten nun ihrerseits nach Europa. GE sicherte sich durch die Beteiligung an der AEG den Zugang zum deutschen Markt, und für die AEG war die Kapitalzufuhr aus den USA hoch willkommen.

Ende September 1929 sowie Ende März 1930 übernahm die International General Electric Co. 30 Millionen Reichsmark AEG-Stammaktien zum Kurs von 200 Prozent, was einem Anteil von 27,5 Prozent entsprach, und entsandte fünf Mitglieder in den Aufsichtsrat des Konzerns. Ein Jahr später beteiligte sich GE mit 16 Prozent auch an der OSRAM GmbH. Nach dem Einstieg von GE wurde das AEG-Kapital auf 200 Millionen Reichsmark erhöht, durch Einziehung eigener Aktien sank es 1930/31 auf 185 Millionen Reichsmark und konnte auf dieser Höhe bis 1936 gehalten werden. Der Einstieg des amerikanischen Industriegiganten war für die weitere Zukunft der AEG von großer Bedeutung und trug wesentlich zu deren Überleben während der Weltwirtschaftskrise bei.

Die große Krise

Ende der zwanziger Jahre schien es, als habe die AEG ihre wirtschaftliche Position wieder einigermaßen festigen können. Im Jahr 1929, auf dem Höhepunkt der konjunkturellen Erholung, steigerte der Konzern seinen Umsatz gegenüber dem Vorjahr um 15 Prozent auf 580 Millionen Reichsmark und überholte damit zum letztenmal den großen Konkurrenten Siemens. Kurze Zeit später kam es weltweit zur bis dahin schwersten Wirtschaftskrise, in deren Verlauf die deutsche Elektroindustrie Umsatzeinbußen von über 60 Prozent erlitt und rund die Hälfte ihrer Belegschaft entließ. Die AEG konnte, wie es ihr Vorstandschef Bücher zum Ausdruck brachte, »keine ausreichende Widerstandskraft« aufbringen.[19] Nach wie vor war das Unternehmen finanziell geschwächt, viele ihrer Beteiligungen machten Verluste. Hinzu kam, daß es nicht gelungen war, die hohe Exportquote der Vorkriegszeit auch nur annähernd zu erreichen. Die Elektrowirtschaft war als Einnahmequelle weggefallen; mehr als andere Unternehmen hing die AEG von der Binnennachfrage ab.

Im Geschäftsjahr 1929/30 ging der Umsatz um etwa zehn Prozent auf rund 520 Millionen Reichsmark, im darauffolgenden Jahr um 30 Prozent auf 370 Millionen Reichsmark zurück. Die Dividendenzahlung wurde eingestellt. Als eine der ersten Firmen führte die AEG Kurzarbeit ein. Im Geschäftsjahr 1931/32 sank der Umsatz auf 220 Millionen Reichsmark und belief sich damit nur noch auf etwa 60 Prozent des Vorjahreswertes. Die AEG rutschte in die roten Zahlen und wies einen Verlust von 72,8 Millionen Reichsmark aus, der durch Auflösung des Reservefonds auf 30,7 Millionen Reichsmark reduziert werden konnte. Am 1. April 1933 hatte der Konzern nur noch 24500 Beschäftigte. Seit Ende 1928 waren 40500 Arbeiter und Angestellte entlassen worden. Der Umsatz sackte 1933 auf 180 Millionen Reichsmark ab, der AEG drohte die Zahlungsunfähigkeit.

DIE AEG IM »DRITTEN REICH«

Das verdrängte Erbe

Ende Januar 1933 beauftragte Reichspräsident Paul von Hindenburg Adolf Hitler mit der Bildung einer neuen Reichsregierung. Binnen weniger Monate gelang es den von Hitler geführten Nationalsozialisten, die Macht im Deutschen Reich an sich zu reißen und die junge deutsche Demokratie restlos zu beseitigen. Die deutsche Industrie beeilte sich, den neuen Herrschern ihre Loyalität zu versichern. Diese Form der Selbstgleichschaltung war nicht unbedingt das Produkt politischer Begeisterung für den Nationalsozialismus, sondern vielmehr Ergebnis pragmatischen Opportunismus. Die Unternehmen setzten allerdings auch große Hoffnungen auf eine Besserung der wirtschaftlichen Lage, wie dies Hermann Bücher auf der AEG-Generalversammlung im Jahr 1933 verkündete.

Büchers Haltung zum »Dritten Reich« war ambivalent. Die AEG gehörte zu den Konzernen, in denen man dem Nationalsozialismus durchaus reserviert gegenüberstand. Dies hing mit der starken Orientierung auf den Weltmarkt zusammen, die im Widerspruch zu den Autarkiebestrebungen nationalsozialistischer Wirtschaftspolitik stand. Außerdem war die AEG ein von jüdischen Deutschen gegründetes und über Jahrzehnte erfolgreich geführtes Unternehmen. Als Bücher 1934 im Berliner Sportpalast eine feurige Rede hielt, lobte er zwar die Geschichte der AEG in höchsten Tönen, verlor aber über Emil und Walther Rathenau wie auch über seinen Vorgänger und Förderer Felix Deutsch kein Wort. Statt dessen lieferte er als »Führer der AEG«, einen wenig eindrucksvollen Beweis vorauseilenden Gehorsams: »Es ist selbstverständlich, daß jeder Deutsche die Regierung aus vollem Herzen unterstützt, uns aus den Schwierigkeiten dieser Zeit hinaus zu fahren. Es ist selbstverständlich, daß ich meinerseits als Führer der AEG mich im gleichen Sinne bemühe, daß wir in jeder Beziehung uns nach den Anweisungen der Regierung richten und dem neuen Geiste in unserer Gesellschaft volle Geltung zu verschaffen versuchen.«[20]

Trotz aller Loyalitätsbekundungen zeigte Bücher aber wenig Verständnis für den brutalen Antisemitismus der Nationalsozialisten. Louis P. Lochner zitiert ihn mit einer Aussage in einer Vorstandssitzung des Jahres 1938, in der er gesagt haben soll: »Meine Herren, wenn einer von Ihnen ... jetzt die Gelegenheit benutzt, für die AEG jüdisches

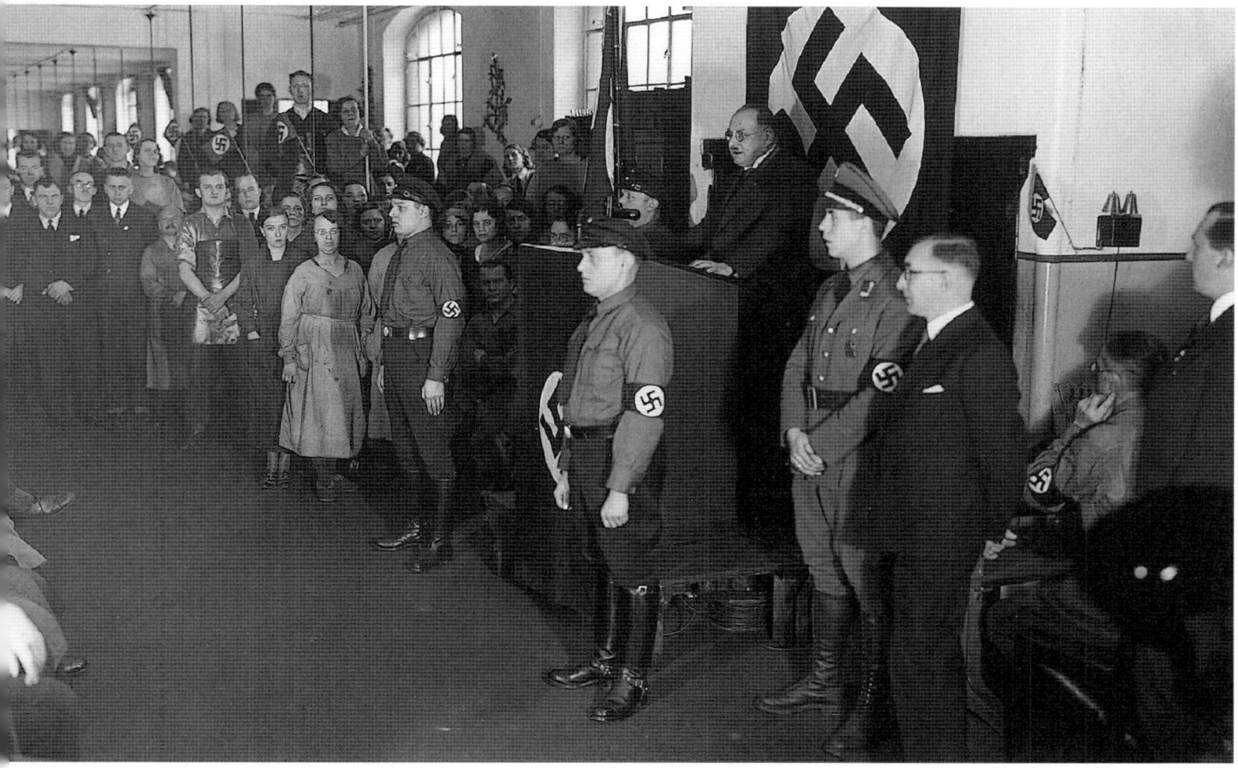

Ansprache unter dem Hakenkreuz in den AEG-Fabriken Ackerstraße, 1935. Bilder wie dieses entstanden in jener Zeit in nahezu allen deutschen Industriebetrieben

Bei den XI. Olympischen Sommerspielen in Berlin wurde erstmals eine elektronische Fernsehkamera für Direktübertragungen eingesetzt. Für diese Ikonoskop-Kamera standen wahlweise drei Objektive von 25 und 90 Zentimeter (Carl Zeiss) sowie 160 Zentimeter (Leitz) Brennweite zur Verfügung. Das 160-Zentimeter-Objektiv hatte einen Linsendurchmesser von 40 Zentimeter und wog 45 Kilo. Als Operateur an der Kamera stand Walter Bruch, der spätere Erfinder des PAL-Farbfernsehsystems von Telefunken

Vermögen zu kaufen, schmeiße ich ihn fristlos heraus ... Es wird der Zeitpunkt kommen, wo das alles zurückgezahlt werden muß.«[21] Auch Albert Speer, Hitlers Rüstungsminister, erwähnte nach dem Krieg vor dem Nürnberger Kriegsverbrechertribunal ausdrücklich Hermann Bücher, der zahlreichen bedrohten Berliner Juden durch Beschäftigung bei der AEG Schutz geboten habe.[22]

Verspätete Sanierung

Vom Geschäftsjahr 1934/35 an machte sich die allgemeine Belebung der Wirtschaft auch in den AEG-Bilanzen positiv bemerkbar. Der Umsatz stieg gegenüber dem Vorjahr von 234 Millionen auf 273 Millionen Reichsmark. Am Ende des Berichtsjahres standen bei der AEG wieder annähernd 42 000 Arbeiter und Angestellte in Lohn und Brot. Dennoch litt der Konzern noch immer an finanzieller Auszehrung. Während viele andere Unternehmen während der Weltwirtschaftskrise Kapitalschnitte vorgenommen hatten, holte dies die AEG mit Verspätung nach. Erst 1936 beschloß die Generalversammlung eine Kapitalherabsetzung von 185 auf 61,7 Millionen Reichsmark. Anschließend flossen dem Konzern durch eine Kapitalerhöhung 120 Millionen Reichsmark zu. Die neuen Aktien wurden von der Berliner Handelsgesellschaft, der GE und der Gesellschaft für Elektrische Unternehmungen AG (GESFÜREL) – sie allein übernahm ein Viertel der

Telefunken-Fernseh-empfänger, 1938. Kurz vor Beginn des Zweiten Weltkriegs stand der allgemeinen Einführung des Fernsehens in Deutschland technisch nichts mehr im Wege

120 Millionen – finanziert. Nach dem Kapitalschnitt konnte der Konzern wieder Dividende zahlen.

Weichenstellungen

Während des Zweiten Weltkriegs fällte die AEG-Unternehmensführung zwei weit in die Zukunft reichende Entscheidungen: die vollständige Übernahme von Telefunken und die Fusion mit der GESFÜREL.

Am 17. Oktober 1940 fand eine außerordentliche Generalversammlung der AEG-Aktionäre statt. Anlaß war die Sanktionierung einer umfassenden Interessenabgrenzung zu Siemens. Daraufhin wurden 1941 einige bis dahin gemeinsam betriebene Gesellschaften aufgeteilt. Die Telefunken GmbH ging in Alleinbesitz der AEG über. Als Ausgleich übernahm Siemens von der AEG deren Anteile an der Bergmann Elektrizitätswerke AG, die Klangfilm GmbH und die Vereinigte Eisenbahn-Signalwerke AG.

Am 22. März 1935 nahm der erste Fernsehsender der Welt in Berlin den Sendebetrieb auf

Die Übernahme von Telefunken, des damals bedeutendsten High-Tech-Unternehmens im Deutschen Reich, beendete sowohl für Siemens als auch für die AEG einen unbefriedigenden Zustand: Als sich beide Unternehmen 1903 dazu entschlossen, ihre Funktechnik zusammenzulegen, geschah dies mit sanftem Druck von staatlicher Seite, welche die neue Technik der drahtlosen Telegraphie militärisch nutzen wollte und dafür ein einheitliches System verlangte.

Die Gründung von Telefunken brachte der AEG eine wertvolle Ergänzung ihres Produktspektrums. Telefunken war zunächst als reine Entwicklungsfirma konzipiert; die Produktion erfolgte in den Betrieben der beteiligten Unternehmen. Als sich auf dem Rundfunksektor ein ungeahnter Aufschwung zeigte, beantragte Siemens, diesen Zweig auszugliedern und den Stammfirmen zu übertragen, die damit in offene Konkurrenz zueinander getreten wären. Für die auf dem Gebiet der Schwachstromtechnik nur ungenügend entwickelte AEG hätte dies bedeutet, eine völlig neue Tochtergesellschaft aufbauen zu müssen.[23] Als 1935 der Telefunken-Vertrag auslief, folgten jahrelange Verhandlungen, ehe ein neuer Vertrag mit einer Laufzeit bis 1945 geschlossen werden konnte, mit dem jedoch keine der Seiten zufrieden war, bis für Telefunken 1941 eine Lösung gefunden wurde.

Auf einer weiteren außerordentlichen Generalversammlung stand am 19. Februar 1942 die Fusion zwischen der AEG und der mit internationalen Kapitalgruppen verbundenen GESFÜREL auf der Tagesordnung. Die GESFÜREL, eine Holdinggesellschaft, war vor der Jahrhundertwende unter anderem als Finanzierungsorgan der 1903 mit der AEG fusionierten Union Elektricitäts-Gesellschaft (UEG) ins Leben gerufen worden. Sie kontrollierte zahlreiche Finanzgesellschaften, Elektrizitätswerke, Straßenbahngesellschaften, Werke der Elektroindustrie, des Maschinenbaus und der Metallbearbeitung. Die wichtigsten Unternehmen waren die Hirsch Kupfer- und Messing-Werke AG, die Ludwig Loewe-Fabriken, die Norddeutschen Kabelwerke, die Nürnberger Schraubenfabrik, die Elektrowerk GmbH und die Neckar-Werke AG.

Mit der Übernahme von Telefunken und der Fusion mit der GESFÜREL hatte die AEG wichtige Weichenstellungen für ihre Zukunft vorgenommen. Erklärtes Ziel war es, neben dem Investitionsgütergeschäft das Warengeschäft (z. B. Hausgeräte und Installationsmaterial) als zweites unternehmerisches Standbein auszubauen. Im Warengeschäft erlebte der Konzern seit 1933 einen beachtlichen Aufschwung. Die AEG hatte ihre unternehmerischen Ziele für die Nachkriegszeit also bereits gesteckt, wie Bücher 1941 betonte: »Wir haben einmal unser altes Geschäft [d. h. das Anlagengeschäft], dann bauen wir unser Warengeschäft aus, und die dritte Stütze wird das Schwachstromgeschäft sein. Schwachstrom und Starkstrom werden ineinander übergehen, und insofern wollen wir eine Universalfirma sein.«[24]

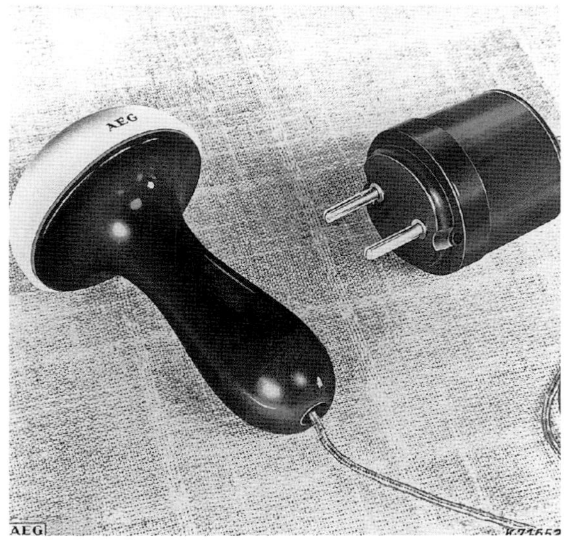

Elektrisch beleuchteter Stopfpilz. Dieses praktische Gerät, das sich im Krieg auch hervorragend als Notbeleuchtung für nicht verdunkelte Räume eignete, ging auf eine Erfindung des späteren Bundeskanzlers Konrad Adenauer zurück

Die AEG, die Rüstung und die Juden

Wie unzählige andere Unternehmen tat sich auch die AEG nach dem Ende des Zweiten Weltkriegs mit der Bewältigung ihres Engagements während des »Dritten Reichs« schwer. Entlastende Äußerungen, was auch immer sie bedeuten mochten, wurden nach dem Krieg von vielen Beschäftigten dankbar aufgenommen und wie pauschale Unbedenklichkeitsbescheinigungen verwendet, mit der sie sich einer Auseinandersetzung mit der eigenen Vergangenheit entziehen konnten. Hierzu diente beispielsweise die Juni 1945 verfaßte Erklärung des früheren Reichswirtschaftsministers Walther Funk »Die Beziehungen der deutschen Wirtschaft zur Partei und zur nationalsozialistischen Staatsführung«, in der es hieß, die AEG habe während des »Dritten Reichs« »abseits« gestanden.[25] Andere Versuche, vor allem aus der unmittelbaren Nachkriegszeit, sich von der Vergangenheit reinzuwaschen, waren dilettantisch und alles andere als überzeugend. So behauptete ein am 12. Dezember 1945 zusammengestelltes Papier allen Ernstes: »Eigentliches Kriegsgerät, also Waffen und Wehrmachtsgerät wesensfremder Art hat die AEG nur unter äußerstem Zwang und nur in ganz geringem Umfang gefertigt.«[26]

Es war dies nicht die einzige merkwürdige Verdrehung der Tatsachen, die in jenen Tagen von eifrigen Angestellten eilig niedergeschrieben wurde, um den Konzern vor dem Zugriff der Alliierten zu retten. Unternehmen wie die AEG und Telefunken, deren Produkte weltweit an der Spitze des technischen Fortschritts standen, waren im Zweiten Weltkrieg selbstverständlich in erheblichem Umfang an der Lieferung von Rüstungsgütern beteiligt. Und solange die Deutsche Wehrmacht auf dem Vormarsch war, bestand für die deutsche Wirtschaft wenig Anlaß, auf eine Beendigung des Kriegs zu drängen.

Der Anteil der Rüstungsproduktion sollte nach dem Willen der Unternehmensleitung allerdings möglichst gering gehalten werden. Offensichtlich hatte man noch die schlechten Erfahrungen aus der Zeit des Ersten Weltkriegs in Erinnerung, als die AEG nach Krupp zum bedeutendsten Rüstungsunternehmen aufstieg. Jedenfalls antwortete der Vorstandsvorsitzende Bücher auf der Bilanzpressekonferenz am 9. Februar 1940 auf die Frage, ob man wie auch schon im Ersten Weltkrieg auf »Präzisionsmaschinen Handgranatenstiele« drehen wolle: »Nein, wir bleiben bei unserem Handwerk.« Jedoch fügte das Vorstandsmitglied Hans C. Boden vorsichtig hinzu: »Wir bemühen uns jedenfalls, das in diesem Rahmen zu machen.«[27]

Erst in der Schlußphase des Krieges erlitt die AEG durch Kriegseinwirkungen nennenswerte Produktionseinbußen

Tatsächlich betrug der Anteil an der Rüstungsproduktion bei der AEG zu Kriegsbeginn lediglich 3,5 Prozent vom Gesamtumsatz (541 Millionen Reichsmark), soll aber schon 1940 auf über ein Drittel des Gesamtumsatzes gestiegen sein.[28] Die AEG bzw. Telefunken lieferten unter anderem Ortungsgeräte, Scheinwerfer, Funkmeßgeräte, aber auch leichte Infanteriegeschütze, Zünder, Bombenabwurfvorrichtungen, Minenzündgeräte und Granaten. Der ständig steigende Bedarf an Rüstungsgütern veranlaßte die AEG-Führung, neue Fabriken zu bauen, beispielsweise in Wildau bei Berlin, wo ein großer Betrieb zum Bau von Flugzeugteilen übernommen worden war.

Je länger der Krieg dauerte, desto stärker verstrickten sich die leitenden Angestellten des Unternehmens in die Politik des NS-Regimes. 1942 wurde Hermann Bücher in den »Rüstungsrat« beim Reichsministerium für Bewaffnung und Munition, einem der wichtigsten Lenkungsinstrumente der deutschen Kriegswirtschaft, berufen.

Ein unrühmliches Kapitel der AEG-Geschichte war das Engagement des Unternehmens im besetzten europäischen Ausland. Vor allem im Osten Europas übernahm der

Notdürftig instand gesetzt: die Fassade des Telefunken-Röhrenwerks in der Berliner Sickingenstraße nach Kriegsende

Die schwer beschädigte AEG-Zentrale am Friedrich-Karl-Ufer in Berlin

Konzern zahlreiche Betriebe, zu deren Verwaltung eigens eine Holding-Gesellschaft, die »AEG Fabriken Ostland GmbH« gegründet wurde. Die AEG verfügte 1942 zum Beispiel über Beteiligungen am Kabelwerk Ozarow A.G., Warschau (33 Prozent), und am Kabelwerk Krakau (100 Prozent). Weitere Produktionsstätten existierten im polnischen Lodz und im lettischen Riga. Von den 102000 Beschäftigten, die 1944 bei der AEG arbeiteten, waren 25680 ausländische Zivilarbeiter und Kriegsgefangene. Deren Anteil an der Gesamtbelegschaft lag damit bei 25,1 Prozent.[29] Wie viele andere deutsche Großunternehmen beschäftigte die AEG außerdem Insassen von Konzentrationslagern, vor allem in den besetzten Gebieten des Ostens, so bei der AEG Ostlandwerke GmbH in Riga und beim Kabelwerk Krakau.[30]

Das Kriegsende

Bei Kriegsbeginn konzentrierten sich rund 90 Prozent der AEG-Produktionsstätten auf Berlin und dessen nähere Umgebung. Die Belegschaft war von 1939 bis Ende September 1944 von rund 55000 auf 102000, einschließlich aller Beteiligungen sogar auf rund 200000 Beschäftigte gewachsen (Siemens: 244000). An diese Zahl sollte der Konzern in seiner weiteren Geschichte nie mehr heranreichen. Zum damaligen Zeitpunkt erreichte die deutsche Kriegswirtschaft ihre größte Leistungsfähigkeit, sie ging später, bedingt durch Luftangriffe und Kampfhandlungen am Boden, kontinuierlich zurück.

Die AEG erlebte das Kriegsende zwar geschwächt, in ihrer Struktur jedoch intakt. Die Tätigkeit des Konzerns war bis Herbst 1944 durch Kriegseinwirkungen kaum beeinträchtigt. Erst in der Schlußphase der Kämpfe ging ein Viertel der Produktionskapazität

Notfabrikation in
ungeheizten Werkhallen

Friedrich Spennrath
übernahm 1947 von
Hermann Bücher den
Vorstandsvorsitz der AEG.
Anfang 1956 löste ihn
Hans C. Boden ab

verloren. Dieser verhältnismäßig geringe Rückgang veranlaßte die Unternehmensleitung später zu der optimistischen Einschätzung, daß »es ohne weitere Schicksalsschläge möglich gewesen wäre, selbst diesen erheblichen Substanzverlust ohne Kapitalschnitt auszugleichen«[31].

Angesichts des Kriegsverlaufs waren jene Ziele, wie sie Hermann Bücher 1941 angekündigt hatte, hinfällig geworden. Dagegen hatte der Siemens-Vorstand schon im Herbst 1944 von der künftigen Einteilung Deutschlands in Besatzungszonen erfahren und Produktionsverlagerungen in den Westen Deutschlands vorgenommen.[32] Als 1945 die Rote Armee auf die Reichshauptstadt vordrang, setzten sich die meisten AEG-Vorstände und leitenden Angestellten nach Westen ab, um dort mit dem Wiederaufbau zentraler Verwaltungsfunktionen zu beginnen. So hatte der Vorstandsvorsitzende Bücher sein provisorisches Quartier in Hamburg aufgeschlagen, konnte seinen Dienst dort jedoch nicht mehr lange ausüben, da er 1946 wegen seines Engagements während der Zeit des »Dritten Reichs« auf Anweisung der britischen Militärregierung entlassen wurde. An seine Stelle trat Friedrich Spennrath, der zusammen mit einigen Mitarbeitern in Berlin geblieben war und von der britischen Besatzungsmacht als Treuhänder eingesetzt wurde.[33] 1947 übernahm er offiziell die Nachfolge Büchers. Unter seiner Leitung wurden die entscheidenden Weichenstellungen für den Wiederaufbau vorgenommen. Bücher blieb zunächst über einen Beratervertrag mit der AEG verbunden. 1950 übernahm er bis zu seinem Tod (14. Juli 1951) den Aufsichtsratsvorsitz.

Detektor-Empfänger und Schnapsgläser aus Röhrenkolben – Notfabrikation bei Telefunken in der unmittelbaren Nachkriegszeit

Die AEG-Vertriebsniederlassung Hannover, 1956. Vom Wiederaufbau zum Wirtschaftswunder – der Aufstieg der AEG nach dem Zweiten Weltkrieg steht fast symbolisch für die deutsche Nachkriegsgeschichte

ZWEITER TEIL: DER PHÖNIX STEIGT AUS DER ASCHE

IMPROVISATION UND WIEDERAUFBAU

Substanzverlust

Wie kaum ein anderes Unternehmen war die AEG vom Ausgang des Zweiten Weltkriegs betroffen. Ein Großteil der Fabriken befand sich in und um Berlin. Sie erwirtschafteten über 70 Prozent des Konzernumsatzes. Die Konzentration der Fertigungsstätten auf einen Standort war ein Erbe des Firmengründers Emil Rathenau, der fürchtete, die Übersicht über das Unternehmensgeflecht zu verlieren. Die wenigen Fabriken, die außerhalb der Reichshauptstadt lagen, reichten in ihrer Bedeutung nicht annähernd an die Berliner Produktionsstätten heran. Im Laufe des Zweiten Weltkriegs wurde ein nennenswerter Teil der Produktion dezentralisiert und hauptsächlich nach Mitteldeutschland verlagert.

Innerhalb Berlins verteilten sich die Fabriken der AEG jeweils zur Hälfte auf den West- und Ostteil der Stadt. Nach Kriegsende kamen insgesamt neun Fabriken und 20 Beteiligungsgesellschaften zum sowjetischen Sektor der Stadt; 23 weitere Produktionsstätten – zumeist Verlagerungsbetriebe – und zehn Beteiligungen befanden sich auf dem Gebiet der Sowjetischen Besatzungszone Deutschlands (SBZ). Hinzu kamen neun Grundstücksgesellschaften. Sie waren Eigentümer eines beträchtlichen Teils der Liegenschaften, auf denen sich die AEG-Fabriken und AEG-Vertriebsbüros befanden. Oft handelte es sich dabei um Grundstücke in bester Stadtlage.

Was sich in den ersten Monaten nach Kriegsende abspielte, stellte alles in den Schatten, was die AEG im Krieg an Schäden erlitten hatte. Vom Herbst 1945 bis Ende 1949 gingen die Fabriken und Büros im sowjetischen Besatzungsgebiet Deutschlands sowie in den Gebieten jenseits von Oder und Neiße durch Enteignungen ausnahmslos verloren. Hinzu kamen umfangreiche Demontagen, denen vor allem jene Betriebe zum Opfer fielen, die sich im Westteil Berlins befanden (Turbinenfabrik in der Huttenstraße, Maschinenfabriken Brunnenstraße, Apparatefabrik Drontheimer Straße, Zählerfabrik Ackerstraße, Apparatefabrik Cuvrystraße, Röhrenfabrik Sickingenstraße und die Technisch-Physikalischen-Werkstätten im Stadtbezirk Reinickendorf). Der Substanzverlust, den die Konzernmuttergesellschaft hierdurch erlitt, lag bei 74,5 Prozent; der Gesamtwert der Verluste an den Beteiligungen belief sich auf 31,3 Prozent.[1] Hinzu kam, daß in Berlin Bankkonten mit Einlagen in Höhe von 132 Millionen Reichsmark blockiert,

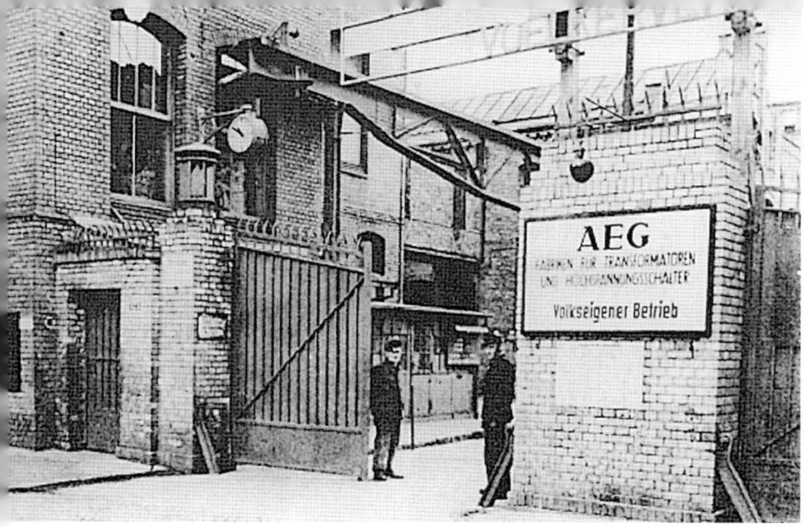

Knapp 75 Prozent der Unternehmenssubstanz gingen der AEG nach 1945 durch Enteignungen und Demontagen verloren.

Warenforderungen an das Reich in Höhe von 275 Millionen Reichsmark eingefroren und das gesamte Auslandsvermögen beschlagnahmt worden waren. Der Gesamtverlust für die AEG wurde auf weit über eine Milliarde Reichsmark geschätzt.[2]

Infolge von Beschlagnahmen und Enteignungen war die konzerninterne Arbeitsteilung unterbrochen worden. Dies bekam übrigens auch die sowjetische Besatzungsmacht sehr schnell unangenehm zu spüren, denn sie behandelte die enteigneten Betriebe fortan wie selbständige Unternehmen. Da diese jedoch ohne den Konzernverbund nicht fortexistieren konnten, unternahm die Leitung der »Sowjetischen Staatlichen Actiengesellschaft für elektrotechnische Industrie, Abteilung Deutschland« Anfang August 1946 einen Vorstoß, die enteigneten AEG-Betriebe im sowjetischen Besatzungsgebiet Deutschlands zusammenzufassen und diese der AEG-Konzernführung zu unterstellen, vorausgesetzt, diese wäre bereit, ihren Sitz in den sowjetischen Sektor Berlins zu verlegen. Nach einigem Hin und Her wurde dieses Vorhaben von der sowjetischen Seite Anfang September 1946 aufgegeben.[3] Der Kontakt zu den abgetrennten Fabriken blieb aufgrund gewachsener Beziehungen noch eine Zeitlang recht eng. Ähnlich sah es in der Vertriebsorganisation aus. Einige der Büros, zum Beispiel das in Rostock, wurden erst 1948 enteignet. In den Jahren 1947/48 wickelte die AEG noch rund 42 Prozent ihrer Geschäfte mit dem sowjetischen Besatzungsgebiet ab; 56 Prozent entfielen auf den von den Westmächten besetzten Teil Deutschlands und nur zwei Prozent auf den Export.

Improvisierter Wiederaufbau

Trotz des enormen Substanzverlusts kam der Wiederaufbau der AEG keinem Neuaufbau gleich. Zunächst einmal stellten die im Konzern verbliebenen Fabriken nicht unbedingt einen marginalen Restwert dar. Außerdem waren dem Konzern eine Reihe wertvoller Beteiligungen geblieben, und schließlich verfügte er über eine intakte Vertriebsorganisation.[4] Viele Beschäftigte des Konzerns benutzen die zahlreichen Büros der AEG als Anlaufstelle zur Wiederaufnahme ihrer Tätigkeit, von manchem Vertriebsbüro aus wurde der Aufbau neuer Fabriken geleitet.

Hans C. Boden gehörte seit Beginn der dreißiger Jahre dem AEG-Vorstand an und bestimmte von 1956 bis 1970 als Vorsitzender des Vorstands und des Aufsichtsrats die Geschicke des Konzerns

Mit der Errichtung neuer Fertigungsstätten wurde bereits vor der Währungsreform (20. Juni 1948) begonnen. Anders als in Berlin waren im Westen Deutschlands die AEG-Bankguthaben nicht blockiert worden. Mit deren Hilfe konnten zunächst die zum Teil völlig zerstörten Fabriken in Nürnberg (Hausgeräte), Stuttgart (Elektrowerkzeuge) und Mülheim/Ruhr (Ausbesserungswerk für Transformatoren) notdürftig wieder hergerichtet werden. Als Ersatz für die enteigneten Werke entstanden binnen weniger Jahre eine Schaltgerätefabrik in Neumünster, eine Fabrik für Kleinmotoren in Oldenburg, eine Zählerfabrik in Hameln, ein Werk zur Reparatur und zum Bau von Turbinen und Kompressoren in Essen, eine Fabrik für Hochspannungsschaltgeräte und Isoliermaterial in Kassel, ein Meßinstrumentenwerk in Heiligenhaus, eine Fernmeldefabrik in Backnang, ein Gleichrichterwerk in Belecke und eine Fabrik für Bergwerksbedarf in Mühlheim/Saarn. Viele der Produktionsstätten fanden zunächst in ehemaligen Kasernen Unterschlupf, die sich als Fertigungsstandorte jedoch nur wenig eigneten und auf Dauer gesehen der AEG Wettbewerbsnachteile brachten.

Auch gelang einer Reihe bedeutender Beteiligungsgesellschaften der Neuanfang im Westen Deutschlands. So wurde die Olympia-Büromaschinen GmbH 1946 von Erfurt in Thüringen nach Wilhelmshaven verlagert und 1954 in Olympia Werke AG umfirmiert. Die Dresdener Sachsenwerk Licht- und Kraft AG wurde in München neu gegründet und fand schließlich in Regensburg eine neue Unterkunft.

Im Westteil Berlins befand sich die AEG dagegen in einer ungleich schwierigeren Lage. Infolge der Sektoreneinteilung war die Stadt von ihrem natürlichen Umland abgetrennt. Als Reaktion auf die Währungsreform in den Westzonen veranlaßte die sowjetische Besatzungsmacht eine Blockade der drei Westsektoren, die im Juni 1948 begann und erst im Mai 1949 aufgehoben wurde. Während dieser Zeit waren in West-Berlin sowohl die relativ wertlose Ostmark als auch die D-Mark (West) als Währung zugelassen, was sich für die wirtschaftliche Entwicklung der Stadt als zusätzlicher Nachteil erwies. Infolge dieser Probleme verzögerte sich der Wiederaufbau der AEG-Fabriken erheblich. Vielfach mußte für längere Zeit auf Not- oder Übergangsfabrikation ausgewichen werden, um auf diese Weise wenigstens einen Teil der hochqualifizierten Belegschaft zu halten.

Zum Wiederaufbau hieß es im Geschäftsbericht für die Jahre 1944 bis 1950 zusammenfassend: »Es wurde ein mit Vorsicht und auf lange Sicht geplantes Fabrikationsprogramm entworfen, das alle wesentlichen von uns in der Vergangenheit bearbeiteten Gebiete der Elektrotechnik umfaßte, wobei wir jedoch auf die Errichtung neuer Fabriken für Drähte und Kabel sowie für Installationsmaterial im Hinblick auf unsere beschränkten Mittel verzichteten.«[5] Hans C. Boden, Finanzchef des Konzerns, erklärte hierzu 1950 vor der Hauptversammlung: »Wir haben nicht den Ehrgeiz, sämtliche Arbeitsgebiete der Elektrotechnik bearbeiten zu wollen. Wir wollen uns auf unser Spezialgebiet der Starkstromtechnik, insbesondere des Starkstrom-Anlagenbaus, beschränken. Auf diesem Sondergebiet wollen wir allerdings versuchen, wieder an der Spitze mitzumarschieren, und ich möchte auch von der finanziellen Seite betonen, daß wir bereit sind, für die technische Fortentwicklung die erforderlichen Mittel bereitzustellen, selbst wenn dies eine schwere Belastung der Gegenwart bedeutet.«[6]

Rückkehr in den Markt

Die Finanzierung des Wiederaufbaus wurde bis Mitte 1948 aus eigenen Mitteln geleistet. Die Währungsreform vom Juni 1948 bedeutete für die AEG einen erneuten Einschnitt. Bargeldbeträge und Guthaben wurden von 171,4 Millionen Reichsmark auf 19,6 Millionen Deutsche Mark abgewertet. Die Schulden reduzierten sich von 224,4 Millionen Reichsmark auf 97,6 Millionen Deutsche Mark, das Aktienkapital wurde im Verhältnis 3 : 1 auf Deutsche Mark umgestellt, und zwar von 264 Millionen Reichsmark auf 88 Millionen Deutsche Mark. Die Sachwerte des Konzerns blieben dagegen unberührt. Unmittelbare Auswirkung der Währungsreform war – wie auch bei vielen anderen Unternehmen – eine akute Liquiditätskrise. Die Schaffung neuer Betriebsmittel konnte nur durch kurzfristige Bankkredite, Anzahlungen von Kunden und mittelfristige Wiederaufbaukredite erfolgen. Hinzu kamen nicht unerhebliche Beträge aus der amerikanischen Marshallplanhilfe. Zur Bildung größerer Reserven reichten die Mittel jedoch nicht aus. Bereits 1949 machte Finanzchef Boden gegenüber dem Aufsichtsrat darauf aufmerksam, daß »insbesondere die durch die Investierungen und die Entwicklung des Geschäfts notwendig gewordene sehr erhebliche finanzielle Beanspruchung« ein vorsichtigen Finanzgebahren und eine scharfe Überwachung von Investitionen notwendig erscheinen lasse. Dennoch blieb die Finanzlage gespannt, wie Boden konstatierte: »Wenn man die Grundsätze früherer konservativer Finanzierungspolitik an unsere heutige Situation anlegt, ist die Liquiditätslage der Gesellschaft im Hinblick auf die erhebliche kurzfristige Verschuldung als angespannt anzusehen.«[7]

Wachstum, Wachstum

Trotz schwieriger Rahmenbedingungen gelang es der AEG, ihren Weltruf in relativ kurzer Zeit wiederzuerlangen. Die Wachstumsraten des Konzerns waren atemberaubend. Der Umsatz hatte 1945/46 mit 87 Millionen Reichsmark (1938/39: 541 Millionen Reichsmark) seinen absoluten Tiefstand erreicht, 1948/49 lag er wieder bei 213 Millionen D-Mark und reichte damit wieder zu drei Vierteln an das Niveau des Jahres 1936 heran. Die Zahl der Beschäftigten, die im Oktober 1945 auf 9600 zurückgegangen war, stieg 1949 auf 23900. Im Geschäftsjahr 1950/51 steigerte die AEG ihren Umsatz auf 432 Millionen Mark (gegenüber 270 Millionen Mark im Vorjahr). Erstmals nach dem Krieg konnte wieder eine Dividende von fünf Prozent auf das Grundkapital (88 Millionen Mark) gezahlt werden.

Im Oktober 1951 legte die AEG in Berlin ihren ersten Nachkriegsgeschäftsbericht über die Geschäftsjahre 1944 bis 1950 vor. Die Abschlüsse für die Jahre 1944/45, 1945/46 und 1946/47 hatten wegen der Währungsumstellung keine Bedeutung mehr und brauchten mit Genehmigung des Berliner Magistrats nicht vorgelegt und veröffentlicht zu werden. Insgesamt verfügte die AEG über 26 Beteiligungsgesellschaften, davon sieben mit 100prozentiger Beteiligung, elf mit jeweils einem Anteil von mehr als 50 Prozent und acht Minderheitsbeteiligungen.

Bedeutende AEG-Tochterunternehmen (1950)

- Osram G.m.b.H. Kommanditgesellschaft (Kapital: 48 Millionen Mark, AEG-Anteil: 32,5 %)
- Neckarwerke Elektrizitätsversorgungs-A.G. (Kapital: 30 Millionen Mark, AEG-Anteil: 50,1 %)
- Amperwerke Elektrizitäts AG (Kapital: 28 Millionen Mark, AEG-Anteil: 50,2 %)
- Telefunken Gesellschaft für drahtlose Telegraphie m.b.H. (Kapital: 25 Millionen Mark, AEG-Anteil: 100 %)
- Koblenzer Elektrizitätswerk u. Verkehrs-A.G. (Kapital: zwölf Millionen Mark, AEG-Anteil: 97,5 %)
- Elektrofinanz A.G. (Kapital: 5,6 Millionen Mark, AEG-Anteil: 99,9 %)
- Nationale Automobil-Gesellschaft A.G. – NAG (Kapital: fünf Millionen Mark, AEG-Anteil: 99,9 %)
- Ludwig Loewe & Co. A.G. (Kapital: fünf Millionen Mark, AEG-Anteil: 100 %)
- N.S.F. Nürnberger Schraubenfabrik und Elektrowerk G.m.b.H. (Kapital: fünf Millionen Mark, AEG-Anteil: 100 %)
- Olympia Werke West G.m.b.H. (Kapital: 3,8 Millionen Mark, AEG-Anteil: 100 %)
- Lloyd Dynamowerke A.G. (Kapital: 2,5 Millionen Mark, AEG-Anteil: 99,9 %)
- Hydrawerk A.G. (Kapital: zwei Millionen Mark, AEG-Anteil: 100 %)

Der rasch steigende Umsatz, gefördert durch den Wirtschaftsboom infolge des Koreakriegs, erforderte einen ständigen Ausbau der Fertigungsstätten. 1953 verfügte die AEG bereits wieder über 21 Fabriken. Neben den bereits erwähnten Produktionsstätten waren neue Werke in Hamburg (Schiffsausrüstungen und Tonbandgeräte), Menden (Zweigwerk der Schaltgeräte-Fabrik Neumünster), Essen (Schweißmaschinen) und Kassel (Schaltgeräte, Fahrkartendrucker, Kühlschränke) hinzugekommen. Die Nutzfläche aller Produktionsstätten betrug 470 000 Quadratmeter, was einem Anteil von 40 Prozent der Produktionsfläche von 1944 entsprach. Beim Ausbau des Konzerns war die AEG mehr denn je auf den Zufluß fremden Kapitals angewiesen.

Zwar wies der Vorstandsvorsitzende Friedrich Spennrath schon 1952 auf die Notwendigkeit einer Konsolidierung der AEG hin,[8] aber ungeachtet dessen setzte die Konzernführung in den folgenden Jahren die Expansion fort. So stieg der Umsatz von 1953 bis 1954 von 617 Millionen Mark auf 736 Millionen Mark und übersprang im Geschäftsjahr 1955/56 die Milliardengrenze. Die Steigerungsrate erreichte – wie schon im Vorjahr – 20 Prozent. Die AEG beschäftigte inzwischen 51 500 Menschen.

Aufgrund der ständigen Ausdehnung des Geschäftsvolumens ließ die Konzernführung das Grundkapital laufend erhöhen. Bereits im Geschäftsjahr 1953/54 war es um 22 Millionen Mark auf 110 Millionen Mark gestiegen. 1955 wurde es um 55 Millionen Mark auf 165 Millionen Mark aufgestockt. Der Reingewinn des Konzerns betrug damals 14,8 Millionen Mark, die Höhe der Verbindlichkeiten belief sich aber schon auf 157 Millionen Mark.[9] Die Finanzsituation blieb weiterhin angespannt. Am 1. September 1955 wies Hans C. Boden gegenüber dem Finanzausschuß des Aufsichtsrats darauf hin, daß »das Verhältnis Eigen- zum Fremdkapital bei anderen Gesellschaften der Elektro-Industrie wesentlich besser« als bei der AEG sei, deren Wiederaufbau »in stärkstem Maße mit fremdem Kapital« erfolgte.[10]

Prüftransformator im AEG-Hochspannungsinstitut in Kassel, 1953

1958 brachte die AEG ihrer ersten Waschvollautomaten »Lavamat« auf den Markt

Im September 1956 beschloß eine außerordentliche Hauptversammlung eine weitere Erhöhung des Grundkapitals um 55 Millionen Mark auf 220 Millionen Mark; kaum ein halbes Jahr später wurde es abermals um den gleichen Betrag auf nunmehr 275 Millionen Mark aufgestockt.

Der Wiederaufbau wurde nicht nur durch Fremdkapital, sondern auch durch Verkäufe von Beteiligungen finanziert. So trennte sich die AEG zwischen 1952 und 1954 von einigen Aktivitäten bei Energieversorgungs- und Verkehrsunternehmen, wie der Amperwerke in München und der Deutschen Betriebsgesellschaft für drahtlose Telegraphie (DEBEG). Zur weiteren Abdeckung ihrer Kreditverpflichtungen wurde außerdem die Beteiligung an der Koblenzer Elektrizitätswerk u. Verkehrs-A.G. verkauft.

Hausgeräte: »Aus Erfahrung gut«

Nach dem Zweiten Weltkrieg zählte das Nürnberger Hausgerätewerk zu den wenigen Produktionsstätten, die der AEG verblieben waren. Mit über 30 Millionen Mark Jahresumsatz war sie 1950/51 neben dem Stuttgarter Transformatorenwerk außerdem die umsatzstärkste Fabrik des Konzerns. In den folgenden Jahren erlebte das Hausgerätegeschäft einen ungeahnten Aufschwung, verursacht vor allem durch die Fertigung elektrischer Waschmaschinen. Die Nachfrage war so groß, daß sie kaum befriedigt werden konnte. Der Boom erfaßte auch andere Produktgruppen wie etwa die Kühlschrankfertigung. Neue Werke entstanden Ende der vierziger/Anfang der fünfziger Jahre in Oldenburg und Kassel. 1958 wurde in Nürnberg die Fertigung von Waschvollautomaten (»Lavamat«) aufgenommen. Etwa zur selben Zeit führte die AEG den Slogan »Aus Erfahrung Gut« ein, der von allen Werbebotschaften im deutschsprachigen Raum mit den größten Bekanntheitsgrad erreichte.

Dank der Massenfertigung wurden elektrische Kühlschränke in den fünfziger Jahren allmählich für breite Käuferschichten erschwinglich. Die AEG hatte bereits vor dem Zweiten Weltkrieg in Hennigsdorf Kühlschränke gefertigt. Seit 1949 ist die Produktion in Kassel konzentriert

Als die AEG 1958 ihr 75jähriges Firmenjubiläum feierte, produzierte sie in 24 Werken. Der Wiederaufbau schien gelungen. Der Konzernumsatz erreichte 2,2 Milliarden Mark, 943 Millionen Mark davon erwirtschafteten diejenigen Tochtergesellschaften, an denen die AEG mit mehr als 50 Prozent beteiligt war. Das Eigenkapital betrug 395 Millionen Mark, das Fremdkapital 854 Millionen Mark.[11] Die AEG blieb auch weiterhin in hohem Maß auf fremdes Geld angewiesen.

Dabei blieb es auch, nachdem Hans C. Boden Anfang 1956 den Vorstandsvorsitz von Friedrich Spennrath übernommen hatte. Boden machte zum wiederholten Mal auf ein grundsätzliches Problem aufmerksam: »Durch Eigenfinanzierung können keine erheblichen Mittel verfügbar gemacht werden. Die Konkurrenz in der Elektro-Industrie ist so stark, daß die Gewinne nach Abzug der Steuern und der Dividenden nicht genügend eigene Mittel für die Finanzierung übriglassen. Deshalb ist eine Fremdfinanzierung erforderlich.«[12]

Elektrische Kleingeräte eroberten in den fünfziger Jahren die deutschen Haushalte. In jener Zeit kam auch der Begriff »Föhn« für Haartrockner auf. Dieser Begriff leitete sich aus dem Markennamen »Foen« ab, den die AEG 1959 von einer kleinen Berliner Hausgerätefirma erwarb

AM SCHEIDEWEG

Zu Beginn der sechziger Jahre befand sich die AEG am Scheideweg. Zwar war es eindrucksvoll gelungen, den Wiederaufbau zum Abschluß zu bringen. Zugleich offenbarte der Konzern in jener Phase bereits gefährliche Schwächen. Die Gewinne im elektrotechnischen Stammgeschäft gingen zurück. Neue Geschäftsfelder, wie etwa die Kernenergietechnik und die Mikroelektronik waren erst im Aufbau begriffen. Vor allem die hierarchisch aufgebaute und patriarchalisch geprägte Führungsstruktur und das überalterte Management behinderten die Entwicklung innovativer Kräfte im Konzern. Die Lösung der Personalprobleme an der Konzernspitze sollte das Geschehen in der AEG in den kommenden Jahren prägen – und dies nicht zum Nutzen des Unternehmens.

Reform der Führungsstruktur

Eine Reform der Führungsstruktur war überfällig. Konzernchef Boden hatte dies erkannt und 1957 die ersten Maßnahmen zur Neustrukturierung eingeleitet – im Konzernjargon »Bodenreform« genannt. Seine Begründung klang einleuchtend: »Der Aufgabenkreis der AEG ist sowohl der Größenordnung nach wie auch durch die technisch bedingte Aufnahme neuer Arbeitsgebiete immer größer geworden. Die Entwicklung wird auch noch anhalten ... Bei der derzeitigen Organisation, die auf eine wesentlich kleinere und unkompliziertere Firma zugeschnitten wurde, laufen wir Gefahr, den Überblick zu verlieren. Insbesondere in Krisenzeiten kann aber nur ein laufender Überblick über die Entwicklung in den einzelnen Geschäftssparten das rasche Eingreifen der Spitze ermöglichen.«[13]

Boden hatte zunächst eine vertikale Gliederung in einzelne Erzeugnisgruppen vornehmen lassen. Die Geschäftszweige wurden zu Sparten zusammengefaßt und ein Teil der Exekutivbefugnisse an die Spartenchefs delegiert. Im Warengeschäft umfaßt eine Sparte den gesamten Geschäftsablauf von der Fabrik bis zum Verkaufsbüro. Horizontale Bereiche (zum Beispiel zuständig für Betriebswirtschaft, Personal oder Marketing im Gesamtkonzern) für die Führungsaufgaben fehlten allerdings. Boden räumte ein, daß noch einige Zeit vergehen dürfte, ehe sich »alle Beteiligten auch an dieses Prinzip gewöhnt haben«[14].

Die Erträge gehen zurück

Ende der fünfziger Jahre begann sich die Ertragslage des Konzerns vor allem in der so bedeutsamen Starkstromtechnik zu verschlechtern. Im Jahr 1960 wies die AEG zwar noch eine Umsatzsteigerung von 14 Prozent aus, aber das Ergebnis wurde als nicht befriedigend bezeichnet. Sorgen bereitete der Exportanteil, der infolge der Konzentration auf den Wiederaufbau im Inland schon seit längerem vernachlässigt worden war. Sein Anteil am Umsatz sank 1960 gegenüber dem Vorjahr von 22 auf 19 Prozent.

Hans C. Boden hatte schon im Februar 1959 die mangelnde Ertragskraft scharf kritisiert und auf die hohe Konjunkturabhängigkeit der AEG hingewiesen, die in Krisenzeiten schnell zu Verlusten führen könne.[15] Gegenüber dem Aufsichtsrat wies er auf den großen Abstand der AEG zum Hauptkonkurrenten Siemens hin, der bei schlechterem Konjunkturverlauf »ein ernstes Problem« werden könne.[16] Jedoch nicht nur die ungünstigen wirtschaftlichen Rahmenbedingungen waren nach Ansicht Bodens Ursache der Probleme. Auch die Führungsstruktur wies in seinen Augen nach wie vor erhebliche Mängel auf: »Es genügt nicht, daß man nur hinterher weiß, wie das Ergebnis in einer bestimmten Sparte ausgefallen ist, man muß vielmehr auch jede Sparte schon vorher einheitlich steuern. Das ist durch die Verzettelungsorganisation, die wir gehabt haben, soweit verlorengegangen, daß es vielen Stellen im Grunde auch heute noch nicht, zumindest nicht hinreichend bewußt ist, daß man ja schließlich jedes Geschäft, jeden Geschäftszweig führen muß, daß man ihn aktiv steuern muß, daß man ihn beherrschen muß, daß man sich einen Plan machen muß und nun beweglich ... die Dinge vorwärtstreiben muß und nicht einfach laufen lassen darf.«[17]

Im November 1959 befaßte sich Boden erneut mit der Ertragsschwäche des Konzerns und machte dafür die schwierige Lage nach dem Krieg verantwortlich. Während die AEG nahezu alle Produktionsstätten neu aufbauen mußte, gingen Siemens nur wenige Fabriken verloren. Brown Boveri & Cie. (BBC) hatte sich schon während des Kriegs in der Schweiz ungestört weiterentwickeln können. Boden forderte erneut die Fortsetzung der Reorganisation des Konzerns und kündigte konkrete Schritte zu deren Umsetzung an.[18] Es sollten Berater aus den USA eingesetzt werden, »um sich die amerikanischen Erfahrungen nutzbar zu machen«. Boden rechnete dabei allerdings mit erheblichen Schwierigkeiten: »Es wird jedoch besondere Mühen erfordern, den amerikanischen Teamwork-Gedanken den deutschen Menschen, die stark zum Individualismus neigen, nahezubringen.«[19]

Hugo Bäurle bestimmte 1961 nur für wenige Monate die Geschicke des AEG-Konzerns

Eine tragische Zäsur

Im März 1961 schied Hans C. Boden aus Altersgründen aus dem Vorstand aus, wechselte selbst in den Aufsichtsrat und übernahm den Vorsitz, ohne die Reform der Führungsstruktur abgeschlossen zu haben. Diese Aufgabe überließ er seinem langjährigen Vertrauten Hugo Bäurle. Bäurle (Jahrgang 1912) stammte aus München, wo er ein Jurastudium absolviert hatte. 1938 trat er in die wirtschaftspolitische Abteilung der Berliner AEG-Zentrale ein und übernahm während des Kriegs verschiedene Funktionen in mehreren AEG-Fabriken, darunter in Riga und Trautenau. Nach dem Krieg arbeitete er unter anderem in der Fabrikenleitung des Konzerns. 1954 wurde Hugo Bäurle mit der Leitung der Finanzabteilung betraut und in den Vorstand berufen.

An die Übernahme des Vorstandsvorsitzes durch den wesentlich jüngeren Bäurle wurden große Erwartungen geknüpft, zumal er als intimer Kenner der AEG galt und von Boden systematisch als sein Nachfolger aufgebaut worden war. Bäurle eilte der Ruf eines exzellenten Finanzfachmanns voraus. Er fand jedoch keine Gelegenheit, Akzente zu setzen, denn kaum ein Jahr nach seinem Dienstantritt verstarb er am 12. Januar 1962 an einer Rippenfellentzündung.[20] Sein plötzlicher Tod offenbarte mit einem Schlag ein gravierendes Personalproblem an der AEG-Spitze: Es stand keine weitere Führungskraft zur Verfügung, die sofort an die Stelle Bäurles hätte treten können – von einer Ausnahme abgesehen: Hans Heyne. Boden verhinderte zunächst dessen Aufstieg, indem er nach Bäurles Tod den Vorsitz im Vorstand zeitweilig selbst wieder übernahm.

Dr.-Ing. Hans Heyne war 1934 in die AEG eingetreten und 1942 zum stellvertretenden Vorstandsmitglied aufgestiegen. Während des Zweiten Weltkriegs leitete er im Rüstungsministerium unter Albert Speer den Hauptausschuß »Flugzeugausrüstung« und den Sonderausschuß für Flugzeugelektrotechnik. Für seine Verdienste erhielt er 1944 das »Ritterkreuz zum Kriegsverdienstkreuz mit Schwertern«, die damals höchste Auszeichnung, die ein Zivilist im »Dritten Reich« erhalten konnte.[21] Nach dem Krieg verschwand er zwar für einige Zeit von der Bildfläche, setzte aber 1950 seine Karriere unbeirrt fort. Er wechselte in den Vorstand der Telefunken Gesellschaft für drahtlose Telegraphie m.b.H. (ab 1955 Telefunken G.m.b.H.) und übernahm 1951 deren Vorsitz. Das einstige Hochtechnologie-Unternehmen war durch den Verlust von Patenten und Auslandswerten nach dem Zweiten Weltkrieg schwer angeschlagen. Heyne gelang es, die AEG-Tochter in wenigen Jahren wiederaufzubauen und bereits ab 1952 in die Gewinnzone zu führen.[22] Sein wesentliches Verdienst war die Einführung einer neuen Führungsstruktur, bei der nach dem Vorbild der amerikanischen General Electric Co. Verantwortung auch in mittlere und kleinere Betriebsteile delegiert wurde und die Unternehmensleitung lediglich als koordinierende Stelle wirkte.[23] Der Umsatz von Telefunken stieg zwischen 1950 und 1963 von 90 Millionen auf über eine Milliarde Mark; die Zahl der Beschäftigten von 9000 auf 33 500.

1957 errichtete die AEG in Frankfurt am Main ihr zweites Forschungsinstitut

Heyne konnte geschäftlich zwar beachtliche Erfolge vorweisen, in der Personalführung verbreitete er jedoch mehr Furcht als Respekt. Sein autoritärer, zuweilen despotischer Führungsstil und sein drängender Ehrgeiz schienen ihn in seinem entscheidenden Karriereschritt eher zu behindern als zu fördern. Heynes großes Ziel war es, auf dem Wege einer Verschmelzung Telefunkens mit der Muttergesellschaft AEG

Walter Bruch hatte als Leiter der Forschungs- und Entwicklungsabteilung im Farbfernseh-Labor der Telefunken AG in Hannover das PAL-Farbfernsehsystem entwickelt

den Konzern an die Spitze der deutschen Elektroindustrie zu führen. Er folgte damit jener Strategie der Verschmelzung von Starkstrom- und Schwachstromtechnik zu einem Universalunternehmen, wie sie von Hermann Bücher schon 1941 in aller Deutlichkeit zum Ausdruck gebracht worden war.

Heynes Berufung in Vorstand und Aufsichtsrat der AEG stieß aber auf den Widerstand Hans C. Bodens. Dieser konnte zunächst durchsetzen, daß er selbst vom Aufsichtsrat wieder zum Vorstandsvorsitzenden berufen wurde.[24] Ende September 1962 erreichte Hans Heyne schließlich aber doch sein großes Ziel: Er wurde als Bodens Nachfolger vorgeschlagen und blieb außerdem Vorstandsvorsitzender der Telefunken GmbH.[25] Boden hatte allerdings erreichen können, daß Heynes Berufung – offiziell aus Altersgründen – auf maximal fünf Jahre begrenzt wurde. Danach sollte er den Vorsitz im Aufsichtsrat von AEG und Telefunken übernehmen.[26]

Unternehmensreform mit Konstruktionsfehler

Heyne legte vor allem Wert auf sein Mandat zur Durchsetzung der neuen Führungsstruktur, wofür er besondere Vollmachten erhielt.[27] Unter Anspielung auf Gespräche mit führenden Managern anderer Elektrokonzerne äußerte er später: »Die Herren haben mich gut beraten, mir aber bei Übernahme der AEG auch gesagt, daß ich mir auf alle Fälle durch Sonderbefugnisse vom Aufsichtsrat den Rücken decken müsse. Sonst würde ich bei der AEG, die seit vielen Jahren zu sehr in eingefahrenen Gleisen laufe, nicht durchkommen.«[28]

Eine Umstrukturierung der AEG schien nach wie vor dringend geboten. Zwar wurden sowohl die Ertragslage als auch die Perspektiven des Gesamtkonzerns inzwischen wieder positiv eingeschätzt, der Rückgang der Gewinne und die mangelnde Auslastung der Fabriken bereitete allerdings weiterhin Sorgen. Der Aufsichtsrat forderte Konsequenzen: »Es muß daher mit allen Kräften versucht werden, die Kosten zu senken. Dies soll insbesondere auch durch eine Umorganisation erreicht werden.«[29]

Die Pläne zur Umstrukturierung stammten allerdings noch von Hans C. Boden, der sie am 28. September 1962 vor dem Aufsichtsrat erläutert hatte. Im einzelnen wertete Heyne zunächst Telefunken zu einem gleichberechtigten Schwesterunternehmen der AEG auf und wandelte es 1963 in eine Aktiengesellschaft um. Es war dies der erste Schritt zur Integration in den Gesamtkonzern, die Heyne auch mit Blick auf den Konkurrenten Siemens energisch vorantrieb, der seinerseits die Verschmelzung Siemens & Halske AG mit der Siemens-Schuckert-Werke AG vorbereitete. Ein Jahr später berichteten die AEG und Telefunken erstmalig in einem gemeinsamen Geschäftsbericht (dort allerdings noch getrennt) über ihre Geschäftsentwicklung. Seither trat der Gesamtkonzern nach außen als »AEG-Telefunken-Gruppe« auf.

Organisatorische Gliederung der AEG (Stand: 1964)

- E – Energieerzeugung und -verteilung
  - E1 – Energieerzeugung
  - E2 – Energieverteilung
  - E3 – Kernenergieanlagen
- A – Energieanwendung
  - A1 – Maschinen
  - A2 – Messen, Steuern, Regeln
  - A3 – Industrieanlagen
- V – Verkehr
  - V1 – Bahnen
  - V2 – Schiffbau und Flugwesen
- L – Technisches Liefergeschäft
  - L1 – Zähler, Uhren, Leuchten
  - L2 – Motoren
  - L3 – Niederspannungsschaltgeräte
  - L4 – Elektrowerkzeug
  - L5 – Kabel, Leitungen
- H – Hausgeräte
  - H1 – Waschgeräte
  - H2 – Herde, Küchen, Warmwasser- und Kleingeräte
  - H3 – Kühlschränke

Forschungs- und Entwicklungsstätten

- Forschungsinstitut Frankfurt am Main (mit Laboratorien in Berlin)
- Hochspannungsinstitut Kassel
- Institut für Automation in Berlin (mit Laboratorien in Frankfurt am Main)
- Kernenergieversuchsanlage Großwelzheim am Main
- Chemisches Zentrallaboratorium Kassel
- Institut für Materialprüfung Essen

Am 1. Oktober 1963 wurde die neue Organisationsstruktur in Kraft gesetzt. Die AEG gliederte sich nunmehr in vertikale und horizontale Bereiche, wobei die vertikalen Geschäftsbereiche als Träger des aktiven Geschäfts auftraten. Den horizontalen Bereichen fielen beratende und koordinierende Aufgaben zu, die zentral verantwortlich bearbeitet und wahrgenommen wurden. Es wurden fünf vertikale Geschäftsbereiche für Energieerzeugung und -verteilung, Energieanwendung, Verkehr, Technisches Liefergeschäft und Hausgeräte geschaffen. Die fünf vertikalen Geschäftsbereiche wurden in 16 Fachbereiche unterteilt, die das aktive Geschäft im Sinne der Eigenverantwortlichkeit für Entwicklung, Fertigung, Vertrieb und kaufmännische Belange führten. Außerdem bildete man acht horizontale Bereiche für Forschung und Entwicklung, Fertigung, Marketing, Kaufmännische Angelegenheiten, Finanzverwaltung, Generalsekretariat, Public Relations und den Export (Exportabteilung). Neu war auch die Aufstellung von Produktions- und Umsatzplänen sowie die Einführung sogenannter Chefbesprechungen zwischen den Aufsichtsrats- und Vorstandsvorsitzenden sowie Finanzdirektoren zur Gewährleistung einer straffen Konzernführung.

Infolge der Reorganisation des Konzerns erwartete Heyne zunächst noch keine Ertragsverbesserung: »Daß bei einem Unternehmen von der Größe der AEG derart einschneidende und sehr tiefgreifende organisatorische Maßnahmen, wie wir sie jetzt verwirklicht haben, sich nicht sofort in vollem Umfange positiv in der Rendite auswirken können, ist schon nach dem gesunden Menschenverstand eine Selbstverständlichkeit.«[30] Die Bilanzergebnisse wurden aber dennoch als überraschend gut gewertet. In der »Zeitschrift für das gesamte Kreditwesen« war zu lesen: »Die Allgemeine Elektricitäts-Gesellschaft ist damit endgültig ... aus der vorherigen finanziellen Beengung herausgewachsen, weniger durch einen relativen Abbau der Bestände im Konzern, zugleich wohl auch noch nicht hauptsächlich durch eine Verbesserung der Rentabilität, sondern vorwiegend durch die Hereinnahme neuen Geldes ...«.[31] Bisher war die AEG darauf angewiesen, ihre Dividende hauptsächlich von den Tochtergesellschaften finanzieren zu lassen, nun schaffte es die Muttergesellschaft selbst; der Konzern stand als international wettbewerbsfähiger Block da. So jedenfalls präsentierte er sich der staunenden Öffentlichkeit.[32] Allerdings wurden im Aufsichtsrat der Verlauf des Stammgeschäfts der AEG als nicht befriedigend gesehen und vor allem Verluste im Bereich der Energieerzeugung beklagt. Die Gesamtlage beurteilte man jedoch als gut.[33]

Ein Jahr später, 1964, hatte sich die Lage des Konzerns weiter verbessert, Heyne hatte allen Grund, zufrieden zu sein: »Die AEG-Bilanz ist in jeder Hinsicht die beste seit Bestehen der AEG in der Nachkriegszeit.« So sei es unter anderem gelungen, das Geschäft der Muttergesellschaft wesentlich zu verbessern und außerordentliche Erträge zu erzielen.[34] Trotz dieser Erfolgsmeldungen blieb die Reorganisation der AEG umstritten, vor allem wegen der unerbittlichen Härte, mit der sie Heyne durchgeführt hatte. Trotz aller Erfolgszahlen stellte der Aufsichtsrat enttäuscht fest, daß ungeachtet »erheblicher Ergebnisverbesserungen ... sich der Abstand zum SSW-Ergebnis [d. h. zu Siemens] eher vergrößert«[35] habe.

Hans Heyne, ehemals Telefunken-Chef, gelangte Ende 1962 an sein großes Ziel und wurde Vorstandsvorsitzender der AEG

Heynes Reform der Unternehmensführung barg einen gefährlichen Konstruktionsfehler. Einerseits hatte er den Geschäftsbereichen erheblich mehr Unabhängigkeit verschafft, so daß diese sehr schnell zur Verselbständigung tendierten. Gleichzeitig aber war die Unternehmensspitze ausschließlich auf die Person Heynes zugeschnitten.[36] Sein autoritärer Führungsstil führte innerhalb des Managements zu erheblicher Unruhe. Aufsichtsratschef Boden bemühte sich zwar die Wogen zu glätten, indem er betonte, daß die neue Führungsstruktur eine Weile Bestand haben müsse, »damit die AEG auf ihrer Basis arbeiten kann und nicht durch Experimente beunruhigt wird«[37]. Am Ende aber half dies wenig. Statt unter den Führungskräften Kreativität und Selbstbewußtsein zu fördern, degradierte er sie. In der Konzernzentrale sollen, wie die Presse süffisant berichtete, die Vorstände nur noch abfällig als »Heynes Würstchen« bezeichnet worden sein.[38]

Turbulentes Interregnum

Ende 1964 schied Heyne – wie vereinbart – aus dem Vorstand aus und wechselte – wie gewünscht – an die Stelle Bodens als Aufsichtsratsvorsitzender. Heyne war allerdings keineswegs bereit, die operative Führung des Konzerns abzugeben, sondern wollte sein Lebenswerk unbeirrt fortsetzen. Dies mußte nahezu zwangsläufig zu Konflikten mit seinem Nachfolger im Vorstand, Bertold Gamer, führen. Gamer (Jahrgang 1914) war im Zweiten Weltkrieg Berufsoffizier gewesen. Danach studierte er an der Wirtschaftshochschule Mannheim, trat anschließend als Finanzdirektor-Assistent in die Farbwerke Hoechst AG ein und stieg dort 1959 in den Vorstand auf. Im Juni 1963 wechselte er in den Vorstand der AEG. Er galt als versierter Finanzfachmann und war Wunschkandidat der Banken, die im Aufsichtsrat der AEG traditionell großen Einfluß hatten.

Heyne bildete gemeinsam mit Gamer und dem neuen Chef der Telefunken AG, Felix Herriger, ein »Triumvirat«[39], das nach seinen Vorstellungen zu den regelmäßigen »Chefbesprechungen« zusammentreten sollte, um gemeinsam die Geschicke des Konzerns zu lenken. Die Wochenzeitung »Die Zeit« kommentierte diese Form kollektiver Unternehmensführung mit folgenden Worten: »Er [Heyne] wollte weder Rat noch Aufsichtsbeamter sein, sondern noch aktiv in alle wichtigen Entscheidungen eingreifen können. Er schuf deshalb die Institution der »Chefbesprechung«, an der die beiden Vorstandsvorsitzenden Gamer und Herriger teilzunehmen hatten; außerdem behielt er sich vor, an den Vorstandssitzungen teilnehmen zu können. Offensichtlich hielt er sein Werk noch nicht für so gefestigt, daß seine Nachfolger ohne ihn damit fertig werden würden.«[40]

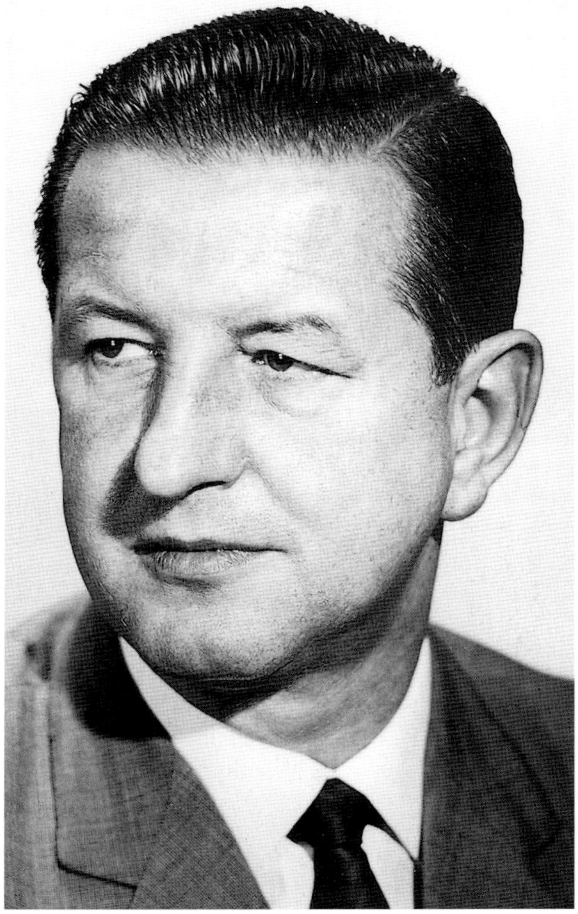

Bertold Gamer wechselte 1963 von der Farbwerke Hoechst AG in den AEG-Vorstand und übernahm 1965 dessen Vorsitz

Zwar beteuerte Heyne, daß es bei den »Chefbesprechungen« keine Rangabstufungen geben werde, in der Praxis funktionierte diese Führungsform jedoch nicht. Zwischen Heyne und Gamer kam es schon nach kurzer Zeit zum Streit, der sich auch vor der Öffentlichkeit nicht verbergen ließ; erstmals wurde von Krisenerscheinungen im Konzern gesprochen.[41] Heyne sah schon nach wenigen Monaten sein Werk gefährdet und keine Grundlage mehr für eine weitere Zusammenarbeit mit dem Vorstandschef.[42] Gegen Ende des Jahres 1965 steuerte der Konflikt in den Führungsgremien der AEG auf einen Höhepunkt zu. Am 1. Dezember teilte Heyne dem Aufsichtsrat mit, Gamer werde auf eigenen Wunsch zum 31. Dezember des Jahres aus dem Vorstand ausscheiden. Tatsächlich hatte Gamer das Unternehmen zum damaligen Zeitpunkt bereits verlassen. Als Begründung nannte Heyne, Gamer habe bereits 1964 bei General Electric, dem damals einzigen Großaktionär der AEG nicht die nötige Resonanz gefunden. Außerdem habe er der Neuorganisation des Konzerns nicht positiv gegenübergestanden. Der Aufsichtsrat stellte daraufhin fest, daß eine weitere Zusammenarbeit zwischen Heyne und Gamer nicht möglich sei und Gamer deshalb ausscheiden müsse.[43] Als am 22. Dezember 1965 der Aufsichtsrat erneut zusammentrat, zeigte sich Heyne weiterhin fest entschlossen, die Ablösung Gamers durchzusetzen. Der Aufsichtsrat schloß sich dieser Auffassung schließlich mehrheitlich an und wählte Dr. Hans Bühler, den Leiter des Hausgerätebereichs, zu dessen Nachfolger. Gleichzeitig legte Heyne sein Mandat als Aufsichtsratsvorsitzender nieder und schlug vor, den Ehrenvorsitzenden des Aufsichtsrats Hans C. Boden als seinen Nachfolger quasi zu reaktivieren. Das Aufsichtsgremium entsprach diesem Wunsch und bat Boden, erneut die Leitung des Aufsichtsrats zu übernehmen, einen anderen Kandidaten hatte man nicht gefunden.[44]

FORCIERTE EXPANSION: »OHNE KONZEPT, MARSCH«?[45]

Ende der Personalquerelen

Mit der Ernennung Hans Bühlers, dem Nachfolger Gamers, fanden die jahrelangen Querelen an der AEG-Spitze ihr vorläufiges Ende. Hans Heyne war mit seinem Versuch, über seine Dienstzeit als Vorstandsvorsitzender hinaus die Geschicke des Konzerns zu lenken, gescheitert. Mit seinem Nachfolger kam es zu harten Auseinandersetzungen über den Führungsstil im Konzern, in die sich schließlich auch der Aufsichtsrat einschaltete. Heyne hatte sich am Ende selbst disqualifiziert und mußte das Feld einem anderen überlassen.

Hans Bühler war zum Zeitpunkt, an dem er den Vorsitz im AEG-Vorstand übernahm, bereits 64 Jahre alt. Mit ihm trat erstmals der Leiter eines AEG-Geschäftsfeldes an die Spitze des Konzerns. Trotz seines hohen Alters wurde in der Berufung keine Interimslösung gesehen. Diese Ansicht vertrat auch der Aufsichtsrat. Hans Heyne bemühte sich dort, mögliche Bedenken von vornherein zu zerstreuen. Er selbst habe in Bühlers Alter die Reorganisation der AEG begonnen, Bühler übernehme eine eingefahrene Organisation.[46] Tatsächlich gelang es Bühler in kurzer Zeit, die Spitze des Konzerns wieder aufzurichten und als geschlossenes Team zu präsentieren, wodurch er sich bei den Führungskräften den notwendigen Rückhalt verschaffte. Zugleich setzte er die von Hans Heyne in die Wege geleitete Expansion des Unternehmens fort und steigerte sie mit einer enormen Dynamik.

Kaufen, kaufen – die AEG »wandelt auf Bühlers Höhe«

Doch zunächst einmal vollendete Bühler die Integration der Telefunken AG in die AEG. Am 23. Juni 1966 beschloß die Hauptversammlung der AEG die Eingliederung des Unternehmens. Aufgrund eines Betriebspachtvertrags wurde das Geschäft von Telefunken mit Wirkung vom 1. Januar 1967 auf die Muttergesellschaft übertragen. Gleichzeitig änderte die AEG ihren Namen in »Allgemeine Elektricitäts-Gesellschaft AEG-Telefunken«. Unter diesem Firmennamen wurde von Anfang 1967 bis Juni 1979 das gemeinsame Geschäft beider Unternehmen geführt. Am 21. Juni 1979 beschloß dann die Hauptversammlung von AEG-Telefunken, den Firmennamen »Allgemeine Elektricitäts-Gesellschaft AEG-Telefunken« in »AEG-Telefunken Aktiengesellschaft« zu ändern.

Unter Hans Bühler erlebte die AEG 1966 eine Phase rasanter Expansion

Außerdem forcierte Bühler durch Erwerb einer Mehrheitsbeteiligung an der Kabelwerk Duisburg AG (87,4 Prozent) den Wiedereinstieg in das Kabelgeschäft. Gleichzeitig wurden Anfang 1966 die Beteiligung an der Norddeutschen Kabelwerke AG auf über 90 Prozent erhöht und sämtliche Geschäftsanteile der Betefa Berliner Telefonschnur-Fabrik GmbH erworben. Im April 1966 schlossen das Kabelwerk Duisburg und die Norddeutsche Kabelwerke AG einen Verschmelzungsvertrag. Die hierdurch entstandene Gesellschaft erhielt den Namen Vereinigte Draht- und Kabelwerke AG mit Sitz in Berlin und Duisburg. Anfang 1968/69 kam die Beteiligung von 94 Prozent an der Kabelwerk Rheydt AG hinzu.

1966 wurden mit der Olympia Werke AG und der Ludwig Loewe & Co. KG Beherrschungs- und Gewinnabführungsverträge geschlossen. Zugleich trennte sich die AEG auch von einigen Beteiligungen, um damit einen Beitrag zur Finanzierung ihrer Expansion zu leisten. Die Unternehmen, die verkauft wurden, waren die Bayerische Zugspitzbahn AG (40-Prozent-Anteil), die Gesellschaft für Zugbeleuchtung mbH (40-Prozent-Anteil) und die Neckarwerke GmbH (50,1-Prozent-Anteil) in Esslingen.

Die langfristigen Planungen sahen für den Zeitraum bis 1971 Investitionen in Höhe von 1,15 Milliarden Mark in Sachanlagevermögen (zum Beispiel Fabrikanlagen) und von 145 Millionen Mark in Beteiligungszukäufen vor. Auf dem Hausgerätesektor war bereits 1964 eine Mehrheitsbeteiligung von 58,7 Prozent an der F. Küppersbusch & Söhne AG, Gelsenkirchen, erworben worden. 1967 gründeten der italienische Hausgerätehersteller Industrie A. Zanussi S.p.A. und die AEG eine gemeinsame Tochtergesellschaft, die AEG-Zanussi S.p.A. Hinzu kam ein 75prozentiger Anteil an der Linde Hausgeräte GmbH, die von der Wiesbadener Linde AG übernommen wurde. Die Gesellschaft wurde in Duofrost Kühl- und Gefriergeräte GmbH umbenannt. Sie produzierte Kühl- und Gefriergeräte auf der Grundlage eines mit der Linde AG geschlossenen Warenzeichenlizenzvertrags und vertrieb diese weiterhin unter der Marke »Linde«. Außerdem erwarb die AEG die Mehrheit (51 Prozent) an der Eltro GmbH & Co. Gesellschaft für Strahlungstechnik in Heidelberg.

1968 kaufte die AEG 75 Prozent des Hausgeräteherstellers Carl Neff GmbH, Bretten, und 51 Prozent der AKO-Werke GmbH & Co., Wangen (Allgäu), einem Hersteller elektrischer und elektronischer Programmsteuerungen für Hausgeräte. Zugleich erhöhte der Konzern seinen 1954 erworbenen Anteil an der Steatit-Magnesia AG, Lauf/Pegnitz, von 27,1 Prozent auf 100 Prozent. Im April 1968 beteiligte er sich mit 34,6 Prozent an der Hartmann & Braun AG. Mit diesem führenden Unternehmen (rund 6000 Beschäftigte) auf den Gebieten Meß-, Regel- und Steuerungs- sowie Rechentechnik wurde außerdem die schrittweise Übernahme der Mehrheit vereinbart.

Im Oktober 1968 billigten die Aufsichtsräte von AEG und Siemens die Zusammenarbeit im Kraftwerks- und Transformatorengeschäft und damit die Gründung der Kapitalgesellschaften Kraftwerk Union AG (KWU) sowie der Transformatoren Union AG (TU), die beide im April 1969 ihre Tätigkeit aufnahmen. Diese Gesellschaften waren gegründet worden, um die hohen Produktionskapazitäten beider Unternehmen auf diesen Gebieten besser auslasten zu können. Außerdem versprachen sich die AEG und Siemens vor allem im Kraftwerksgeschäft, das hohe Kapitalvorschüsse benötigte, erhebliche Kostenentlastungen. Hinzu kam, daß sich beide Unternehmen auf Dauer nicht in der Lage sahen, genügend Finanzmittel für die immer bedeutender werdende Kerntechnik bereitzustellen. Mit tatkräftiger Unterstützung des Bundeswirtschaftsministeriums bemühten sich daher beide Unternehmen auch um eine Zusammenlegung ihrer kerntechnischen Aktivitäten. Die KWU und die TU waren Gemeinschaftsunternehmen, an denen AEG und Siemens jeweils zu 50 Prozent beteiligt waren. Aufgrund einer Vereinbarung beider Konzerne lag die unternehmerische Führung der KWU bei Siemens, die der TU bei der AEG.

Im Dezember 1968 wurde ein Vertrag mit der italienischen Compagnia Generale di Eletricita, Mailand, zur Übernahme von deren Tochtergesellschaft, der Telefunken Radio Televisione S.p.A. geschlossen. Außerdem erwarb die AEG eine Sperrminorität von 15,01 Prozent an der KG Telefonbau und Normalzeit Lehner & Co. (T & N) und ver-

Das Firmenzeichen der AEG auf dem Turm der Hannover Messe Industrie, 1968

pflichtete sich, das Unternehmen langfristig zu übernehmen. T & N, ein führender Hersteller der Fernsprechvermittlungstechnik, beschäftigte im In- und Ausland rund 16000 Menschen und erzielte 1967 einen Umsatz von 500 Millionen Mark.

Die Finanzierung dieser Zukäufe bereitete der AEG-Führung dank großzügiger Bankkredite keine Schwierigkeiten. Bühler begründete seinen unternehmenspolitischen Kurs auf der Hauptversammlung der AEG am 12. Juni 1968 mit folgenden Worten: »AEG-Telefunken hat in den letzten Jahren den Weg der Zusammenarbeit durch Kooperationsvereinbarungen und Beteiligungen an anderen Unternehmen konsequent verfolgt. Wir sehen darin ein entscheidendes unternehmerisches Konzept, das es uns – und den Unternehmen, mit denen wir kooperieren – ermöglicht, sich dem schnellen technischen Fortschritt und den veränderten Marktbedingungen anzupassen.«[47]

Im Jahr 1969 setzte die AEG ihren Expansionskurs unvermindert fort. So wurde der Anteil an T & N auf 17,5 Prozent erhöht. An der ALKEM, Alpha-Chemie-Metallurgie GmbH, Leopoldhafen, erwarb der Konzern einen Anteil von 30 Prozent. Hinzu kamen eine Mehrheitsbeteiligung (51 Prozent) am Küchenmöbelhersteller Alno-Möbelwerke GmbH & Co. KG, Pfullendorf.

Mittlerweile beschäftigte die AEG-Telefunken-Gruppe rund 164 000 Mitarbeiter und erreichte einen Umsatz von sieben Milliarden Mark. Der Konzern war in 31 Ländern an elf Fabrikationsgesellschaften und an 42 Vertriebsgesellschaften mehrheitlich beteiligt. Minderheitsbeteiligungen bestanden außerdem an acht Fabrikationsgesellschaften und zwei Vertriebsgesellschaften. In weiteren 102 Ländern existierten Vertretungen. Die ausländischen Mehrheitsbeteiligungen waren in der im März 1965 gegründeten AEG International AG, Zürich, zusammengefaßt worden. Als weitere Finanzierungsgesellschaft wurde 1966 für das Auslandsgeschäft in Luxemburg die AEG Finanz-Holding S.A. gegründet. Allein der Umsatz der im Mehrheitsbesitz befindlichen Auslandsgesellschaften nahm 1969 um 30 Prozent auf 1,437 Milliarden Mark zu. Bühler konnte einen gegenüber dem Vorjahr um 13 Prozent gestiegenen Umsatz und das bisher beste Konzernergebnis bilanzieren: Je 50-Mark-Aktie wurde eine Dividende von acht Mark ausgeschüttet. Nicht ohne Stolz stellte AEG-Finanzchef Johannes Semler eine Ertragslage fest, »bei der die AEG nicht mehr von jedem kühlen Luftzug umgeweht« werden könne.[48]

Allerdings stiegen bis 1969 die kurz- und mittelfristigen Finanzverbindlichkeiten des Konzerns auf 438 Millionen Mark, die langfristigen auf 439 Millionen Mark,[49] denn nur zu einem Teil waren die Käufe durch außerordentliche Erträge gedeckt, wie zum Beispiel durch den Verkauf der Beteiligungen an der Bayerischen Zugspitzbahn AG (1966) und der Neckarwerke GmbH in Esslingen (1967). Größten Anteil am Geschäft (32 Prozent) hatten mittlerweile die elektrotechnischen Gebrauchsgüter (hauptsächlich Hausgeräte). Dagegen war der Anteil der Starkstromtechnik von 30 Prozent auf 27 Prozent gefallen. Bühler erblickte darin kein Risiko: »In dieser Entwicklung zeigt sich, daß ein Teil der konventionellen Starkstromtechnik nicht mehr zu den Wachstumsschwerpunkten der Elektroindustrie gehört.« Noch einmal begründete er den Expansionskurs des Konzerns: »Ziel unserer Kooperations- und Beteiligungspolitik ist nicht die Beschränkung des Wettbewerbs oder die Vergrößerung des Unternehmens als Selbstzweck, sondern die Schaffung der wirtschaftlichen und technischen Voraussetzungen für eine erfolgreiche Behauptung im internationalen Wettbewerb.«[50]

Der Expansionskurs der AEG wurde in der Öffentlichkeit nicht ohne Bewunderung zur Kenntnis genommen. So urteilte »Die Zeit«, Bühler werde nach Erreichung seiner Altersgrenze »einen modern konstruierten, leistungsfähigen Konzern [hinterlassen], dem – so schwärmen die deutschen Wertpapieranalytiker – bessere Gewinnzuwachsraten zu prophezeien sind als Siemens«. Die Zeitung bezeichnete Bühler und Telefunken-Chef Herriger als »Konzernbauer europäischer Spitzenklasse«.[51] Der Wirtschaftsinformationsdienst »Platow-Brief« urteilte 1969: »Ein Bonmot grassiert auf der Hannover-

Messe: Die AEG wandelt auf Bühlers Höhe. Dr. Bühler, der Mann, der zunächst nur der gute Kopf für Kooperation und Konzentration der AEG-Fabriken zu sein schien, entwickelte sich zum ausgezeichneten Geschäftspolitiker. Er hat AEG-Telefunken aus kritischer Phase in erfreuliche Höhen heraufgezogen.«[52]

Allein 1969 erreichte die AEG eine Steigerung des Umsatzes um 25 Prozent. Die enormen Wachstumsraten rückten sogar die Möglichkeit in die Nähe, daß es eines Tages gelingen könnte, den Hauptkonkurrenten Siemens einzuholen. Die AEG-Aktie holte an den Börsen auf und lag nur noch knapp hinter ihrem größeren Konkurrenten. 1968 erreichte ihr Wert mit rund 286 Mark ihren Höchststand vor dem Vergleich des Jahres 1982. Das Wirtschaftsmagazin »Capital« urteilte optimistisch: »Im Duell mit dem immerhin noch um zwei Umsatzmilliarden größeren Erzrivalen Siemens bevorzugt AEG-Boß Bühler eine treffliche Waffe: den Geldbeutel. Er kauft und kauft und kauft, vorzugsweise kleinere und mittelgroße Firmen mit bester Ertragslage ...«[53]

Trotz wirtschaftlicher Schwierigkeiten stellte die AEG in den siebziger Jahren immer wieder ihre technische Kompetenz – wie hier auf der Hannover Messe – eindrucksvoll unter Beweis

DRITTER TEIL: DIE KRISE

Fortgesetzte Expansion

1970 trat Hans C. Boden endgültig von der Bühne des Aufsichtsrats ab. Als Nachfolger rückte Hans Bühler nach, der wiederum den Vorstandsvorsitz an Dr. Hans Groebe weiterreichte. Bühler folgte damit einer in vielen deutschen Unternehmen gepflegten Tradition, wonach ausgeschiedene Vorstandschefs den Vorsitz im Aufsichtsrat übernehmen. Bühler dachte außerdem wie sein Vorgänger Heyne noch lange nicht daran, das Heft aus der Hand zu geben. Nach wie vor wollte er die Richtlinienkompetenz bei strategischen Konzernentscheidungen behalten und sah in seinem Nachfolger allenfalls ein Ausführungsorgan.

Groebe war 1935 in die AEG eingetreten, bis Ende 1965 zum stellvertretenden Vorstandsmitglied aufgestiegen und hatte vor allem im technischen Liefergeschäft Verdienste erworben. Als neuer Vorstandschef setzte er den Expansionskurs seines Vorgängers fort. Dies wurde sowohl an der Konzernspitze als auch in der Öffentlichkeit erwartet – zur Änderung der Strategie bestand kein Anlaß.

Dementsprechend wurden weitere Zukäufe getätigt: Im Mai 1970 vereinbarte die AEG mit der Deutschen Babcock und der Wilcox AG, Oberhausen, die Übernahme der Saarländischen Heiztechnik GmbH und der Witte Heiztechnik GmbH & Co. Im Juli 1970 folgte der Kauf des Verkehrssignal- und Außenbeleuchtungsherstellers Signalbau Huber München KG.

Ende 1970 erreichte die Zahl der Beschäftigten des AEG-Konzerns mit 178000 den Höchststand in der Nachkriegsgeschichte des Unternehmens. Nur einmal, im Herbst 1944, arbeiteten in dem von der Kriegswirtschaft aufgeblähten Konzern mehr Menschen. Der Umsatz betrug 9,1 Milliarden Mark. Weltweit stand die AEG an zwölfter und in Europa an vierter Stelle aller Elektrounternehmen. Zwar konnte sie noch einen Jahresüberschuß von 92 Millionen Mark ausweisen, ihre Finanzschulden und Verbindlichkeiten waren allerdings seit 1968 von 877 Millionen DM auf 2,539 Milliarden Mark gestiegen.

Auch 1971 wurden weitere Unternehmensteile hinzugekauft, wie etwa der 75-Prozent-Anteil am Verkehrszeichenhersteller Designa Deutsche Signal-Gesellschaft mbH in Kiel und eine Minderheitsbeteiligung an der Feinmechanischen Werke Mainz GmbH

(FWM), einem Unternehmen, das auf dem Gebiet der Präzisions- und Hochdruckhydraulik tätig war. Anfang 1971 wurden außerdem das Bauelemente- und das Keramikgeschäft der Steatit-Magnesia AG in zwei Unternehmen (CRL Electronic Bauelemente und Rosenthal Stemag) eingebracht. An den Firmen beteiligte sich die AEG mit 75 bzw. 25 Prozent. Obwohl sich bei den Hausgeräten – hier nahm die AEG inzwischen den europäischen Spitzenplatz ein – erste Anzeichen einer Sättigung des Marktes zeigten, wurden weitere Beteiligungen an Herstellern auf diesem Gebiet erworben, so zum Beispiel Anfang 1971 die Zanker GmbH und 1972 75 Prozent der BBC-Hausgeräte GmbH in Mannheim. 1973 erzielte der Unternehmensbereich Hausgeräte einschließlich seiner Beteiligungsgesellschaften weltweit einen Umsatz von 2,8 Milliarden Mark und steigerte sich damit gegenüber dem Vorjahr um 14 Prozent. Trotz konjunkturbedingter Einbrüche wurde die Entwicklung des Geschäfts für 1974 noch positiv beurteilt. Auch 1975 sah Bühler den Hausgerätebereich noch als wohlgeordnet an.[1] Tatsächlich waren die neuen Tochterunternehmen nicht in den Konzern integriert worden, sondern machten sich gegenseitig Konkurrenz. Wie sich außerdem herausstellte, fehlte es vielen der erworbenen Firmen an Rentabilität. Die Zinsaufwendungen des Konzerns wurden zur immer größeren finanziellen Belastung. Zur Sicherung anderer Konzernsparten fehlte daher das Geld.

Wetterleuchten

Die fortgesetzte Expansion konnte nicht darüber hinwegtäuschen, daß erste dunkle Schatten auf dem Erscheinungsbild der AEG lagen. Seit 1967 waren für rund drei Milliarden Mark nahezu 50 Firmen gekauft und insgesamt 1,15 Milliarden Mark in das Sachanlagevermögen investiert worden. Die Verbindlichkeiten waren auf 3,564 Milliarden Mark gestiegen, der Jahresüberschuß schrumpfte auf 72 Millionen Mark. Das Eigenkapital hingegen konnte nur von rund einer Milliarde Mark auf 1,5 Milliarden Mark vergrößert werden. 1971 zahlte die AEG genauso viel für Zinsen wie für Investitionen. Die Dividende, die mit Blick auf Konkurrenzunternehmen lange Zeit bei der Höchstmarke von 16 Prozent gehalten wurde, mußte auf fünf Mark gekürzt werden.[2]

Zukäufe der AEG 1968–1973

		AEG-Anteil	Kapital
1968	AEG Elektrotecnica GmbH	100 %	2,3 Mio. DM
	FABEG GmbH	100 %	0,4 Mio. DM
	Elektro-Assekuranz GmbH	100 %	0,02 Mio. DM
	Richard Herbig & Co. GmbH	100 %	1,25 Mio. DM
	Bayer. Rich. Herbig & Co. GmbH	100 %	2 Mio. DM
	Internat. Fluggeräte u. Motoren GmbH	80 %	0,4 Mio. DM
	Eltrughes GmbH	50,8 %	0,1 Mio. DM
	Betefa GmbH	100 %	0,1 Mio. DM
	Bertuch GmbH	66,7 %	0,07 Mio. DM
1969	Kabelwerke Rheydt AG	94,2 %	26,4 Mio. DM
	Neff-Werke	75 %	24 Mio. DM
	Electrotecnica International AG	100 %	0,1 Mio. DM
	Werbeagentur Dr. Kuhl GmbH	75 %	0,02 Mio. DM
	Deutsche Kabelwerke GmbH	100 %	0,4 Mio. DM
	Lido-Bertuch GmbH	100 %	0,03 Mio. DM
	Dekatra Transport GmbH	100 %	0,02 Mio. DM
	Kupfer-Walzwerke Berlin GmbH	50 %	3 Mio. DM
1970	Elektronik System-GmbH	25 %	2 Mio. DM
1972	BBC Hausgeräte GmbH	75 %	10 Mio. DM
1973	Forbach GmbH & Co. KG	75 %	0,6 Mio. DM
	H. Zanker Maschinenfabrik	75 %	0,5 Mio. DM

Unternehmensgewinne aus der Substanz

Zur Überraschung der Öffentlichkeit verkaufte die AEG 1971 ihren 26,5-Prozent-Anteil an der Hochtief AG und die Hälfte an der AEG-Isolier- und Kunststoff GmbH (AIK). Der Börsenkurs des Unternehmens sank binnen kurzer Zeit von 201 auf 132 Mark. 1972 schien es, als verbessere sich die Lage. Das Grundkapital wurde um 94 Millionen Mark auf 704 Millionen Mark erhöht. Die Summe der Verbindlichkeiten reduzierte sich auf 2,439 Milliarden Mark. Der Jahresüberschuß stieg von 51 auf 66 Millionen Mark. Aus dem Geschäftsbericht war allerdings zu entnehmen, daß der Jahresüberschuß im Konzern, Inland, von 79 auf 45 Millionen Mark gefallen war. Ein Teil der Dividende mußte somit aus der Substanz bezahlt worden sein.[3]

Dennoch war nicht zu übersehen, daß die AEG in Schwierigkeiten steckte. Die optimistischen Pressestimmen waren längst verstummt. Statt dessen überwog plötzlich

Kritik, die Stimmung in der Öffentlichkeit schlug um. So warf das Wirtschaftsmagazin »Capital« dem früheren Vorstandsvorsitzenden schwere Managementfehler vor: Er habe durch Fehlprognosen zu hohe Investitionen auf dem Gebiet der Büromaschinenfertigung und auf dem Sektor der Rundfunk- und Fernsehgeräteherstellung getätigt: »Die Bosse des Elektrotrusts AEG-Telefunken betrieben die Ausdehnung ihrer Werke für Hausgeräte, Computer und Fernsehapparate, Büromaschinen und Kabel, Nachrichtenanlagen und Starkstrom-Maschinen besonders übermütig. Im Jahre 1966 gab der Konzernchef Dr. Hans Bühler ... die Devise aus, durch forcierten Ausbau der Fabriken und den Zukauf fremder Firmen die Expansion zu beschleunigen und den Rivalen Siemens ... zu überrunden. Doch der Überholversuch, für den der Konzern mehr als 1,5 Milliarden Mark Bankkredite aufnehmen mußten, schlug fehl.«[4] Der »Platow-Brief« nannte als Ursachen für den Ertragseinbruch beim zweitgrößten deutschen Elektrokonzern die schlechte Erlössituation auf dem Rundfunk- und Fernsehsektor, Investitionen für Großcomputer, einen massiven Ertragsverfall bei der Olympia Werke AG sowie die Folgen der DM-Aufwertungen und Kosteninflation.[5]

Moderater Tritt auf die Bremse

Nach dem Ertragseinbruch von 1971 sah sich Konzernchef Groebe zwar veranlaßt, die AEG auf einen Konsolidierungskurs zu führen, die Notwendigkeit eines grundsätzlichen Kurswechsels erkannte er allerdings nicht. Insofern trat der Vorstandschef nur moderat auf die Bremse: Im Inland sollten keine Erweiterungsinvestitionen vorgenommen werden und das Unternehmen nur noch im Ausland expandieren, wo sich höhere Renditen erzielen ließen. Durch Kapazitätsabbau, Entlassungen und Umstrukturierung wollte er die defizitären Geschäftsbereiche sanieren. Neue Führungsrichtlinien sollten herausgegeben und die innerbetriebliche Kommunikation verbessert werden. Konkrete Schritte folgten jedoch nicht.

Mit einem symbolischen Knopfdruck in Berlin leitete Bundesaußenminister Willy Brandt 1967 das Farbfernsehzeitalter in Deutschland ein

Allerdings unternahm die Konzernleitung besondere Anstrengungen, um die Verluste in der Unterhaltungselektronik (1971: rund 162 Millionen Mark) zu beseitigen. Noch unter Bühler waren rund 100 Millionen Mark in die Produktion von Farbfernsehgeräten investiert worden. Anfang 1970 wurden außerdem für 71 Millionen Mark von der General Electric Co. die Geschäftsanteile der Kuba-Imperial GmbH übernommen – ein Fehlkauf, wie sich kurze Zeit später herausstellte. Hierdurch rückte die AEG zwar auf Platz eins der europäischen Fernsehgerätehersteller, die erwartete Rendite blieb jedoch aus. Groebe sah sich veranlaßt, Anfang 1972 das mit einem Jahresdefizit von 100 Millionen Mark arbeitende Imperial-Werk zu schließen und das Rundfunkgeschäft in eine selbständige Gesellschaft, die Telefunken Fernseh und Rundfunk GmbH, Hannover, auszugliedern. Die geschäftliche Situation auf dem Sektor der Unterhaltungselektronik verbesserte sich dadurch jedoch nicht – und das, obwohl Telefunken die Patente für das PAL-Farbfernsehsystem besaß und seit Einführung des Farbfernsehens in Deutschland (1967) und vielen anderen Ländern ein Nachfrageboom herrschte. Sie war weiterhin durch unzureichende Kapazitätsauslastung, Preisverfall und Qualitätsprobleme gekennzeichnet.

Einen wenig erfreulichen Verlauf nahm auch die Entwicklung eines neuen Mediums zur mechanischen Bildaufzeichnung. Am 24. Juni 1970 hatten die AEG und die TELDEC Telefunken-Decca Schallplatten GmbH in Berlin die erste Bildplatte vorgestellt. Im August 1971 führte Telefunken auf der Internationalen Funkausstellung in Berlin das sogenannte TED-Bildplattensystem vor und kündigte für Anfang 1972 die Auslieferung der ersten Seriengeräte an. Der Termin konnte jedoch nicht eingehalten werden. Trotz eines enormen Entwicklungsaufwands blieb das von Telefunken vorgestellte System zur magnetischen Bildaufzeichnung gegenüber dem Videoband, wie es die Konkurrenz entwickelt hatte, unterlegen. Zwar bot der Fachhandel ab März 1975 Bildplattenspieler und Bildplatten an; das TED-System konnte sich aber nicht auf dem Markt durchsetzen.

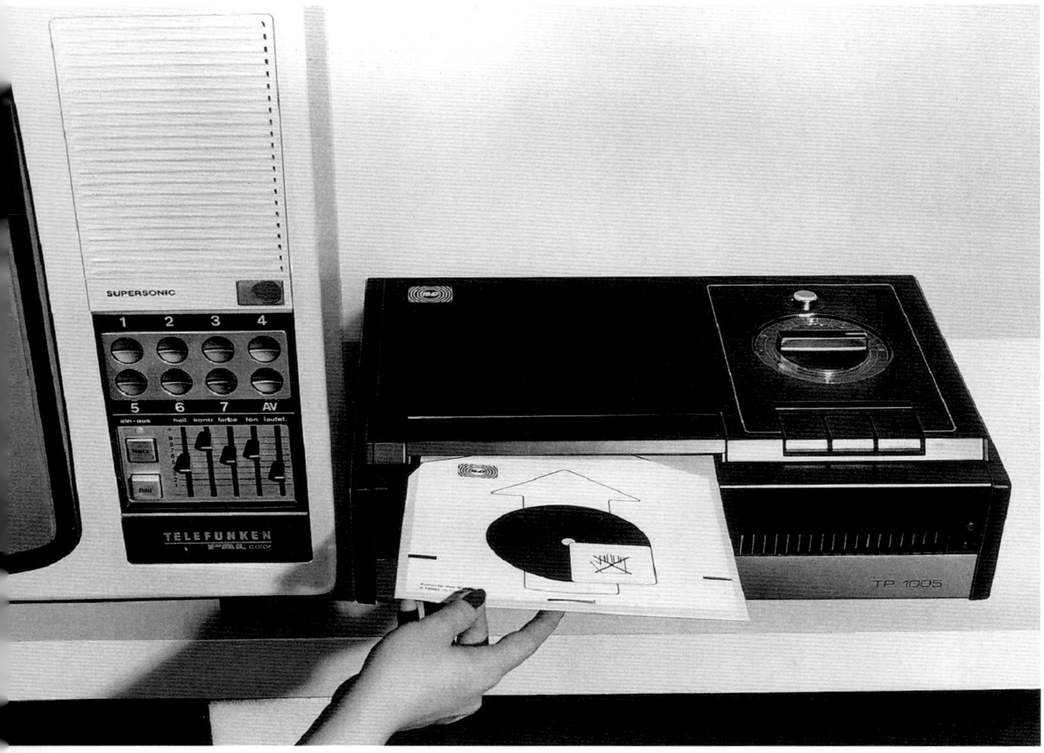

Trotz enormen Entwicklungsaufwands blieb das von Telefunken vorgestellte System zur magnetischen Bildaufzeichnung (TED-Bildplatte) gegenüber dem Videoband, wie es die Konkurrenz entwickelt hatte, unterlegen

Zur Begrenzung der Verluste in der Halbleitertechnik vereinbarte die AEG-Führung 1971 eine Zusammenarbeit mit der französischen Thomson-Houston-Hotchkiss-Gruppe. Ferner wurde nach Partnern für die in die roten Zahlen gerutschte Olympia Werke AG gesucht. Die Entwicklung dieses Tochterunternehmens, das nach 1945 in Wilhelmshaven neu aufgebaut werden mußte, verlief zunächst recht erfolgreich. Olympia expandierte und übernahm 1957 den Braunschweiger Rechenmaschinenhersteller Brunsviga Maschinenwerk AG. Seit 1967 war Olympia mit der AEG durch einen Beherrschungsvertrag verbunden. Zwei Jahre später führten Veränderungen in der internationalen Währungsparität (DM-Aufwertungen) und Lohnkostensteigerungen bei Olympia, deren Fertigung sehr lohnintensiv war und deren Exportanteil bei 50 Prozent lag, zu ernsthaften Problemen.[6]

Eine letzte Dividende

1973 verschlechterte sich die Lage der AEG wieder. Die Verbindlichkeiten des Konzerns summierten sich mittlerweile auf 2,9 Milliarden Mark. Von den Krediten, die das Unternehmen aufgenommen hatte, waren Ende 1972 44 Prozent langfristig, 34 Prozent mittelfristig und 22 Prozent kurzfristig zurückzuzahlen. Das Verhältnis von Fremdkapital und Eigenkapital betrug 3,4 : 1. Insgesamt 71 Prozent des Anlagevermögens war 1973 durch Eigenkapital gedeckt, 1972 betrug der Anteil noch 81 Prozent. Die Eigenkapitalquote[7] sank auf 17 Prozent (1975). 1965 hatte sie noch bei 36 Prozent gelegen. Den stärksten Rückgang verzeichnete sie 1974 infolge der Risikovorsorge aus dem Kernkraftwerksgeschäft, deren Bewertung soviel Kopfzerbrechen bereitete, daß 1975 sogar die Hauptversammlung verschoben werden mußte.

Ungeachtet dessen gelang es, 1973 nochmals eine Dividende zu zahlen. Groebe maß diesem Umstand große Bedeutung bei: »Die Aufrechterhaltung des Dividendensatzes ist nach unserer Auffassung durch die erfreuliche Ergebnissteigerung im laufenden Geschäft gerechtfertigt. Hinzu kommt, daß wir im Geschäftsjahr 1973 einen weiteren deutlichen Gewinnanstieg im laufenden Geschäft erwarten.«[8] Die Dividende war jedoch erneut aus der Substanz finanziert worden. Im November 1972 mußte ein geschätzter Fehlbetrag von 185 Millionen Mark aus »gezielt herbeigeführten Sondererträgen« gedeckt werden. Es blieb jedoch eine Deckungslücke von 151 Millionen Mark, die durch Währungsgewinne um 60 Millionen Mark verringert werden konnte. Weitere Sondererträge brachte 1973 der Verkauf der 36,5-Prozent-Beteiligung an der Deutschen Werft AG und des 50-Prozent-Anteils an der Original Hanau Quarzlampen GmbH. Hinzu kamen Ergebnisverbesserungen in Höhe von 17 Millionen Mark unter anderem aus Abschreibungsersparnissen. Die verbliebene Deckungslücke von 38 Millionen Mark sollte durch den Verkauf des Telefunken-Hochhauses am Berliner Ernst-Reuter-Platz geschlossen werden. Ziel war es, eine Ertragsreserve von 40 Millionen Mark zu schaffen, um damit Risiken aus anderen Bereichen, vor allem dem Kernkraft- und Computergeschäft, abzudecken.

Insgesamt waren von 1970 bis 1973 rund eine halbe Milliarde Mark aus der Unternehmenssubstanz zur Deckung von Verlusten und zur Zahlung der Dividende entnommen worden.[9] Diese Finanzpolitik ließ sich auf Dauer nicht fortsetzen. Daher war für 1974 vorgesehen, außerordentliche Belastungen aus eigenem Ertrag zu decken. Für 1975 beabsichtigte man sogar, die Dividende von zehn auf zwölf Prozent und 1977 auf 15 Prozent zu erhöhen. Ab 1975 sollten außerdem stille Reserven gebildet werden, um den bisherigen Substanzverlust auszugleichen. Alle diese Vorhaben waren jedoch nicht realisierbar. Groebe sah sich veranlaßt, die Planungen für das Jahr 1974 in Frage zu stellen und machte dafür die Energiekrise verantwortlich.[10] In der Öffentlichkeit rechtfertigte er weiterhin den Expansionskurs der vergangenen Jahre: »Die Firmenkäufe und Kooperationen der letzten Jahre waren kein Fehler, sondern für die Gesellschaft sehr positiv. Wichtige Marktpositionen wurden errungen. Die neuen Töchter werfen auch

AEG-Finanzchef Johannes Semler warnte bereits 1972 vor dem Kollaps der AEG. 1973 schied er plötzlich aus dem Unternehmen aus

eine gute Rendite ab.«[11] Zugleich kündigte Groebe allerdings eine Konzentration auf die Kerngebiete der Elektrotechnik an: »Wir sind im Interesse der langfristigen Zukunftssicherung für unser Unternehmen gezwungen, jeglichen unrentablen Ballast abzuwerfen, auch wenn es dieserhalb hier und dort Tränen geben sollte. Wenn wir dieses Klassenziel nicht erreichen sollten, können wir unseren Hut nehmen. Ich bin freilich sicher, daß wir die uns gestellte Aufgabe meistern werden.«[12]

Im Juli 1973 sackte plötzlich der Kurs der AEG-Aktie innerhalb eines Monats von 180 Mark auf unter 100 Mark ab. Als sich Anfang August der Kursverfall fortsetzte, kursierte an den Börsen das Gerücht, der AEG drohe die Zahlungsunfähigkeit und das Unternehmen benötige eine Bundesbürgschaft.[13] Etwa zur selben Zeit wurden offenbar aus dem Konzern interne Unterlagen an die Öffentlichkeit lanciert. Hieraus ging hervor, daß Finanzchef Johannes Semler schon 1972 vor einem unkontrollierten Wachstum des Konzerns gewarnt hatte.[14] In der Tat hatte Semler am 13. Juni 1972 deutliche Worte an seine Vorstandskollegen gerichtet: »Eine weitere Forderung an eine erfolgreiche Unternehmensplanung muß deshalb die laufende Überwachung der Umsatzrendite zum Schutze des Unternehmens gegen eine ertragslose Expansion sein. Wir dürfen uns keine Umsatzausweitung ohne höheres Ergebnis oder gar zu Lasten des Ergebnisses leisten. Unkontrolliertes Wachstum wird in der Medizin Carzinom genannt und führt im allgemeinen zum Tode.«[15]

Ende Dezember 1973 schied Semler aus dem Konzern aus, was die »Hannoversche Allgemeine Zeitung« als Zeichen dafür wertete, daß er sich mit seinen Warnungen nicht hatte durchsetzen können.[16] Semler ging nach seinem Ausscheiden aus der AEG als Unternehmensberater zur Carl-Zeiss-Gruppe. 1985 erfolgte seine Berufung in den Vorstand der Mercedes Automobil-Holding und in den Aufsichtsrat der Daimler-Benz AG. Nachfolger Semlers wurde Dr. Horst Brandt. Der damals 43jährige promovierte Betriebswirt war 1959 in die AEG eingetreten und 1966 zum Leiter des Büros des Vorstandsvorsitzenden (Zentralbüro) aufgestiegen. 1970 wurde er stellvertretendes, 1973 ordentliches Vorstandsmitglied, verantwortlich für die Finanzen und die Auslandsaktivitäten des Konzerns.

Obwohl Vorstandschef Groebe immer wieder betonte, es bestünden für den Konzern keine Liquiditätsprobleme, ließ sich die Krise des Konzerns nicht länger verbergen. Nicht ohne Häme beobachtete das »manager magazin«, wie die Konzernleitung versuchte, den plötzlichen Vertrauensschwund zu stoppen und das schwer angeschlagene Image des Konzerns wiederherzustellen: »Als manager magazin im Februar 1973 unter der Rubrik ›Mißmanagement‹ ... dem angeschlagenen Konzern prophezeite ›Programm auf Jahre gestört‹, wurde die Prognose als ›wenig objektive und sachkundige Auswertung interner Informationen‹ heruntergeputzt. Eine Serie von Erfolgsmeldungen (›AEG stärkt Engagement in Indien‹) sollte in der Öffentlichkeit für freundliche Stimmung sorgen.«[17]

Friedrich Bender, damals Pressechef der AEG, und seinem Stab gelang es nicht, den Widerspruch zwischen gewünschter und tatsächlicher Realität aufzulösen. Nicht ohne Verbitterung konstatierte er 1975 in einem Grundsatzpapier: »PR [Public Relations] muß versagen, wenn sie in der Hauptsache zwangsläufig darauf ausgerichtet ist, mit Einzelaktionen auf negative Ereignisse und Entwicklungen im Unternehmen zu reagieren.« Bender warnte davor, die damalige Vertrauenskrise auf eine Pressekampagne zurückzuführen: »Vielmehr handelt es sich hier um einen stetigen Abbau des Image seit der Führungskrise von 1965 infolge negativer Ereignisse und Tendenzen.«[18]

Der Einbruch

Im Jahre 1974 kam es infolge einer Ölkrise zu einem weltweiten Konjunktureinbruch, auf den die AEG nicht vorbereitet war: Die Nachfrage nach elektrischen Hausgeräten ging spürbar zurück. Auf dem Sektor der Unterhaltungselektronik verschärften japanische Firmen den Konkurrenzdruck, im Kernkraftgeschäft bahnte sich ein Desaster ungeahnten Ausmaßes an. Die AEG-Telefunken-Gruppe erreichte zwar einen Weltumsatz von zwölf Milliarden Mark, erlitt aber einen Betriebsverlust von 664 Millionen Mark.[19] Erstmals seit 1951 konnte keine Dividende gezahlt werden. Der neue Finanzchef Horst Brandt erklärte hierzu, es sei bisher gelungen, die Finanzierung in den letzten Jahren zu sichern; der Stand der Finanzierung sei aber nicht als normal zu bezeichnen. Entscheidend für den Abschluß des Jahres 1974 seien die Risiken aus dem Reaktorgeschäft gewesen. Eine Dividendenzahlung wäre aber, wie die Ergebnisberechnung klar zeige, auch ohne diese Belastung aus den Erträgen des laufenden Geschäfts nicht möglich gewesen.[20] In der Tat hatten die Bilanzfachleute in der AEG-Zentrale alles zusammenrechnen müssen, was sich zusammenrechnen ließ, damit es zum Überleben des Konzerns reichte.

KATALYSATOR DER KRISE: DAS FIASKO MIT DER KERNENERGIETECHNIK

Die krisenhafte Entwicklung der AEG war strukturbedingt, sie wurde jedoch wesentlich durch das Engagement des Konzerns auf dem Gebiet der Kernenergietechnik beschleunigt. Die AEG verdankte ihren rasanten Wiederaufstieg nach dem Zweiten Weltkrieg dem großen Bedarf an Anlagen zur Ernergieerzeugung und -verteilung. Für die nahe Zukunft versprach man sich vor allem durch die Kerntechnik entscheidende Impulse. Solange die Bundesrepublik Deutschland unter alliierter Besatzungsherrschaft stand, war die Wirtschaft von der Nutzung der Kernenergie ausgeschlossen. Nachdem die Bundesrepublik 1955 erweiterte Souveränitätsrechte erhalten hatte, stellte die Bundesregierung 1957 das »Eltviller Programm« vor, das einen beschleunigten Ausbau der Kernenergietechnik vorsah. Unternehmen wie die AEG und Siemens versuchten daher, so schnell wie möglich Anschluß an die technische Entwicklung zu finden.

Der rasche Einstieg in das Geschäft mit der Kernenergie wäre ohne die traditionell engen Kontakte der AEG zur General Electric Co. (GE), dem seinerzeit weltweit bedeutendsten Produzenten auf diesem Gebiet, kaum denkbar gewesen. 1957 beschloß die AEG – zunächst unter Verzicht auf Eigenentwicklungen –, nach Lizenzen der GE Siedewasserreaktoren zu bauen, während sich Siemens für eine Eigenentwicklung sowie den von Westinghouse entwickelten Druckwasserreaktor entschied.[21] 1958 erteilte die Rheinisch-Westfälische Elektrizitätswerk AG (RWE) den Auftrag zum Bau des ersten deutschen Versuchskernkraftwerks, ausgerüstet mit einem 15-Megawatt-Siedewasserreaktor in Kahl am Main, das 1961 in Betrieb ging. Im Dezember 1962 erhielt die AEG zusammen mit einer Tochtergesellschaft der GE und der Hochtief AG von der RWE-Bayernwerke GmbH den Auftrag zum Bau des ersten großen deutschen Atomkraftwerks (Leistung: 250 Megawatt) in Gundremmingen. Es ging 1966 in Betrieb und war seinerzeit das größte Siedewasserreaktorkernkraftwerk der Welt. Auch der Auftrag zum Bau eines zweiten großen deutschen Kernkraftwerks (Leistung: 250 Megawatt) in Lingen ging an die AEG, die sich mit über 34 Prozent auch an der Betreibergesellschaft beteiligte. Mit einem Volumen von 236 Millionen Mark war es der bis dahin größte Auftrag für das Unternehmen. 1965 gründete die AEG gemeinsam mit der GE in Frankfurt die KRT Kernreaktorteile GmbH. In Großwelzheim bei Hanau entstand ein neues Werk zur Herstellung von Kernreaktorteilen, besonders von Brennelementen für Siedewasser-

Kernkraftwerk Würgassen: Statt des erhofften wirtschaftlichen Durchbruchs für die Kernenergietechnik wurde der Bau dieses Kraftwerks in der ersten Hälfte der siebziger Jahre für die AEG zum finanziellen Fiasko

reaktoren. Außerdem vertiefte die AEG ihre Zusammenarbeit mit GE auf dem Kernreaktorgebiet durch ein umfassendes technisches Austausch- und Lizenzabkommen.

Nach Gundremmingen und Lingen schrieben die Norddeutschen Kraftwerke AG und Preussenelektra neue Kraftwerke für Stade und Würgassen aus. Siemens erhielt den Auftrag zum Bau des Kraftwerks Stade, die AEG den zum Bau des Kernkraftwerks Würgassen (Auftragswert: 330 Millionen Mark). Das neue Kraftwerk an der Weser sollte mit einem 670-Megawatt-Siedewasserreaktor ausgerüstet werden. Teile der kerntechnischen Ausrüstung waren inzwischen von der AEG selbst entwickelt worden. Dennoch ergaben sich bei Bau des Kraftwerks unerwartete Schwierigkeiten. Es bedurfte aufwendiger Nachrüstungen, die auch bei einer Reihe anderer Reaktoranlagen vorgenommen werden mußten und schließlich für die AEG zu einem unternehmerischen Fiasko führen sollten.

Als die Aufträge an Siemens und AEG für die Kernkraftwerke in Stade und Würgassen erteilt wurden, standen beide Unternehmen auf dem Gebiet der Kernenergietechnik in harter Konkurrenz. Die Energieversorgungsunternehmen nutzten diesen Umstand so gründlich aus, daß »selbst im [Bundes-]Forschungsministerium der Eindruck einer Erpressung entstand«[22]. Mit Blick auf die Zukunft entschlossen sich beide Unternehmen daher, ihre kerntechnischen Aktivitäten in der Kraftwerk Union (KWU) zusammenzulegen. Wegen der unterschiedlichen Lizenzen sollte dies jedoch erst Anfang April 1973 realisiert werden. Bis dahin wurden die Aufträge beider Unternehmen noch getrennt abgewickelt. So kam es, daß zwischen 1970 und 1972 die KWU Aufträge zur Ausrüstung der Kernkraftwerke Brunsbüttel, Philippsburg I und II, Isar (Ohu), Tullnerfeld und Krümmel erhielt, deren Reaktoren vereinbarungsgemäß von der AEG geliefert wurden. Währenddessen häuften sich bei den AEG-Siedewasserreaktoren die technischen Pannen. Als 1972 in Würgassen infolge eines Risses im Sicherheitsbehälter radioaktives Wasser auslief, wurde für alle Kernkraftwerke dieses Typs ein Baustopp verfügt. Allein die Pannen in Würgassen hatten zur Folge, daß der für 1972 geplante Übergabetermin um drei Jahre überzogen wurde, was zu Verlusten von rund 220 Millionen Mark führte.[23] Währenddessen erhöhten die Betreiber der Kernkraftwerke sowie der Technische Überwachungs-Verein (TÜV) laufend ihre Sicherheitsauflagen, wohl auch aus Angst, selbst Verantwortung übernehmen zu müssen. Unterdessen traten in den Siedewasserkraftwerken immer wieder Störungen auf, und erst 1983 sollte es gelingen, die technischen Probleme endgültig zu lösen. In der Zwischenzeit rollte auf die AEG eine Kostenlawine zu.

Wegen der hohen Projektverluste im Kernkraftgeschäft sah sich das Unternehmen gezwungen, laufend Rückstellungen zu bilden und zu erhöhen, um die drohenden Verluste aufzufangen: von 34 Millionen Mark (1972) auf 650 Millionen Mark (1974), eine Milliarde Mark (1977) und nach der Einigung mit Siemens auf 1,215 Milliarden Mark (1978). Diese Belastung mußte durch außerordentliche Erträge, durch Gewinne der Geschäftsbereiche und durch die Aufnahme neuer Finanzschulden aufgebracht werden, Geld zur Bewältigung von Problemen des laufenden Geschäfts stand nicht mehr zur Verfügung.[24]

Die Folgen des Desasters im Kernkraftgeschäft konnten schließlich nur bewältigt werden, indem die AEG ihre Anteile an der KWU an Siemens verkaufte. Damit ging dem Konzern fast die gesamte Kompetenz auf dem Gebiet der Energieerzeugung verloren. Die entsprechende Entscheidung war bereits im November 1974 gefaßt worden. Der AEG-Aufsichtsrat forderte damals den Vorstand auf, mit Siemens Gespräche aufzunehmen, bei denen es zunächst um eine Zuordnung der Risiken und die Höhe des Kaufpreises ging. Siemens legte zwar ein Angebot vor, wollte aber verständlicherweise die mit einer Übernahme verbundenen Risiken begrenzen. Daraufhin verzichtete die AEG darauf, ein eigenes Angebot zu unterbreiten und nahm Verhandlungen mit anderen Interessenten auf. Diese verliefen allerdings ergebnislos. Das Ersuchen, Hilfe von der Bundesregierung zu erhalten, lehnte der damalige Wirtschaftsminister Hans Friderichs im Juni 1975 ab.[25] Daraufhin zielten die Bemühungen darauf ab, wenigstens Teile am Kernkraftgeschäft für den Konzern zu erhalten, zum Beispiel durch Verpfändung des AEG-Anteils an ein Bankenkonsortium, von dem es der Konzern eines fernen Tages hätte zurückkaufen können. Auch dieses Vorhaben scheiterte. Daraufhin fiel der Entschluß, die KWU einschließlich ihrer Tochtergesellschaften doch vollständig abzugeben.[26] Am 6. November 1975 verständigten sich die AEG und Siemens auf den Verkauf der AEG-Anteile an der KWU zum Preis von 618 Millionen Mark. Als besonders schmerzlich mußte es auf seiten der AEG empfunden worden sein, daß ausgerechnet in jenem Jahr die KWU ihr erstes ausgeglichenes Ergebnis erzielte. Drei Jahre später, am 19. September 1978, konnte zwischen beiden Unternehmen eine Einigung über die

Verpflichtungen der AEG aus den an die KWU übertragenen Siedewasserreaktoraufträgen in Höhe von 1, 215 Milliarden Mark erzielt werden. Damit waren alle Ansprüche der KWU gegenüber der AEG abgegolten. Für die AEG bedeutete diese Vereinbarung zwar die endgültige Bereinigung der Kernreaktorrisiken, aber der Substanzverlust, der im Geschäftsbericht für 1978 auf insgesamt 1,7 Milliarden Mark beziffert wurde, war für das Unternehmen existenzbedrohend und trug wesentlich dazu bei, daß sich die AEG wirtschaftlich nie mehr erholte.

DER AUSSTIEG AUS DEM GESCHÄFT MIT GROSSEN COMPUTERN

Ein weiterer herber Verlust an technischer Kompetenz war 1974 der Verkauf der Anteile an der Großrechner-Gesellschaft Telefunken Computer GmbH in Konstanz an Siemens. Die Telefunken Computer GmbH war erst 1972 als gemeinsame Beteiligungsgesellschaft von der AEG und der Nixdorf Computer AG gegründet worden. Damit sollte der Anspruch unterstrichen werden, auf dem Gebiet der Elektronik Anschluß an die weltweite Entwicklung zu finden.

Der Vorsprung der USA auf diesem Gebiet wurde noch bis Ende der fünfziger Jahre als wenig bedrohlich empfunden, zumal die Schwerpunkte des elektrotechnischen Geschäfts in Deutschland noch vom Wiederaufbaubedarf und damit weitgehend von konventioneller Technik – und damit vom Know-how der Kriegszeit – bestimmt waren. Allerdings hatte man schon in der zweiten Hälfte der fünfziger Jahre die künftige Bedeutung der Elektronik grundsätzlich erkannt und deren Ausnutzung vor allem für Telefunken und Olympia angemahnt. Dies änderte sich mit Beginn der sechziger Jahre, als man in Westdeutschland eine »Technologielücke« konstatierte. Diese war im wesentlichen dadurch entstanden, daß die deutsche Industrie infolge von Beschränkungen während der Besatzungszeit technisch auf einigen Feldern ins Hintertreffen geraten war. Namhafte Elektronikhersteller – neben Telefunken waren dies die Zuse KG, Standard Elektrik Lorenz AG und Siemens – sahen sich zu verstärkten technologischen Aufholbemühungen vor allem gegenüber den USA veranlaßt.

Auf dem Gebiet der Leistungselektronik konnte die AEG durchaus beachtliche Fortschritte vorweisen. So stellte das Unternehmen 1958 den ersten Leistungsthyristor Europas vor, 1960 folgte der erste transistorisierte Analogrechner. Im selben Jahr wurde der erste Umkehrantrieb mit Thyristor-Stromrichtern vorgestellt. Ausdruck des gestiegenen Bedarfs an elektronischen Bauelementen war auch die Errichtung eines neuen Halbleiterwerks in Heilbronn (1959/60). Ebenfalls 1960 stellte die AEG als erster deutscher Hersteller eine numerische Bahnsteuerung für Werkzeugmaschinen vor. 1961 baute sie die erste automatisierte Briefverteilanlage für die Deutsche Bundespost.

Bei der Produktion von Großrechnern sollte der Konzern aber kein Glück haben. 1958 hatte Telefunken die Konstanzer Pintsch Electro GmbH erworben, eine »zwar kleine, aber doch ernstzunehmende Konkurrentin« auf dem Gebiet der Richtfunk- und

Bau automatischer Briefsortiermaschinen im Telefunken-Werk in Konstanz. Auf diesem Gebiet konnte sich die AEG eine führende Position auf dem Weltmarkt sichern

Großrechenzentrum mit Speicherschränken 1971. Auch wenn den wissenschaftlich-technischen Großrechenanlagen von Telefunken eine hervorragende Leistungsfähigkeit bescheinigt wurde, waren sie für Telefunken wirtschaftlich kein Erfolg

Trägerfrequenztechnik. Eigentliches Motiv von Telefunken war aber das Vorhaben, in Konstanz ein Zentrum der Rechnertechnik aufzubauen, wozu das nötige Know-how vorhanden war.[27]

Telefunken stellte 1959 mit dem Digitalrechner (»TR 4«) die erste in Europa entwickelte wissenschaftlich-technische Großrechenanlage her, der eine hervorragende Leistungsfähigkeit bescheinigt wurde. Auf dem Gebiet der kommerziellen Datenverarbeitung, das in der Wirtschaft immer größere Bedeutung erlangte, hatte Telefunken allerdings wenig zu bieten. Zur Weiterentwicklung der Rechnertechnik wurde amerikanisches Wissen benötigt, das sich das Unternehmen über GE besorgte, mit der 1967 ein Lizenzabkommen zur Prozeßrechnerfertigung abgeschlossen wurde. Zur Entwicklung, zur Fertigung und zum Vertrieb des Nachfolgemodells (»TR 440«) wurde mit Nixdorf am 1. Januar 1972 die Telefunken Computer GmbH in Konstanz gegründet. Das Gemeinschaftsunternehmen mit 2000 Beschäftigten sollte jährlich 100 Großcomputer fertigen und der AEG den erhofften Durchbruch in der Rechnertechnik bringen. Tatsächlich gelang es aber nur, 32 Rechner des Typs TR 440 abzusetzen. Der jährliche Verlust betrug zuletzt knapp 90 Millionen Mark. Um ein ausgeglichenes Ergebnis zu erzielen, hätte der Absatz um 40 Prozent höher sein müssen als geplant.[28] Die AEG sah sich aufgrund ihrer angespannten Finanzlage nicht in der Lage, weitere Verluste zu tragen, beschloß den Ausstieg aus den Computergeschäft und verkaufte ihre Datenverarbeitung an Siemens. Zugleich veräußerte sie ihre Anteile an der Deutschen Datel Gesellschaft für Datenfernverarbeitung mbH, einem gemeinsam mit Siemens, Nixdorf und der Deutschen Bundespost gegründeten Softwarehersteller. Die restliche Prozeßrechneraktivitäten wurden von der AEG Anfang April 1980 in die ATM Computer GmbH (Konstanz) eingebracht, die sie gemeinsam mit der amerikanischen Modular Computer Systems Inc. (Modcomp) gründete.

EXKURS: AEG UND SIEMENS – EIN WETTLAUF UNGLEICHER KONKURRENTEN

Die Geschichte der Elektrotechnik in Deutschland wurde lange Zeit von zwei großen Unternehmen geprägt: AEG und Siemens. Beide Konzerne verstanden sich als Universalunternehmen der Elektrotechnik. Sie traten nicht nur in Konkurrenz zueinander, sondern waren auf vielfältige Weise auch miteinander verbunden. Konkurrenz und Kooperation dieser beiden Industriegiganten bestimmte über 80 Jahre das Geschehen auf dem elektrotechnischen Markt in Deutschland.

Vom Management der AEG heißt es, es sei stark auf den Konkurrenten Siemens fixiert gewesen und hätte vor allem nach dem Zweiten Weltkrieg versucht, diesen einzuholen und zu überholen. Das »Industrie-Magazin« schrieb 1984: »Um jeden Preis wollten AEG-Manager größer werden als der Branchen-Erste Siemens. Wie besessen kauften sie Firmen auf, auch wenn sie noch so marode waren.«[29] Die Liste ähnlicher Formulierungen ist lang und läßt sich bis in die jüngste Zeit beliebig fortsetzen.[30]

Einen Wettlauf zwischen der AEG und Siemens hat es tatsächlich gegeben. Er reicht bis in die Gründungszeit der AEG zurück und hat deren unternehmerisches Handeln lange Zeit wesentlich beeinflußt. Er hat auch entscheidend zur Krise des Konzerns beigetragen. Als Emil Rathenau 1883 die Deutsche Edison-Gesellschaft für angewandte Elektricität (DEG) gründete, existierte die von Werner Siemens und Johann Georg Halske geführte Telegraphenbauanstalt Siemens & Halske bereits seit 36 Jahren und beherrschte nahezu vollständig den damals noch bescheidenen elektrotechnischen Markt in Deutschland. Als sich Rathenau 1882 anschickte, Edisons Glühlampe in Mitteleuropa einzuführen, konnte Siemens die Gründung des Konkurrenzunternehmens nicht verhindern und beteiligte sich folgerichtig daran. Von 1883 bis 1887 waren die DEG und Siemens & Halske vertraglich eng miteinander verbunden. Siemens sorgte durch den Verzicht auf den Kraftwerksbau aber dafür, daß sich die DEG sehr schnell entwickeln konnte. Schon damals offenbarten sich die fundamentalen Unterschiede zwischen beiden Unternehmen. Während die DEG eine fremdfinanzierte und in der Hauptsache von Banken geführte Gesellschaft war, legte Siemens stets mehr Wert auf umfangreiche Rücklagen und den damit geringen Einfluß der Banken.[31]

Die DEG steuerte von Anfang an eine besonders aggressive und expansive Geschäftspolitik, so daß ihre Interessen schnell mit denen von Siemens & Halske kollidierten. Siemens mußte bald einsehen, daß sich die DEG nicht mehr vom Markt verdrängen ließ. Die Folge war ein 1887 geschlossener neuer Vertrag zwischen beiden Unternehmen. Die DEG benannte sich in Allgemeine Elektricitäts-Gesellschaft (AEG) um und begann, sich auf nahezu alle Gebiete der Elektrotechnik auszudehnen. Während Siemens seine führende Stellung in der Schwachstromtechnik behaupten und ausbauen konnte, gelang es der AEG, wie der Berliner Historiker Jürgen Kocka schreibt, bereits 1890, den Konkurrenten »an Kapitalkraft, Innovationsfähigkeit und Einfluß auf dem neu entwickelten Starkstrommarkt« zu überholen. Wie Kocka fortführt, »blieb die Situation der deutschen Elektroindustrie fortan durch die Existenz zweier konkurrierender, relativ ebenbürtiger, übergewichtiger Großunternehmen gekennzeichnet«[32]. Als es, ausgelöst durch einen Konjunktureinbruch nach der Jahrhundertwende, in der Elektroindustrie zu einer Konzentrationswelle kam, konnte die AEG gegenüber dem Konkurrenten Siemens nochmals an Kraft gewinnen.

Die wirtschaftlichen Rahmenbedingungen vor dem Ersten Weltkrieg boten der AEG bessere Wachstumschancen als Siemens. Es war die Phase der stürmischen Entwicklung der Elektroindustrie, vergleichbar mit dem Siegeszug der Elektronik nach dem Zweiten Weltkrieg. Investitionen in die neuen Wachstumsmärkte versprachen nicht nur eine schnelle Rendite, sondern garantierten diese auch. Insofern hatte es die AEG als fremdfinanziertes Unternehmen leichter als der eher auf Sicherheit bedachte und daher eher defensiv agierende Wettbewerber. Trotz der Konkurrenzsituation fanden die AEG und Siemens & Halske immer dann zusammen, wenn es darum ging, gemeinsam Konkurrenten auszuschalten, oder wenn die Kräfte nur eines der beiden Unternehmen zur Erschließung eines neuen Marktsegments nicht ausreichten. Dies war 1892 bei Gründung der Akkumulatorenfabrik Hagen ebenso der Fall wie später bei Gemeinschaftsunternehmen auf dem Gebiet der Nachrichtentechnik (Telefunken, 1903) und in der Glühlampenfertigung (Osram, 1919), aber auch im Kraftwerkgeschäft (KWU, 1969).

Der Erfolg der AEG war in hohem Maße von der Person Emil Rathenaus abhängig, der im Konzern die unbestrittene strategische Richtlinienkompetenz besaß und diese auch gegenüber den Banken und Aktionären durchsetzte. Trotz aller Risikobereitschaft sorgte Rathenau stets dafür, finanzielle Reserven bereitzuhalten, um Konjunktureinbrüche oder sonstige Rückschläge in einzelnen Geschäftsbereichen aufzufangen oder neue Geschäftsfelder zu erschließen.

Der Erste Weltkrieg verursachte in der Struktur der deutschen Industrie große Verwerfungen. Die Basis erfolgreichen Wirtschaftens war der AEG nach 1918 entzogen worden, ihre Führungsposition gegenüber Siemens ging verloren. Die Ursache dafür lag zum einen in der grundverschiedenen Finanzpolitik beider Konzerne, zum anderen in den geschäftlichen Schwerpunkten. Nach dem Ersten Weltkrieg waren vor allem eine solide Finanzpolitik und finanzielle Polster gefragt. Außerdem ging das Geschäft mit der Starkstromtechnik gegenüber der Schwachstromtechnik stark zurück. Siemens profitierte vom Boom der zwanziger Jahre im Rundfunk- und Telefonwesen stärker als die AEG vom Ausbau der flächendeckenden Elektrifizierung.[33] Die Kapitalausstattung bei Siemens war mindestens doppelt so hoch wie bei der AEG.

Diese Schieflage war wohl auch der Grund dafür, daß seitens der AEG in den Jahren 1924/25 sowie 1928/32, mehrere Anläufe unternommen wurden, das Starkstromgeschäft mit Siemens zusammenzulegen. Der Grund: »Beide Verhandlungsrunden fielen in ökonomisch kritische Zeiten. 1924/25 lastete die nachinflationäre Umstellungskrise auf stabile Währungsverhältnisse und die Reintegration in den internationalen Warenaustausch unter rationalen Wettbewerbsbedingungen auf der Wirtschaft; 1930/31 war durch eine Kontraktion der Nachfrage von bisher unbekanntem Ausmaß geprägt, ohne daß eine Wende zum Besseren bereits absehbar war.«[34] Eine erste Verhandlungsrunde wurde von Siemens im Oktober 1925 abgebrochen. Carl Friedrich von Siemens wollte kein Monopolunternehmen, um dessen Image es nach seiner Meinung in der Öffentlichkeit nicht gut bestellt sei. Eine zweite Runde begann Ende 1928 und zog sich bis zum Juni 1932 hin. Eine definitive Entscheidung zur Gründung einer »Allgemeinen Siemens-Schuckert-Elektrizitäts-Gesellschaft«, hatte sich erübrigt, »da sich die wirtschaftliche Lage des AEG-Konzerns dramatisch verschlechterte«[35].

Während die AEG die Folgen der Weltwirtschaftskrise erst 1936 durch einen Kapitalschnitt überwand, hatte der Siemens-Konzern dank einer konservativen Bilanzpolitik und der Bildung hoher stiller Reserven die Krisenzeit ohne Kapitalmaßnahmen überstanden. 1929 war es der AEG ein letztes Mal gelungen, einen höheren Umsatz als Siemens zu erzielen. Danach fiel sie gegenüber ihrem Konkurrenten zurück. Zwar erholte sich die AEG ab 1934 allmählich, Siemens wuchs jedoch ungleich schneller. 1939 erreichte der AEG-Umsatz (541 Millionen Reichsmark) nicht einmal die Hälfte ihres Wettbewerbers (1,364 Milliarden Reichsmark).

Gegen Ende des Zweiten Weltkriegs entstand eine völlig neue Situation. Schon im Herbst 1944 hatte die Siemens-Konzernführung Kenntnis von der künftigen Einteilung Deutschlands in Besatzungszonen erhalten, worauf 1945 mit Duldung des Rüstungsministeriums im Siemens-Konzern Vorbereitungen getroffen wurden, in Mülheim/Ruhr, Erlangen und München neue Standorte zu erschließen.[36]

Die AEG hatte dagegen ihre westdeutschen Standorte bis 1945 kaum ausgebaut und fiel infolge enormer Substanzverluste durch Demontage und Enteignungen nach Kriegsende weit hinter Siemens zurück. Erst Ende der fünfziger Jahre bestand zumindest theoretisch wieder eine Chance, gegenüber dem Konkurrenten aufzuholen. Die Rahmenbedingungen hierfür waren jedoch nicht günstig, wie der AEG-Aufsichtsrat feststellen mußte – wegen des im Vergleich zu Siemens geringeren Eigenkapitals und der höheren kurzfristigen Verschuldung. Hierzu erklärte Vorstandschef Hans C. Boden im Februar 1959, daß es der AEG nicht gelungen sei, die weitaus höheren Kriegsverluste auszugleichen, Siemens habe »auch nicht so lange primitiven Aufbau betreiben müssen und konnte früher in eine sachgemäße Planung eintreten. Bei schlechter Konjunktur [ist] dieser Vorsprung von Siemens ein ernstes Problem. Es müssen alle Anstrengungen gemacht werden, um diesen Vorsprung aufzuholen«[37].

Bodens Nachfolger Hans Heyne war in seinem firmenpolitischen Denken noch stärker auf den Konkurrenten fixiert. Seine Unternehmensstrukturreform brachte zwar deutliche Ergebnisverbesserungen, verringerte im Ertrag den Abstand zu Siemens jedoch nicht. Auch die von Heyne mit Hochdruck und mit Blick auf Siemens betriebene Integration von Telefunken in den AEG-Konzern setzte im Gegensatz zu der 1966 vollzogenen Fusion der Siemens & Halske AG und der Siemens-Schuckert-Werke AG zur Siemens AG nicht die erwünschten Synergien frei.

Als Hans Bühler Anfang 1966 die Nachfolge Heynes antrat, erwirtschaftete die AEG 4,6 Milliarden Mark Umsatz, Siemens dagegen 6,5 Milliarden Mark. Zu Beginn der Expansionsphase betrug das Grundkapital bei der AEG 460 Millionen, bei Siemens 872 Millionen Mark. Die offenen Rücklagen beliefen sich auf 425 Millionen Mark bei der AEG und auf 1,027 Milliarden Mark bei Siemens. Während sich die Finanzschulden bei der AEG auf 872 Millionen Mark beliefen, betrugen sie bei Siemens 1,198 Milliarden Mark. Be Siemens überwog das Eigenkapital die Finanzschulden um 701 Millionen Mark, bei der AEG nur um 13 Millionen Mark.

Bühler setzte Heynes Kurs der unternehmerischen Expansion fort. Beflügelt vom günstigen Konjunkturverlauf expandierte die AEG schließlich so stark, daß das Einholen von Siemens tatsächlich nur noch eine Frage der Zeit zu sein schien. Der AEG-Umsatz wurde zwischen 1967 und 1971 von 5,2 auf zehn Milliarden Mark fast verdoppelt. 1969/70 reichte er bis auf 81 Prozent an Siemens heran.

Zu Beginn der siebziger Jahre konnte dieser Expansionskurs allerdings nicht länger durchgehalten werden. Was als unternehmerischer Kraftakt geplant war, mit dem die AEG auf eine unanfechtbare Position in der Elektroindustrie gehoben werden sollte, stellte sich am Ende als ein Parforceritt in den Abgrund heraus. Die AEG verzeichnete zwar enorme Umsatzzuwächse, der Ertrag blieb jedoch aus, die Fremdverschuldung ließ dem Unternehmen kaum noch Spielraum. Schließlich rutschte die AEG in die roten Zahlen. Von einem Einholen des Konkurrenten konnte nicht mehr die Rede sein. Im Gegenteil: Die AEG sah sich nunmehr gezwungen, wichtige Geschäftsbereiche und Anteile an gemeinsamen Unternehmen, wie zum Beispiel die KWU oder Osram, ausgerechnet an Siemens zu verkaufen. Im prozentualen Umsatzanteil fiel die AEG im Vergleich zu Siemens 1976/77 auf 72 Prozent zurück.

Im Januar 1977 hielt es der damalige Vorstandsvorsitzende Walter Cipa für angebracht, den weiteren Wettlauf mit Siemens zu beenden. Das Wirtschaftsmagazin »Capital« zitierte ihn mit folgenden Worten: »Mir wäre es egal, ob wir von der Umsatzrangliste vom neunten auf den 20. Platz zurückfielen, wenn wir nur dicke Gewinne machen.«[38] Cipa konnte sich im Konzern mit dieser Vorstellung aber offenbar nur schwer durchsetzen, denn bis hinauf in den Aufsichtsrat blieb das unternehmenspolitische Denken bei der AEG weiterhin auf Siemens fixiert.

SANIERUNGSVERSUCHE

Die fehlgeleitete Expansion des AEG-Konzerns auf dem Sektor der Konsumgüterfertigung, das Fiasko in der Kernenergietechnik und der Verlust an technologischer Kompetenz auf dem Gebiet der Computertechnik hatten die AEG Mitte der siebziger Jahre in eine tiefe Krise stürzen lassen. 1975 belief sich der Jahresfehlbetrag im Konzern auf 77 Millionen Mark. Ende 1975 bezeichnete Jürgen Ponto gegenüber dem Aufsichtsrat den zu erwartenden Anstieg der Finanzschulden auf über vier Milliarden Mark als unvertretbar und ersuchte den Vorstand, »diese Entwicklung durch geeignete Maßnahmen zu vermeiden«[39].

1972 wurde der seinerzeit größte in der Welt gebaute Diesel-Generator von der AEG in Berlin vorgeführt. Er hatte ein Gewicht von 430 Tonnen. Auftraggeber waren die Stadtwerke von Gent in Belgien

Ein Blick auf den weltweiten Umsatz der AEG-Telefunken-Gruppe zeigte ein erhebliches Übergewicht der besonders konjunkturanfälligen konsumnahen Produktion. Im einzelnen gliederte sich der Umsatz folgendermaßen:

- Anlagengeschäft (Energie- und Industrietechnik): 40 Prozent, darin Nachrichtentechnik (zehn Prozent) und Verkehr (sieben Prozent)
- Technisches Seriengeschäft (Bauelemente, Bürotechnik, Technisches Liefergeschäft): 25 Prozent
- Konsumgütergeschäft einschließlich Hausgeräte: 35 Prozent

Die Chance zur Wende

Hans Bühler mußte erkennen, daß sein unternehmenspolitischer Kurs die AEG in eine gefährliche Schieflage gebracht hatte. Er zog daraus persönliche Konsequenzen und bot seinen Rücktritt als Aufsichtsratsvorsitzender an. Am 17. März 1975 wurde Jürgen Ponto, Vorstandssprecher der Dresdner Bank, zu seinem Nachfolger bestimmt.[40] Auf der Hauptversammlung – sie mußte auf Ende August verschoben werden, weil die immense Höhe der erforderlichen Rückstellungen kurzfristig eine zusätzliche Bewertung notwendig machte – richteten Vertreter der Aktionäre zum Teil heftige Vorwürfe an die Adresse des Vorstands. Sie gaben, wie die »Frankfurter Allgemeine Zeitung« berichtete, »glücklosen Managern« die Schuld an der Krise und beklagten die häufigen Wechsel im Vorstandsvorsitz.[41] Noch während der Hauptversammlung teilte Groebe am 18. August 1975 mit, daß er nach der ordentlichen Hauptversammlung im kommenden Jahr sein Amt niederlegen werde. Der Aufsichtsrat bestellte auf Vorschlag seines Vorsitzenden Jürgen Ponto Dr. Walter Cipa zum stellvertretenden Vorstandsvorsitzenden und legte fest, daß er 1976 Groebes Nachfolger werden sollte.

AEG-Chef Hans Groebe (vorn) und sein Nachfolger Walter Cipa

Der promovierte Geophysiker Cipa (Jahrgang 1928) war von 1955 bis 1961 als Geologe bei der Deutschen Erdöl AG tätig. Anschließend ging er zur Gelsenkirchener Bergwerks-AG, bei der er zunächst die Abteilung Erdöl und Erdgas leitete. 1965 wurde er Vorstandsmitglied und 1969 Vorstandsvorsitzender des Unternehmens. Nach der Integration der Gelsenberg AG in den Veba-Konzern (1975) mußte er seinen Posten räumen und wechselte daraufhin in den Vorstand der AEG. Dort wurden ihm mit sofortiger Wirkung weitreichende Befugnisse eingeräumt.[42]

Die überraschende Wahl Cipas sorgte dafür, daß die AEG-Hauptversammlung schließlich einen insgesamt ruhigen Verlauf nahm. Zur Sanierung der AEG beschlossen die Aktionärsvertreter, das Grundkapital um 225,7 Millionen Mark auf 929,8 Millionen Mark zu erhöhen. Hierdurch flossen dem Konzern rund 316 Millionen Mark zu. Insgesamt 25 Banken übernahmen die von den Aktionären nicht gezeichneten Aktien. Die finanzielle Situation hatte sich dadurch zwar etwas entspannt, die Beurteilung der Lage des Konzerns fiel in der Presse allerdings wenig schmeichelhaft aus. Günter Ringleb kommentierte im »Handelsblatt«: »Versucht man herauszufinden, wo bei AEG-Telefunken bisher also eine entscheidende Weichenstellung erfolgt ist, stößt man eigentlich nur auf die Kapitalspritze der 25 Bankinstitute, wodurch die Eigenmittel gestärkt und damit fürs erste der Kollaps behoben ist. Ohne dieses Engagement hätte sich sicherlich der Weg zum Konkursrichter nicht vermeiden lassen. Mehr ist darüber hinaus, wenn man von ›Konzepten, Programmen, Maßnahmen‹ einmal absieht, eigentlich nicht passiert. Natürlich hat die AEG in ihrer Palette hervorragende technische Produkte und zukunftsträchtige Objekte – im letzten Jahr sind immerhin 700 Millionen Mark für Forschung und Entwicklung ausgegeben worden –, aber was nützt das alles, wenn die Hauptursache des Debakels, im wesentlichen der Kernkraftwerksbau, immer noch nicht bereinigt ist. Gerade weil dieser Geschäftszweig zum Millionengrab des Konzerns geworden ist, sollte man nun endlich Nägel mit Köpfen machen.«[43] Auch im Aufsichtsrat zeigte man sich skeptisch und stellte fest, daß aufgrund einer Vorschaubilanz bis 1980 die bisher in der Diskussion befindlichen Überlegungen zur Sanierung des Unternehmens nicht ausreichten. Wie es hieß, müßten weitere Maßnahmen eine Reduzierung des Geschäftsvolumens zum Inhalt haben: »Hierbei sind Lösungen zu erarbeiten, die gleichzeitig realisierbar sind und die Lebensfähigkeit der Unternehmensgruppe sichern.«[44]

Notverkäufe

Die angespannte finanzielle Lage machte es erforderlich, daß die AEG 1975 neben dem Verkauf ihrer Frankfurter Zentrale für rund 40 Millionen Mark – sie wurde sofort wieder angemietet (»sale and lease back«)[45] – weitere wertvolle Beteiligungen verkaufen mußte, darunter (zur »Schaffung klarer Mehrheitsverhältnisse«) für 93 Millionen Mark ihren 35,8-Prozent-Anteil an der Osram GmbH. Dieser ging an Siemens, nachdem zuvor ein Verkauf an die amerikanische GE vom Bundeskartellamt abgelehnt worden war.

Neben Berlin hatte die AEG seit Anfang der fünfziger Jahre auch in Frankfurt am Main ihren Firmensitz

Ein Verkauf der Osram-Beteiligung stand schon seit Herbst 1973 bei der AEG-Führung auf der Tagesordnung. Hintergrund war das Bestreben der GE, eine Mehrheit an Osram zu erwerben. Falls diese nicht zustande käme, beabsichtigte GE, ihre Anteile an AEG und Siemens zu verkaufen, um in Europa eine eigene Glühlampenfertigung aufzubauen. GE wollte auf diese Weise ihre weltweit führende Stellung auf diesem Sektor gegenüber Firmen wie Philips, Sylvania und Westinghouse behaupten.[46]

»Wenn ich in fünf Jahren schwarze Zahlen schreibe ...«

Am 7. Juli 1976 trat Walther Cipa offiziell die Nachfolge von Hans Groebe an. Der Erwartungsdruck, der auf ihm lastete, war groß. Die AEG befand sich in einer akuten Existenzkrise. Außerdem stand der neue Chef, nachdem er bei der Gelsenberg ausgeschieden war, unter erheblichem Erfolgszwang. Wie viele seiner Kollegen im höheren Management stellte er nach außen ein unerschütterliches Selbstbewußtsein zur Schau. Die »Frankfurter Rundschau« zitierte ihn mit folgenden Worten: »Wenn ich in fünf Jahren schwarze Zahlen schreibe, wird es eine ganze Reihe von Leuten geben, die mich hierher empfohlen haben.«[47] Cipa mußte nun den Beweis antreten. Aber hatte er überhaupt eine Chance?

Ende Oktober 1976 legte der Vorstandschef einen Sanierungsplan vor, den er gemeinsam mit seinem Vorgänger erarbeitet hatte. Vor der Presse sprach er auch die Ursache der AEG-Krise an. Danach hatte »sich unser Unternehmen als Folge der Expansionspolitik der Vergangenheit einen sehr großen Tätigkeitsrahmen geschaffen ... den voll zu integrieren nur teilweise gelungen ist«[48]. Cipas interne Lagebeurteilung klang weniger gedrechselt. Als er Anfang November 1976 dem Aufsichtsrat seine Unternehmensanalyse und das daraus abgeleitete Sanierungsprogramm vorlegte, stellte er lapidar fest: »Das Unternehmen mit dem Tätigkeitsrahmen, den es hat, bewegt sich hart am Rande eines Kollapses entlang.«[49] Das Sanierungsprogramm sah einen Ausbau der Kernarbeitsgebiete, eine Beseitigung von Strukturproblemen im Serien- und Konsumgüterbereich durch Schließung, Verkauf oder Kooperation sowie den Abbau der Fremdverschuldung durch Verkäufe von Unternehmensteilen vor. In der Unternehmensanalyse war der Konzern in 55 Arbeitsgebiete unterteilt und einzeln untersucht worden. Dabei wurde festgestellt, daß im Jahr 1975 81 Prozent des Umsatzes auf Bereiche mit den niedrigsten Wachstumsraten (zum Beispiel das Starkstromgeschäft und Gebrauchsgüter) entfielen. Durch die Geschäftstätigkeit in riskanten Bereichen – hierzu zählten Altaufträge aus dem Kernkraft- und Prozeßrechnergeschäft und die gesamte Auslandstätigkeit – waren Belastungen von insgesamt 350 bis 450 Millionen Mark entstanden, die sich nach Meinung Cipas nur durch Substanzverkäufe ausgleichen ließen. Cipa bewertete die Manövrierfähigkeit des Konzerns infolge finanzieller Verbindlichkeiten als beschränkt. Insgesamt hatte die AEG 21 Verträge geschlossen, die zum Teil Erwerbsverpflichtungen enthielten, unter anderem bei Hartmann & Braun und Telefonbau & Normalzeit. Neben der chronisch defizitären Unterhaltungselektronik kam seit 1975 der infolge radikaler Gewinnabschöpfung und unterbliebener Investitionen ausgepowerte Hausgerätebereich als Verlustbringer hinzu. Von den 55 Arbeitsgebieten, so Cipa, erwirtschafteten zehn mehr Verluste als die zehn besten Gewinn.[50]

»Umsatz muß weg, da beißt die Maus keinen Faden ab.«

Vor der Sanierung der AEG teilte Cipa die Tätigkeitsfelder des Konzerns zunächst in fünf Kernarbeitsgebiete, das sogenannte Kernportfolio, ein. Hierzu zählten die Energietechnik, der Industrieanlagenbau, der Schiffbau, die Nachrichten- und Verkehrstechnik sowie das Komponentengeschäft. Alle übrigen Geschäftsfelder wurden als »Restportfolio« bezeichnet und in risikobehaftet und nicht risikobehaftet unterteilt.[51] Zur Sanierung kündigte Cipa eine Bereinigung verlustbringender Bereiche und eine Konsolidierung aller Tätigkeiten an, die eine unzureichende Verzinsung brachten. Strukturell schwache Bereiche (wie Kleinmotoren und die Passiven Bauelemente) sollten aufgegeben werden. Cipa: »Umsatz muß weg, da beißt die Maus keinen Faden ab.«[52]

In Cipas Konzept war vorgesehen, die Bereiche »Energie- und Industrietechnik«, »Nachrichten und Verkehrstechnik« sowie »Serienprodukte« auszubauen. Hingegen zählte er die Konsumgüterfertigung und Unterhaltungselektronik nicht mehr zu den expandierenden Bereichen. Im einzelnen schlug er die sofortige Stillegung der als »Wiege der AEG« verklärten Zählerfabrik in der Berliner Ackerstraße und die Kleinstmotorenfertigung in Vechta sowie die Fabriken in Zeil am Main und Nürnberg (Passive Bauelemente) vor. Als strukturell erforderlich erachtete Cipa außerdem die Verkäufe einer ganzen Reihe von Beteiligungen, darunter die Bildröhren- und Halbleiterfertigung, die Unterhaltungselektronik und schließlich die Tochterfirmen Küppersbusch, Olympia, Zanker und KWU. Als Alternative hierzu wurde unter anderem der Verkauf der 1960 erworbenen Elektromechanik GmbH und der Elektrowerkzeugefertigung in Erwägung gezogen. Dasselbe war mit dem Turbinenhersteller AEG-Kanis Turbinenfabrik G.m.b.H. geplant, der als Zulieferer für die Kernkraftwerke der AEG in Schwierigkeiten geraten war.

Die Planungen Cipas gingen für 1978 von einem kräftigen Rückgang und dafür 1979 von einem kräftigen Anstieg des Konzernumsatzes aus; die Zahlung einer Dividende stellte er frühestens für 1978/79 in Aussicht. Insgesamt veranschlagte er zur Durchführung seines Sanierungskonzepts einen Zeitraum von zwei bis fünf Jahren.[53] Die Phase der Expansion war für die AEG damit endgültig beendet. Im Juni 1977 betonte Cipa in einem Interview dies ausdrücklich: »Das Unternehmen hat eine Expansionspolitik betrieben, die es, aus welchen Gründen auch immer, nicht durchhalten konnte. Da ist es das Natürlichste der Welt, sich auf bestimmte Positionen zurückzuziehen, bis man sich gestärkt hat, um dann wieder gezielt zu expandieren.«[54]

Im Herbst 1978 verfügte Cipa für die Zentralbereiche und Vorstandsabteilungen einen Einstellungsstopp und verlangte Entlassungen in den Unternehmensbereichen. Er kündigte die Gründung eines Unternehmensbereichs Unterhaltungselektronik, die Neuordnung der Hausgeräteproduktion, Konzentration auf gleiche Produktgruppen und die Spezialisierung der Werke auf einheitliche Produktgruppen sowie die Schließung der Hausgerätewerke in Uffenheim und Bruchsal an.[55]

»Können 26 Vorstandsmitglieder ein Unternehmen besser führen als 15?«

Zum Sanierungskonzept Cipas gehörte neben einer Neuausrichtung der Geschäftspolitik auch die Neuorganisation der Konzernführung, die am 1. Mai 1976 in Kraft trat. Damit sollte den unerwünschten Auswirkungen der Unternehmensstrukturreform, wie sie Hans Heyne in den sechziger Jahren durchgesetzt hatte, ein Riegel vorgeschoben werden. Heyne hatte den Unternehmensbereichen größere Selbständigkeit verschafft. Diese zeigten jedoch schon bald Verselbständigungstendenzen und drohten der Kontrolle durch die Zentrale zu entgleiten. Deren mangelhafte Steuerungsfunktion hatte, wie die Presse immer wieder betonte, zur Verschärfung der AEG-Krise beigetragen. Cipa zog daraus radikale Konsequenzen und leitete eine Rezentralisierung ein. Er gliederte die

Spitze des Konzerns, der bisher 15 Vorstände angehörten, in einen Zentralvorstand (Vorstandsvorsitzender, Finanzen, Planung und Kontrolle, Vertrieb, Personal und Technik), der aktienrechtlich dem Aufsichtsrat und den Aktionären gegenüber verantwortlich war. Dem Zentralvorstand wurden fünf Unternehmensbereiche (Energie- und Industrietechnik, Nachrichten- und Verkehrstechnik, Serienprodukte, Konsumgüter und Bürotechnik) als »Betriebsführungsgesellschaften« (abhängige Aktiengesellschaften) unterstellt und damit eine zweite, untergeordnete Unternehmensstruktur geschaffen. Betriebsführungsgesellschaften und Zentralvorstand sollten gemeinsam den Gesamtvorstand des Unternehmens bilden. Außerdem wurde mit dem Aufbau eines umfänglichen Planungs-, Informations- und Kontrollinstrumentariums begonnen. Auf diese Weise sollten die »Konzernaktivitäten gestrafft, die Lenkung und Kontrolle verbessert sowie das vorhandene Kräftepotential zielgerechter eingesetzt werden«.[56]

Die Vorstellung der neuen Führungsstruktur machte auf die Presse allerdings nur wenig Eindruck. Die »Frankfurter Allgemeine Zeitung« schrieb mit besorgtem Unterton: »Können 26 Vorstandsmitglieder ein Unternehmen besser führen als 15? Diese Frage drängt sich auf, wenn man erfährt, daß der AEG Konzern, der jetzt nichts dringenderes braucht wie eine straffe Führung, einen ›Gesamtvorstand‹ von 26 Köpfen erhalten soll.«[57]

Die Aufteilung des Vorstands in einen Konzernvorstand und in Spartenvorstände führte dazu, daß an der Spitze der Betriebsführungsgesellschaften eigene Verwaltungen entstanden. Zugleich wurde der Apparat in der Frankfurter Konzernzentrale jedoch nicht in entsprechendem Maße abgebaut.[58] Die Aufteilung und Aufblähung des Vorstandes, die zahlreichen Kontrollinstrumente und Cipas äußerst harter Führungsstil führten unter den Führungskräften zu Verunsicherung, Demotivation und verminderter Risikobereitschaft. Von 1977 bis 1979 verließen insgesamt 36 Personen des obersten Führungskreises zumeist auf eigenen Wunsch das Unternehmen.[59] Andere begannen offenbar gezielt die Autorität des Vorstandsvorsitzenden zu unterlaufen.

Die Sanierung scheitert

Ende 1976 konnte die AEG wieder einen Gewinn von 397 Millionen Mark ausweisen. Dieses Ergebnis war jedoch nur durch den Verkauf wertvoller Substanz möglich geworden: Im November 1976 waren die Anteile an der Kraftwerk Union AG (KWU) für 668 Millionen Mark an die Siemens AG gegangen. Außerdem gab die AEG 25 Prozent ihrer Beteiligung an der Transformatoren Union AG (TU) an Siemens ab und verlor damit auch über diese Beteiligungsgesellschaft die unternehmerische Führung.[60] 1977 veräußerte die AEG ihre Beteiligung am italienischen Hausgerätehersteller Zanussi, bei dessen Dachgesellschaft (A. Zanussi S.p.A., Pordenone/Italien) sie erst Anfang 1974 mit einer Beteiligung von 20 Prozent eingestiegen war.

Trotz dieser Maßnahmen mehrten sich die Krisensignale. Eines davon war der endgültige Ausstieg der GE, deren Anteile an der AEG am 29. April 1976 die Dresdner Bank übernahm. Zwar bedeutete die Veräußerung keine Beeinträchtigung der wirtschaftlichen und technischen Zusammenarbeit beider Unternehmen, eine geschäftliche Perspektive sahen die Amerikaner in dem Frankfurter Unternehmen jedoch schon seit geraumer Zeit nicht mehr. Unmittelbar nach dem Ende des Kriegs hatte dies noch anders ausgesehen. Damals sorgte der amerikanische Konzern dafür, daß sein 27,5prozentiger Anteil, der während des Kriegs treuhänderisch verwaltet worden war, nicht verlorenging und veranlaßte, daß die AEG unter die vermögensrechtliche Aufsicht durch die alliierten Siegermächte gestellt wurde. Nach dem Krieg blieb der GE-Anteil zunächst unverändert bestehen, wurde aber 1956 auf zehn Prozent gesenkt. Zuletzt war GE mit rund acht Prozent am Aktienkapital des deutschen Elektrokonzerns beteiligt.

Nachdem die AEG 1976 einen bescheidenen Gewinn ausweisen konnte, rutschte sie ein Jahr später erneut in die roten Zahlen. Noch Ende 1975 war für das Jahr 1977 eine Ergebnisverdoppelung gegenüber 1976 vorausgesagt worden, »wobei kein Bereich mehr mit Verlusten arbeiten« sollte.[61] Das Jahr 1977 brachte für Cipa auch einen schweren persönlichen Rückschlag: Am 30. Juli 1977 fiel der Aufsichtsratsvorsitzende Jürgen Ponto einem terroristischen Attentat zum Opfer. Im Gespann Ponto-Cipa war eine Wiederaufnahme der traditionell guten Zusammenarbeit zwischen Banken und der AEG, wie sie von Emil Rathenau und Carl Fürstenberg begründet worden war, gesehen worden. Nachfolger Pontos wurde der ehemalige BASF-Vorstandsvorsitzende Bernhard Timm.[62] Wie die »Frankfurter Allgemeine Zeitung« zu berichten wußte, habe das ausgewogene Verhältnis, wie es zwischen Ponto und Cipa herrschte, fortan gefehlt.[63]

Auch das Jahr 1978 brachte keine Wende. Im September mußte Cipa eingestehen, daß die Geschäftslage schlechter war, als noch am Jahresende 1977 prognostiziert. Der Vorstand hatte zwar »viel Mühe darauf verwendet ... ein funktionsfähiges Führungsinstrumentarium als Voraussetzung für ein erfolgreiches Geschäft einzuführen. Die Zahlen zeigten jedoch leider, daß dieses Instrumentarium bislang – teilweise auch von Mitgliedern der Vorstände – noch nicht beherrscht würde«. Cipa sah sich außerstande, hierfür eine Erklärung zu geben, da »auch die Vorstände der Unternehmensbereiche bislang hierzu nur pauschale Erklärungen abgegeben« hätten.[64]

Anfang Dezember wurde auf einer Betriebsversammlung in der Frankfurter AEG-Zentrale bekannt, daß der Konzern erneut einen massiven Verlust – 350 Millionen Mark – erwartete. Tatsächlich schloß die Bilanz mit einem Verlust von 295 (Konzern, weltweit; Inland: 347) Millionen Mark ab. Gewinne erwirtschafteten nur noch die Nachrichten- und die Verkehrstechnik.

Planzahlen: Ein Konzern rechnet falsch

Eines der größten Probleme, das alle Sanierungsmaßnahmen der AEG stark behinderte, war die fehlende Wirklichkeitsnähe der Planzahlen.[65] Schon 1963 hatte der damalige Vorstandschef Hans Heyne mit einigem Kopfschütteln die Planungspraxis im Konzern zur Kenntnis nehmen müssen, als er gegenüber den versammelten Führungskräften erklärte: »Am Schluß meines Referats möchte ich noch ein Problem behandeln, bei dem ich Sie um Ihr Verständnis und Ihre Unterstützung bitte, und zwar handelt es sich um die Planung, die hier bei der AEG noch nicht so schön läuft, wie es eigentlich sein sollte. Was ich meine, ist die Vorausplanung des Umsatzes, der Rendite, des Geldbedarfes, der Investitionen, der Entwicklungskosten usw. Zwar gibt es auch bei der AEG einen Plan, aber dieser Plan wird erst nach Beginn des Geschäftsjahres verabschiedet. Er wird dann während des Planjahres mehrfach geändert, ja sogar kurz vor Schluß des Geschäftsjahres. Später vergleicht man das erreichte Ist des abgelaufenen Geschäftsjahres mit einem Plan, der schon mehrmals geändert wurde. Diese Handhabung ist natürlich vollkommen unmöglich.«[66]

Wie Walter Cipa herausfinden sollte, hatte sich an der Qualität der Planungen auch rund 15 Jahre später nichts geändert. So bemerkte der Vorstandschef auf Managementtagungen im Dezember 1977 und April 1978, »daß bei allen Unternehmensbereichen Planabweichungen festgestellt wurden, die ›auf mangelhaftes methodisches Wissen, geringe Erkenntnis bzw. Zahlenbasis, Scheu vor der Planung negativer Wachstumsraten sowie auf ehrgeizige Zielsetzungen‹ zurückzuführen waren«[67]. Auf ähnliche Weise äußerte er sich auch im April 1978 vor dem Aufsichtsrat: Die Ursachen für die Abweichungen lägen vor allem in »zu optimistische[n] Annahmen bezüglich der Lösung von Strukturproblemen«[68].

Cipa beauftragte, um die genaue Ursache der Planabweichungen zu lokalisieren, die Deutsche Warentreuhand Aktiengesellschaft (DWT) mit einer Schwachstellenanalyse, die am 14. November 1978 vorlag. Deren Ergebnis klang wenig schmeichelhaft: »Abweichungen bei dem Umsatz zwischen Schätzung ... und Budget ... [lassen] ... erkennen – und dies wurde von unseren Gesprächspartnern auch nicht bestritten –, daß fast ausschließlich ehrgeizige Zielvorstellungen, teilweise möglicherweise Wunschvorstellungen, in die Planung eingeflossen sind. Dies wurde damit begründet, daß der Vertrieb motiviert und zu ›Superleistungen‹ angespornt werden müsse.«[69] Im einzelnen Fällen wurde festgestellt, daß die Planungen des Unternehmensbereichs Serienprodukte (UBS) bereits bei der Verabschiedung durch die Konjunkturentwicklung überholt gewesen seien. Im Konsumgüterbereich wurde wegen ehrgeiziger Ziele eine zu geringe Ausgewogenheit von Chancen und Risiken festgestellt, außerdem gebe es keine Aufstellung erforderlicher Maßnahmenpläne zur Erreichung der Ziele, und schließlich sei in Anbetracht des technologischen Stands der AEG deren Marktstellung überschätzt worden. Die Vorlage des DWT-Berichts auf der Aufsichtsratssitzung am 6. Dezember 1978 blieb nicht ohne personelle Konsequenzen. Drei Vorstände mußten zum Jahresende aus dem Konzern ausscheiden.[70]

RETTUNG AUF ZEIT

Die Lage spitzt sich zu

Die AEG gehörte 1979 zu den fünf größten Schuldnern in der Bundesrepublik Deutschland. An der Börse rutschte der Kurs der Aktie unter den Nennwert. Cipa hatte bei seinen Versuchen, unrentable Bereiche des Unternehmens zu verkaufen, schwere Rückschläge hinnehmen müssen: Die Arbeitsgebiete Röhren, Baugruppen und Bauelemente konnten nicht wie geplant in ein gemeinsames Unternehmen mit einer japanischen oder amerikanischen Firma eingebracht werden. Die Bemühungen um einen Teilverkauf von AEG-Kanis an ein US-Unternehmen und eine Lösung für Telefonbau & Normalzeit blieben erfolglos. Auch gelang es nicht, die Telefunken Fernseh und Rundfunk GmbH mit der Firma Blaupunkt zu fusionieren. Schließlich kam die erhoffte Fusion von Olympia mit Adler/Triumph ebensowenig zustande wie eine angestrebte Teilabgabe bzw. ein vollständiger Verkauf.[71]

Textsystem Olympia ES 180, 1979. Obwohl die Olympia-Produkte einen hervorragenden Ruf genossen, waren sie am Ende nicht mehr zeitgemäß. Die technische Entwicklung ging an Olympia schließlich vorbei.

Obwohl Olympia in der Zeit von 1971 bis 1977 nur noch Ergebnisse an der »Nulllinie« erwirtschaftete, hatte das Unternehmen noch kräftig expandiert und beispielsweise 1975 im sowjetischen Kirowograd eine Fabrik für elektrische Schreibmaschinen in Betrieb genommen. 1978 rutschte die Tochtergesellschaft dann mit 90 Millionen Mark in die roten Zahlen.[72] Vorstandschef Cipa stellte damals fest, daß die Erzeugnisse von Olympia auf wenig wachstumsstarken Arbeitsgebieten lägen und veranlaßte die Einstellung der Produktion elektronischer Rechenmaschinen im früheren Brunsviga-Werk in Braunschweig, weil die Produktion der Geräte in Deutschland nicht mehr zu vertretbaren Kosten möglich war.[73]

Ein Jahr später stufte Cipa Olympia als »problembehaftetes disponibles Arbeitsgebiet« ein. Als Ursache der Probleme von Olympia sah er den gescheiterten Versuch, »in den Produktsektor der mittleren Datentechnik vorzudringen«. So habe sich die AEG Anfang der sechziger Jahre entschlossen, mit dem Bau von

Olympia Mikrocomputer-System BOSS, 1979

Großcomputern zu beginnen und Ansätze zur Fertigung von Kleincomputern bei Olympia einzustellen. Schon seit dem Jahreswechsel 1977/78 waren Verhandlungen mit CII Honeywell Bull, Paris, einer Tochtergesellschaft des französischen Büromaschinenherstellers Compagnie Internationale des Machines Bull und der Honeywell Information Systems, über den Verkauf der Olympia-Anteile geführt worden. Im Januar 1979, am Tag als der Aufsichtsrat dem Verkauf schon zugestimmt hatte, lehnte Honeywell Bull den Kauf von Olympia ab.[74]

In der Folgezeit ließ sich kein neuer Käufer finden. Eine Aufgabe der Olympia Werke AG wurde allerdings ausgeschlossen, da diese mit einem erheblichen finanziellen Aufwand verbunden war und für die wirtschaftlich schwache Region Wilhelmshaven eine enorme Belastung dargestellt hätte. Als einzig akzeptable Lösung kamen daher die Sanierung und eine Partnerschaft in Frage.[75]

Cipas Unternehmensführung war schließlich 1979 so umstritten, daß sich der Aufsichtsrat fragte, ob sie – vor allem in Anbetracht der konjunkturellen Entwicklung – noch zeitgemäß sei. Es hatte sich gezeigt, daß die »technische und konzeptionelle Struktur der Unternehmensbereiche schwächer ist, als bei der Bestandsaufnahme 1975 zu erkennen war«[76]. Über das weitere Vorgehen herrschten im höchsten Aufsichtsgremium des Konzerns allerdings unterschiedliche Meinungen. Schließlich drängte man darauf, von abweichenden (neuen) Konzepten abzusehen, da diese im Aufsichtsrat nur zum Disput führen würden. Das Unternehmenskonzept sei da, es müsse allenfalls angepaßt werden.[77]

Cipas Hoffnung, daß die AEG ab 1980 wieder in der Lage sein werde, eine Dividende zu zahlen, rückte in weite Ferne. Das »manager magazin« urteilte: »Mit je sechs Prozent Wachstum in 1979 und 1980 kann die AEG wieder Grund unter die Füße bekommen. Bleibt dieser Schub aus, braucht der Konzern, um zu überleben, spätestens in zwei Jahren eine gewaltige Kapitalspritze – wo möglich vom Staat ... oder der Umsatz muß drastisch reduziert werden, mindestens um ein Drittel.«[78]

Im Laufe des Jahres 1979 spitzte sich die Lage der AEG dramatisch zu. Im Juni waren die Finanzschulden des Konzerns auf 3,218 Milliarden Mark und die Netto-Finanzverschuldung auf 3,087 Milliarden Mark gestiegen. In den Monaten Januar bis Mai kam es zu einem Umsatzrückgang von fünf Prozent. Das Ergebnis lag mit minus 419 Millionen Mark um 44 Millionen Mark unter dem entsprechenden Planwert, verursacht im wesentlichen durch den Turbinenhersteller AEG-Kanis und den Unternehmensbereich Serienprodukte.[79]

Am 24. Oktober erwartete Vorstandschef Cipa einen Jahresverlust von 953 Millionen Mark. Mehr als die Hälfte entfielen nach seinen Worten allerdings »auf unternehmerische Maßnahmen, die für die Folgejahre deutliche Entlastungen oder positive Ergebnisbeiträge erbringen«[80].

Der Kapitalschnitt von 1979/80

Die Eigenmittel des Konzerns waren bis auf einen Betrag von 170 Millionen Mark aufgezehrt. Dies war weniger als die Hälfte des Grundkapitals (465 Millionen Mark). Hieraus ergab sich als zwingende Konsequenz die Notwendigkeit, eine außerordentliche Hauptversammlung einzuberufen, um dieser einen Kapitalschnitt und eine anschließende Wiederaufstockung des Kapitals vorzuschlagen. Zur Refinanzierung des Unternehmens waren außerdem folgende Maßnahmen geplant: Aufnahme eines Schuldscheindarlehens, Plazierung eines Optionsschuldscheindarlehens, Neustrukturierung langfristiger Kredite und Festschreibung der Kreditlinien bis 1982. Außerdem sollten – 13000 Stellen abgebaut werden.[81]

Die Frage eines Kapitalschnitts war schon 1976 angesprochen worden. Cipa versuchte zunächst, diesen zu verhindern, sah ihn aber schließlich als unausweichlich an.[82] In der Öffentlichkeit wurde damals bereits die Möglichkeit staatlicher Hilfen zur Sanierung des Konzerns diskutiert, wogegen die Kapitaleigner erhebliche Bedenken anmeldeten. Zweifel herrschte im Aufsichtsrat auch am Erfolg eines Kapitalschnitts.[83] Cipa zeigte sich jedoch optimistisch: »Aufgrund unserer jahrzehntelangen engen Verbindungen zu den unser Haus finanzierenden Banken und insbesondere zu den führenden Banken, die ... durch sachkundige und erfahrene Vorstandsmitglieder in unserem Aufsichtsrat vertreten sind, haben meine Kollegen und ich keinen Zweifel,

1. Februar 1980: Heinz Dürr, frisch gekürter Vorstandschef der AEG, tritt seinen Dienst an. Rechts neben ihm: Aufsichtsratsvorsitzender Hans Friderichs

daß in einem solchen Fall entsprechende Maßnahmen auch durchführbar sein werden.«[84]

Am 3. Dezember 1979 beschloß der Aufsichtsrat, auf einer außerordentlichen Hauptversammlung im Januar 1980 ein ganzes Paket von Maßnahmen vorzuschlagen. Kern war eine Kapitalherabsetzung im Verhältnis 3 : 1 und eine anschließende Kapitalerhöhung gegen Bareinlagen im Verhältnis 1 : 1 bei einem Ausgabekurs der jungen Aktien von 300 Prozent (150 Mark pro Stück). Hierdurch sollten dem Konzern 930 Millionen Mark zufließen. Insgesamt brachten die Kapitalmaßnahmen dann im Januar 1,682 Milliarden Mark ein. Rund die Hälfte des Kapitals wurde von einem Bankenkonsortium unter Führung der Dresdner Bank – sie verwaltete damals rund 32 Prozent des Aktienkapitals –, der Deutschen Bank und der Westdeutschen Landesbank übernommen.[85]

Der Kapitalschnitt, den Hans K. Herdt in der »Börsen-Zeitung« spöttisch eine »Art solidarisches Winterhilfswerk durch die Industrie« nannte,[86] ermöglichte der AEG das Weiterleben, nicht jedoch das dauerhafte Überleben. Im Aufsichtsrat herrschte Klarheit darüber, daß Sanierungsschritte in dieser Größenordnung künftig nicht mehr zu erwarten waren. Alle Hoffnungen richteten sich nun auf die belebende Wirkung der Kapitalspritze. Die AEG müsse sich nun ehrgeizige Ziele setzen, »um nicht in die Gefahr zu geraten, sich selbst aufzugeben und die Beschäftigten entsprechend zu motivieren«. Vor allem aber müsse der Konzern »hoffentlich nahe« an ein ausgeglichenes Bilanzergebnis kommen. Das nun angestrebte Sanierungsprogramm sei die »letzte Chance«. Es müsse »unter bestmöglicher Wahrung ausgewogener Maßnahmen das Schiff wieder flott« gemacht werden. Hierzu gehöre Zuversicht und gemeinsames Handeln, sonst sei es, wie das Protokoll vermerkt, »ehrlicher entsprechend den Bestimmungen des § 92, 2

AktG zu handeln«[87]. Es war dies das erste Mal, daß die Frage eines Vergleichs oder Konkurses der AEG im Aufsichtsrat angesprochen wurde.

Ein Überraschungskandidat für die Konzernspitze

Walther Cipa hätte das Zustandekommen des Kapitalschnitts als persönlichen Erfolg werten können. Aber sein Entschluß, die AEG zu verlassen, stand zum damaligen Zeitpunkt schon längst fest. Gerüchte über seine Ablösung kursierten seit März 1979. Im Oktober kündigte Cipa schließlich seinen Rücktritt an, der im November bestätigt wurde. Am 3. Dezember 1979 teilte Timm dem Aufsichtsrat mit, daß »Herr Cipa ihn darüber unterrichtet habe, daß er für eine Verlängerung seines am 19. August 1980 auslaufenden Vertrags nicht zur Verfügung steht«[88]. Einen Tag später gab Cipa auf einer Pressekonferenz in Frankfurt bekannt, daß er für eine Wiederbestellung als Vorsitzender des Vorstands nach Ablauf seines Vertrags im August 1980 nicht mehr zur Verfügung stehen werde.

Am 15. Januar 1980 trat in Berlin die außerordentliche Hauptversammlung des AEG-Konzerns zu einer 13stündigen Marathonsitzung zusammen. Die Aktionäre stimmten nicht nur den im Dezember 1979 vorgeschlagenen Kapitalmaßnahmen zu, sondern wählten auch Hans Friderichs, Vorstandssprecher der Dresdner Bank, zum neuen Vorsitzenden des Aufsichtsrats.[89]

Die Entscheidung über die Neubesetzung des Postens des Vorstandsvorsitzenden war kurzfristig gefallen. Als Walther Cipa am 3. Dezember 1979 gegenüber dem Aufsichtsrat seinen Rücktritt erklärte, hatte man die »Nachfolgefrage ... noch nicht vertieft beraten«[90]. In einem Vorgespräch mit Finanzchef Brandt hatte der designierte Aufsichtsratsvorsitzende Friderichs erfahren, daß der Vorstand eine externe Lösung bevorzuge.[91] Am 29. Dezember 1979 sprach Friderichs mit einem weiteren Kandidaten. Es handelte sich um Heinz Dürr, den Geschäftsführenden Gesellschafter der Stuttgarter Otto Dürr Industrie-Anlagen GmbH. Auch andere Bankenvertreter sowie Hans Merkle von der Robert Bosch GmbH und Friedrich Hayek führten Gespräche mit dem jungen Unternehmer,[92] der sich als Verhandlungsführer der Metallarbeitgeber im Tarifbezirk Nord-Württemberg/Nord-Baden einen Namen gemacht hatte und dem Fingerspitzengefühl und psychologisches Geschick nachgesagt wurden.

Dürr erklärte sich Ende Dezember 1979 zum Eintritt in die AEG bereit.[93] Friderichs schlug ihn daraufhin am 15. Januar 1980 dem Aufsichtsrat als Nachfolger Cipas vor. Nach seiner Meinung entsprach »Herr Dürr dem Anforderungsprofil desjenigen ... den man für ein diversifiziertes Unternehmen, letztlich bestehend aus einer Vielzahl von Einzelunternehmen, haben sollte«. Herr Dürr sei ein Mann, der über Motivations- und Delegationsfähigkeit verfüge und die Fähigkeit besitze, »mit dem Zentralvorstand und den Vorständen der Unternehmensbereiche kooperativ zusammenzuarbeiten«. In diesem Sinne argumentierte auch Dürr selbst und erklärte, daß er diese Aufgabe als eine Herausforderung für einen Unternehmer ansehe und glaube, »Erfahrungen und Kenntnisse aus dem Aufbau der Dürr-Gruppe mitzubringen, die bei der Lösung des AEG-Telefunken-Problems gefragt sind«. Er sehe »AEG-Telefunken nicht als Großunternehmen mit einer Monostruktur an, sondern als Zusammenfassung von Betrieben mit teilweise mittelständischem Charakter«[94].

Dürr war ein Überraschungskandidat. Als ihn Friderichs am späten Abend des 15. Januar 1980 den Aktionärsvertretern vorstellte, reagierten nicht wenige verblüfft. Dürr stieß auch im Aufsichtsrat nicht auf ungeteilte Zustimmung. Am 20. Januar wurde er dennoch einstimmig zum neuen Vorstandsvorsitzenden gewählt.[95]

AM ABGRUND

Die erhoffte Wende

Als Heinz Dürr im Februar 1980 sein neues Amt antrat, löste dies positive Erwartungen aus. Der neue AEG-Chef begab sich sofort auf die Reise und hatte schon Ende März 30 inländische AEG-Standorte besucht. Sein Ziel war es zunächst, die Beschäftigten zu motivieren und bei den Kunden um Vertrauen zu werben. Es gelang ihm schnell, die gestörte Kommunikation im Konzern wiederherzustellen, nicht jedoch, den Konzernverlust zu verringern.

Ursprünglich war vorgesehen, die Kapitalmaßnahmen des Jahres 1979/80 so zu berechnen, daß noch »zwei weitere Verlustjahre durchgestanden« werden konnten.[96] Wie sich wenig später herausstellte, reichte hierfür der Kapitalschnitt aber nicht aus. Dennoch herrschte hinsichtlich einer erhofften Trendwende Optimismus. So konnte Dürr in der Sitzung des Aufsichtsrats am 23. April 1980 ein erfreuliches Plus im Auftragseingang melden. Allein im ersten Quartal lag der Inlandsumsatz um 14 Prozent höher als der Vergleichswert des Vorjahres. Nicht ohne Zufriedenheit stellte Dürr fest, daß die Kunden zur AEG wieder Vertrauen gewonnen hätten. Er erwartete für 1980 zunächst einen Bilanzverlust in Höhe von 130 Millionen Mark, wies zugleich aber »auf die erheblichen Risiken« hin, die dieses »als sehr ehrgeizig« anzusehende Ziel habe. Im Sinne der zuvor vom Aufsichtsrat angemahnten Vorwärtsstrategie sei es jedoch erforderlich, »ein so hohes Ziel zu setzen«[97]. Auf seiten der Bankenvertreter rechnete man überschlägig mit einem betrieblichen Verlust zwischen 150 und 250 Millionen Mark. Unter Berücksichtigung außerordentlicher Erträge von 100 Millionen Mark verbliebe danach ein Verlust zwischen 50 und 150 Millionen Mark. Insofern ging man ebenfalls von einem Betriebsverlust von 130 Millionen Mark aus, verwies jedoch auf Risiken, die »nicht quantifizierbar sind«[98]. Der Vorschlag, auf der Hauptversammlung im Juni von einem zu erwartenden Verlust von 250 Millionen Mark zu sprechen, stieß jedoch auf Ablehnung, weil darin eine Gefährdung der erhofften Trendwende gesehen wurde. Die Vertreter der Anteilseigner und der Vorstand wurden gebeten, den »risikoreichen Weg« einer niedrigen Verlustprognose zu gehen.[99]

Im September 1980 stellten sich erneut erhebliche Abweichungen zwischen Prognosewert (130 Millionen Mark) und Ergebnis heraus. Zwar lag der Auftragseingang im

August 1980 um 15 Prozent über dem Vorjahreswert, auch sei die Erwartung des Umsatzes für das Gesamtjahr 1980 »relativ sicher«, aber eine Fortschreibung der Schätzung vom März 1980 werde zu einem Bilanzverlust von 277 Millionen Mark führen. Tatsächlich sollte sich der Verlust im Konzern (Inland) 1981 auf 278 Millionen Mark belaufen – eine Summe, die übrigens der Schweizer Unternehmensberater Hayek bereits im Dezember 1979 prognostiziert hatte.[100]

Die Präsentation der neuen Zahlen löste im Aufsichtsrat erregte Diskussionen aus. Die Vertreter der Arbeitnehmer äußerten »sich enttäuscht darüber, daß wie in den vergangenen Jahren wieder erhebliche negative Planabweichungen vom Aufsichtsrat zur Kenntnis zu nehmen seien. Man habe geglaubt, an einer neuen Wende zu stehen, jedoch bezüglich der Planabweichungen habe sich nichts geändert. Planungs- und Berichtswesen hätten sich auch weiterhin als untaugliches Steuerungs- und Kontrollinstrument erwiesen.«[101] Auch die Bankenvertreter waren verärgert und weigerten sich, auf der Grundlage von Zahlen Beschlüsse zu fassen, in die man kein Vertrauen haben könne.

Es hatte sich herausgestellt, daß das Ausmaß der AEG-Krise größer war als zunächst angenommen und die Bereinigung der Strukturprobleme wesentlich mehr Zeit als ursprünglich veranschlagt in Anspruch nehmen würde. Zu einer ähnlichen Erkenntnis kam auch die Schwachstellenanalyse der Schweizer Hayek Engineering AG, die noch zu Zeiten Cipas erstellt wurde und im März 1980 dem Vorstand vorlag. Darin wurde unter anderem festgestellt, »daß bei AEG-Telefunken viele, von einem Personalabbau unabhängige Probleme zur Lösung anstehen«. Die bisherigen Sanierungsbemühungen waren zu kurz angesetzt und ließen sich nicht nur mit Kapitalmaßnahmen beseitigen. Die Studie kam außerdem zu dem Ergebnis, daß bei den Planungen der AEG zu alte Basisdaten verwendet würden. Außerdem gebe es ein sehr formalistisches Planungs- und Berichtssystem, das nicht an spezifische Geschäftserfordernisse angepaßt sei. Es würde mit einer »extrem große Mengen Detailzahlen, die zur Geschäftssteuerung nicht benötigt werden«, gearbeitet.[102]

Dürr reagierte in dieser Situation mit dem freimütigen Bekenntnis, er sei bei Amtsantritt davon ausgegangen, »daß mit dem Sanierungsprogramm in 1979 die Vergangenheit voll bewältigt war. Er habe inzwischen feststellen müssen, daß dem nicht so ist. Hinzu kommt, daß das Planungs- und Berichtssystem als Steuerungsinstrument nicht geeignet sei. Für die Planabweichungen gebe es Verantwortliche, und hier müsse man personelle Konsequenzen ziehen«[103]. Den Unternehmensbereichen fehlten nach Dürrs Meinung »starke Kaufleute für die Projektkalkulation und die projektbegleitende Kostenkontrolle«. Der Vorstandsvorsitzende reagierte damit auch auf die Tatsache, daß im AEG-Konzern vielfach Kaufleute Technikern unterstellt waren und sich gegen diese nicht durchsetzen konnten. Dürr bekräftigte seine Absicht, daraus Konsequenzen zu ziehen: »Eine gezielte und erfolgversprechende Strategie für AEG-Telefunken, ausgehend und basierend vom derzeitigen Produktscope, ist möglich, ja zeigt sogar sehr positive Möglichkeiten. Um aber diese Möglichkeiten nutzen zu können, muß die entsprechende Organisation und Führungsstruktur geschaffen werden.«[104]

Dürr kündigte weitere Sanierungsschritte an, zu denen unter anderem die planmäßige Fortsetzung des Personalabbaus, eine grundlegende Sanierung der Geschäftsbereiche Energieverteilung sowie Elektrische Maschinen (»Motorenkonzept«) und die Zusammenführung verschiedener Geschäftseinheiten zum Geschäftsbereich »Elektronische Bauelemente« (Oktober 1980) zählten. Des weiteren war vorgesehen, im Bereich der Fertigung von Audiogeräten und Videorecordern Gespräche mit niederländischen und japanischen Unternehmen über mögliche Kooperationen zu führen. Im Hausgerätebereich war seit 1979 ein neues Fertigungsprogramm, die Spezialisierung der Fabriken auf Produktgruppen, die Straffung der Vertriebsorganisation und eine stärkere Integration von Tochtergesellschaften vorgesehen. Bei AEG-Kanis beispielsweise sollte die Gasturbinenfertigung nur noch auf der Grundlage von Auftragsfertigungen fortgeführt werden.

Darüber hinaus wurden Möglichkeiten der Zuführung von Kapital durch Kooperationen und den Verkauf von Liegenschaften gesehen. So wurde für den Halbleitersektor die rechtliche Verselbständigung erwogen, um Partner aufnehmen zu können. Kooperationen boten sich auch für die Bereiche Elektrowerkzeuge und Lichttechnik an. Ein weiterer Schwerpunkt des Sanierungskonzepts war schließlich die Umstrukturierung der Olympia Werke AG von der Schreibmaschinenfabrik zum Systemlieferanten für Büroinformatik. Jedoch auch dort wurden Kooperationen als unumgänglich angesehen.[105]

Anfang Dezember 1980 hatte sich »die Ergebniserwartung für 1981 um rd. 240 Millionen Mark verschlechtert«[106]. Verursacher der Verluste waren acht Geschäftsbereiche mit einem Anteil am Konzernumsatz von nicht einmal 26 Prozent. Im Aufsichtsrat zeigte man sich zwar davon beeindruckt, daß es Dürr gelungen war, eine Reihe von Verlustquellen »durch Straffung, Bereinigung und Kooperation« beseitigt zu haben, sah sich aber dennoch zu der Feststellung veranlaßt, wonach »die Verletzbarkeit des Konzerns in der derzeitigen Struktur extrem hoch sei«[107]. Die Bereitschaft der Banken zur weiteren Unterstützung der AEG werde sprunghaft steigen, »wenn Tatsachen geschaffen werden, vor zu optimistischen Vorstellungen müsse er im gegenwärtigen Zeitpunkt warnen«[108].

Die für 1980 erhoffte Trendwende war aber nicht eingetreten. Die Zinslast und eine weltweite Wirtschaftsflaute drohten alle Rationalisierungserfolge zunichte zu machen. In seinem Bericht über das abgelaufene Geschäftsjahr betonte Dürr im April 1981, daß der Konzern zwar gefestigter als vor einem Jahr dastehe, aber: »Leider sprechen die Zahlen heute noch gegen uns ... Wir sind in zu vielen stagnierenden, auslaufenden, also ertragsschwachen Gebieten tätig. Und wir haben zuwenig cash-Kühe!«[109] Dürrs Konsequenz: »Als gravierend hat sich erwiesen, daß im Jahre 80 das laufende Geschäft wohl um 190 Millionen Mark verbessert werden konnte, jedoch auch hier vor allen Dingen aufgrund von nicht bereinigten (nicht einmal in Angriff genommenen) Problembereichen negative Einflüsse aufgetreten sind. Zum anderen mußten aber auch im Jahre 80 noch Strukturmaßnahmen und Altlasten in Höhe von 278 Millionen hingenommen werden (nach 545 Millionen in 1979). Dies bestätigt unsere Aussage, daß die Sanierungsmaßnahmen noch tiefer angesetzt werden mußten oder umgekehrt, daß sie 1979 nicht tief genug angesetzt waren.«[110]

Die Krise verschärft sich

Im Budget der AEG war für das Geschäftsjahr 1981 ein Jahresergebnis (nach Steuern) von Minus 180 Millionen Mark vorgesehen. Jedoch bereits im Juni zeichnete sich eine Verschlechterung ab. Statt des vorgesehenen Jahresergebnisses wurde ein Minus in Höhe von 230 bis 250 Millionen Mark erwartet.[111] Eine Verbesserung der geschäftlichen Situation erwartete man »nicht vor Herbst des Jahres«. Der Vorstand empfahl, auf der Hauptversammlung nur eine »vorsichtig formulierte Voraussage für die Erwartungen betreffend das Geschäftsjahr« zu machen.[112]

Die Ursachen für den erneuten Ertragseinbruch lagen im Hausgerätebereich, bei der Telefunken Fernseh und Rundfunk GmbH sowie bei den Ergebnissen der Bereiche im Auslandsgeschäft. Vor allem bei den Hausgeräten operierten »die Marken ... weitgehend selbständig«, so daß »die Koordination der Geschäftsbereiche durch den Vorstand in hohem Maß ohne Wirkung« blieb. Der Vertrieb zeige keine Ertragsverantwortung, sein Denken sei in Umsatz und in Marktanteilen verhaftet. Operative Planungs- und Steuerungssysteme arbeiteten zu aufwendig und zu wenig aufeinander abgestimmt; es sei nicht gelungen, die Marken richtig zu profilieren.[113] Der Telefunken Fernseh und Rundfunk GmbH wurde für 1981 ein Verlust von über 100 Millionen Mark prognostiziert. Telefunken unterliege »als berühmte Marke einem Lieferzwang, während Japaner und kleinere deutsche Anbieter ... den Handel selektiv beliefern können«[114]. Die Folgen seien Überkapazitäten und eine verzerrte Wettbewerbssituation. Zur Lösung der Probleme sollte ein neues Vertriebssystem (vertreten durch die Telefunken Partner GmbH) beitragen. Außerdem war vorgesehen, bei der Videorecorderfertigung mit den Firmen Thomson-Brandt S.A., Thorn EMI, Telefunken und JVC ein Gemeinschaftsunternehmen zu gründen.

Im Juni 1981 wurde im Finanzausschuß des Aufsichtsrats die Ergebnisprognose erneut beraten. Vertreter der Banken stellten hierzu übereinstimmend fest: »Die AEG sei in der gegenwärtigen Struktur nicht überlebensfähig. Allein zur Abdeckung der in 1981 und 1982 zu erwartenden Verluste und des Rückstellungsbedarfs für Mitarbeiterpensionen (Barwerte) fehlen dem Unternehmen ca. 1 Milliarde Mark.« Weitere Hilfe von seiten der Banken könne »aufgrund der ertragsmäßigen Lage« in nur begrenztem Umfang erwartet werden: »Die hierzu erforderlichen Mittel müsse das Unternehmen aus Eigenmitteln aufbringen – mit der zwingenden Notwendigkeit, in das Kapitalfreisetzungsprogramm alle nicht unumgänglichen lebensnotwendigen Bereiche einzubeziehen.« Als Grundlage für weitere »Gespräche mit Banken und Industrieunternehmen sei es erforderlich, eine plausible Darstellung der künftigen Ergebnisentwicklung zu geben, wofür ein vernünftiges und überzeugendes Konzept schnellstens« erarbeitet werden müsse.[115]

Im August faßte Dürr in einem Memorandum für das Präsidium des Aufsichtsrats erneut den Stand der Sanierungsbemühungen zusammen: Zwar habe der Kapitalschnitt der AEG geschadet, ihr Ansehen konnte jedoch wiederhergestellt werden. Auch die im September 1980 eingeführte neue Führungsstruktur, arbeite inzwischen ohne Reibungsverluste. Außerdem waren das Anlagengeschäft in einem Unternehmensbereich zusammengefaßt und die Leiter der Unternehmensbereiche Anlagentechnik, Serienprodukte und Hausgeräte zu Mitgliedern des Vorstands der Muttergesellschaft ernannt worden. Dürr erinnerte daran, daß eine derartige Maßnahme, die »bei den Sanierungsmaßnahmen [19]79 nicht vorgesehen« war, notwendig geworden sei, weil die Geschäftstätigkeit des Unternehmens durch dessen stark zentralistisch ausgerichtete Organisation behindert wurde.[116]

Eine weitere Maßnahme betraf die fehlende Plangenauigkeit, mit der Dürr hart ins Gericht ging: »Ein Hauptübel der Vergangenheit war und ist bei AEG die fehlende Plangenauigkeit. Die Abmeldungen in einigen Bereichen erreichten über die Jahre teilweise erschreckende Größen. Dies ergab sich zum Teil dadurch, daß ein Controlling mit einem Controller an der Spitze im Konzern seit Ende 1978 nicht mehr vorhanden war. Mit Wirkung für das Jahr 81 wurde ein intensives, aktives Controlling wieder eingeführt, wobei nicht nur Berichterstattung, sondern auch nach vorne gerichtete Zielvereinbarungen mit den einzelnen Bereichen geführt werden. Nach sechs Monaten läßt sich feststellen, daß dieses Instrument langsam zu greifen beginnt.«[117]

Besondere Schwierigkeiten bereitete Dürr neben den elektrischen Maschinen die Telefunken Fernseh und Rundfunk GmbH. Hinzu kamen Standortprobleme bei der Energieverteilung, bei den Elektrowerkzeugen und den Elektronischen Bauelementen (erwarteter Verlust für 1981: 100 Millionen Mark). Sorgen bereitete außerdem die Olympia Werke AG. Der Vorstandsvorsitzende dieses Tochterunternehmens schätzte vor dem Finanzausschuß des Aufsichtsrats die Lage als wenig günstig ein: Olympia habe »das Image einer Schreibmaschinenfabrik«, gelte »als konservatives deutsches Unternehmen, das den Anschluß an die neuen Technologien verpaßt« habe, genieße allerdings bei den Endverbrauchern einen guten Ruf. Alle Anstrengungen müßten darauf gerichtet werden, Olympia zum ernstzunehmenden Anbieter auf dem Gebiet der Büro-, Informations- und Kommunikationstechnik auszubauen. Es gelte, den Übergang von der lohnintensiven Mechanik zur Elektronik zu finden und Olympia zum einem wichtigen »Baustein in der zukünftigen AEG-Strategie« zu machen.[118]

Als weiteren Schwachpunkt kritisierte Dürr das Auslandsgeschäft des Konzerns: »Als Hauptnachteil kann festgestellt werden, daß die Geschäftsführungen der Auslandsgesellschaften keine Ergebnisverantwortung für ihr lokales Ergebnis hatten. Die Managerqualitäten waren und sind in einigen Ländern einfach zu schwach.«[119] Weiter hieß es: »In den Unternehmensbereichen hat die Tendenz zugenommen, die Auslandsgesellschaften immer weniger als ›profit center‹ mit entsprechender Gestaltung der Verrechnungspreise zu führen. Eine Änderung der grundsätzlichen Philosophie sei erforderlich und werde vorbereitet.« Bis alle Schwachpunkte beseitigt sind, würden nach Ansicht Dürrs noch ein bis zwei Jahre vergehen.[120]

Wie schon im Sommer 1980 zeigte sich, daß die Umstrukturierung der AEG wesentlich tiefer angesetzt werden mußte; die »Verlustmentalität« bei den Führungskräften könne nicht so leicht überwunden werden. Dürr führte hierzu ergänzend aus: »Diese negativen Einflüsse wurden geradezu dramatisch verstärkt durch die Unterkapitalisierung des Konzerns. Denn auch nach den Kapitalmaßnahmen [19]79 betrug die Eigenkapitalquote nur elf Prozent. So mußten die Verluste nicht nur getragen, sondern auch noch finanziert werden.«[121] Hinsichtlich einer Ergebnisaussage zeigte sich der Vorstandsvorsitzende vorsichtig. So war ursprünglich vorgesehen, daß der Konzern auf jeden Fall für 1982 wieder ein leicht positives Ergebnis erzielen solle. »Dies«, so Dürr, »ist aus heutiger Sicht nicht möglich.«[122] Ein Durchstoßen der »Null-Linie« könne erst 1983 erfolgen.[123]

Im September 1981 stellte sich heraus, daß sich das Bilanzergebnis gegenüber der Planung vom März des Jahres um 150 Millionen Mark (ohne außerordentliche Erträge) verschlechtern würde. Negative Abweichungen gegenüber dem Budget ergaben sich vor allem im Konsumgüterbereich. Allein bei den Hausgeräten lag das Ergebnis um 60 bis 70 Millionen Mark und im Bereich Unterhaltungselektronik um 40 Millionen Mark unter den Planungen. Erhebliche Verluste machten außerdem eine Reihe von Auslandsgesellschaften (Brasilien, Italien und Spanien). Das vorläufige Fazit lautete: »Obwohl im operativen Bereich erhebliche Fortschritte bei der Sanierung gemacht wurden ... konnte die Ergebnissituation nicht in ausreichendem ... Maße verbessert werden. Dabei verstärkt die ungünstige Bilanzstruktur die negative Entwicklung.«[124]

Zum damaligen Zeitpunkt waren bereits eine ganze Reihe von Sanierungsmaßnahmen durchgeführt worden, so zum Beispiel auf dem Gebiet der Energieverteilung. Man erwartete bereits für das laufende Geschäftsjahr die Verluste auszugleichen und für 1983/84 ein positives Ergebnis erwirtschaften zu können. Bei der Großmaschinenfertigung in Berlin wurden mittelfristig eine Reduzierung der Verluste und Kooperationen angestrebt. Im Hausgerätebereich hatte man neben einer Änderung der Geschäftsbereichsorganisation eine Sortimentsbereinigung und eine Festlegung der Sortimentspolitik vorgenommen. Ein neuer Marketingplan sollte zum Abbau von Fixkosten sowie zur Verbesserung der Abstimmung in Produktion und Vertrieb beitragen. In den Jahren 1982 bis 1984 erwartete der Vorstand eine Reduzierung des jährlichen Verlusts von 250 Millionen Mark auf 50 bis 100 Millionen Mark. Die Telefunken Fernseh und Rundfunk GmbH sollte die Fertigung von Audiogeräten aufgeben. Eine wesentliche Verbesserung der Geschäftslage erhoffte man sich von einem neuen Vertriebssystem, einem Gemeinschaftsunternehmen auf dem Gebiet der Videorecorderherstellung mit Thomson-Brandt und einer drastischen Reduzierung der Auslandsfertigung. Eine bilanzielle Entlastung versprach man sich schließlich durch die angestrebten Kooperationsvorhaben auf dem Gebiet Elektronische Bauelemente mit der amerikanischen Firma UTC/MOSTEK, einem Tochterunternehmen der United Technologies Corporation, Hartford, Connecticut (USA), im Bereich Klein- und Industriemotoren mit Bauknecht, bei den Elektrowerkzeugen mit Peugeot und in der Lichttechnik mit dem schwedischen Konzern Asea.

Suche nach Überlebenschancen

Die bisher eingeleiteten Maßnahmen reichten aber nicht aus, um den angeschlagenen Konzern dauerhaft zu sanieren. Hierzu hieß es in den Unterlagen für eine Präsidiumssitzung des Aufsichtsrats: »Wenn jetzt in einem weiteren Schritt die AEG endgültig saniert bzw. konsolidiert werden soll, so müssen die Erkenntnisse aus der 79er Sanierung berücksichtigt werden. Es ist damit zu rechnen, daß für die Jahre 81 bis 83 nochmals 1 Milliarde Mark ›abfließen‹. Dies betrifft das laufende Geschäft, vor allen Dingen aber Bereinigungen (Stillegungen, Geschäftsaufgaben), Desinvestitionen und Strukturmaßnahmen.«[125] Ende September 1981 stellte der Aufsichtsrat zur Lage der AEG fest: »Gleichbleibende Verhältnisse vorausgesetzt, kommt man in 1981 in finanzieller Hinsicht ›gerade noch über die Runden‹.« Ohne Kapitalfreisetzungsmaßnahmen sei die Startposition für 1982 bedenklich, »und es stellt sich kurzfristig die Frage der Überlebensfähigkeit des Unternehmens«. Alle bis zu diesem Zeitpunkt anvisierten Maßnahmen reichten »für eine endgültige Sanierung des Unternehmens nicht aus«. Weitere Unterstützungsaktionen, vor allem in finanzieller Hinsicht, seien unerläßlich.[126] Dürrs nüchternes Fazit: »Aus sich heraus hat der Konzern in der derzeitigen Struktur keine Überlebenschance.«[127]

Der AEG-Vorstandsvorsitzende trat daher erneut vor das Bankenkonsortium: »Wir müssen Sie ein zweites Mal [nach 1979] um Hilfe bitten.« Zur Begründung verwies er abermals auf die Notwendigkeit, die Umstrukturierungsmaßnahmen wesentlich tiefer anzusetzen als ursprünglich geplant. Hinzu kämen die schwache konjunkturelle Entwicklung und die Auswirkungen der Hochzinspolitik. All dies sei 1979/80 nicht voraussehbar gewesen. Die Reaktion der Bankenvertreter war jedoch zurückhaltend, zumal die Banken hierfür einen Beitrag von 500 bis 700 Millionen Mark hätten leisten müssen, was diese jedoch für nicht realisierbar hielten.[128]

Notverkäufe

1981 legte die AEG erstmals einen Abschluß für den gesamten, weltweit operierenden Konzern (»Konzern Welt«) vor, der es nicht mehr zuließ, negative Ergebnisse beispielsweise in Auslandsgesellschaften zu »verstecken«. So wurden die enormen Belastungen durch zu verzinsende Finanzschulden erkennbar, die sich allein im Ausland auf 1,4 Milliarden Mark beliefen (im Inland: 3,2 Milliarden Mark). Dennoch konnte die AEG Ende des Jahres weltweit einen Überschuß von 24 Millionen Mark ausweisen, der allerdings nur mit äußersten Anstrengungen zustande gebracht worden war. So hatte man bereits im Dezember 1980 die Anteile an der Firma Hartmann & Braun (83 Prozent) an die Mannesmann AG veräußert. Rund 400 Millionen Mark brachte Ende 1981 der Verkauf von 49 Prozent des Anteils an der Olympia Werke AG. Zunächst wurde zum 31. Dezember 1981 ein Kapitalschnitt im Verhältnis von 2 : 1 (von 130 Millionen auf 65 Millionen Mark) beschlossen und anschließend das Kapital wieder auf 130 Millionen Mark aufgestockt. Die neuen Aktien zeichnete die Holding (Gesellschaft für Elektrowerte mbH, GfE), die zu 49 Prozent am Grundkapital von Olympia beteiligt war. An der Gesellschaft für Elektrowerte beteiligte sich die Robert Bosch GmbH zu 40 Prozent direkt; die restlichen 60 Prozent hielt ein weiterer Finanzpartner. Die AEG behielt allerdings die unternehmerische Führung.

Darüber hinaus hatte man die Aktienbeteiligung von 49 Prozent am Grundkapital der EUROPACOLOR S.A., Montrouge, an Thomson-Brandt S.A., Paris, veräußert. Das Unternehmen war zusammen mit Thomson-Brandt erst 1979 zur Entwicklung, zur Produktion und zum Vertrieb von Farbbildröhren gegründet worden. Ferner wurde die 50prozentige Beteiligung an der Teldix GmbH veräußert. Ferner kam im Dezember 1981 auf dem Gebiet Elektrowerkzeuge eine Kooperation mit der französischen Firma Aciers et Outillage Peugeot (AOP), dem Mehrheitsunternehmen von Peugeot S.A., Paris, zustande. Danach beteiligten sich beide Unternehmen mit jeweils 50 Prozent an einer neuen Holdinggesellschaft, die 100 Prozent der Anteile an der AEG Elektrowerkzeuge GmbH hielt. Schließlich gründete die Telefunken Fernseh und Rundfunk GmbH mit THORN EMI plc, London, und der Victor Company of Japan Ltd. (JVC), Tokio, ein Gemeinschaftsunternehmen zur Produktion von Videorecordern und Bildplattenspielern.[129]

Am 1. Dezember 1981 einigten sich die AEG, die Robert Bosch GmbH und die Mannesmann AG über eine Kooperation auf dem Gebiet Telekommunikationstechnik. AEG und Bosch gründeten die Telenorma Beteiligungsgesellschaft mbH & Co., Frankfurt am Main, in welche die AEG ihren Anteil am Kapital von Telefonbau und Normalzeit Lehner & Co. (TN) einbrachte. An der Telenorma Beteiligungsgesellschaft hielten Bosch 75,5 Prozent und die AEG 24,5 Prozent. Außerdem brachte die AEG den Geschäftsbereich Weitverkehr und Kabeltechnik zum 31. Dezember 1981 in die mit einem Stammkapital von 150 Millionen Mark neu gegründete AEG-Telefunken Nachrichtentechnik GmbH (ATN) mit Sitz in Backnang ein. An dieser Gesellschaft beteiligten sich neben der AEG (51 Prozent) Bosch und Mannesmann mit je 20 Prozent sowie die Allianz Versicherungs-AG mit neun Prozent. Die AEG-Telefunken Nachrichtentechnik GmbH befaßte sich mit der gesamten Nachrichtenübertragungstechnik, ausgenommen der Sende- und Empfangstechnik, d.h. Sprechfunkgeräten, Rundfunk- und Fernsehsendern. Sie beschäftigte 3400 Menschen, erzielte einen Umsatz von weltweit etwa 750 Millionen Mark und unterhielt außer in Backnang Werke in Offenburg, Schwäbisch Hall und Wolfenbüttel sowie Auslandsfertigungen bei Tochtergesellschaften in Italien, Kanada und Brasilien.

Die Gründung der Gemeinschaftsunternehmen brachte der AEG zwar Einnahmen in Höhe von rund 250 Millionen Mark ein, die jedoch angesichts der angespannten Finanzlage des Konzerns schnell verbraucht waren. Zwar war es gelungen, alle diese Schritte unter der Bezeichnung »Telematik«-Konzept als großen strategischen Wurf zu präsentieren, aber: Auch wenn die AEG beispielsweise an der ATN die Mehrheit und damit die unternehmerische Führung behielt, war ihre Position auf dem Gebiet der Nachrichtentechnik insgesamt erheblich geschwächt worden. Hinzu kam, daß die Partner sich das Recht vorbehielten, im Falle einer Insolvenz der AEG deren 51prozentigen Anteil einzuziehen.[130]

Schließlich gewährten die Banken 1981 einen Schuldenerlaß von 238 Millionen Mark.[131] Ohne die Verkäufe hätte der Jahresverlust bei 500 Millionen Mark gelegen.[132] Die Bilanzsumme der AEG (Konzern, weltweit) war von 11,1 Milliarden Mark auf 10,8 Milliarden Mark zurückgegangen. Der Anteil des Eigenkapitals an der Bilanzsumme betrug 9,4 Prozent gegenüber 10,6 Prozent im Vorjahr. Der Fehlbetrag bei der AEG AG zu einer 100prozentigen Deckung der Barwerte laufender Leistungen bei den Pensionsrückstellungen belief sich auf 450 Millionen Mark, der bei den unverfallbaren Anwartschaften auf 1,226 Milliarden Mark. Der Fehlbetrag im Konzern, Inland, lag um rund 600 Millionen Mark darüber. Die Finanzschulden im Konzern, weltweit, betrugen 4,648 Milliarden Mark und hatten sich um 640 Millionen Mark gegenüber dem Vorjahr verringert; die Nettofinanzverschuldung ging um 382 Millionen Mark auf rund vier Milliarden Mark zurück.[133] Für 1982 drohte jedoch wieder ein hoher Verlust – Spekulationen gingen von einer Milliarde Mark aus.

Das Konzept »AEG '83«

Am 10. Mai 1982 veranstaltete die AEG in Berlin ihre alljährliche Bilanzpressekonferenz. Wie schon im Vorjahr hielt sich der Vorstandsvorsitzende mit Zukunftsprognosen zurück: »Das Gesamtergebnis des Jahres 1982 wird ... dadurch bestimmt sein, wie es uns gelingen wird, mit der äußerst schwierigen Situation im Konsumgüterbereich fertig zu werden ... Eine genaue Ergebnisprognose möchte ich deshalb heute für den Konzern nicht geben. Wir werden auch in diesem Jahr weitere Struktur- und Einzelaufwendungen haben. Mit Hilfe von Sondermaßnahmen/a.o. [außerordentlichen] Erträgen hoffen wir, zu einem ausgeglichenen Bilanzergebnis zu kommen.«[134] Auf der Hauptversammlung am 22. Mai konnte Dürr den Aktionären einen ganzen Katalog erledigter Maßnahmen präsentieren. So war der Umsatz pro Beschäftigtem im Konzern von 91000 auf 123000 Mark gestiegen, die Führungsspitze gestrafft, das Ruhegeldstatut geändert, das Auslandsgeschäft neu organisiert und der Telematik-Verbund geschaffen worden.

Bei internen Berechnungen ging man schon im Mai 1982 von einer Verlustprognose von Minus 865 Millionen Mark aus. Noch einmal unternahm der Vorstand den Versuch zur grundlegenden Sanierung des Konzerns und stellte am 27. Mai das Konzept »AEG '83« vor. Danach sollte die AEG zum 1. Januar 1983 in eine Holding mit erheblich verkleinerter Zentrale (AEG-Telefunken AG) mit den neuen Beteiligungsgesellschaften AEG Technik AG und in die AEG Konsum AG aufgeteilt werden. Die Telefunken Fernseh und Rundfunk GmbH und eventuell auch Olympia wollte man zumindest mehrheitlich abgegeben, AEG Kanis, die Elektrowerkzeuge und die Lichttechnik in Kooperationen einbringen. Im einzelnen sah das Konzept folgendes vor:

- In die AEG Technik AG (Anlagentechnik, Kommunikationstechnik, Serienprodukte, Olympia; 11,2 Milliarden Mark Umsatz, 80 500 Beschäftigte) sollte ein industrieller Partner aufgenommen werden. Die britische General Electric Company Ltd. (GEC) hatte sich bereit erklärt, 40 Prozent der neuen Aktiengesellschaft zu übernehmen und ein zinsloses Darlehen von über 400 Millionen Mark zu gewähren. Industriefirmen und Versicherungen, die 1979/80 Schuldscheindarlehen von 466 Millionen Mark gezeichnet hatten, sollte über ein Konsortium eine Beteiligung an der AEG Technik AG angeboten werden.
- Die AEG Konsum AG (Hausgeräte u.a.; 3,3 Milliarden Mark Umsatz, 19 500 Beschäftigte) sollte unter Mitwirkung der öffentlichen Hand saniert werden. So stellte man sich vor, daß sich die Länder am Unternehmen mit Rücksicht auf die Arbeitsplätze in strukturschwachen Gebieten beteiligen würden. Weiter hoffte man auf Landesbürgschaften. Der Bund sollte außerdem um eine Konzept-Bürgschaft in Höhe von einer Milliarde Mark gebeten werden – und zwar für neue Kredite.
- Die Reorganisation des Konzerns unter Heranziehung neuen Eigenkapitals: Zuordnung der Finanzschulden zu den Konzernteilen, Gewährung neuer Darlehen durch die Banken in Höhe von zunächst 1,75 Milliarden Mark. Diese Darlehen sollten fünf Jahre zinsfrei sein, weitere fünf Jahre mit je 2,5 Prozent und dann zu marktüblichen Bedingungen verzinst werden. Die Tilgung war aus Gewinnen der AEG Technik AG vorgesehen. Mit der Belegschaft sollte über deren Bereitschaft verhandelt werden, einen Teil betrieblicher Sonderzahlungen als Darlehen dem Konzern zur Verfügung zu stellen. Auf diese Weise hoffte man, dem Konzern rund drei Milliarden Mark als zinsfreies Kapital zufließen lassen zu können.
- Die Lösung des Problems fehlender Pensionsrückstellungen: Zahlung von Pensionen zu Lasten des laufenden Ergebnisses; Überlegungen, den Pensions-Sicherungs-Verein der Industrie einzubeziehen.

Dürrs Ziel war es, den Problemfall AEG endgültig zu lösen, damit die »Sanierung des Konzerns kein Fortsetzungsthema bleibt«. Er bezeichnete die AEG nicht nur als »sanierungswürdig«, sondern auch als »sanierungsfähig«. Die bisherigen Maßnahmen zur Beseitigung der Probleme, die »in ihrer Entstehung mehr als zehn Jahre« zurückreichten, hätten nicht ausgereicht. Insbesondere der 1979 beschlossene Kapitalschnitt hätte zwar eine finanzielle Entlastung gebracht, aber »wesentliche Strukturprobleme des Konzerns« nicht gelöst. Die anhaltende Konjunkturschwäche in der Bundesrepublik Deutschland und das hohes Zinsniveau ließen die Probleme offen zutage treten.[135]

Das Konzept »AEG '83« sah die Umwandlung der AEG in eine Holding vor. Diese Lösung war schon längere Zeit im Gespräch. Bereits im April 1979 hatte Dietrich Wilhelm von Menges, Mitglied der Aufsichtsräte der Gutehoffnungshütte und der AEG, festgestellt, daß die AEG aus eigener Kraft nicht gesunden könne. Dazu sei das Verhältnis zwischen Grundkapital und Finanzschulden zu ungünstig. Der Konsumgüterbereich und das Geschäft mit Elektroanlagen sowie Industriekomponenten ergänzten sich nicht; wegen der Streuung der Produktionsbetriebe auf 79 Standorte sei eine Kontrolle und Lenkung des Konzerns nicht möglich. Eine Lösung der Probleme sah er in der Aufspaltung des Konzerns und der Verselbständigung seiner Bereiche. Von Menges warnte allerdings vor »einer grundlegenden Änderung des Unternehmenskonzeptes«, da es die Gefahr »eines Ausverkaufs von Werten« bedeute: »Die Möglichkeit von Abverkäufen einzelner zugekaufter Gesellschaften löst nach meiner Ansicht nicht das Grundproblem, sondern heizt die Spekulation über den ›Ausverkauf‹ der AEG an, drückt damit auch auf die Kurse und demotiviert die Mitarbeiter.«[136]

Bereits am 23. April 1979 war im Aufsichtsrat die Schaffung von fünf Unternehmensbereichen als Voraussetzung für eine fortschreitende Flexibilisierung des Konzerns begrüßt und die Schaffung einer Holding angeregt worden. Dieser Lösung neigte man auch im Aufsichtsrat zu, jedenfalls bezeichnete dessen Vorsitzender Timm einen Rückfall in eine funktionale Steuerung für das Unternehmen als »lebensbedrohend«[137]. Im Dezember 1980 stand die künftige Konzernstruktur erneut zur Debatte. Dürr war inzwischen zu der Auffassung gelangt, daß ein ausgeglichenes Ergebnis »u.a. durch die Aufgabe von Verlustbereichen möglich werden« müsse. Als Alternative boten sich auch Kooperationen an. BP-Chef Hellmuth Buddenberg, ebenfalls Mitglied im Aufsichtsrat, bemerkte hierzu: »Der Weg, durch Kooperationen Liquidität zu bekommen, sei ein sehr harter Weg, der jedoch gegangen werden müsse.«[138] Grundsätzlich ging es darum, ob die AEG ihre Politik der Notverkäufe fortsetzen wollte oder die geplanten Kapitalfreisetzungen der Anfang eines größeren Gesamtkonzepts sein sollten. Eine Diskussion hierüber fand vorerst aber nicht statt.

Im April 1981 präsentierte Dürr sein Konzept einer Teilung des Konzerns in einen Technologie- und einen Partnerschaftsbereich, das im Aufsichtsrat weitgehend Zustimmung fand. Der geringe finanzielle Spielraum des Konzerns ließ auch keine andere Lösung als eine »Konzentration der Arbeitsgebiete im Rahmen von partnerschaftlichen Lösungen« zu.[139] Im September zeigte sich auch Dürr zuversichtlich: »Ich bin zutiefst davon überzeugt, daß sich die Industrielandschaft in unserem Lande in den nächsten Jahren entscheidend verändern wird. Wir können heute Weichen stellen, den Konzern AEG-Telefunken wohl in seiner bisherigen Struktur zu verändern, aber als Ganzes und juristische Person zu erhalten.«[140]

Kern der Neustrukturierung des Konzerns war die Konzentration auf Gebiete, in denen die AEG eine Chance hatte, Spitzenpositionen zu halten. Es sollte keine Betätigung mehr geben, wo die AEG ausschließlich mit »mittelständigen Betrieben konkurriert und die Großbetriebsorganisation zum Ballast werden kann«. Auf Märkten mit wenig Wachstum, aber ausreichender Größe wollte man mit Wettbewerbern kooperieren, wobei auch an Minderheitsbeteiligungen der AEG gedacht war. »Auf neuen, schnell wachsenden Märkten sollten wir uns nicht nur auf eigene Entwicklungen verlassen, sondern versuchen, durch Zukauf bzw. Beteiligung rascher an diese Märkte heranzukommen.«[141] Im einzelnen waren »großflächige«, aber rein europäische Kooperationen im Bereich Hausgeräte und bei der Telefunken Fernseh und Rundfunk GmbH vorgesehen. In den Bereichen Elektrowerkzeuge, Leuchten, Straßenverkehrstechnik, in denen »eine Spitzenposition aus eigener Kraft nicht mehr möglich« sei, waren Minderheitsbeteiligungen angestrebt. Bei Olympia sollten nicht mehr konkurrenzfähige Produktlinien aufgegeben und im Bereich Elektronische Bauelemente eine Verstärkung des industriellen Sektors erreicht werden. Große Hoffnungen setzte man auch in ein Gemeinschaftsunternehmen mit chinesischen Partnern zum Bau neu konstruierter elektronischer Schreibmaschinen für chinesische Schrift. Auf dem stagnierenden Markt der Maschinen/Motoren waren Kooperationen angestrebt.

Ein Partner für die AEG

Ein Erfolg des Konzepts »AEG '83« war im wesentlichen vom Einstieg des angestrebten Partners GEC abhängig. Sollte der nicht gelingen, wurde eine Aufteilung der AEG Technik AG in selbständige juristische Einheiten mit unterschiedlichen Beteiligungsverhältnissen angestrebt. Im Präsidium des Aufsichtsrats zog man diesen Schritt vorsorglich in Erwägung, obwohl man sich darüber im klaren war, daß dies »eine Zerschlagung der AEG« bedeutete und »deshalb eindeutig negativer zu beurteilen [war] als die Beteiligung eines industriellen Partners ...«[142]. Vorerst jedoch ließ das Bankenkonsortium Mitte Juni über den AEG-Vorstand verlauten, es habe das Konzept »AEG '83« »positiv aufgenommen«. Die Banken erklärten sich bereit, durch Forderungsverzicht, Zinsstützung und Bereitstellung zusätzlicher Kredite einen Ergebnisbeitrag bis zu 260 Millionen Mark zu leisten.[143]

Im Aufsichtsrat drängte der Vorsitzende Friderichs auf eine Annahme des Konzepts und machte darauf aufmerksam, daß nur bei einer Zustimmung Hilfe von Bund und Ländern zu erwarten sei. Kritik meldeten dagegen die Arbeitnehmervertreter an. Sie fühlten sich vor die Alternative gestellt, entweder dem Konzept zuzustimmen oder die AEG untergehen zu lassen. Nach ihrer Meinung war nur die AEG Technik AG abgesichert. Sie bevorzugten daher eine Beteiligung der öffentlichen Hand. Dagegen verteidigte Dürr das Konzept, indem er die Notwendigkeit einer Aufteilung in einen Technik- und einen Konsumbereich unterstrich, da sich mögliche Partner nur für einen Teil des Konzerns interessierten.[144]

Diktat der Ereignisse

Während der AEG-Vorstand alle Anstrengungen darauf richtete, das Sanierungskonzept »AEG '83« umzusetzen, überstürzten sich die Ereignisse:

6. Juni. Die AEG kündigt die Schließung der Hausgerätetochter Zanker und Massenentlassungen bei Küppersbusch an.

21. Juni. Finanzchef Horst Brandt weist auf die dramatisch verschlechterte Liquiditätslage des Konzerns hin. Zahlungen von Kunden träfen nur noch schleppend ein, vielfach würden Vorauszahlungen gefordert. Der Finanzchef warnt davor, daß Ende Juni die vorhandenen Kreditlinien in Höhe von 1,385 Milliarden Mark in Anspruch genommen sein würden. »Die in den ersten Juli-Tagen noch zu zahlenden Rechnungen werden dazu führen, daß die vorhandene Liquidität in der ersten Hälfte des Juli aufgebraucht sein wird.«[145]

Der Vorstand stellt den Antrag, dem Pensions-Sicherungs-Verein der deutschen Industrie (PSV) für einen Zeitraum von fünf Jahren die Übernahme der Pensionsverpflichtungen zu übertragen.

Neben der Firma Grundig erklärt sich nun auch die Robert Bosch GmbH offiziell bereit, ihr Tochterunternehmen Blaupunkt mit der Telefunken Fernseh und Rundfunk GmbH zu verschmelzen.[146]

22. Juni. Finanzchef Brandt tritt überraschend zurück, offiziell aus gesundheitlichen Gründen.

24. Juni. Zwischen dem AEG-Vorstand, Vertretern von Banken, Bund und Ländern findet ein erstes Gespräch über staatliche Unterstützungsmaßnahmen statt.

28. Juni. Das Präsidium des AEG-Aufsichtsrats trifft mit den Bundesministern Otto Graf Lambsdorff (Wirtschaft) und Manfred Lahnstein (Finanzen) zusammen. Beide Politiker lehnen eine direkte oder indirekte Beteiligung des Bundes an der AEG ab, signalisieren jedoch ihre positive Einstellung zur Gewährung einer von der AEG dringend benötigten Exportbürgschaft. Daraufhin stellt die AEG am 1. Juli einen Bürgschaftsantrag über eine Milliarde Mark.

3. Juli. Heinz Dürr trifft sich mit Lord Weinstock, Chairman der britischen General Electric Co. Weinstock bekundet Interesse an einer Beteiligung von GEC an der AEG Technik AG.

14. Juli. Die Bundesregierung erklärt sich bereit, eine Bürgschaft in Höhe von 600 Millionen Mark unter der Voraussetzung zu gewähren, daß die Banken weitere 275 Millionen Mark als Kredit geben. In den folgenden Wochen versuchen Vertreter der Banken vergeblich, sich auf eine Quotenaufteilung für diesen Liquiditätssicherungskredit zu einigen.

24. Juli. AEG und Grundig unterzeichnen einen »Letter of Intent« über eine 51prozentige Beteiligung an der Telefunken Fernseh und Rundfunk GmbH. Vorgesehen ist die Gründung einer Zwischenholding mit 51prozentiger Beteiligung von Grundig, die sich zu 51 Prozent an der Telefunken Fernseh und Rundfunk GmbH beteiligen soll.

2. August. Die Verhandlungen zwischen GEC und AEG über eine Beteiligung an der AEG Technik AG werden offiziell abgebrochen. Als Gründe nennen die Vertreter von GEC, daß das Vorhaben einer ausländischen Beteiligung in der deutschen Industrie und bei Banken und Gewerkschaften auf Ablehnung stieß. Die nachrichtentechnische Industrie scheint einiges daran zu setzen, dem britischen Konkurrenten keinen Zugang zum deutschen Markt zu verschaffen.[147] Hinzu kommt das Problem der fehlenden Pensionsrückstellungen und die Verschlechterung der Marktposition seit April 1982.

3. August. Eine Sitzung des AEG-Bankenkonsortiums zur Quotenregelung für den 275-Millionen-Kredit wird auf den 9. August verschoben. Die Bundesregierung läßt verlauten, daß die Voraussetzungen zur Gewährung einer Bürgschaft nicht erfüllt seien.

4. August. Vertreter des AEG Gesamtbetriebsrats und die Arbeitnehmervertreter im Aufsichtsrat der AEG treffen sich mit Bundeskanzler Helmut Schmidt. Ihre Hoffnungen auf staatliche Hilfe werden enttäuscht; die Bundesregierung zeigt wenig Neigung, über eine Bürgschaft hinaus der AEG Unterstützung zu gewähren.[148]

6. August. In der Öffentlichkeit wird bekannt, daß die angestrebte Beteiligung der GEC an der AEG Technik AG unsicher geworden sei.[149]

Eine hochrangige Delegation der AEG reist in die USA, um mit der United Technologies Corporation (UTC) über eine Beteiligung zu verhandeln. Bereits im Juni 1982 hatte ein Gespräch mit UTC stattgefunden, in dessen Verlauf die Vertreter des amerikanischen Konzerns ihr Interesse bekundeten, möglicherweise an die Stelle von GEC zu treten und sich an der AEG Technik AG zu beteiligen. Eine fernschriftliche Bestätigung des Interesses von UTC liegt inzwischen vor.[150]

In einem Telefongespräch mit Wirtschaftsminister Graf Lambsdorff deutet der Aufsichtsratsvorsitzende Friderichs an, daß im Fall eines Scheiterns der Verhandlungen mit UTC die AEG Vergleich anmelden müsse.[151]

7. August. Die United Technologies Corporation (UTC) lehnt eine Beteiligung an der AEG ab und läßt ihre Absage dem Vorstand telefonisch mitteilen.[152]

Ungeachtet dessen gelingt es, mit UTC eine weitreichende Kooperation auf dem Gebiet der Fertigung elektronischer Halbleiter zu vereinbaren, die Anfang November 1982 zur Gründung der Telefunken electronic GmbH (TEG) führt. Die AEG bringt darin die Aktivitäten ihres Geschäftsbereichs »Elektronische Bauelemente« (S1, ohne Fachbereich Technische Röhren und Arbeitsgebiet Wärmebild-Bauelemente) ein. Die Anteile an der TEG werden zu je 49 Prozent von der AEG und UTC und zu zwei Prozent von der Süddeutschen Beteiligungsgesellschaft gehalten. Die Vereinbarung mit UTC führt auch zur Gründung der EUROSIL electronic GmbH durch TEG und UTC, die sich auf die Entwicklung und Produktion von Halbleiterbauelementen konzentriert.

In Bankenkreisen wird befürchtet, daß die Halbjahresverluste der AEG sich inzwischen auf die Hälfte des Aktienkapitals (620 Millionen Mark zuzüglich der gesetzlichen Rücklage von 162 Millionen Mark) belaufen. Für diesen Fall wäre die AEG nach dem Aktiengesetz verpflichtet, eine außerordentliche Hauptversammlung einzuberufen.

Empörte Arbeiter protestieren im August 1982 gegen die Schließung der AEG-Großmaschinenfabrik an der Brunnenstraße in Berlin-Wedding

VIERTER TEIL: DER VERGLEICH

DER 8. AUGUST 1982

Nach Absage der UTC kamen am 8. August 1982 in den Räumen der Dresdner-Bank-Zentrale in Frankfurt am Main die Vertreter des Vorstands und der Anteilseigner im Aufsichtsrat der AEG zusammen. Heinz Dürr teilte den Anwesenden mit, der Vorstand sei zu dem Ergebnis gekommen, »daß die Sanierung des Unternehmens nur noch im Rahmen eines gerichtlichen Vergleichsverfahrens durchgeführt werden kann«[1].

Der Antrag auf Eröffnung eines solchen Verfahrens lag nahe – nicht erst seit der Absage der GEC am 2. August. In Erwartung der Zahlungsunfähigkeit war das Konzept »AEG '83« den radikal geänderten Rahmenbedingungen angepaßt worden. Die Hoffnungen richteten sich nun nicht mehr auf die »AEG '83«, sondern auf eine »Neue AEG«. Diese sollte sich aus denjenigen »Einheiten des technischen Bereichs [zusammensetzen], die zu den Marktführern zählen«. Es waren dies die Hochfrequenztechnik, Energietechnik, Bahntechnik, Industrieanlagen, Schiffbau und Sondertechnik, Komponenten und Motoren, Büro- und Informationstechnik und Kabel mit insgesamt rund acht Milliarden Mark Umsatz und 60000 Beschäftigten.[2] Darüber hinaus war beabsichtigt, den Hausgerätebereich auszugliedern und mehrheitlich abzugeben. Bei der Unterhaltungselektronik strebte der Vorstand weiterhin eine Kooperation mit Grundig an, der die unternehmerische Führung übergeben werden sollte. Ein weiteres Kooperationsprojekt betraf die Zusammenarbeit mit UTC bei den Elektronischen Bauelementen. Das Maßnahmenpaket des Vorstands sah schließlich die weitere Einstellung bzw. Veräußerung von Bereichen und einen »erheblichen Personalabbau« vor. Die »Neue AEG«, so hatte man errechnet, wäre dann in der Lage, 1984 ein positives Ergebnis zu erzielen.[3]

Der Weg dorthin war allerdings weit. Zunächst einmal brauchte die AEG Geld, viel Geld, nämlich ein Darlehen in Höhe von 2,45 Milliarden Mark. Wenn es gelänge, die Unterstützung seitens des Bankenkonsortiums und des Bundes zu erhalten, sehe »der Vorstand Chancen für die erfolgreiche Durchführung des Fortsetzungsvergleichs«[4]. Es werde »nicht die Alternative der Beantragung des Konkurses« in Erwägung gezogen. Allerdings hatte sich der Vorstand auch über die Folgen eines Liquidationsvergleichs bzw. Konkurses informieren lassen und war zu dem Ergebnis gekommen, »daß ein Liquidationsvergleich mit hoher Wahrscheinlichkeit in einem Anschlußkonkurs enden müßte«[5].

In der anschließenden Diskussion stellte sich schnell heraus, daß ein Fortsetzungsvergleich angestrebt werden müßte, weil damit für die Gläubiger eine bessere Quote erreicht werden könnte. Die Bankenvertreter und Aufsichtsräte waren sich aber nicht darüber einig, ob das Vergleichsverfahren gelingen könne, und zeigten sich deswegen äußerst zurückhaltend.[6] Sie drängten außerdem darauf, die ausländischen Geldinstitute zu einem Stillhalteabkommen zu bewegen. Auch seitens der Bundesregierung schien man an einem Fortsetzungsvergleich interessiert gewesen zu sein. Diesen Eindruck gewann Hans Friderichs aus einem Gespräch mit Bundeswirtschaftsminister Graf Lambsdorff und Finanzminister Lahnstein, das er am selben Tag geführt hatte. Zumindest hielt die Bundesregierung an ihrer Bürgschaftszusage über 600 Millionen Mark fest. Lambsdorff und Lahnstein wollten außerdem den bereits seit Juli vorliegenden Bürgschaftsantrag über eine Milliarde Mark wohlwollend prüfen. Allerdings erwartete der Bund ein erhebliches finanzielles Engagement der Banken.[7]

DER 9. AUGUST 1982

9. August 1982:
Um 16.52 Uhr trat AEG-Chef Heinz Dürr vor die Presse, um den Antrag auf Eröffnung eines Vergleichsverfahrens bekanntzugeben

Am Vormittag des 9. August trat der Aufsichtsrat zur entscheidenden Sitzung zusammen. Sie sollte ursprünglich schon am 6. August stattfinden, war jedoch aufgrund der sich überstürzenden Ereignisse zweimal kurzfristig verschoben worden.[8] Zu Beginn legte Heinz Dürr seinen »Bericht über die Situation des AEG-Telefunken Konzerns« vor und begründete darin den Vergleichsantrag: »Es hat sich ... erwiesen, daß das vom Vorstand verfolgte Sanierungskonzept in einer überschaubaren Zeit nicht realisierbar ist,

Der Antrag auf Eröffnung eines gerichtlichen Vergleichsverfahrens hat unter der AEG-Belegschaft erhebliche Unruhe ausgelöst. Berlins Wirtschaftssenator Elmar Pieroth spricht zu aufgebrachten AEG-Arbeitern

weil der in Aussicht genommene Kooperationspartner GEC sich nicht mehr interessiert erklärt hat, ein anderer Partner zur Zeit nicht in Sicht ist und sich die Ergebnisprognose für das Geschäftsjahr 1982 weiter verschlechtert hat. Der Vorstand ist daher in Übereinstimmung mit dem Bankenkonsortium zu der Überzeugung gelangt, daß eine Aufnahme weiterer Kredite nicht mehr möglich und nicht mehr zulässig ist. Die Gesellschaft ist somit nicht mehr in der Lage, ihre fälligen Verbindlichkeiten zu erfüllen.«[9] Dürr informierte den Aufsichtsrat über die Absicht des Vorstands, »heute beim Amtsgericht Frankfurt am Main einen Antrag auf Eröffnung des Vergleichsverfahrens im Sinne eines Quotenerlaßvergleichs zur Fortsetzung des Unternehmens zu stellen«[10]. Hierfür benötigte die AEG die Zusage neuer kurzfristig zu gewährender Kredite in Höhe von 1,3 Milliarden Mark. »Für die Dauer des Vergleichsverfahrens«, so Dürr, »werden Fortführungskredite in Höhe von 2,15 Milliarden Mark zuzüglich 300 Millionen Mark Avale, d. h. insgesamt rund 2,5 Milliarden Mark benötigt.«[11]

In der folgenden Diskussion wiesen Bankenvertreter den Vorwurf zurück, sie hätten den Vergleichsantrag herbeigeführt, und verwiesen statt dessen darauf, daß »die Verhandlungen mit dem Bund gezeigt [hätten], daß es dort keineswegs darum gegangen sei, schnell und komplikationslos der AEG zu helfen, wie zum Beispiel aus der Forderung des Bundes nach 25prozentiger Selbstbeteiligung der Banken bei der Exportbürgschaft deutlich geworden ist«. Die Banken müßten 1,8 Milliarden Mark Forderungen erlassen, die nicht mit ihrer Quote ausgezahlt würden. Hinzu käme der Verzicht auf Zin-

Der Rechtsanwalt Wilhelm-Andreas Schaaf wurde am 9. August 1982 zum vorläufigen Vergleichsverwalter der AEG bestellt

sen. Der Beitrag der Banken läge dann bei rund 3,8 Milliarden Mark. Dann seien die Führungsbanken weiterhin zur Unterstützung bereit. Ein großes Problem sähen sie allerdings in der Ablösung von 600 Millionen Mark an Krediten der Auslandsbanken, weshalb deren Stillhalten erreichen werden müsse.[12]

Um 10.25 Uhr wurde die Aufsichtsratssitzung unterbrochen und gegen 15.00 Uhr wieder aufgenommen. In der Zwischenzeit tagte das Bankenkonsortium. In der Öffentlichkeit wurde darüber spekuliert, daß dort erneut der – letzten Endes vergebliche – Versuch unternommen worden sei, über die Quotenverteilung des 275-Millionen-Mark-Kredits eine Einigung zu erzielen.[13] Tatsächlich ging es jedoch darum, eine grundsätzliche Übereinkunft zur Finanzierung des Vergleichs zu erzielen. Gegen 15.30 Uhr lag ein Zwischenbericht über die Tagung der Bankenvertreter vor, wonach »von einer ausreichenden Finanzierung des Fortsetzungsvergleichs ausgegangen werden« könne.[14] Zeitgleich faßte der Vorstand den Beschluß, den Vergleichsantrag zu stellen.[15] Der Aufsichtsratsvorsitzende Friderichs resümierte: »Der Aufsichtsrat hat mit dem Vorstand die Entscheidung des Vorstands beraten, einen Fortsetzungsvergleich zu beantragen. Auf Anfrage kann die Erklärung abgegeben werden, daß der Aufsichtsrat den Vorstand dabei einmütig begleitet.«[16]

Nachdem die Sitzung des Aufsichtsrats um 16.15 Uhr beendet worden war, konnte der »Antrag auf Eröffnung des gerichtlichen Vergleichsverfahrens ... zur Abwendung des Konkurses« beim Frankfurter Amtsgericht gestellt werden.[17] Noch einmal wurde darin deutlich gemacht, »daß das vom Vorstand verfolgte Sanierungskonzept ohne die Stundungs- und Erlaßwirkung des angestrebten Vergleichs in einer überschaubaren Zeit nicht realisierbar ist. Dies gilt insbesondere, weil der in Aussicht genommene Kooperationspartner General Electric Co. sich mit Schreiben vom 2.8.1982 als nicht mehr interessiert erklärt hat, ein anderer Partner zur Zeit nicht in Sicht ist und sich die Ergebnisprognose für das Geschäftsjahr 1982 weiter verschlechtert hat.«[18]

Um 16.52 Uhr trat Heinz Dürr vor die Presse und teilte mit, der Vorstand der AEG-Telefunken AG habe beim Amtsgericht Frankfurt am Main die Eröffnung des gerichtlichen Vergleichsverfahrens beantragt. Die Notierung der AEG-Aktie, zuletzt noch mit 25 bis 26 Mark gehandelt, wurde an den Börsen ausgesetzt. Das Gericht bestellte den 53jährigen Frankfurter Rechtsanwalt Dr. Wilhelm-Andreas Schaaf zum vorläufigen Vergleichsverwalter. Schaaf galt auf diesem Feld als erfahrener Fachmann. Er hatte seit 1962 insgesamt 130 entsprechende Verfahren abgewickelt. Schaaf widersetzte sich erfolgreich dem Versuch, bei der AEG einen Gläubigerrat und neben ihm einen zweiten Vergleichsverwalter zu installieren, was die Banken gewünscht hatten.[19]

DER LANGE WEG ZUR ERÖFFNUNG EIN[ES] VERGLEICHSVERFAHRENS

Klaus Kuhn, einstiger Thyssen-Vorstand, hatte als Berater der AEG maßgeblichen Anteil am Gelingen des Vergleichs

Zum Zeitpunkt des Antrags auf Eröffnung eines gerichtlichen Vergleichsverfahrens summierten sich die Verpflichtungen der AEG AG auf insgesamt rund 5,9 Milliarden Mark. Hinzu kamen etwa 1,4 Milliarden Mark Verbindlichkeiten inländischer und ausländischer Tochtergesellschaften. Der Antrag auf Eröffnung eines gerichtlichen Vergleichsverfahrens betraf ausschließlich das Vermögen der AEG-Telefunken AG einschließlich ihrer unselbständigen Betriebsteile. Nicht betroffen waren zahlreiche Tochtergesellschaften wie die AEG-Telefunken Kabelwerke AG Rheydt, die AEG-Kanis Turbinenfabrik GmbH, die Olympia Werke AG und die Telefunken Fernseh und Rundfunk GmbH. Die Finanzierung der nicht im Finanzverbund der AEG befindlichen in- und ausländischen Beteiligungsgesellschaften sollte durch Einzelvereinbarungen mit den Banken abgesichert werden. Ziel des angestrebten Vergleichs war nicht die Liquidation, sondern die Sanierung und Fortführung des Unternehmens. Zur Erfüllung der Voraussetzungen für die Eröffnung eines Vergleichsverfahrens wurde an der Konzernspitze eine Zentrale Steuerungskommission gebildet, die sich aus dem vorläufigen Vergleichsverwalter Schaaf, dem Vorstandsvorsitzenden Heinz Dürr und Dr. Klaus Kuhn zusammensetzte, der für die kommenden Jahre bei der AEG eine Schlüsselrolle einnehmen sollte. Kuhn war bis Ende Mai 1982 Vorstandsmitglied der Thyssen AG und dort zuletzt für Rechnungswesen, Organisation und zentrale Datenverarbeitung zuständig. Nach seinem Ausscheiden aus dem Thyssen-Vorstand war er zunächst als Nachfolger des am 2. Juni ausgeschiedenen AEG-Finanzchefs Horst Brandt im Gespräch. Am 13. August 1982 holten ihn die Banken zur AEG, damit er sich dort »vordringlich um die Koordination der Bereiche Finanzen und Controlling« kümmere. Er übernahm damit de facto die Funktion des im Mai ausgeschiedenen Finanzvorstands. Kuhns Entscheidungen hatten von Anfang an großes Gewicht. Für ihn war von Vorteil, daß er einerseits mit weitreichenden Befugnissen ausgestattet, andererseits jedoch nicht in die Unternehmenshierarchie eingebunden war. Kuhn hielt sich in seiner neuen Position nicht lange mit Formalitäten auf, sondern verschaffte sich sofort die notwendige Autorität zur Durchsetzung der ersten harten Sanierungsschritte. Er stellte ein radikales Programm zur Kostensenkung auf und sorgte dafür, daß der Konzern nicht länger die Schlagzeilen der Presse beherrschte. Er legte wenig Interesse auf Öffentlichkeit und sorgte intern dafür, daß er die Federführung bei der Bewältigung des Vergleichs übernahm. Insofern gestaltete sich das Verhältnis zum Vorstandsvorsitzenden nicht konfliktfrei, was dieser später auch unumwunden zugab.[20]

Außerdem konstituierte sich am 13. August an der Konzernspitze die sogenannte Flaschenhalskommission. Sie hatte die Aufgabe, »den vorläufigen Vergleichsverwalter zu unterstützen und sämtliche mit der Durchführung des Vergleichsverfahrens zusammenhängenden Maßnahmen zu koordinieren«, und erhielt »das Recht, unabhängig von der bestehenden Organisation Anweisungen zu erteilen, die in direktem Zusammenhang mit der Durchführung des Vergleichsverfahrens« standen. Weitere Einrichtungen waren eine Finanzkommission (Abwicklung und Kontrolle des Zahlungsverkehrs, Finanzplanung), eine Controlling-Kommission (»ergebnismäßige Erfassung und Kontrolle der von den übrigen Kommissionen vorgeschlagenen oder zu beschließenden Maßnahmen«) eine Grundstücks- und Anlagenverwertungskommission sowie 14 Projektgruppen für einzelne Geschäftsbereiche.[21]

Die Beantragung des Vergleichsverfahrens verschaffte der AEG zwar eine Atempause, doch nach wie vor schwebte der Konzern in akuter Gefahr. Bis zur Eröffnung des Vergleichsverfahrens überstürzten sich erneut die Ereignisse:

10. August. In den AEG-Betrieben wird weitergearbeitet. In den Stabsabteilungen der Konzernzentrale herrscht zwar einige Aufregung, aber dennoch sind viele der Manager erleichtert, weil mit dem Vergleichsantrag eine Phase unerträglicher Lähmung zu Ende geht. Sämtliche Organe der AEG behalten Zuständigkeit und Funktion, so daß sie weiterarbeiten können. Das Bankenkonsortium gewährt 200 Millionen Mark des von der AEG gewünschten Kredits von 1,1 Milliarden Mark. An den Börsen wird die AEG-Aktie wieder gehandelt. Ihr Kurs schwankt zwischen 24 und 25 Mark.

11. August. Vergleichsverwalter Schaaf erklärt gegenüber der Presse: »Aufgrund eingehender Überprüfungen kann ich sagen, AEG-Telefunken wird weitergehen wie bisher ohne irgendwelche Einschränkungen, außerdem halte ich den Vergleich für durchführbar, so wie er dargestellt ist. Der Vergleich geht zahlenmäßig auf, die Quote läßt sich errechnen.«[22] Schaaf hat diese Erklärung am Vortag gemeinsam mit dem AEG-Vorstand abgestimmt, ohne allerdings die Banken zu konsultieren. Dort herrscht wenig Begeisterung, es kommt zu heftigen Reaktionen.[23] Von Horst Burgard, Vorstandsmitglied der Deutschen Bank, heißt es später im »Industriemagazin«, er habe auf Schaafs Äußerung mit der Bemerkung »Der ist verrückt.« reagiert.[24] Schaaf erläuterte Jahre später seine

Äußerung mit den Worten: »Als ich damals im Fernsehen sagte, es rechnet sich, haben mich ja alle für verrückt gehalten. Und ich meinte doch nur, daß erst einmal genug Liquidität da war.«[25]

Schaafs Äußerung war nicht unbedacht. Sie hatte programmatischen Charakter und setzt die Bankenvertreter soweit unter Druck, daß diese Bereitschaft zeigen, sich ernsthaft mit Alternativen zum Konkurs auseinanderzusetzen. Und in der Tat erklären das Bankenkonsortium sowie Vertreter des Bundes und der Länder noch am selben Tag ihre Bereitschaft, den AEG Sanierungsvergleich zu unterstützen. Daraufhin steigt an der Börse die AEG-Aktie auf über 28 Mark. Dieser Kurs liegt aber immer noch weit unter dem Nennwert und bedeutet, daß die AEG »mit ihren 620 Millionen Mark Grundkapital ... an der Börse [nur noch] noch 325 Millionen Mark wert«[26] ist.

12. August. Eine AEG-Delegation reist nach Zürich, um sich einer besonders heiklen Aufgabe zu stellen. Dort nämlich kommen Vertreter von rund 100 Banken zusammen, bei denen die AEG-Auslandsgesellschaften – sie sind vom Vergleich nicht direkt betroffen – mit insgesamt rund zwei Milliarden Mark verschuldet sind. Die Banken müssen nun, um den Vergleich nicht zu gefährden, davon überzeugt werden, ihre Kredite fortzuführen »und die schwierige Phase durch konstruktive Zusammenarbeit wie bisher zu begleiten«[27]. In Einzelgesprächen, die sich zum Teil über Wochen hinziehen, werden die Gläubiger zum Stillhalten überredet. Einen nicht unerheblichen Anteil an der Vorbereitung dieses Treffens hatte der frühere Finanzchef Horst Brandt, der in seiner Eigenschaft als AEG-Aufsichtsratsmitglied mit nach Zürich gereist war.

Als besondere Gefahrenquelle entpuppt sich die Finanzierung der AEG-Auslandsgesellschaften über die schweizerischen bzw. luxemburgischen Holdinggesellschaften des Konzerns. Diese erfolgte in Form von Bürgschaften und Anleihen, die von der AEG verbürgt und den AEG-Auslandsgesellschaften als Darlehen zugeflossen waren. Der Vergleich der Muttergesellschaft in Deutschland beeinträchtigte den Wert der Bürgschaften, die Sicherheit der Anleihen war nicht mehr gegeben. Somit entstand ein außerordentliches Kündigungsrecht der Anleihegläubiger, das, wäre es ausgeübt worden, eine Kettenreaktion von Insolvenzverfahren bei AEG-Auslandsgesellschaften ausgelöst und damit den Vergleich ebenfalls ernsthaft gefährdet hätte. Bei einem Treffen von AEG-Vertretern mit Anleihegläubigern in Zürich gelingt es, diese davon zu überzeugen, daß sie – im eigenen Interesse – nicht von ihrem Kündigungsrecht Gebrauch machen.

Der AEG-Vorstand achtet in der Folgezeit auch besonders streng darauf, daß aus den Verwalterdarlehen keine Ablösung von Forderungen ausländischer Banken erfolgt, denn die deutschen Gläubigerbanken legen großen Wert darauf, keine Auslandsschulden der AEG begleichen zu müssen.

13. August. Vorstand und der vorläufige Vergleichsverwalter erklären, daß »alle Verbindlichkeiten aus Geschäften, die seit dem 10. August 1982 abgeschlossen wurden und künftig werden ... voll erfüllt werden«[28].

16. August. Die AEG stellt bei der Bundesregierung den Antrag auf eine Bundesbürgschaft für ein Verwalterdarlehen von 1,1 Milliarden Mark.

17. August. Eine Andeutung des Vorsitzenden des AEG-Aufsichtsrates, Hans Friderichs, der Konzern benötige für die Sanierung rund 2,2 Milliarden Mark, löst Gerüchte über einen möglichen Anschlußkonkurs aus. Sie lassen den Kurs der AEG-Aktie auf den absoluten Tiefstand von 22,50 Mark rutschen. Vergleichsverwalter Schaaf und der AEG-Vorstand treten den Spekulationen sofort entgegen. Allerdings war die von Friderichs genannte Summe keineswegs aus der Luft gegriffen, denn wie Schaaf später in einem Interview erläuterte, verhandelte er damals tatsächlich mit den Banken über Kredite in dieser Höhe: »Ohne die 2,2 Milliarden Mark Liquidität hätte ich das Ding nie angefangen.«[29]

Die Tochtergesellschaft Küppersbusch AG, Gelsenkirchen, stellt einen Forderungserlaßvergleich, die Firmen Zanker GmbH, Tübingen, und die Neff-Werke GmbH, Bretten, beantragen den Vergleich.[30]

18. August. Am Abend stellt das Bankenkonsortium der AEG ein nicht bundesverbürgtes Verwalterdarlehen in Höhe von 1,1 Milliarden Mark zur Verfügung. 700 Millionen Mark werden davon sofort gezahlt, weitere 400 Millionen Mark, sobald »der Bund eine 100prozentige Bundesbürgschaft für ein weiteres gleichrangiges und gleichwertiges Verwalterdarlehen von 1,1 Milliarden Mark gewährt«[31]. Damit ist eine entscheidende Voraussetzung zur Eröffnung des Vergleichsverfahrens geschaffen worden.

Ebenfalls am 18. August betont Bundesfinanzminister Manfred Lahnstein die grundsätzliche Bereitschaft der Bundesregierung, für die AEG eine Exportbürgschaft bereitzustellen, macht diese jedoch von einem Gutachten der Wirtschaftsprüfungsgesellschaft »Treuarbeit« abhängig. Die Verzögerung der Realisierung der Exportbürgschaft wirkt sich sehr ungünstig auf das laufende Geschäft der AEG aus.[32] Am 29. Oktober 1982 weisen Dürr und sein Berater Kuhn gegenüber Bankenvertretern darauf hin, daß eine »Konsortialvereinbarung für die Exportbürgschaft in Höhe von 600' [Millionen] Mark ... bis jetzt noch nicht gefunden werden [konnte]. Dürr und Kuhn machten mit Nachdruck darauf aufmerksam, daß dieses ›Nichtbenützenkönnen‹ der Exportbürgschaft, die seit mehr als vier Wochen vorliegt, an der Verkaufsfront für die Anlagenbereiche verheerende Auswirkungen hat«[33].

19. August. Der AEG-Vorstand und der vorläufige Vergleichsverwalter erklären gegenüber der Öffentlichkeit, daß »sämtliche Verbindlichkeiten aus Geschäften, die nach dem 9.8.1982 abgeschlossen wurden und künftig werden ... voll erfüllt werden. Ebenso werden Leistungen aus Altgeschäften ... voll vergütet, sofern diese nach dem 9. August 1982 erbracht werden ...«[34]. Die wiederholte Garantie der Lieferzusagen ist eine wesentliche Voraussetzung für das Überleben des Konzerns.

1. September. Auf der Grundlage eines Gutachtens der Wirtschaftsprüfungsgesellschaft »Treuarbeit«, das von einer Sanierungsfähigkeit der AEG ausgeht, stimmt die Bundesregierung einer Bürgschaft von 1,1 Milliarden Mark prinzipiell zu, verlangt aber

von den Banken die Bereitschaft, ein weiteres Darlehen von ebenfalls 1,1 Milliarden Mark zu gewähren.

10. September. Der AEG-Vorstand verabschiedet das »Weiße Buch«. Diese 265 Seiten umfassende Ausarbeitung trägt den Titel »AEG-Telefunken-Gruppe. Die Lage des Konzerns im September 1982« und wird von Heinz Dürr als ein »unverzichtbarer Eckpfeiler für das Gelingen des Fortsetzungsvergleichs« genannt.[35] Das »Weiße Buch« enthält Angaben zum vorläufigen Vergleichsstatus, zur Abwicklung und zur Finanzierung des Vergleichsverfahrens. Für die anstehenden Umstrukturierungsmaßnahmen werden Kosten in Höhe von 1,3 bis 1,5 Milliarden Mark veranschlagt. Danach soll sich die »Neue AEG« auf die Unternehmensbereiche Technik mit 60 000 Beschäftigten und acht Milliarden Mark Jahresumsatz und auf folgende Bereiche konzentrieren: Hochfrequenztechnik, Energieverteilung, Bahntechnik, Industrieanlagen, Schiffbau und Sondertechnik, Kleinmotorenfertigung, Kabelfertigung und Komponenten.

14. September. Das Bankenkonsortium stimmt dem Lagebericht des AEG-Vorstands zu und stellt daraufhin weitere 400 Millionen Mark zur Verfügung und erklärt seine Bereitschaft, ein weiteres bundesverbürgtes Darlehen von 1,1 Milliarden Mark zur Verfügung zu stellen.

16. September. Die Versicherungsunternehmen, die 1980 ein Fünf-Prozent-/Sieben-Prozent-Industrieschuldscheindarlehen gezeichnet haben, werden gebeten, nicht von ihrem vertraglichen Kündigungsrecht Gebrauch zu machen. Sie signalisieren eine »positive Grundhaltung«.[36]

22. September. Die AEG und ihr Bankenkonsortium schließen einen Vertrag über ein Verwalterdarlehen von 1,1 Milliarden Mark mit einer Laufzeit bis zum 30. Juni 1986.

23. September. Der AEG-Aufsichtsrat billigt das Sanierungskonzept des Vorstands. In seinem Bericht zur aktuellen Lage des Konzerns hatte Dürr zuvor erklärt, daß der Vergleichsverwalter Schaaf wie auch der Vorstand von der Eröffnung des Vergleichsverfahrens beim Amtsgericht Frankfurt am Main ausgingen. Schaaf, der während des Vergleichs als Sachverständiger an den Sitzungen des Aufsichtsrats teilnimmt, rechnet mit einer Vergleichseröffnung spätestens am 31. Oktober 1982.[37]

24. September. Der AEG-Aufsichtsrat stimmt mit dem Vorstand überein, daß bei konsequenter Durchführung aller Maßnahmen und bei vollem Einsatz und Engagement aller Beteiligten sowohl die Sanierung der AEG-Telefunken-Gruppe im Rahmen des beantragten Forderungserlaßvergleichs als auch die Lebensfähigkeit nach dem Vergleich erreicht werden könne.

Eröffnung des Vergleichsverfahrens

Am 13. Oktober stand der AEG auch das so dringend benötigte Darlehen in Höhe von 1,1 Milliarden Mark zur Verfügung. Heinz Dürr ließ daraufhin verbreiten, daß die Finanzierung des Vergleichs gesichert sei, und kündigte für 1984 ein ausgeglichenes Ergebnis an.[38] Am 25. Oktober reichte die Industrie- und Handelskammer in Frankfurt ein

Gutachten über die positiven Vergleichsaussichten ein. Einen Tag später erklärten sich die Konsortialbanken bereit, ihre Vergleichsforderungen gemäß der Vergleichsquote von etwa einer Milliarde Mark über den Vergleichstermin mittelfristig zu stunden.

Am 31. Oktober um 24.00 Uhr eröffnete das Frankfurter Amtsgericht das gerichtliche Vergleichsverfahren. Danach stand der AEG eine Frist von 18 Monaten zur Erfüllung der Gläubigerforderungen zur Verfügung. Als Summe der vom Vergleich betroffenen Forderungen wurden sechs Milliarden Mark ermittelt (Finanzschulden: 3,175 Milliarden Mark, Pensionen: 2,549 Milliarden Mark). Zu den Gläubigern zählten 20000 Lieferanten, 27000 Betriebsrentner und 32000 Betriebsangehörige mit unverfallbaren Ansprüchen sowie die Konsortialbanken.[39] Für den 9. März 1983 wurde in Frankfurt eine Gläubigerversammlung einberufen, auf der die Hälfte der Anwesenden, die mindestens 80 Prozent der Forderungen repräsentierten, dem Vergleich zustimmen mußte.

Für Vergleichsmaßnahmen standen der AEG vom 31. Oktober an Kreditlinien von insgesamt 2,8 Milliarden Mark mit einer Laufzeit bis zum 30. Juni 1986 zur Verfügung. Sie setzten sich aus zwei Verwalterdarlehen in Höhe von jeweils 1,1 Milliarden Mark zusammen. Am 17. Dezember sagte der Bund die Gewährung einer Exportbürgschaft in Höhe von 600 Millionen Mark zu. Mit diesem Geld konnten der AEG-Vorstand und der Vergleichsverwalter ein ganzes Paket von Sanierungsmaßnahmen durchführen.

Mit Wirkung vom 22. Oktober trat außerdem ein zwischen Vorstand und Gesamtbetriebsrat ausgehandelter Zentraler Sozialplan (ZSP) in Kraft, der den bisherigen Plan aus dem Jahr 1980 ablöste. Parallel dazu hatten Gesamtbetriebsrat und Vorstand vereinbart, zahlreiche freiwillige soziale Leistungen, Aufwendungen für Jubiläen, Zuwendungen bei langjähriger Dienstzeit und Ferieneinrichtungen zu verringern bzw. zu streichen. Hierdurch konnten insgesamt 45 Millionen Mark eingespart werden.

Aderlaß am Standort Berlin

Bereits am 20. August hatte der Vorstand sein »Strukturkonzept« für den Standort Berlin vorgelegt. Es sah die »Aufgabe der chronisch verlustbehafteten und nicht sanierungsfähigen Bereiche Groß- und Mittelmaschinen einschließlich Schließung der GF [Großmaschinenfabrik] und des Bereichs Industriemotoren einschließlich Schließung KF [Kleinmotorenfabrik]«[40] vor.

Der 1897 errichtete Fabrikkomplex an der Berliner Brunnenstraße, einst mit 10000 Beschäftigten die bedeutendste Produktionsstätte des Konzerns, zählte seit den sechziger Jahren »zu den kranken Gliedern des technischen Geschäftes«[41]. Obwohl chronisch verlustbehaftet, wehrte sich die Konzernleitung noch jahrzehntelang gegen eine Schließung. Noch im Dezember 1980 wurden für die Fabrik Mittel in Höhe von 67 Millionen Mark für Rationalisierungsmaßnahmen freigegeben. Um so überraschender kam die Schließung des Traditionsstandorts. Teile der Produktion wurden zu den Lloyd-Dynamowerken nach Bremen und zu AEG-Kanis nach Essen verlegt. Als Ersatz für die nach wie vor wichtigen Bereiche Leistungselektronik und Bahntechnik war vorgesehen, mit einem Investitionsvolumen von 100 Millionen Mark neue Werke in Berlin-Marienfelde und am Nonnendamm in Berlin-Spandau zu errichten. Wegen beider Vorhaben trat der Vorstand im Herbst 1982 an den Berliner Senat mit einer Reihe von Wünschen heran. Hierzu zählte die Überlassung senatseigener Grundstücke in Erbpacht, eine Beteiligung an der Finanzierung der Neubauten und deren langfristige Vermietung durch den Senat sowie die eventuelle Übernahme der frei werdenden Grundstücke der AEG an der Brunnenstraße und der Schwedenstraße sowie der Drontheimer Straße.[42]

Neben der Aufgabe des Standorts Brunnenstraße war eine Restrukturierung eines weiteren Fabrikkomplexes an der Sickingenstraße in Berlin-Moabit vorgesehen (Bereich Senderbau und Mobilfunk). Insgesamt sah das »Strukturkonzept« die Senkung der Beschäftigtenzahl in Berlin von 10350 (Stand: Ende Oktober 1982) um 2600 vor, wobei die genaue Zahl von der weiteren Konjunkturentwicklung abhängig gemacht wurde.

Einziehung der AEG-Telefunken Nachrichtentechnik GmbH (ATN)

Neben dem Verkauf einer Reihe von Beteiligungen wurde zum 31. Dezember 1982 unter Ausnutzung der Bestimmungen des Gesellschaftervertrags der 51-Prozent-AEG-Anteil an der AEG-Telefunken Nachrichtentechnik GmbH (ATN) von Bosch und Mannesmann eingezogen. In den folgenden Monaten entbrannte zwischen der AEG und Bosch bzw. Mannesmann und der Allianz ein heftiger Streit um die verbindliche Feststellung des Wertes der eingezogenen Anteile. Die drei Unternehmen wollten den Preis zugrundelegen, der auch bei ihrem Einstieg Ende 1981 vereinbart worden war. Zum Schutz der Vergleichsgläubiger lehnte die AEG dies ab und gab in Übereinstimmung mit dem Vergleichsverwalter eine »fundierte Bewertung« in Auftrag. Im Januar 1983 lag ein Preisvorschlag vor, der jedoch von der Gegenseite nicht akzeptiert wurde, weshalb ein Schiedsverfahren eingeleitet werden mußte.[43] Ein Schiedsgutachten über die Höhe des Entschädigungsanspruchs sollte schließlich erst im Mai 1984 vorliegen. Anfang August 1984 konnte dann eine endgültige Einigung erzielt werden und der Konzern erleichtert den Eingang von 731 Millionen Mark einschließlich Zinsen melden, wofür wegen des hohen Verlustvortrags keine Körperschaftssteuer gezahlt werden mußte.[44]

Nach Meinung der Presse ging der AEG mit ATN, eine »Perle« verloren.[45] Im Vorstand zeigte man sich jedoch weniger pessimistisch. Auch nach Einziehung der ATN-Anteile werde die AEG »in erheblichem Umfang auf dem Gebiet der Telematik/Kommunikationstechnik« tätig bleiben.[46] Anderthalb Jahre später stellte der Vorstand fest: »Dem Konzern ist weniger Technologie durch den Abgang der ATN verlorengegangen als allgemein befürchtet wurde. Die Telekommunikation befindet sich ohnehin im Umbruch wegen des Aufkommens der Mikroelektronik und der Glasfaser-Technologie.«[47]

Sanierung der Auslandsgesellschaften

Besondere Aufmerksamkeit widmete der Vorstand der Sanierung der Auslandsgesellschaften, die zu den hohen Verlustträgern des Konzerns zählten (1981: 289 Millionen

Mark). In vielen Ländern waren deren Strukturen nicht rechtzeitig der Geschäftsentwicklung angepaßt worden. Die Produktions- und Werkstätten waren nicht ausgelastet, die durchschnittliche Kapitalbindung zu hoch und die Eigenkapitalquote zu niedrig. Ziel der Sanierungsbemühungen war die Aufrechterhaltung von deren Vertrieb und ihrer Bankenfinanzierung, die Wiederherstellung der Rentabilität und die wirtschaftliche Unabhängigkeit.

Außerdem veräußerte die AEG ihre Anteile an einer Reihe namhafter ausländischer Tochtergesellschaften, so an der Fabbrica Italiana Radio Televisori (FIRT) und der Societa Generale Elettrodomestici e Televisori (Sogetel) in Mailand. Die Telefunken Mexicana wurde Ende September 1982 geschlossen.

Die »Weiße Ware« bleibt

Im Hausgerätebereich, ein »Angelpunkt in der Sanierung des Gesamtkonzerns«, war zunächst mittelfristig eine Kooperation mit AEG-Minderheitsbeteiligung angestrebt worden. Am 16. September 1982 bestätigte der schwedische Hausgerätekonzern Electrolux, mit der AEG über eine Beteiligung an dem seit 1981 in Nürnberg ansässigen Hausgerätebereich zu verhandeln. Wenig später, am 28. September, wurden diese Verhandlungen abgebrochen. Der AEG-Vorstand faßte daraufhin den Beschluß, den Hausgerätebereich in eigener Regie weiterzuführen.[48] Wie die Zeitschrift »Wirtschaftswoche« zu berichten wußte, hatten die Vertreter des schwedischen Konzerns zwar die unternehmerische Führung des AEG Hausgerätebereichs angestrebt, »wollten aber nur auf eine Minderheitsbeteiligung und allenfalls eine Option auf eine Aufstockung eingehen«. Electrolux sei in erster Linie an der Marke AEG und an der Vertriebsorganisation interessiert gewesen.[49] Tatsächlich jedoch strebte Electrolux eine stufenweise Übernahme des Hausgerätebereichs an, an dessen Ende »die Lösung 50 % minus 1 Stimme de facto AEG-Telefunken die Verantwortung für den Hausgerätebereich läßt«[50].

Am 11. Oktober legte der Vorstand ein Konzept vor, an dessen Ausarbeitung der Berater des Konzerns, Klaus Kuhn, maßgeblich beteiligt war. Es sah die Trennung von einer Reihe von Tochterunternehmen und damit die Konzentration auf die Marke AEG sowie eine Anpassung der Personal- und Sachkosten vor. Gleichzeitig wurde die Produktion auf einige Werke konzentriert: Nürnberg (Waschautomaten, Wäschetrockner, Geschirrspüler), Rothenburg ob der Tauber (Herde, Kleingeräte), Bad Neustadt/Saale (Heißwassergeräte), Mainz-Kostheim (Gefriertruhen) und Kassel (Kühl- und Gefrierschränke). Der Umsatz, 1982 noch bei rund 2,4 Milliarden Mark, sollte nach der Sanierung bei 1,7 Milliarden Mark liegen, die Zahl der Beschäftigten von 18000 (1982) auf 8000 schrumpfen.[51] Der Beschluß zur Eigensanierung des Bereichs brachte der AEG neue Belastungen und stellte für einen Moment den Erfolg des Vergleichs in Frage.[52]

Mit der Neuordnung im Hausgerätebereich war inzwischen schon begonnen worden. Am 18. August 1982 wurde die Beteiligung der AEG an der Alno Möbelwerke GmbH & Co. KG eingezogen. Am 20. August folgte die Eröffnung des Vergleichsverfahrens über das Vermögen der Küppersbusch AG. Für die Firmen Neff Hausgeräte GmbH, Bretten (knapp 1700 Beschäftigte) und Zanker GmbH, Tübingen (knapp 1000 Beschäftigte), wurden am 1. bzw. 22. Oktober Anschlußkonkursverfahren beantragt. Am 15. November 1982 kam es zum Vertragsabschluß mit der Bosch-Siemens Hausgeräte GmbH (BSHG) und dem Konkursverwalter von Neff über die Veräußerung dieser Tochtergesellschaft. Bis zum Jahresende stellte die AEG den Vertrieb der Zanker-Produkte ein; die Fertigung von Waschmaschinen wurde nach Nürnberg verlegt und die 51-Prozent-Beteiligung an der AKO-Werke GmbH an deren Gründerfamilie zurückgegeben.

Zwischenbilanz

In der Aufsichtsratssitzung am 3. Dezember 1982 gab Vergleichsverwalter Schaaf einen Überblick über die laufende Sanierung des Konzerns. Nach seinen Aussagen »haben sich die Liquiditätsentwicklung und die Zahlungseingänge stabilisiert, so daß die Inanspruchnahme der bei weitem nicht ausgeschöpften Verwaltungsdarlehen reduziert werden kann«[53]. (Bis zum 2. März 1983 waren nur vom ersten Verwalterdarlehen 660 Millionen in Anspruch genommen worden.) Bereits am Tag zuvor hatte sich Schaaf vor dem Finanzausschuß des Aufsichtsrats optimistisch gezeigt und »keine objektiven Hindernisse in der Durchführbarkeit des Vergleichs« gesehen. Es sei überdies gelungen, die AEG aus den Schlagzeilen herauszuhalten.[54]

Am Jahresende war die Zahl der Beschäftigten (Konzern, weltweit) gegenüber dem Vorjahr von 123 700 auf 92 700 gesunken. Die meisten der Betroffenen waren in Tochtergesellschaften oder Betriebsteilen beschäftigt, die verkauft wurden; nur ein Viertel mußte entlassen werden. Bis zum 31. März 1983 sollte die Gesamtbelegschaft nochmals um 10 000 und bis Ende 1983 auf 77 500 zurückgehen. Zwar erlitt die AEG 1982 einen exorbitanten Betriebsverlust in Höhe von 932 Millionen Mark, dieser konnte jedoch vor allem durch den im Jahresabschluß 1982 bilanzierten Vergleichsgewinn von zwei Milliarden Mark »voll aufgefangen« werden.[55] Insgesamt erzielte die AEG im Geschäftsjahr 1982 einen Umsatz von 13,3 Milliarden Mark, was – vergleichbar gerechnet – einer Steigerung gegenüber dem Vorjahr um ein Prozent entsprach. Die Nettofinanzverschuldung verringerte sich um rund 1,4 Milliarden auf 2,471 Milliarden Mark. Die Eigenkapitalquote betrug 9,5 Prozent.

Trotz aller bisheriger Sanierungserfolge zeigte sich Dürr am Jahresende sehr vorsichtig: »Entscheidend für den Verlauf des Jahres '83 wird sein, ob es gelingt, die Einsatzfreudigkeit und Moral der AEG-Mannschaft aufrecht zu halten und ob wir weiter so kämpfen können, wie wir das seit dem 9.8.1982 getan haben. Die subjektiven Schwierigkeiten, die sich uns entgegenstellen, sind groß. So sind zum Beispiel die Auswirkungen der Verzögerung in der Zurverfügungstellung der Exportbürgschaft für unser Anlagengeschäft extrem ungünstig. Die Überwindung dieser subjektiven Schwierigkeiten wird u.a. davon anhängen, wie sich unser ›Großaktionär Bankenkonsortium‹ zur AEG und ihrer Chance, den Vergleich erfolgreich durchzuführen, stellt.«[56]

BESTÄTIGUNG DES VERGLEICHS

Die »Braune Ware« geht

Am 8. März 1983, einen Tag vor Einberufung der Gläubigerversammlung, gelang es, einen Käufer für die Telefunken Fernseh und Rundfunk GmbH zu finden. Damit trennte sich die AEG nicht nur von einem ihrer größten Verlustbringer, sondern auch von einem bedeutenden Imageträger des Konzerns. Während der Markenname »AEG« in erster Linie mit der Hausgerätesparte in Verbindung stand, war dies auf dem Sektor der Unterhaltungselektronik – »Braune Ware« genannt – der Name »Telefunken«. Am 24. Juli 1982 hatten die AEG und Grundig eine Absichtserklärung (»Letter of Intent«) über eine 51prozentige Beteiligung an der Telefunken Fernseh und Rundfunk GmbH unterzeichnet. Dieses Vorhaben mußte Ende Januar 1983 aufgegeben werden. Grund dafür war ein weiterer »Letter of Intent«, den Grundig mit der Thomson-Brandt S.A. über eine Mehrheitsbeteiligung des französischen Konzerns geschlossen hatte. Ungeachtet dessen wollte die AEG ihre Kooperationsgespräche mit Grundig fortsetzen, an deren Ende eine Übernahme von 75 Prozent an der Telefunken Fernseh und Rundfunk GmbH stehen sollte.[57]

Im Januar 1983 stellte sich heraus, daß das ursprünglich vorgesehene Konzept nicht zu realisieren war. Die AEG versuchte daher, zunächst ein eigenes Sanierungskonzept umzusetzen, bemühte sich jedoch weiter um Kooperationen, »obwohl mit den derzeitigen Maßnahmen TFR [Telefunken Fernseh und Rundfunk GmbH] mittelfristig auch allein lebensfähig wäre«. Am 7. März untersagte das Bundeskartellamt die vorgesehene Zusammenarbeit zwischen Grundig und Thomson-Brandt. Hierdurch sah sich die AEG zum sofortigen Handeln gezwungen, da sie »durch eine Diskussion in der deutschen Öffentlichkeit die sich nunmehr bietende Chance zur Lösung der TFR-Problematik« gefährdet sah.[58] Schließlich vereinbarten die AEG und die französische Thomson-Brandt S.A. kurzfristig die Übernahme von 75 Prozent der Anteile an der Telefunken Fernseh und Rundfunk GmbH zum Preis von 75 Millionen Mark. Die restlichen 25 Prozent sollten am 31. Januar 1984 folgen, ausgenommen blieb lediglich die brasilianische Telefunken-Tochter Telefunken Radio e Televisao. Durch den Verkauf reduzierte sich die Bilanzsumme des Konzerns um 500 Millionen Mark, der Abbau der Finanzschulden war jedoch nur gering (250 Millionen Mark).[59]

Im Februar 1983 faßte der Vorstand seine Sanierungsbemühungen in einem weiteren ausführlichen Bericht zusammen, den er als »Gelbes Buch« bezeichnete. In dessen Schlußbemerkung wurden die Perspektiven des AEG-Konzerns sehr realistisch eingeschätzt: »Die Arbeit und die erreichten Fortschritte in den letzten Monaten seit Vergleichsbeantragung haben gezeigt, daß das von allen Beteiligten angestrebte Ergebnis erreichbar ist, sofern mit der notwendigen Konsequenz vorgegangen wird. Mit dieser festen Haltung müssen auch die weiteren Sanierungsaktionen betrieben werden.«[60]

Mit geringer Beteiligung begann die AEG-Gläubigerversammlung: Nur etwa 300 von insgesamt 100000 Gläubigern waren anwesend

Die Gläubiger stimmen zu

Bereits am 28. Februar 1983 sagten die Gläubigerbanken des Konzerns ihre Zustimmung zum Vergleichsvorschlag zu. In der Sitzung des Aufsichtsrats vom 3. März 1983 zeigte sich Vergleichsverwalter Schaaf aufgrund des Eingangs der schriftlichen Gläubigererklärungen – sie repräsentierten rund 80 Prozent der Forderungen an die AEG – davon überzeugt, daß die Annahme des Vergleichsvorschlags als gesichert gelten konnte. Auch die Mitglieder des Aufsichtsrats schlossen sich dieser Auffassung an.

Die Gläubigerversammlung, die vom 9. bis 11. März 1983 in Frankfurt stattfand, wurde somit zur reinen Formalie. In Erwartung des großen Andrangs war vorsichtshalber die große Festhalle auf dem Frankfurter Messegelände gemietet worden. Doch es fanden sich dort nur wenige Gläubiger ein; die meisten hatten ihr Votum vorher schriftlich abgegeben. Am Ende stimmten die Gläubiger mit 99,33 Prozent dem Vergleichsantrag zu. Das Amtsgericht Frankfurt bestätigte daraufhin am 18. März 1983 den Vergleich antragsgemäß. Dementsprechend wurden ab dem 23. März die Ansprüche der insgesamt mehr als 12000 Kleingläubiger mit Forderungen bis zu 10000 Mark befriedigt. Deren Vergleichsforderungen beliefen sich auf insgesamt 37,5 Millionen Mark. Die Befriedigung der Forderungen aller anderen Gläubiger erfolgte mit einer Quote von 40 Prozent innerhalb von 18 Monaten nach Bestätigung des Vergleichs.[61] Insgesamt verzichteten die Banken auf Forderungen von insgesamt 2,057 Milliarden Mark.

Was wird aus den Betriebsrenten?

Mit Bestätigung des Vergleichsantrags mußte außerdem der Pensions-Sicherungs-Verein der deutschen Industrie (PSV) 60 Prozent der laufenden Betriebsrenten und unverfallbaren Versorgungsanwartschaften der aktiven und ehemaligen AEG-Beschäftigten übernehmen. Allein hierdurch wurde der Konzern um 1,5 Milliarden Mark entlastet. Insgesamt hatte der PSV auf der Gläubigerversammlung 59 000 aktive und ehemalige AEG-Mitarbeiter mit betrieblichen Versorgungsansprüchen vertreten.[62]

Damit konnte eines der brisantesten Kapitel der Krisengeschichte der AEG geschlossen werden, das mit dem offenen Ausbruch der Konzernkrise Mitte der siebziger Jahre seinen Anfang genommen hatte. Schon 1974 und 1975 sowie 1978 und 1979 hatte es keine Aufstockung der Pensionsrückstellungen gegeben. Zur Verbesserung des Bilanzergebnisses wurde auch 1980 keine Ruhegelddotierung vorgenommen. Hochrechnungen im Dezember 1980 ergaben, daß bei Beibehaltung des bisherigen Systems die AEG in den neunziger Jahren auch bei guter Ertragslage die Pensionszahlungen in bisheriger Höhe nicht mehr werde leisten können.[63] Der Fehlbetrag bei den unverfallbaren Anwartschaften belief sich bereits auf knapp 1,9 Milliarden Mark (bezogen auf die AEG AG).

Der Vorstand handelte daher im Mai 1981 mit dem Gesamtbetriebsrat eine neue Ruhegeldregelung aus. Für aktive Beschäftigte bedeutete dies, daß ihre Rentenanwartschaften für die künftigen Dienstjahre auf ein Drittel ihrer bisherigen Ansprüche reduziert wurden. Hierdurch konnte eine einmalige finanzielle Entlastung der AEG AG im Jahr 1981 in Höhe von 300 Millionen Mark erreicht werden. Für die Folgejahre (bis 1994) wurde durch die neue Ruhegeldregelung eine um rund 3,6 Milliarden Mark niedrigere Pensionsrückstellung im Vergleich zur Fortführung des alten Systems erwartet.[64]

Die fehlenden Pensionsrückstellungen blieben jedoch weiterhin ein großes Problem. Sie sollten sich in der Folgezeit auch als eines der größten Hindernisse beim Einstieg eines Partners oder Großaktionärs bei der AEG erweisen. Aus diesem Grund machte der AEG-Vorstand bereits Anfang Juli 1982 einen Versuch, den Pensions-Sicherungs-Verein in die Bemühungen zur Sanierung des angeschlagenen Konzerns einzubeziehen. In einem Schreiben wurde mitgeteilt, »daß der [AEG-]Vorstand beschlossen hat, zum frühestmöglichen Zeitpunkt die Zahlung der Betriebspensionen ... für die zirca 27000 Versorgungsberechtigten der AEG-TELEFUNKEN AG für die Dauer von fünf Jahren, nämlich zum 31.12.1987, einzustellen«. Der Vorstand, so die Begründung, sehe keine Möglichkeit, die Sanierung des Konzerns »ohne einen Beitrag der Pensionäre und damit des Pensions-Sicherungs-Vereins« zu bewerkstelligen. Der Verein war jedoch keineswegs bereit, auf den etwas ungewöhnlichen Vorstoß der AEG einzugehen und teilte dem Vorstand wenige Tage später mit, daß der »PSVaG ... eine Ausfallsicherung und kein Sanierungsfonds« sei; ein Anspruch auf Beteiligung an der AEG-Sanierung bestehe nicht.[65]

Der Vorstoß der AEG wurde nicht weiter verfolgt. Wenige Wochen später beantragte der Konzern die Eröffnung des gerichtlichen Vergleichsverfahrens. Zum Zeitpunkt des Vergleichs hätten sich die Pensionsrückstellungen bei der AEG AG auf 2,5 Milliarden Mark belaufen müssen, tatsächlich jedoch waren bis zu diesem Zeitpunkt nur Rückstellungen in Höhe von rund 700 Millionen Mark gebildet worden. Nun mußte der Pensions-Sicherungs-Verein kraft Gesetz Pensionsverpflichtungen in Höhe der Vergleichsquote (60 Prozent) übernehmen.[66]

DIE AEG IM VERGLEICH

Die Bestätigung des Vergleichsantrags wirkte sich auf das Geschäft der AEG positiv aus. So kletterte die Aktie des Unternehmens bis Anfang Mai 1938 auf 73 Mark. Auf der Bilanzpressekonferenz am 13. Mai konnte der Vorstandsvorsitzende Dürr eine weitere Stabilisierung des Geschäfts feststellen.[67] Der Umsatz stieg im ersten Quartal auf 2,6 Milliarden Mark und lag damit um fünf Prozent höher als im Vorjahr. Die Umsatzerwartung lag für 1983 bei 11,2 Milliarden Mark. Der Personalbestand ging zum 31. März 1983 weltweit auf 82 200 zurück. Für Ende 1983 erwartete man nur noch 77 500 Beschäftigte. Auf der Hauptversammlung am 23. Juni 1983 teilte Dürr außerdem den Aktionären mit, daß die Führungsstruktur neu geordnet wurde. So waren die Spitzen von vier der sechs Unternehmensbereiche neu besetzt worden. Die Zahl der Geschäftsbereiche wurde von 32 auf 20 reduziert.

Der weitere Verlauf der Sanierung des Konzerns war planmäßig und machte, wie der Aufsichtsrat am 2. Dezember 1983 feststellte, zufriedenstellende Fortschritte.[68] Am Ende des Jahres wies die AEG (Konzern, weltweit) einen Gewinn von 37 Millionen Mark aus. Hierdurch konnte die bei Vergleichsanmeldung vorgesehene Auflösung der Rücklagen vermieden werden. Der Umsatz lag mit 11,5 Milliarden Mark unter dem Vorjahreswert, entsprach aber den Zielvorgaben des Vorstands. Die Eigenkapitalquote war leicht gestiegen und lag bei 10,3 Prozent. Die Finanzschulden reduzierten sich im Laufe des Jahres um 477 Millionen Mark und betrugen noch 3,111 Milliarden Mark. Die Nettofinanzverschuldung verringerte sich um 700 Millionen Mark und lag noch bei 1,78 Milliarden Mark. Wie es hieß, konnten die Aufwendungen zur Sanierung des Konzerns durch außerordentliche Mehrerlöse gedeckt werden. Diese resultierten »aus Entschädigungsansprüchen für im Zuge des Vergleichs eingezogene Geschäftsanteile früherer Beteiligungsgesellschaften und aus Grundstücksverkäufen«. Die Gewinn- und Verlustrechnung hatte somit »wieder einen normalisierten Charakter«[69].

DIE AUFHEBUNG DES VERGLEICHSVERFAHRENS

Am 19. September 1984 hob das Amtsgericht Frankfurt am Main das gerichtliche Vergleichsverfahren über das Vermögen der AEG-Telefunken Aktiengesellschaft auf.[70] Ein entsprechender Beschluß wurde mit Ablauf des 3. Oktober 1984 rechtskräftig. Einen Tag zuvor waren die insgesamt 923 Großgläubiger mit Vergleichsforderungen von 3,513 Milliarden Mark befriedigt worden. Noch am selben Tag teilte Vergleichsverwalter Schaaf mit, daß das Unternehmen den Vergleich fristgerecht erfüllt habe. Mit den Konsortialbanken wurde vereinbart, daß die Vergleichsquote in Höhe von 1,04 Milliarden Mark der AEG als mittelfristiger Kredit zur Verfügung stehe. Außerdem konnte ein von den Banken garantierter Kreditrahmen von 1,3 Milliarden Mark zur Verfügung gestellt werden. Die übrigen Gläubiger wurden mit insgesamt 350 Millionen Mark am 18. September 1984 befriedigt. Die Quotenansprüche der übrigen Banken, der Schuldscheindarlehensgeber sowie der Gläubiger mit Quoten über 500 000 Mark regulierte man durch telegrafische Überweisung, die der der AEG verbundenen Unternehmen durch Gutschrift auf Verrechnungskonten. Alle anderen Großgläubiger erhielten am 10. September Verrechnungsschecks. Mit der Bundesregierung kam man überein, daß die Exportbürgschaft in Höhe von 600 Millionen Mark bis Mitte 1986 ihre Gültigkeit behalten sollte. Nach Ablauf des Vergleichsverfahrens legte Hans Friderichs sein Mandat als Aufsichtsratsvorsitzender der AEG nieder. Nachfolger wurde Klaus Kuhn, der seit August 1982 dem Unternehmen als Berater zur Seite stand.

NACH DEM VERGLEICH

Bilanz einer Insolvenz

Nach Schätzungen der Presse hat der Vergleich insgesamt rund vier Milliarden Mark gekostet.[71] Präzise Zahlen liegen hinsichtlich der Höhe des Forderungserlasses der Gläubiger vor: Danach gewährten die 12043 Kleingläubiger einen Forderungserlaß von rund 7,5 Millionen Mark, die Großgläubiger (insgesamt 772) rund 98 Millionen Mark. Der Zins- und Forderungsverzicht der Banken wurde mit 2,82 Milliarden Mark errechnet. Der Pensions-Sicherungs-Verein wurde mit 1,5 Milliarden Mark belastet. Hieraus ergibt sich ein Verlust aus dem Vergleich für die Gläubiger von 4,4 Milliarden Mark. Schließlich blieb der AEG noch ein steuerlich wirkender Verlustvortrag von rund drei Milliarden Mark.[72]

Im Vergleich von 1984 zu 1981 hatte sich der Umsatz des Konzerns von 14,8 Milliarden Mark auf 11 Milliarden Mark reduziert. Die Zahl der Beschäftigten ging in diesem Zeitraum um 59 Prozent von 123700 auf 73200 zurück. Dagegen stieg der Umsatz pro Beschäftigtem von 120000 Mark auf 150000 Mark. Bemerkenswert waren die Verschiebungen bei der Umsatzverteilung: Der Anteil technischer Bereiche stieg von 68 auf 83 Prozent, der Anteil der Konsumgüter fiel von 32 auf 17 Prozent.

Ende 1984 konnte die AEG einen Jahresüberschuß von 400 Millionen Mark ausweisen.[73] Darin waren Sondererträge in Höhe von 437 Millionen Mark enthalten. Größter Ertragsposten mit 395 Millionen Mark war die Entschädigung für die eingezogenen Geschäftsanteile am ehemaligen Tochterunternehmen AEG-Telefunken Nachrichtentechnik GmbH (ATN), worüber am 2. August 1984 nach harten Verhandlungen eine Einigung erzielt werden konnte. Insgesamt erhielt die AEG 650 Millionen Mark als Entschädigung sowie weitere 80 Millionen Mark an Zinsen. Die Finanzschulden konnten auf 1,329 Milliarden Mark reduziert werden. Die Nettofinanzverschuldung sank bis Ende 1984 von 3,865 Milliarden Mark auf 849 Millionen Mark; der Eigenkapitalanteil stieg auf 16,4 Prozent, der Kurs der AEG-Aktie kletterte auf 90 bis 100 Mark. Der Jahresüberschuß sollte in der Hauptsache zur Aufstockung der Rücklagen dienen.

Perspektiven für die Zukunft?

Die AEG hatte im September 1984 ihre bis dahin schwerste Krise überstanden. Schon im August 1982, zum Zeitpunkt des Vergleichsantrags, hatten praktisch alle betroffenen Entscheidungsträger den festen Willen bekundet, das Unternehmen in seiner Gesamtheit weiterzuführen. Eine Liquidation oder ein Konkurs sollte in jedem Fall vermieden werden. Dessen Folgen wären nicht absehbar gewesen, weder politisch noch wirtschaftlich. In jedem Fall hätte ein Konkurs dem Ansehen der deutschen Wirtschaft erheblich geschadet. Die Spekulationen, die vor dem Vergleichsantrag in der Presse gestellt wurden, lasen sich, wie ein Auszug aus dem Magazin »Stern« belegt, nicht sehr beruhigend: »Doch ein Konkurs des Unternehmens, das einen Jahresumsatz von 15 Milliarden Mark vorweisen kann ... wäre nicht nur für die 130 000 Arbeitnehmer eine Katastrophe. Noch einmal so viele Arbeitsplätze würden bei Tausenden mittelständischen Zulieferfirmen vernichtet. Hunderte von Anschlußkonkursen wären die Folge ... 13 bundesdeutsche Städte verlören ihren größten Arbeitgeber.«[74] Und in der »Frankfurter Allgemeinen Zeitung« war zu lesen: »Im Krisenjahr 1981 mit wachsender Arbeitslosigkeit und einem Pleitenrekord erscheint jedoch ein AEG-Konkurs, der sich wie ein Ölfleck ausbreiten würde, undenkbar – nicht zuletzt wegen der Rückwirkungen auf die Banken selbst.«[75]

So weit die Vergangenheit. Wie aber sah es mit der Zukunft des Konzerns aus? Bereits im September 1984, zum Zeitpunkt der Beendigung des Vergleichsverfahrens, wurde darüber nicht nur innerhalb des Unternehmens ausführlich diskutiert. Die wohl profundeste Analyse lieferte seinerzeit der Journalist Hans K. Herdt, als er am 15. September 1984 in der »Börsen-Zeitung« fragte: »Ist AEG-Telefunken endgültig über den Berg?«[76] Eine Antwort war zwar zum damaligen Zeitpunkt kaum möglich, was auch Herdt wußte, aber dennoch lenkte er die Aufmerksamkeit seiner Leser auf eine Reihe grundsätzlicher Schwachpunkte der AEG: »Geht mit dem Vergleichsverfahren und seinen Konsequenzen für Struktur und Mentalität des Unternehmens auch die substantielle Gefährdung seiner Selbständigkeit zu Ende? Nach allem, was gewesen ist, wird man solche Fragen mit gebotener Vorsicht beantworten. Den Schatten ihrer jüngeren Vergangenheit kann die AEG nicht so schnell abwerfen.« Herdt konstatierte, daß das »Schock-Erlebnis der Insolvenz den ›Geist des Hauses‹ radikaler geprägt« habe als bei allen vorangegangenen Sanierungsschritten, die sich »allesamt als unzureichend« erwiesen hätten, »weil sie nicht an die Wurzeln der bis in die oberen AEG-Hierarchien hinein kultivierten Denkmechanismen durchschlugen«. Und weiter heißt es: »Die Frage freilich, ob sich die AEG im Sog des nervenzermürbenden Vergleichsverfahrens eine defensive Attitüde zugelegt hat, die ihr unterdes zu Fleisch und Blut geworden ist, läßt sich von außen noch nicht beantworten.«

Ziel des Vergleichsverfahrens war es, das langfristige Überleben des Unternehmens zu sichern. In den Jahren 1982 und 1983 sah sich die AEG-Führung zunächst aus naheliegenden Gründen veranlaßt, Vorstellungen über die Zukunft des Konzerns nach dem Vergleich weitgehend zurückzustellen. Bereits im Dezember 1982 hatte Heinz Dürr gegenüber dem Aufsichtsrat darauf aufmerksam gemacht, daß die Planungsarbeiten für die nächsten Jahre durch den Vergleich naturgemäß beeinträchtigt waren. Am 3. März 1983 erklärte er, vorrangiges Ziel sei es, »für 83 ein ausgeglichenes Ergebnis zu erzielen. Wenn heute konzeptionelle Überlegungen der Öffentlichkeit zur Kenntnis gebracht würden, würde das Unternehmen auf das Äußerste gefährdet«[77]. Dennoch wagte Dürr eine vorsichtige Prognose: »Am Ende des Vergleichs, also Ende '84, wird die AEG ein international tätiger Elektrokonzern sein, der sich wohl nicht mit allem befaßt, was mit Elektrik und Elektronik zu tun hat, der aber auf einigen wichtigen Gebieten sehr wohl eine führende, zukunftsträchtige Position einnehmen wird. Dorthin zu kommen, wird nicht leicht sein. Aber es ist möglich.«[78]

Ein Jahr später stand die Frage der finanziellen Konsolidierung des Konzerns immer noch im Vordergrund aller Überlegungen: »Vorrangig bleibt die Beseitigung noch bestehender Schwachstellen und der weitere Abbau der Verschuldung. Die finanziellen Reserven geben jedoch den erforderlichen Spielraum zu Umsatzanpassungen, sofern diese von der Rendite her gerechtfertigt sind.«[79]

Schwerpunkte der Konsolidierungsstrategie waren eine systematische Senkung der an den monatlichen Umsatzplanungen orientierten Kapitalbindung in den Forderungen und Vorräten und eine Verbesserung der Abwicklung von Großprojekten. Im einzelnen war vorgesehen, den Bereich der Hochspannungstechnik zu sanieren und bei der Industrietechnik eine Straffung vorzunehmen. Dürr kündigte außerdem die »Erstellung eines bereichsübergreifenden Automatisierungskonzepts für den Konzern unter einheitlicher Führung« an, an dem gearbeitet werde. Schließlich sollte das Auslandsgeschäft gestärkt und dem Konzern ein neues Erscheinungsbild gegeben werden.

Weiterhin Sanierungsbedarf

Im Dezember 1984 resümierte Dürr vor dem Finanzausschuß des Aufsichtsrats: »Das wichtigste Ziel, nämlich in 1983 ein ausgeglichenes Ergebnis und in 1984 ein positives Ergebnis, wurde bzw. wird erreicht werden.«[80] Dürr hob besonders hervor, daß die TELEFUNKEN Electronic GmbH (TEG) voraussichtlich die Ausschüttung einer Dividende möglich machen werde. Die Kleinmotorenfertigung in Oldenburg und Berlin werde ebenso ein positives Ergebnis erreichen wie der Hausgerätebereich. In den Sanierungsbemühungen sei man ein gutes Stück vorangekommen: Der Fabrikkomplex an der Brunnenstraße in Berlin war inzwischen geräumt worden und neue Fabriken für Bahntechnik und Leistungselektronik in Betrieb genommen worden. In der Zentrale des Konzerns in Frankfurt, in der 1979 noch 1850 Beschäftigte tätig waren, arbeiteten nur noch 850 Angestellte.

Sorgenkind Olympia

Große Sorgen bereitete allerdings noch die Olympia Werke AG. Im Dezember 1984 hatte Heinz Dürr vor dem Finanzausschuß des Aufsichtsrats seiner Hoffnung Ausdruck verliehen, daß die defizitäre Tochtergesellschaft von 1986 an schwarze Zahlen schreiben werde. Der gegenwärtige Zustand erschien ihm jedoch noch wenig erfreulich. Olympia war im August 1982 nicht in den Vergleich mit einbezogen worden. Ungeachtet dessen bestand die dringende Notwendigkeit einer Sanierung. Nach dem Vergleichsantrag verstärkte sich der Sanierungsdruck noch mehr, denn Olympia war »faktisch in den Vergleich einbezogen« und stand in »derselben Ausnahmesituation wie AEG-Telefunken mit allen Konsequenzen hinsichtlich Strukturmaßnahmen und Zeitdruck«[81].

Von einer Ausgliederung aus dem Konzern nahm man allerdings auch nach Beantragung des Vergleichsverfahrens Abstand und bekundete statt dessen »die feste Absicht«, das Tochterunternehmen eigenständig zu sanieren und zu stabilisieren.[82] Nach Einschätzung von Heinz Dürr war Olympia mittelfristig »in der Lage, sich allein am Markt behaupten zu können«[83]. So wurden die Fertigungsstätten in Norden und Leer (Ostfriesland) zum 30. Juni 1983 aufgegeben, die Produktion mechanischer Schreibmaschinen nach Mexiko verlagert, das Service- bzw Vertriebspersonal reduziert und die Fertigung am Stammsitz in Wilhelmshaven konzentriert. Insgesamt sollte das Personal bis Ende 1983 um 1138 Beschäftigte reduziert werden. Besondere Anstrengungen wurden unternommen, die Produktstruktur durch Aufnahme neuer, selbstgefertigter elektronischer Produkte zu verbessern, denn als reine Schreibmaschinenfabrik konnte Olympia kaum überleben.

Zwar gelang es 1984, einen Verlustabbau auf 25 Millionen Mark zu erreichen, das Sanierungsziel war damit aber noch nicht erreicht. Ungeachtet dessen schätzte Dürr die Bedeutung von Olympia damals sehr hoch ein: »Olympia ist die Basis für unser zukünftiges Geschäft in der Kommunikations- und Informationstechnik.«[84] Und auf der Hauptversammlung desselben Jahres hieß es: »Wir haben bei Olympia das Kernstück der modernen Bürokoordination, das nicht jeder hat und sich auch nicht jeder beschaffen kann, nämlich die feinmechanische Seite mit jahrzehntelangen Erfahrungen, zur Verfügung.«[85]

Der nächste Schritt folgte daher konsequent: Schon 1984 hatte Dürr die Überprüfung einer Integration von Olympia in den AEG-Konzern in nächster Zeit angekündigt. Intern war bereits konkret die »Erarbeitung einer Gesamtgeschäftskonzeption für die nächsten vier Jahre unter Berücksichtigung einer echten Integration in den AT-Konzern [AEG-Telefunken]« festgelegt worden.[86] Ein Jahr später wurde dieser Schritt vollzogen, indem die AEG die 48prozentige Beteiligung von Bosch und den Großbanken übernahm. Ungeachtet dessen war die Konsolidierung von Olympia noch keineswegs abgeschlossen, auch wenn man glaubte, die entsprechenden Maßnahmen »im Grundsatz« festgelegt zu haben. Ein positives Ergebnis wurde weder für 1985 noch für 1986 erwartet.[87] Zwar schien es, als befände sich die AEG auf dem Weg in eine stabile Ertragslage, aber, so schrieb Inge Adham in der »Welt«, »noch jahrelang müssen Sparsamkeit und Effizienz das Handel des Managements prägen«[88].

Strukturprobleme

Bei näherer Betrachtung wies das Jahresergebnis 1984 der AEG eine Reihe von Schönheitsfehlern auf. Im Dezember 1984 bestätigten sich nämlich negative Entwicklungen in der Hochspannungstechnik, im Schiffbau, bei Olympia sowie im Bereich »Gebäudeausrüstung und zivile Infrastruktursysteme«.[89] Statt des erwarteten Jahresgewinns von 150 Millionen Mark wurde nur ein Überschuß von 80 bis 120 Millionen Mark in Aussicht gestellt.

Eine besondere Belastung war durch einen Projektverlust von 110 Millionen Mark entstanden. Hierbei handelte es sich um einen Auftrag zur Gebäudeinstallation in der Universität Riyadh in Saudi-Arabien aus dem Jahr 1981.[90] Als Ursache für diesen Verlust wurden »interne Umstände – wie Qualität des Projektmanagements, Unterschätzung der Größenordnung – und externe Faktoren – wie zeitliche Behinderungen durch den Vergleich« angeführt. Außerdem hätten »Veränderungen bei der Lieferantenstruktur gegenüber den ursprünglichen Vorstellungen, Behinderungen auf der Baustelle ... zwischenzeitlich zu einer völligen Überschreitung der Kalkulation und Voraussagen geführt«[91]. Während der Aufsichtsratsvorsitzende Friderichs im Dezember 1984 das Projekt Riyadh als Einzelfall bezeichnete,[92] beurteilte das über Interna der AEG gewöhnlich gut informierte »manager magazin« den Vorfall etwas anders: »Ein klassisches Beispiel für das Mißmanagement à la AEG ist der Fall A 43. Das Kürzel steht für die Abteilung Gebäudeausrüstung und zivile Infrastruktursysteme, die zur Sparte Anlagentechnik gehört und die Dürr persönlich [d.h. damals kommissarisch, d. Verf.] führt. Die Gebäudeausrüster hatten 1981 den Auftrag zur Innenausstattung der Universität Riyadh ergattert. A 43 kalkulierte den Auftrag inklusive Gewinn mit 72 Millionen Mark. Inzwischen hat das Projekt rund 180 Millionen Mark gekostet.«

Das »manager magazin« ließ es nicht bei diesem Vorfall bewenden. Nach Informationen des Blattes hatte auch der Bereich Hochspannungstechnik in Kassel »Abmeldungen« geschickt und der Schiffbau einen Auftrag über zehn neue Minenkampfboote verloren – dieser ging an Messerschmitt-Bölkow-Blohm (MBB). Des weiteren rechne die Tochtergesellschaft Olympia mit einem Verlust von 70 Millionen Mark. Weitere Verluste seinen in Brasilien, Frankreich und bei Transformatoren Union zu erwarten. Das Magazin wertete diese Pannen als bittere Niederlage für Friderichs, Kuhn und Dürr; sie erinnerten »auffällig an die alte AEG«. Zu den Gewinnaussichten hieß es: »So hatte der AEG-Vorstand im Finanzierungskonzept für das Jahr 1984 einen Gewinn von 150 Millionen Mark geplant. Im Frühherbst schien das Budget übertroffen – der Betriebsgewinn hatte auf dem Papier 180 Millionen Mark erreicht. Danach ging es, nach Art des Hauses, nur noch bergab: Je näher Ultimo rückte, um so schlechter wurden die Zahlen. Controlling hin, neues Management her, die intern als Abmeldungen berühmtberüchtigten Korrekturen der Zahlen zum Negativen kamen von allen Seiten. Im November war noch von einem Betriebsgewinn von 80 bis 100 Millionen Mark die Rede, im Dezember war die 50-Millionen-Grenze erreicht. Inzwischen zeichnet sich ein deutliches Minus ab.«[93]

Ende 1984, also nach erfolgreicher Beendigung des Vergleichsverfahrens stand die finanzielle Konsolidierung des Konzerns »unter Verzicht auf generelle Umsatzexpansion« weiterhin im Vordergrund.[94] Dürr räumte ein, daß es »noch an vielen Stellen im Konzern« Schwachstellen gebe, die beseitigt werden müßten. Auch gelte es, mögliche Ergebnispotentiale besser zu nutzen.

Die AEG war also noch längst nicht aus der Gefahrenzone, als sich im Herbst 1984 eine völlig neue Perspektive bot, die geeignet schien, dem Konzern noch einmal eine Chance zur Profilierung und zur vollständigen Gesundung zu geben.

AEG-Chef Heinz Dürr
(links), Werner Niefer,
Vorstandsvorsitzender
von Mercedes-Benz
(Mitte), und Edzard Reuter,
Daimler-Benz-Chef

FÜNFTER TEIL: EPILOG ODER: DIE DAIMLER-BENZ-JAHRE DER AEG

DAIMLER-BENZ STEIGT EIN, DIE BANKEN STEIGEN AUS

Am 1. September 1984, zwei Wochen vor Abschluß des Vergleichsverfahrens, trafen sich AEG-Chef Heinz Dürr und der Finanzvorstand des Daimler-Benz-Konzerns, Edzard Reuter, in Litzelstetten am Bodensee zu einem ausgedehnten Spaziergang.

Die Daimler-Benz AG war Mitte der achtziger Jahre im Begriff, sich vom Automobilhersteller zum diversifizierten Technologiekonzern zu wandeln. Die Idee, die dahinter stand, ging von der Prämisse aus, daß Großunternehmen sich zu Systemanbietern wandeln müßten, um langfristig wettbewerbsfähig zu bleiben. Ein Unternehmen wie Daimler-Benz habe auch davon ausgehen, daß das Automobil künftig Bestandteil integrierter Verkehrssysteme sei. Edzard Reuter hatte diese Entwicklung mit Energie vorangetrieben und fand darin Unterstützung bei der Deutschen Bank, dem größten Anteilseigner des Konzerns.

Die AEG war für Reuter keine unbekannte Größe. Bereits im Juni 1982 war er in den Aufsichtsrat des damals schwer angeschlagenen Konzerns gewählt worden. Und Anfang September 1984, als das Vergleichsverfahren vor dem Abschluß stand, war der Konzern für Daimler-Benz ein interessanter Übernahmekandidat geworden. Nach der unerwartet erfolgreichen Bewältigung des Vergleichs lebte die AEG mit dem Image eines sanierten Unternehmens. Es schien, als werde sie in nicht allzu ferner Zeit wieder in die Gruppe der technologisch führenden Firmen Deutschlands aufsteigen. Das Erscheinungsbild überstrahlte viele der strukturellen Mängel, die ihr trotz aller Sanierungserfolge nach wie vor anhafteten. Um so attraktiver mußte Dürr der Gedanke erscheinen, den Konzern unter das Dach des finanziell glänzend dastehenden Daimler-Benz-Konzerns schlüpfen zu lassen und damit »für die AEG und ihre Mitarbeiter sicherlich einen entscheidenden Schub ... und einen Aufbruch nach vorn«[1] zu geben. Auch für Reuter lag es nahe, »daß es lohnend sein könnte, die AEG in die Überlegungen zur Neustrukturierung des Daimler-Benz-Konzerns einzubeziehen«[2].

Aus heutiger Sicht wissen wir, daß der Elektrokonzern 1985 noch keineswegs, wie Daimler-Benz-Vorstand Werner Breitschwerdt seinerzeit verkündete,[3] saniert und die Gefahr eines neuerlichen Zusammenbruchs gebannt war. Vor diesem Hintergrund läßt es sich leicht darüber spekulieren, welche Ziele Daimler-Benz mit dem Einstieg bei der AEG verfolgte. Der Stuttgarter Konzern zeigte vor allem am technologischen Potential des Elektrokonzerns großes Interesse, an den Forschungsinstituten, an der Automatisierungstechnik, an der Mikroelektronik und an der Bürokommunikation, die sich damals weltweit im Aufschwung befand. Daimlers Interesse bezog sich allerdings nicht auf die Energietechnik und die Hausgerätefertigung. Die Bahnsysteme interessierten noch wenig, sie sollten erst später eine bedeutende Rolle spielen. Insofern war die Idee des integrierten Technologiekonzerns nicht unbedingt »eine Blaupause fern jeglicher Realität«, auch wenn es sich bei den Plänen eher um »abstrakte High-Tech-Visionen« gehandelt haben mag.[4]

Unterdessen setzte die AEG ihre Restrukturierung fort. Am 1. Juli 1985 beschloß der Vorstand die Umbenennung des Unternehmens in AEG Aktiengesellschaft.[5] Damit wurde den Veränderungen im Konzern Rechnung getragen. Der Namensbestandteil Telefunken verschwand, weil dieser in erster Linie mit der »Braunen Ware« identifiziert wurde, die von der früheren Tochtergesellschaft Telefunken Fernseh und Rundfunk GmbH hergestellt wurde. Mit Wirkung vom 1. Juli 1985 trat außerdem die neue Führungsstruktur in Kraft. Die Organisation des Konzerns hatte man während der Jahre 1982 bis 1984 nicht wesentlich ändern können, da sich das Management auf die Sanierung konzentrieren sollte und außerdem wegen des Vergleichsverfahrens juristischen Ausgliederungen Hindernisse im Wege standen.

Mit Einführung der neuen Struktur entfiel die unter Walter Cipa eingeführte Gliederung in Unternehmensbereiche und Betriebsführungsgesellschaften. Die inländischen Unternehmensbereiche des AEG-Konzerns wurden zu elf juristisch unselbständigen und drei juristisch selbständigen Geschäftsbereichen zusammengefaßt. Tochter- und Beteiligungsgesellschaften im Ausland wurden einzelnen Mitgliedern des Vorstands oder der Leitung eines Geschäftsbereichs, der Zentralabteilung Auslandsmärkte, unterstellt. Inländische Beteiligungen unterstanden fortan einzelnen Vorstandsmitgliedern, sofern sie nicht Teil eines Geschäftsbereichs waren.

Am 14. Oktober 1985, knapp ein Jahr nach Reuters und Dürrs Spaziergang am Bodensee, erklärte sich die Daimler-Benz AG bereit, eine Mehrheitsbeteiligung an der AEG zu erwerben. Dies war ursprünglich nicht vorgesehen. Daimler-Benz beabsichtigte zunächst nur einen Minderheitsanteil von 25 Prozent zu übernehmen, der schrittweise »auf eine knappe Mehrheit« aufgestockt werden sollte, entschied sich dann auf Drängen Alfred Herrhausens, damaliger Chef der Deutschen Bank, jedoch dafür, eine Mehrheit an der AEG zu erwerben. Nur so wäre Daimler-Benz in der Lage, den weiteren Weg des Elektrokonzerns maßgeblich zu beeinflussen.[6]

Daimler-Benz zeichnete zunächst ein genehmigtes Kapital von 250 Millionen Mark, was einem Anteil von 24,9 Prozent entsprach. Der AEG flossen durch diese Transaktion insgesamt 850 Millionen Mark zu. Ihr Grundkapital erhöhte sich auf 890 Millionen, das Eigenkapital auf 2,11 Milliarden Mark. Die Eigenkapitalquote lag dadurch bei 25,4 Prozent. Im Februar 1986 investierte Daimler-Benz weitere 1,6 Milliarden Mark und steigerte seinen Anteil an der AEG auf 56 Prozent. Grundsätzliche kartellrechtliche Einwände gab es nicht. Dies veranlaßte das Hamburger Nachrichtenmagazin »Der Spiegel« zu dem spöttischen Hinweis, daß es sich bei der AEG keineswegs um eine »Industrieperle« handeln konnte: »Das Kartellamt hielt den größten Fusionsfall der bundesdeutschen Industriegeschichte für unbedenklich – in keinem Arbeitsgebiet, so die für die Daimler-Strategen peinliche Begründung, verfüge die AEG über eine marktbeherrschende Position.«[7] Offenbar wurde diese Ansicht auch von einem Teil des Daimler-Benz-Managements geteilt, das den technologischen Wert der AEG nicht besonders hoch einschätze und sich weigerte, den Neuling als gleichwertiges Mitglied zu akzeptieren. Hinzu kam, daß mit der AEG ein Unternehmen zu Daimler-Benz stieß, das keine Autos und keine Flugzeuge, sondern langlebige Investitionsgüter für einen kleinen Kundenkreis produzierte.

Mit dem Einstieg von Daimler-Benz gaben erstmals in der Geschichte des Elektrokonzerns die Banken ihre Anteile am Konzern fast vollständig ab. Dieser Schritt darf in seiner Bedeutung nicht unterschätzt werden, denn die AEG war stets ein Kind der Banken. Diese begleiteten über 100 Jahre die Entwicklung des Konzerns. Die Banken waren es auch, die Mitte der sechziger Jahre das Geld für die Expansion des Konzerns gaben. Als diese Anfang der siebziger Jahre gescheitert war, unternahmen sie viel, um das Unternehmen zu sanieren, scheiterten aber damit. Offensichtlich waren sie mit der Führung eines Industrieunternehmens überfordert. Als nach dem Kapitalschnitt (1979/80) das Bankenkonsortium mehr als die Hälfte des Kapitals übernahm, waren deren Vertreter über die neue Machtkonstellation nicht besonders glücklich, zumal sie bei der AEG eine eigentümliche Doppelrolle spielen mußten, nämlich zugleich die des Eigners und Gläubigers. Die Banken wünschten sich, »daß AEG-Telefunken eine ›Publikumsgesellschaft‹ mit breit gestreutem Aktienkapital bleibt bzw. wieder wird«[8]. Mit dem Einstieg von Daimler-Benz bot sich nun die einmalige Chance, die Führung der AEG einem Partner zu übergeben, dessen unternehmerische Kompetenz außer Zweifel stand. Allerdings hatte Daimler-Benz mit der Führung eines Elektrokonzerns keinerlei Erfahrung.

Nachdem Daimler-Benz die Mehrheit an der AEG übernommen hatte, löste der Daimler-Benz-Vorstandsvorsitzende Werner Breitschwerdt Klaus Kuhn als Vorsitzender des AEG-Aufsichtsrats ab. Heinz Dürr wurde am 2. Juli 1986 zum Mitglied des Vorstandes der Daimler-Benz AG bestellt. Der AEG-Chef bewertete den Einstieg von Daimler-Benz selbstbewußt: »Die beiden Unternehmensgruppen ergänzen sich in sehr vielen Gebieten in geradezu idealer Weise und überschneiden sich kaum. Daimler-Benz sieht sich in der Rolle eines guten und starken Partners. Die AEG wird ihre volle Eigenständigkeit und Eigenverantwortlichkeit behalten. Die bisherige Führungsspitze der AEG wird, wie es auch der Wunsch von Daimler-Benz ist, den Kurs der AEG weiter bestimmen. Mit Daimler-Benz und deren Tochtergesellschaften wird selbstverständlich über Projekte der Zusammenarbeit gesprochen und deren Verwirklichung, sofern sie für die AEG erfolgsträchtig und profitabel sind, auch betrieben werden.«[9]

Edzard Reuter mahnte allerdings zur Zurückhaltung, denn bei Daimler-Benz war man sich noch nicht im klaren darüber, wie das Potential der AEG in den Gesamtkonzern eingebunden werden sollte. Er betonte dementsprechend im Aufsichtsrat, daß Handlungsbedarf bestehe »und daß man den ganzen Komplex bei Daimler z. Z. sehr sorgfältig prüfen werde. Es stehe fest, daß die AEG als selbständiges Unternehmen weiter geführt würde, daß man aber einen Weg finden müsse, die Synergien zwischen Daimler und den verschiedenen Tochtergesellschaften optimal zu nutzen«[10].

DER STEINIGE WEG ZUM ERHOFFTEN WIEDERAUFSTIEG

Einbindung in den Daimler-Benz-Konzern

Drei Jahre nach dem Einstieg von Daimler-Benz sollte die AEG in den Gesamtkonzern eingebunden werden. Im April 1988 hatte Daimler-Benz seinen Anteil auf zunächst 68 Prozent aufgestockt. Im selben Monat schlossen die AEG und die Daimler-Benz AG einen Unternehmensvertrag. Dieser beinhaltete einen Beherrschungsvertrag, der sofort wirksam wurde, und einen Gewinnabführungsvertrag, der zum 1. Januar 1992 in Kraft treten sollte. Zu diesem Zeitpunkt sollte die AEG nach den Vorstellungen Edzard Reuters einen Jahresumsatz von 15 Milliarden Mark und eine Rendite vor Steuern von fünf Prozent erreicht haben. Von diesem Ziel, das Heinz Dürr bereits 1984 vorgegeben hatte, war die AEG allerdings noch weit entfernt.

Am 22. und 27. April 1988 stimmten die Aufsichtsräte beider Unternehmen dem Vertragspaket zu. Das Umtauschverhältnis war von einem ausgewählten Kreis von Führungskräften beider Konzerne auf Schloß Heinsheim bei Bad Rappenau (»Operation Heinsheim«) ermittelt worden. Das Ertragsverhältnis beider Konzerne errechnete sich zwischen AEG und Daimler-Benz auf 1 : 15,3, wodurch sich unter Berücksichtigung der unterschiedlichen Grundkapitalien von 931 Millionen Mark und 2,11 Milliarden Mark eine Wertrelation je Aktie von 1 : 6,7 ergab. Das damalige Verhältnis der spekulativen Aktienkurse belief sich auf 1 : 3. Reuter und Dürr einigten sich schließlich auf ein Umtauschangebot für die freien Aktionäre von 1 : 5. Die AEG-Aktionäre konnten daraufhin ihre Anteile entweder an Daimler-Benz verkaufen oder im Verhältnis 5 : 1 in Daimler-Benz-Aktien umtauschen oder bekamen je AEG-Aktie eine Dividende in Höhe von 20 Prozent der jeweiligen Daimler-Benz-Dividende garantiert. Von diesem Angebot wurde bis Ende September 1988 reger Gebrauch gemacht, so daß sich der Daimler-Benz-Anteil an der AEG auf rund 80 Prozent erhöhte.

Der Unternehmensvertrag unterstrich in aller Deutlichkeit, daß die AEG »von Daimler nicht als Finanzanlage übernommen worden [ist], sondern mit dem erklärten Ziel, unter Ausnutzung aller Synergieeffekte einen neuen Technikkonzern zu formieren«[11]. Heinz Dürr zeigte sich zuversichtlich, daß die AEG auch künftig frei entscheiden könnte. Skeptiker sahen dagegen in dem Unternehmen allenfalls noch einen Geschäftsbereich der Daimler-Benz AG. Mit Abschluß des Vertrags, befand das »Industriemagazin«, habe

Heinz Dürr (links) und Edzard Reuter. Die Chefs von Daimler-Benz und AEG hatten bereits 1984 mit Sondierungen über eine enge Zusammenarbeit beider Unternehmen begonnen

die AEG ihr Buch als eigenständige Firma zugeklappt.[12] Ungeachtet dessen verbesserte sich die finanzielle Lage des AEG-Konzerns erheblich. Durch den Einstieg von Daimler-Benz erfuhr der Elektrokonzern eine Aufwertung. Es war ein Ereignis, das »wie die Adoption eines armen Kindes durch einen reichen Onkel wirkte und die AEG über Nacht auch an den Finanzmärkten hoffähig machte«[13].

Forcierte Expansion

Nach dem Vergleich war die AEG-Führung zur »Fortsetzung der Konsolidierungsstrategie mit bewußtem Verzicht auf Expansion des Konzerns« entschlossen.[14] Auch beim Einstieg von Daimler-Benz sah AEG-Chef Dürr noch keine Veranlassung, die AEG bereits als saniertes Unternehmen zu betrachten: »Ich darf hier für den Vorstand der AEG erklären, daß der im Herbst 1982 eingeschlagene und auf den letzten Hauptversammlungen ausdrücklich erläuterte Konsolidierungskurs konsequent zum Abschluß gebracht wird. Danach kann eine offensivere Unternehmenspolitik in Angriff genommen werden.«[15]

Allerdings deuteten sich schon 1986 Anzeichen einer Änderung dieser Strategie an, als die AEG eine bedeutende und folgenreiche Erwerbung in den USA tätigte. Sie sollten dem Unternehmen ermöglichen, auf dem Gebiet der Automatisierungstechnik ein so hohes Niveau zu erreichen, daß es weltweit als konkurrenzfähiger Lieferant von Komponenten und automatisierten Anlagen auftreten könnte. Bei dem Unternehmen handelte es sich um die amerikanische Modular Computer Systems Inc. (Modcomp), ein

»Innovative Technik« – mit diesem Slogan warb die AEG in den achtziger und neunziger Jahren, wie hier im Hauptbahnhof von Frankfurt am Main

Hersteller von Realzeitrechnern zur Industrieautomatisierung, bei der die AEG bereits mit 25 Prozent beteiligt war und die im Juli 1986 vollständig übernommen wurde. Dürr bezeichnete Modcomp als »Nucleus des technischen Geschäfts in den USA«[16]. Die Arbeitnehmerseite im Aufsichtsrat zeigte sich allerdings weniger begeistert und meldete mit Blick auf die Vergangenheit grundsätzliche Bedenken an: »Die AEG hat wieder Geld in der Hand und beginnt sofort zu kaufen.«[17]

Nachdem Modcomp erworben worden war, setzte die AEG in den folgenden Jahren ihre Expansion verstärkt fort. Ziel dieser Politik war es, wieder Anschluß an technologisches Spitzenniveau zu gewinnen. So hatte das Unternehmen zum Beispiel auf dem Gebiet der Mikroelektronik nur wenig vorzuweisen. Um dieses Defizit auszugleichen, erwarb man im April 1988 von der United Technologies Corporation (UTC) deren 49-Prozent-Beteiligung an der Heilbronner Telefunken Electronic GmbH (TEG) zurück und hielt damit 98 Prozent der Anteile an diesem Unternehmen. 1989 stieg die TEG ihrerseits mit einer Beteiligung von 39 Prozent bei dem kalifornischen Elektronikhersteller Siliconix Inc. ein. 1989 wurde schließlich aus der TEG und ihren Beteiligungen das neue Geschäftsfeld Mikroelektronik gebildet, in das neben dem Temic-Anteil der Geschäftsbereich Opto- und Vakuum-Elektronik einbezogen wurde.[18]

Auch auf anderen Gebieten der Elektrotechnik setzte die AEG ihren Expansionskurs fort. So wurde im Mai 1988 eine Minderheitsbeteiligung an der texanischen ElectroCom

Automation Inc. erworben. Diese baute Briefverteilanlagen nach AEG-Lizenzen, mit denen der Elektrokonzern eine Nische im elektrotechnischen Geschäft weltweit erfolgreich besetzte. In Ergänzung zu Modcomp kaufte die AEG ebenfalls 1988 von der amerikanischen Gould Inc. die Industrial Automation Systems Group. Dieses Unternehmen, das unter dem Namen Modicon bekannt geworden war, hatte Ende der sechziger Jahre die weltweit ersten frei programmierbaren Steuerungen gebaut und galt auf diesem Gebiet als führend. Der hohe Kaufpreis (rund 290 Millionen US-Dollar) wurde mit den »Zukunftserwartungen der AEG« begründet, »die jedoch erst realisiert werden müssen«[19]. Jedenfalls glaubte man, nunmehr über ein bedeutendes Software- und Engineering-Potential zu verfügen.

Im September 1988 gelang es der AEG außerdem, die Schienenverkehrstechnik der amerikanischen Westinghouse Electric Corporation aus Pittsburgh zu übernehmen. Der Einstieg bei Westinghouse verschaffte der Bahntechniksparte der AEG, die noch 1987 mit rund 300 Millionen Mark Umsatz als kleinstes Geschäftsfeld eher eine Randexistenz geführt hatte, nicht nur einen enormen Auftrieb, sondern förderte das Selbstbewußtsein der AEG insgesamt, denn nach Jahren defensiver Unternehmensstrategie hatte das Unternehmen nunmehr in einem Bereich wieder die Führungsrolle übernommen.

Schließlich gelang es 1987 der AEG ihren steuerlichen Verlustvortrag von 1,3 Milliarden Mark zu retten, der sonst verfallen wäre. Durch eine drastische Erhöhung bei Sachanlagen wurden stille Reserven mobilisiert und die entstehenden Buchgewinne mit dem Verlustvortrag verrechnet. Zu diesem Zweck hatte man die AEG-Anlagenvermietung GmbH + Co. Frankfurt oHG (AVO) gegründet, in die Sachanlagen zu Verkehrswerten von 2,1 Milliarden Mark eingebracht wurden, wodurch ein außerordentlicher Gewinn von 1,3 Milliarden Mark entstand. Dafür brauchte das Unternehmen wegen der Verrechnung mit dem Verlustvortrag keine Steuern zu entrichten. Später sollten die Abschreibungen mit den dann erwarteten Gewinnen steuerlich verrechnet werden.

Das Jahr 1988 war nicht nur von erfolgreichen Akquisitionen gekennzeichnet. Ungeachtet aller Expansionsbestrebungen hatte sich die Ertragslage des Konzerns erheblich verschlechtert. Größte Sorgen bereitete der Turbinenhersteller AEG Kanis GmbH, der einzige Hersteller von Energieerzeugungsanlagen, welcher der AEG nach dem Ausstieg aus der KWU verblieben war. AEG Kanis erlitt bei einem Umsatz von einer halben Milliarde Mark einen Verlust von 120 Millionen Mark – hauptsächlich verursacht durch eine erhebliche Verschärfung der Konkurrenzsituation am Markt. Dort hatten der französische Alsthom-Konzern und die britische GEC unter Beteiligung der amerikanischen GE die European Gasturbine (EGT) gegründet, die sich mit Erfolg gegenüber ihren Konkurrenten durchsetzte. Der geplante Ausbau der Tochtergesellschaft AEG Kanis, für die unter anderem der Neubau einer Turbinenfabrik für rund 1000 Beschäftigte in Essen und die Erweiterung einer Fabrik für Dampfturbinenanlagen in Nürnberg vorgesehen war, mußte kurzerhand gestrichen werden. Im Oktober 1988 sah sich die AEG-Führung veranlaßt, das Nürnberger Werk von AEG Kanis auf die Mannheimer Asea Brown Boveri

Aktiengesellschaft (ABB) zu übertragen. 1989 wurde das Gasturbinengeschäft in die Kanis Energie GmbH eingebracht und zu 55 Prozent an EGT (im Konzernverbund GEC Alsthom) veräußert.[20]

Besorgniserregend war auch die Lage beim Büromaschinenhersteller Olympia, der 1988 Verluste in Höhe von 110 Millionen Mark erlitt. Erfreuliche Ergebnisse wiesen dagegen die Bereiche Verteidigungstechnik und Serienprodukte mit jeweils 100 Millionen Mark und die Hausgeräte mit 40 Millionen Mark Gewinn aus. Auch verbuchte die AEG einen außerordentlichen Ertrag aus dem Verkauf ihrer restlichen Telenorma-Anteile (25 Prozent). Insgesamt konnte die AEG im Jahr 1988 eine 15prozentige Umsatzsteigerung auf 13,4 Milliarden Mark erzielen, mußte jedoch Reserven in Höhe von 60 Millionen Mark in Anspruch nehmen. Die Eigenkapitalquote sank dadurch auf 21,2 Prozent (1987: 24,6 Prozent). Das interne Jahresabschlußreferat konstatierte eine »deutliche Verschlechterung der Bilanzqualität«[21].

Wieder in den roten Zahlen

1989 erzielte die AEG nur noch einen Umsatz von 12,2 Milliarden Mark. Das Betriebsergebnis lag internen Berechnungen zufolge bei minus 370 Millionen Mark. Davon steuerte die Automatisierungstechnik bereits rund 200 Millionen Mark bei. Allein der Auftrag zur elektrischen Installation in der neuen Daimler-Benz-Zentrale in Stuttgart-Möhringen schloß mit einem Verlust von 120 Millionen Mark ab. Von seiten der AEG war ein äußerst knapp kalkuliertes Festpreisangebot abgegeben worden, das mit einer (zu) sparsamen Auftragsausführung kompensiert werden sollte. Rote Zahlen meldete plötzlich auch die Hausgerätesparte, bei der es Anlaufschwierigkeiten mit einer neuen Generation von Herden gab, die unter dem Markennamen »Competence« weltweit an unterschiedliche Kochgewohnheiten angepaßt werden sollte. Defizitär arbeitete außerdem die AEG Elektrowerkzeuge GmbH. Der 50-Prozent-Anteil der European Power Tool Corporation S.A., Nanterre/Paris (EPTC), war erst Anfang 1986 wieder vollständig zurückerworben worden. In der Mikroelektronik drückte der niedrige Kurs des amerikanischen Dollars auf den Ertrag, in der Bahntechnik mußte das Unternehmen wegen technischer Schwierigkeiten von einem Auftrag zum Bau einer Magnetbahn in Las Vegas zurücktreten. Auch das Vorhaben, auf dem Frankfurter Flughafen eine Magnetbahn zu errichten, mußte wenig später zugunsten eines konventionellen Antriebssystems aufgegeben werden, da sich die AEG nicht in der Lage sah, ein zuverlässiges funktionierendes Magnetbahnsystem in der vorgesehenen Zeit zu errichten. Die einzige im täglichen Fahrbetrieb getestete Magnetbahn-Versuchsstrecke der AEG in Berlin zwischen dem U-Bahnhof Gleisdreieck und dem Kulturforum am Kemperplatz mußte nach der Wiedervereinigung Deutschlands im Zuge der Wiederherstellung eines einheitlichen Berliner U-Bahnnetzes abgebaut werden.

Aderlaß

In den Jahren 1985 bis Ende 1988 konnte die AEG ihren unternehmenspolitischen Kurs noch weitgehend selbst bestimmen. In der neuen Struktur des Daimler-Benz-Konzerns war sie als Zwischenholding verankert, in der nach dem Willen der Konzernführung alle strategischen Vorentscheidungen getroffen wurden. Auch nach Abschluß des Beherrschungsvertrags zeigte sich Dürr 1988 zuversichtlich, weiterhin selbständig entscheiden zu können. Insofern lag es im wesentlichen an den Entscheidungen des Vorstands, wie die AEG sich im Daimler-Verbund positionierte.

Jedoch schon Anfang 1990 mußte die AEG im Zuge einer Umschichtung von Unternehmensteilen im Daimler-Benz-Konzern einige Federn lassen. Die Bereiche Hochfrequenztechnik (internes Kürzel: A1) sowie Marine- und Sondertechnik (internes Kürzel: A4) wurden in die Telefunken Systemtechnik eingebracht und für 1,4 Milliarden Mark an die Deutsche Aerospace AG (Dasa) veräußert. Auch die neu gegründete Telefunken Sendertechnik ging an die Dasa. Beide Firmen blieben allerdings unter Führungsverantwortung der AEG. Daimler-Benz übernahm außerdem für 200 Millionen Mark die AEG-Forschungsinstitute in Berlin, Frankfurt und Ulm. Der Daimler-Benz Interservices AG (debis) wurden etliche Rechenzentren der AEG, das Softwarehaus GEI-Gesellschaft für Elektronische Informationsverarbeitung mbH, die hauseigene Versicherungsvermittlung EAS (Elektro-Assekuranz) sowie der Bereich Marketing übertragen. Außerdem ging die tägliche Abwicklung von Geldgeschäften mit den Banken an ein zentrales Cash-Management bei Daimler-Benz. Insgesamt erhielt die AEG durch die Verkäufe einen Betrag von rund 1,7 Milliarden Mark gutgeschrieben. Mit den Bereichen A1 und A4 verlor der Konzern allerdings seine lukrativsten Geschäftsfelder. Nun blieben dem Konzern nur noch die Serienprodukte, die Hausgeräte, die Opto- und Vakuumelektronik und die Komponentenherstellung als Gewinnbringer. Die Selbständigkeit der AEG geriet mehr und mehr zur Fiktion. Heinz Dürrs Einwand, die AEG werde nicht kleiner, sondern feiner, klang dagegen nicht überzeugend.

Ungeachtet der Umorganisation verschlechterte sich die wirtschaftliche Lage des Konzerns. Mitte des Jahres 1990 waren alle Geschäftsfelder, mit Ausnahme der Elektrotechnischen Anlagen und Komponenten, in die roten Zahlen gerutscht. Am Ende des Jahres konnte der Konzernumsatz zwar weltweit um sieben Prozent auf 13,1 Milliarden Mark gesteigert werden, die Gewinn- und Verlustrechnung schloß aber mit einem Fehlbetrag von 205 Millionen Mark ab. In krassem Gegensatz dazu stand das im Budget eingeplante Ergebnis von minus 33 Millionen Mark, das allerdings auf zu optimistischen Planungen basierte und zudem außerordentliche Erlöse enthielt. So wurden Rückstellungen aus dem Vorjahr in Höhe von 349 Millionen Mark aufgelöst und sogenannte Bewertungsmaßnahmen in Höhe von 120 Millionen Mark vorgenommen. Damit konnte das Geschäftsergebnis zum Erfolg umgedeutet werden. Nicht ohne bittere Ironie bemerkte die »Börsen-Zeitung«, die einzige Zeitung, die den AEG-Abschluß noch mit einem Kommentar würdigte: »Zum Millionenverlust … heißt es nur, daß das Ergebnis insgesamt nicht den Planungen entsprochen habe – gerade so, als ob die Ertragslage des Elektrokonzerns, der sich nun seit einem Jahrzehnt vergeblich um schwarze Zahlen bemüht, von nachrangigem Interesse sei.«[22]

Ende einer Ära

Als am 19. Oktober 1990 der AEG-Aufsichtsrat zusammentrat, gab Heinz Dürr seinen Wechsel auf den Posten des Vorsitzers der Deutschen Bundesbahn bekannt. Seine Ankündigung kam überraschend, denn erst im Februar 1989 war er vom Aufsichtsrat des Unternehmens für weitere fünf Jahre zum Vorstandsvorsitzenden bestellt worden. Zur Begründung seines Wechsels verwies Dürr darauf, daß er einem Wunsch des Bundeskanzlers und des Verkehrsministers folge.[23]

Seit dem 15. Oktober stand fest, wer Dürrs Nachfolger werden sollte, nämlich der Vorstandsvorsitzende der Freightliner Corporation in Portland, Oregon/USA, Ernst Georg Stöckl.[24] Stöckl war ein für die AEG zwar unbekannter, zugleich jedoch auch unvorbelasteter Manager. Der aus dem südbadischen Sulzburg stammende Diplomkaufmann hatte mit einer Unterbrechung seit 1971 hauptsächlich im Ausland für den Daimler-Benz-Konzern gearbeitet. In Laufe seiner Karriere erwarb er sich den Ruf als »kräftiger Ausputzer und Aufbauer«[25]. Zuletzt hatte er die Freightliner Corporation, die seit 1981 zu Daimler-Benz gehört, erfolgreich saniert. Mit dieser Leistung empfahl er sich für seine nächste Aufgabe und wechselte Anfang 1991 vom 6600-Mann-Unternehmen am Columbia-River nahe der amerikanischen Westküste zum 77000-Mitarbeiter-Konzern nach Frankfurt am Main. Am 1. Januar 1992 rückte er außerdem zum ordentlichen Vorstandsmitglied der Daimler-Benz AG auf.

Heinz Dürr stand über zehn Jahre an der Spitze der AEG – eine personelle Kontinuität, die es seit Hermann Bücher nicht mehr gegeben hatte. Im Urteil der Presse wurde seine Ära als eine Zeit »höchster existentieller Bedrohung und wunderbarer Rettung« bewertet.[26] Dürrs »Meisterstück« sei es gewesen, »die in die Diversifizierung drängende Daimler-Benz AG für die AEG zu gewinnen«[27]. Damit hatte Dürr in der Tat eine entscheidende Weichenstellung vornehmen können. Die Zukunft der AEG, auf die bis dahin selbst die eigenen Führungskräfte keine Garantie geben wollten, schien gesichert. Der Daimler-Benz-Konzern bescherte der AEG völlig neue Perspektiven – aber auch erhebliche Risiken. In jedem Fall konnte sich Dürr mit einem Schlag von allen seinen Kritikern emanzipieren, auch von seinem Berater und Aufsichtsratschef Klaus Kuhn. Während Kuhns Position mit dem Einstieg von Daimler-Benz zur Disposition stand, konnte sich Dürr darauf vorbereiten, Sitz und Stimme im höchsten Leitungsgremium des größten deutschen Konzerns zu erhalten.

Dürr hatte es verstanden, mit psychologischem Geschick, hoher Leidensfähigkeit und einem beachtlichen Kommunikationstalent den AEG-Angehörigen ein Zusammengehörigkeitsgefühl zu geben. Er war auf den Posten bei der AEG nicht angewiesen. Dennoch hatte er sich bei seinem Dienstantritt ganz der Aufgabe, den Konzern durch die

Krise zu führen, verschrieben, wußte er doch, daß er bei einem positiven Ausgang, was anfänglich völlig ungewiß war, als der wohl erfolgreichste deutsche Manager gegolten hätte. Dieses Ziel erreichte er allerdings nur zum Teil. Dürr, dessen Name wie kein anderer mit der Sanierung des Konzerns in Verbindung gebracht wurde, geriet am Schluß seiner Dienstzeit in das Kreuzfeuer der Kritik.[28] Auch bei Daimler-Benz hatte sich Unmut aufgestaut vor allem wegen der unzuverlässigen Ergebnisprognosen. Dies war auch der Grund dafür, daß Edzard Reuter dem AEG-Chef einen erfahrenen Manager aus dem eigenen Haus zum Stellvertreter machen wollte, nämlich Ernst G. Stöckl. Folgt man den Erinnerungen Edzard Reuters, akzeptierte Dürr zunächst diese Berufung, entschied sich aber wenig später dafür, den Daimler-Benz-Konzern zu verlassen.[29]

Anfang 1991 löste der Daimler-Benz-Manager Ernst Georg Stöckl (rechts) Heinz Dürr an der Spitze der AEG ab

Dürr hinterließ seinem Nachfolger ein schweres Erbe. Noch immer krankte die AEG an denselben Strukturproblemen, die sie einst in den Vergleich hatten rutschen lassen. Sein hochgestecktes Ziel, ab 1992 eine Umsatzrendite von fünf Prozent zu erwirtschaften, lag in weiter Ferne. Zwar war es ihm gelungen, die Bereiche Energieverteilung und Hausgeräte zu sanieren, dafür häuften sich in der Bürokommunikation und Mikroelektronik die Probleme. Ulrich Viehöver urteilte Anfang 1991 in der »Wirtschaftswoche«: »Dürr – Kritiken mehr und mehr verschlossen – verzettelte sich. Der Fall AEG drohte zur persönlichen Niederlage zu werden. Denn harte Schritte – obwohl längst unvermeidlich geworden – unterblieben und brachten den Retter von 1979 in den Geruch des Wortbruchs.«[30] Und das Hamburger Nachrichtenmagazin »Der Spiegel« sekundierte: »Der wibbelige Schwabe hatte darauf vertraut, alle Probleme durch seine beachtliche Kommunikationsfähigkeit lösen zu können ... Jahr für Jahr versprach Dürr bessere Ergebnisse und legte stets schlechtere vor.« Schließlich habe Daimler-Chef Reuter die Geduld verloren und Stöckl als Aufpasser für Dürr verpflichtet. Dann habe der damalige Bundeskanzler Helmut Kohl Reuter die Arbeit erleichtert, indem er Dürr an die Spitze der Deutschen Bundesbahn berief.[31]

WOHIN MIT DER AEG?

Stimmungswandel

In der AEG-Zentrale wurde Stöckls Berufung mit gemischten Gefühlen gesehen, wohl auch, weil die AEG schon so viele Chefs erlebt hatte, von denen nicht wenige am Ende an ihrer Aufgabe scheiterten. Auch wußte niemand so recht einzuschätzen, welche Rolle Stöckl in dem äußerst anfälligen Konzern übernehmen sollte. Manche Befürchtung, die Muttergesellschaft habe einen Sanierer, möglicherweise sogar einen Liquidator nach Frankfurt geschickt, erwies sich jedoch als falsch. Stöckl ging behutsam vor, er verteilte, wie das »manager magazin« schrieb, »Balsam für den Apparat«[32].

Intern jedoch zeichnete sich nach dem Wechsel ein bemerkenswerter Stimmungswandel ab. In der Aufsichtsratssitzung vom 13. Februar 1991 gab Edzard Reuter unmißverständlich zu verstehen, daß es »aufgrund der geschilderten Ergebnissituation [notwendig sei], für die künftige Geschäftsausrichtung Prioritäten festzulegen. Die vom Vorstand aufgezeigte Prognose einer Ergebnisverbesserung von rd. 100 Millionen Mark im Jahre 1991 auf dann minus 340 Millionen Mark verdeutliche die Diskrepanz zu der in der ursprünglichen Planung angestrebten Erreichung des Break-Even-Punktes in 1992. Es werde daraus sehr deutlich, wie unausweichlich drastische Maßnahmen erforderlich seien«[33]. Stöckl kündigte an, daß alle 60 strategischen Geschäftseinheiten der AEG einer sorgfältigen Untersuchung unterzogen werden, was unter Umständen zu »erheblichen Verschiebungen« führen könne.[34]

Da nicht absehbar war, wann die AEG wieder in der Lage sein würde, Gewinne zu erzielen, wurde im April 1991 zunächst der Beherrschungs- und Gewinnabführungsvertrag mit Daimler-Benz vorfristig in Kraft gesetzt. Bis dahin mußte Daimler-Benz die Verluste der Frankfurter Tochter ausgleichen, ohne diese steuerlich abzugsfähig gestalten zu können. Nun konnten die Verluste steuerfrei verrechnet werden.

Ein Holding-Konzept

Die Konzernstruktur der AEG war durch strategisch definierte Geschäftsfelder, eine zentral gelenkte Vertriebsorganisation und eine operativ führende Konzernzentrale gekennzeichnet. Die Unternehmensberatung McKinsey Inc. hatte bereits 1990 für den Konzern eine Holding-Struktur vorgeschlagen, bestehend aus rechtlich selbständigen

Unternehmen, an denen die AEG als Dachgesellschaft finanziell beteiligt ist. Diese sollte dem Unternehmen nicht nur den Auftritt am Markt, sondern auch die Beteiligung Dritter erleichtern. Im einzelnen wurde vorgeschlagen, die Hausgerätesparte zu verkaufen, Olympia zu schließen, die Bahnsysteme an Mercedes-Benz und die Mikroelektronik an die Dasa abzugeben. Somit wären der AEG nur das Geschäft mit der Energieverteilung und Automatisierungstechnik geblieben. Die Überlegungen des AEG-Vorstands, die ebenfalls 1990 dem Präsidium des Aufsichtsrats übermittelt worden waren, sahen ebenfalls die Umwandlung des Konzerns in eine Holding vor, nahmen von der Ausgliederung ganzer Geschäftsfelder jedoch Abstand.[35] Danach sollten das Bahngeschäft gestärkt, Olympia allerdings mehrheitlich abgegeben und bei der Automatisierungstechnik Verlustquellen beseitigt werden. Außerdem war vorgesehen, die weitgehend autonom operierende Vertriebsorganisation umzustrukturieren und sie direkt an die Geschäftsfelder anzubinden.[36] Im Mai 1991 legte der Vorstand sein Strategiekonzept vor. Es sah den Ausstieg aus der Bürokommunikation vor. Die fünf übrigen Geschäftsfelder sollten, da aus eigener Kraft nicht überlebensfähig, verselbständigt werden, um sie entweder in strategische Allianzen einzubringen oder notfalls zu verkaufen.

Olympia – letzter Anlauf und Ende

Ende 1981 hatte die AEG rund 49 Prozent ihrer Anteile am Schreibmaschinenhersteller Olympia an eine Holding, die Gesellschaft für Elektrowerte mbH (GfE), veräußert. Am 23. August 1985 wurden die Anteile wieder zurückerworben, so daß die AEG 99 Prozent des Grundkapitals der in Olympia Aktiengesellschaft umbenannten Tochtergesellschaft besaß.

Zwei Jahre später wurde bei Daimler-Benz ein Struktur- und Synergieausschuß eingesetzt, dem unter anderem Edzard Reuter und Heinz Dürr angehörten. Das erste Projekt dieses Gremiums war die Konstruktion eines neuen Kerngeschäftsfelds für die AEG. Als Grundlage diente das Strukturkonzept »Büro- und Kommunikationstechnik«, das im Dezember 1987 vorlag. Danach sollten auf der Grundlage einer Studie des AEG-Beraters und späteren Vorsitzenden des Aufsichtsrats Klaus Kuhn die Bereiche Kommunikationstechnik (Sprech- und Datenfunk, Autotelefon), Informationstechnik (Briefsortier- und Verteilsysteme, Formular- und Belegleser) und Olympia (Schreibmaschinen und Personalcomputer) zur AEG Olympia AG zusammengelegt werden. Insgesamt standen als Starthilfe für den neuen Bürokommunikationsriesen 400 Millionen Mark zur Verfügung, darunter 200 Millionen Mark für neue Produkte und 150 Millionen zum Kauf eines Softwarehauses. Kuhn hatte dieses Vorhaben zwar angeregt, machte aber den Erfolg von einem hervorragenden Management abhängig.

Am 1. Januar 1988 wurden die Bereiche Kommunikations- und Informationstechnik in die AEG Olympia AG eingebracht, Heinz Dürr persönlich übernahm die Leitung. Er schlug dem Geschäftsfeld außerdem die Sende- und Informationstechnik zu. Die AEG Olympia AG beschäftigte fast 10 000 Menschen und erreichte einen jährlichen Umsatz von rund 1,5 Milliarden Mark. Obwohl die Bürokommunikationsbranche seinerzeit einen enormen Aufschwung erlebte und ihre Zukunftsaussichten vor allem von Daimler-Benz enorm hoch eingeschätzt wurden, konnte die Branche vom Boom kaum profitieren, weil zwischen zahlreichen Konkurrenten ein gnadenloser Wettbewerb herrschte. AEG Olympia sollte es trotz millionenschwerer Sanierungsbemühungen nicht gelingen, auf dem Markt Fuß zu fassen.

Das Tochterunternehmen setzte sich außerdem aus Sparten zusammen, die im Konzern bisher nur wenig miteinander zu tun hatten, was die Zusammenarbeit erschwerte. Erneut zeigte sich außerdem die traditionell begründete Innovationsträgheit des Tochterunternehmens, das sich von seinem wenig zukunftsträchtigen Stammgeschäft, der Schreibmaschinenfertigung, nicht emanzipieren konnte: Eine Bildschirmschreibmaschine kam zu spät auf den Markt. Neu in das Programm sollte die Fertigung von Personalcomputern aufgenommen und von einer eigenen Softwarefirma versorgt werden. Am Ende kam der Kauf jedoch nicht zustande. Damit fehlte Olympia ein wichtiges unternehmerisches Standbein. Auch mußte die Produktion von Personalcomputern nach einer Lizenz des amerikanischen Rechnerherstellers NCR aufgegeben werden. Statt dessen wurden die Rechner bei der Firma Acer aus Taiwan gekauft.

In ihrem ersten Geschäftsjahr (1988) erlitt AEG Olympia einen Verlust von 128,8 Millionen Mark. Der Marktanteil betrug in Deutschland nur 20 Prozent. Im preiswerten Schreibmaschinensegement herrschten scharfer Konkurrenzdruck aus Japan, bei anspruchsvolleren Büromaschinen aus den USA. Es ging das Gerücht um, daß die Frankfurter AEG-Zentrale die Produktion in Deutschland nicht werde halten können. Knapp ein Drittel der 3800 Arbeitsplätze im Wilhelmshavener Stammwerk standen zur Disposition. In der Tat war die Schließung längst überfällig, mußte aber immer wieder hinausgeschoben werden, weil der Muttergesellschaft das Geld fehlte.

Schon ein Jahr nach der Gründung sah sich die Frankfurter Konzernführung gezwungen, ihr neues Kerngeschäftsfeld wieder zu zerlegen. Mitte 1989 wurde die AEG Olympia AG in eine Holding zur Führung der AEG Olympia Office GmbH, AEG Electrocom GmbH (Postautomatisierung) und der Telefunken Sendertechnik GmbH umgewandelt.[37] Ein Jahr später, im Oktober 1990, deutete Dürr an, AEG Olympia mehrheitlich abgeben zu wollen. »Die langjährigen Verluste«, so der AEG-Chef, »seien durch die übrigen Konzerngeschäftsfelder nicht mehr aufzubringen.«[38] Nach dem Führungswechsel an der Konzernspitze zeigte sich der neue AEG-Chef Stöckl entschlossen, das Kapitel Olympia möglichst schnell abzuschließen. Bis Mitte Juni 1991 sollte ein Käufer gefunden werden, doch die Verhandlungen, unter anderem mit dem koreanischen Samsung-Konzern und dem amerikanischen Hersteller Smith Corona, zogen sich hin und scheiterten schließlich.

Während es große Probleme bereitete, für die Schreibmaschinenfertigung eine Lösung zu finden, gelang der Rückzug aus dem Mobiltelefongeschäft relativ schnell. Anfang Oktober 1990 waren die entsprechenden Geschäftstätigkeiten in der AEG

Mobile Communication GmbH (AMC) mit Sitz in Ulm gebündelt worden. Im Juni 1991 übernahm die französische MATRA Communication S.A. 90 Prozent der Kapitalanteile der AMC. Im Gegenzug beteiligte sich die AEG mit zehn Prozent an der Matra Communication, verkaufte jedoch kurze Zeit später diesen Anteil.

Am 9. Dezember 1991 segnete der AEG-Aufsichtsrat den Rückzug aus der Bürotechnik ab, ohne daß allerdings ein Käufer gefunden war. Trotzdem sollte die AEG Olympia bis Jahresende 1992 alle Entwicklungs- und Fertigungsaktivitäten einstellen. Für den Standort Wilhelmshaven, inmitten einer von hoher Arbeitslosigkeit geprägten Region, bedeutete dies das endgültige Aus. Die jährliche Produktion von Schreibmaschinen, die noch in den sechziger Jahren bei einer Million Geräte lag, sank zuletzt auf 160 000 Stück. Das Geschäft, vor allem im Ausland, war vollends eingebrochen.

Zur Übernahme des Ersatzteil- und Reparaturgeschäfts wurde 1992 die OSG Office Service GmbH gegründet und Ende Juli 1993 an die schweizerische Elcosa AG verkauft. Anfang Juli 1994 gingen sämtliche noch in Besitz der AEG befindlichen Aktivitäten der ehemaligen AEG Olympia an die ELITE-Gruppe aus Hongkong. Hierzu zählten das in 120 Ländern präsente Vertriebsnetz, eine Schreibmaschinenfabrik in Mexiko und 17 ausländische Tochtergesellschaften der AEG Olympia. Alles in allem wechselte ein Unternehmen mit 450 Millionen Mark Umsatz, in dem 2200 Menschen arbeiteten, den Eigentümer. Die AEG Olympia Office GmbH blieb weiter bestehen, befaßte sich aber nur noch mit der Vermarktung eines Gewerbeparks, der auf dem Wilhelmshavener Olympia-Grundstück eingerichtet wurde. Alles in allem mußte die AEG für die Bürokommunikation seit 1983 über zwei Milliarden Mark aufbringen. Allein die Schließung kostete 948 Millionen Mark.

Verkäufe

Seit 1991 veräußerte die AEG-Führung all jene Bereiche, die nicht mehr zu den Kerngeschäftsfeldern gezählt wurden. Der erste große Verkauf betraf das Kabelgeschäft, in dem sich auf dem Weltmarkt der Konkurrenzkampf erheblich verschärft hatte. Daher boten sich zwei Möglichkeiten an: Expansion oder Ausstieg. Um eine stärkere Marktposition zu erreichen, wurde zunächst eine Kooperation bzw. der Erwerb des einst zur AEG gehörenden Kabelwerks Oberspree (KWO) in Berlin erwogen. Dieses war jedoch zu teuer. So wurde kurzfristig der Verkauf des Kabelgeschäfts beschlossen. Am 24. Oktober 1991 schlossen die AEG und die französische Alcatel, Paris, eine Grundsatzvereinbarung, der zufolge am Jahresende die AEG KABEL Aktiengesellschaft, Mönchengladbach, einschließlich fast aller Tochtergesellschaften von der Alcatel Cable S.A., Clichy/Paris, übernommen werden sollte. Das Kabelsatzgeschäft der Temic Telefunken Kabelsatz GmbH blieb vom Verkauf vorerst ausgenommen. Das Unternehmen wurde 1993 mit Verlust an ein britisches Unternehmen verkauft, 1994 meldete es Konkurs an.

Als weiteren Geschäftszweig gab die AEG ihre Elektrowerkzeugsparte an den schwedischen Konzern Atlas Copco ab. Heinz Dürr hatte zunächst eine Kooperation mit der

Bosch GmbH angestrebt, die jedoch an kartellrechtlichen Bedenken scheiterte. Später (1991) war zeitweilig die britische Firma Black & Decker als Partner im Gespräch, schließlich gelang es, die Fertigung von Elektrowerkzeugen zum 31. Dezember 1991 an den schwedischen Industriekonzern zu verkaufen.

Am 1. Juli 1992 gründeten die AEG und die Deutsche Aerospace (Dasa) die Telefunken Microelektronik GmbH (Temic), in die die AEG die Telefunken Electronic GmbH, Heilbronn, und mehrere weitere Beteiligungen einbrachte. An dem neuen Gemeinschaftsunternehmen, das mit einem Eigenkapital von 600 Millionen Mark ausgestattet war, waren beide Unternehmen zu je 50 Prozent beteiligt.[39]

Die Suche nach Partnern und der Verkauf von Unternehmensteilen lieferten der Presse Stoff für Spekulationen. So wußte das »Industriemagazin« zu berichten, bei Daimler-Benz werde über eine Fusion der AEG mit der Dasa und eine Angliederung der Bahntechnik an die Lkw-Sparte von Mercedes-Benz (»Transportsysteme AG«) nachgedacht.[40] Einer weiteren Spekulation zufolge hätten sich Edzard Reuter und AEG-Chef Stöckl außerdem darauf verständigt, daß sich der japanische Mischkonzern Mitsubishi mit 40 Prozent an der AEG beteiligen solle.[41]

Die Frage, welche Bereiche künftig Kerngeschäftsfelder der AEG sein sollten, blieb unterdessen weiter unbeantwortet. In einem Gespräch mit dem »Wall Street Journal« deutete Daimler-Chef Reuter am 2. Dezember 1991 an, daß sich die AEG künftig auf die Industrieautomatisierung, die Mikroelektronik und das Bahngeschäft konzentrieren werde. Einen weiteren Hinweis gab Reuter gegenüber dem »Industriemagazin« mit der Antwort auf die Frage, ob er daran festhalte, die »AEG als integralen Bestandteil des Technologiekonzerns mit den Schwerpunktbereichen Bahntechnik, Automatisierungstechnik, Elektrotechnik aufzurüsten«. Reuters Antwort: »Keine Sorge, so ist es.«[42]

Ungeachtet all dieser Spekulationen zeigte sich AEG-Chef Stöckl optimistisch: »Wir werden nicht immer kleiner werden«, teilte er in einem Interview mit und rückte gleichzeitig Gewinne in greifbare Nähe.[43] Stöckls Aktivität brachte dem Geschäftsjahr 1991 jedoch keine positiven Impulse. Zwar erzielte die AEG einen Umsatz von 14 Milliarden Mark, was einer Steigerung gegenüber dem Vorjahr von 6,5 Prozent entsprach. Ende 1991 belief sich der Jahresfehlbetrag aus gewöhnlicher Geschäftstätigkeit einschließlich Steuern auf 144 Millionen Mark, davon entfielen allein 140 Millionen Mark auf AEG Olympia. Außerdem galt die Automatisierungstechnik als Verlustträger, verursacht im wesentlichen durch Anlageprojekte. Hinzu kamen Verluste der amerikanischen Töchter. Vor allem Modcomp, der Hersteller von Rechnern für die Industrieautomatisierung, erwies sich schnell als ein Unternehmen ohne Aussicht auf Profitabilität. Und auch die Mikroelektronik war defizitär.

Die AEG blieb ein »Pflegefall«.[44] Joachim Weber schrieb im Handelsblatt: »Doch der ›Ausverkauf‹ fügt sich nahtlos in die Abfolge des Substanzabbaus, die seit dem Vergleich im August 1982 kaum einmal unterbrochen wurde. Die Zahlen sprechen für sich: Von 1982 bis 1992 hat die AEG kumuliert zwar nicht einmal 200 Mill. Mark Verlust ausgewiesen. Tatsächlich aber dürften die Verlustlöcher, die überwiegend mit ›Erträgen aus Anlagenabgängen‹ gestopft wurden, sich in dieser Zeit auf 4 bis 4,5 Milliarden Mark summiert haben – die Offenheit und der Blickwinkel der AEG-Selbstdarstellung haben so oft gewechselt, daß nur eine grobe Schätzung möglich ist.«[45]

Die »Schwarze Null«

Im Mai 1992 hob AEG-Chef Stöckl neue bilanztechnische Termini aus der Taufe: Er sprach vom »Dreisprung in die schwarzen Zahlen« und kündigte für das laufende Jahr als Ergebnis eine »Schwarze Null« an. Dieser Begriff fand schnell auch in anderen Bereichen der Wirtschaft Verwendung. Tatsächlich gelang es den Kaufleuten in der Frankfurter AEG-Zentrale, die »Schwarze Null« zu erreichen. Es bedurfte allerdings der Aufbietung aller finanziellen Reserven »und damit eines ziemlichen Spagats, um sie im Ergebnis aus gewöhnlicher Geschäftstätigkeit darzustellen«[46]. Im operativen Geschäft betrug der Verlust nämlich rund 200 Millionen Mark. Der Wirtschaftsinformationsdienst »Czerwensky intern« nannte das Konzernergebnis »lediglich ein Produkt der ertragreichen Finanzanlagen« und eines Sonderertrags.[47] Für den Konzern war die »Schwarze Null« jedoch von großer psychologischer Bedeutung, denn Stöckl konnte nun gegenüber der Stuttgarter Zentrale zumindest den festen Willen unterstreichen, ein ausgeglichenes Ergebnis zu liefern, denn dort herrschten, wie er vor den versammelten Führungskräften bekannte, »wie Sie wissen, inzwischen verschärfte Bedingungen vor«[48].

Die »strategische Neuausrichtung«

In der operativen Planung des Konzerns war für 1992 ein ausgeglichenes Ergebnis angepeilt worden, das allerdings nur bei anhaltend günstiger wirtschaftlicher Entwicklung hätte erreicht werden können. Von einer weltweiten Rezession blieb Deutschland zunächst verschont, weil infolge der Wiedervereinigung des Landes die Konjunktur noch einmal kurz aufflammte. 1993 traf Rezession dann auch die deutsche Industrie. Für die ohnehin äußerst konjunkturabhängige AEG bedeutete dies eine ernste Bedrohung.

Bereits im Frühjahr 1993 stand der Konzern in seiner bisherigen Form erneut zur Diskussion. Das »manager magazin« wußte zu berichten: »Für eine Verwaltungsgesellschaft, die überwiegend Beteiligungen ohne industrielle Führung betreut, ist die geplante AEG-Holding auch noch mit 200 Mitarbeitern überdimensioniert, ja überflüssig. Gegen eine Liquidierung der AEG sprechen allein taktische Gründe: der für Daimler nutzbringende Verlustvortrag sowie die psychologische Barriere, das börsennotierte Traditionsunternehmen ganz aufzulösen.«[49]

Der Jahresfehlbetrag von Daimler-Benz belief sich 1993 auf 5,7 Milliarden Mark. Selbst die Mercedes-Benz AG, tragende Säule des Konzerns, erlitt erhebliche Ertragseinbußen. Die Vision vom integrierten Technologiekonzern drohte unbezahlbar zu werden. Die Daimler-Benz-Führung geriet in Zugzwang und mußte rasch handeln. Es ging darum, die größten Verlustquellen zu beseitigen – vor allem bei der AEG. Im Herbst

AEG-Mitarbeiter protestieren am 8. Dezember 1993 vor der AEG-Zentrale in Frankfurt am Main gegen den befürchteten Arbeitsplatzabbau im Zuge der Neustrukturierung des Konzerns

1993 lag ein Paket von Strukturmaßnahmen vor, die insgesamt 600 Millionen Mark kosten sollten und ein letzter Versuch waren, aus der AEG ein profitables Unternehmen zu machen. Das Konzept umfaßte fünf Schwerpunkte: ein Standortkonzept für Berlin, ein »Motorenkonzept« zur Bereinigung der Strukturprobleme bei der Motorenfertigung, ein Konzept für die Fertigung von Antrieben (»Drives«), eine Neuorganisation des Vertriebs und die Verkleinerung der Konzernzentrale.

Im Komponentenbereich sollten der Fachbereich Niederspannungsschaltgeräte (Standorte: Neumünster, Hameln und Kiel, 1800 Mitarbeiter, Umsatz 1994: etwa 320 Millionen Mark) an das Gemeinschaftsunternehmen Power Controls B.V., Amsterdam, der amerikanischen GE und der britischen GEC verkauft werden. Auch war vorgesehen, die Zählerfertigung an die GEC zu veräußern. Mit den Erlösen sollte eine Minderheitsbeteiligung an Power Controls erworben werden.

Da sich GE und GEC jedoch nicht auf dieses Konzept einigen konnten, verkaufte die AEG die Zählerfertigung an die New Yorker Schlumberger Limited. Die Fertigung von Geräten zur Energieeinsparung mit Sitz in Hameln ging an die F. Kromschröder AG aus Osnabrück.

Das Projekt »Drives« sah vor, die Bereiche Industrieausrüstungen, Grundstoffindustrie, Antriebssysteme und Leistungselektronik sowie Teile des Bereichs Service und Infrastruktur auszugründen und in ein Gemeinschaftsunternehmen mit der amerikanischen GE einzubringen, die auch die industrielle Führung übernehmen sollte. Zwar gelang es, einen Letter of Intent zu unterzeichnen, die Verhandlungen führten aber nicht zum Erfolg. Daraufhin versuchte die AEG mit der französischen Cegelec S.A., dem Unternehmensbereich Industrieanlagen von Alcatel Alsthom, ins Geschäft zu kommen. Am 16. Januar 1995 unterzeichneten beide Unternehmen einen Vertrag zur Gründung eines Gemeinschaftsunternehmens für antriebsorientierte Automatisierungstechnik (Cegelec AEG Drive Systems GmbH), an dem die Franzosen einem Anteil von 51 Prozent und damit die Führung übernahmen.

Bei der Neuorganisation des Vertriebs sollte dieser auf ergebnisverantwortliche »Business Units« ausgerichtet und um 1000 Stellen verringert werden. Im Ergebnis sah die neue Vertriebsstruktur eigene Vertriebsmannschaften für die strategischen Bereiche vor, die nach den Besonderheiten des jeweiligen Geschäfts unterschiedlich über neue Regionalzentren und ihre Untereinheiten verteilt sein sollten. Jedes Regionalzentrum wurde einem Geschäftsbereich zugeordnet, der am betreffenden Standort die größte Geschäftssubstanz aufwies. Schließlich brachte die Umorganisation der Zentrale den Wegfall von 120 Arbeitsstellen. Ein Großteil der Mitarbeiter wurde in neu gegründeten Tochtergesellschaften oder sogenannten Profitcentern untergebracht. In zentralen Funktionen blieben nur knapp 200 Mitarbeiter übrig.

Seit dem Frühjahr 1993 interessierte sich die Wirtschaftspresse wieder verstärkt für die Zukunft der AEG. Wie so oft spielte dabei das »manager magazin« eine besondere Rolle. In seiner Aprilausgabe berichtete es unter der Überschrift »Aus Erfahrung rot«, daß nach Überprüfung der 35 Produktfelder des Elektrokonzerns »mittelfristig kaum mehr als zehn übrig« blieben. »Was dann noch da ist, so ein Topmanager, ›kann die Beteiligungsabteilung der Dasa führen‹«, schlußfolgerte das Magazin.[50] Tatsächlich verfügte keines der Geschäftsfelder über die nötige Größe und Ertragskraft, um auf Dauer allein überleben zu können. Vorstandschef Stöckl hatte dies schnell erkannt und seit 1991 versucht, Lücken im technischen Spektrum oder beim Marktzugang durch strategische Allianzen zu schließen. Was aber besaß noch strategische Bedeutung?

Bis zum Sommer 1993 hatte sich die Lage so dramatisch verschlechtert, daß Daimler-Chef Reuter vor den versammelten Führungskräften des Gesamtkonzerns für die AEG weitreichende Konsequenzen androhte, wie wiederum das »manager magazin« berichtete: »Dies zwingt uns zweifellos dazu, erneut zu überdenken, ob nicht zusätzliche strukturelle Entscheidungen notwendig sind, um die AEG nachhaltig auf einen positiven Ertragspfad zu bringen.«[51] Und die »Wirtschaftswoche« ergänzte: »Zur vierten Daimler-Division, der AEG, fallen Reuter nicht einmal mehr ironische Sottisen ein. Im Gegenteil. Hier muß er inzwischen sogar selbst sein Konzept vom integrierten Technologiekonzern in Frage stellen.«[52] An der Börse kursierten Gerüchte, Daimler-Benz wolle

»sich von der immer noch verlustreichen, immer noch schwer angeschlagenen Firma trennen«[53]. Ende September 1993 berichtete »Der Spiegel« von der gescheiterten Sanierung der AEG, die Daimler-Benz insgesamt fünf Milliarden Mark gekostet habe. »Der Spiegel« wußte auch zu berichten, daß Hilmar Kopper, Vorstandsvorsitzender der Deutschen Bank und Aufsichtsratschef bei Daimler-Benz, von der AEG »bis Jahresende nichts mehr sehen« wolle.[54]

Tatsächlich stellte sich die Lage der AEG folgendermaßen dar: Im Industrieanlagenbau nahm das Unternehmen nach Siemens und ABB Platz drei ein. Das Tochterunternehmen Modicon belegte in den USA nach Allen Bradley die Nummer zwei, war aber noch zu klein, um sich dauerhaft halten zu können, und erwirtschaftete hohe Verluste. Die Modular Computer Systems Inc. (Modcomp) hatte sich längst als teure Fehlinvestition herausgestellt. Auf dem Gebiet der Antriebe belegte die AEG nur einen unbedeutenden Platz, bei den Elektromotoren war sie im internationalen Maßstab zu klein. Einzig die AEG Electrocom belegte mit ihren Briefsortieranlagen eine führende Stellung auf dem Weltmarkt. Der Bereich Elektrotechnische Anlagen und Kcmponenten war zwar noch profitabel, wurde aber auf Dauer als nicht überlebensfähig bezeichnet, obwohl die AEG bei der Hoch- und Mittelspannungstechnik nach Siemens den zweiten Platz in Deutschland belegte und in Europa mit dem fünften Platz eine gute Position hatte. Bei den für Daimler-Benz strategisch besonders wichtigen Bahnsystemen besaß die AEG nur bei Passagiertransportsystemen auf Großflughäfen (»People-Mover«) eine führende Position. Beim Triebfahrzeugbau übernahm sie nur selten die Systemführerschaft. Die Hausgeräte waren zwar nach wie vor Träger der Identität und des Ansehens der AEG, jedoch zu klein, um im internationalen Wettbewerb dauerhaft zu bestehen. In die Mikroelektronik hätten Milliardensummen investiert werden müssen, um dem Bereich technisch und wirtschaftlich zu einer Spitzenposition zu verhelfen.

Im Oktober 1993 drangen Nachrichten über einen völligen Umbau und damit das Ende der AEG in ihrer bisherigen Struktur an die Öffentlichkeit. Die AEG sollte nur noch als Holding »im wesentlichen für die Aufgaben Steuerung, Koordinierung und Kontrolle der Geschäftspolitik sowie der Personal- und Sozialpolitik« der Unternehmensbereiche zuständig sein.[55] Nach Bekanntwerden dieser Pläne war man im Konzern eilig bemüht, die aufschäumenden Emotionen zu glätten. Edzard Reuter sah sich am 27. Oktober sogar dazu veranlaßt, in einem Rundfunkinterview ein mögliches Ende der AEG zu dementieren, deutete allerdings zugleich weitreichende Veränderungen an, die unter anderem in einem Namenszusatz ihren Niederschlag finden würden: »Deswegen werden wir wahrscheinlich den Namen AEG ergänzen durch eine Unterzeile, in der klar wird, welches die Rolle der AEG im Konzern in Zukunft sein soll.«[56]

Im November 1993 beschrieb das »manager magazin« dann im wesentlichen das Strukturkonzept, wie es Anfang Dezember vom Aufsichtsrat beschlossen und in die Tat umgesetzt werden sollte: Danach lagen dem Aufsichtsrat des Daimler-Benz-Konzerns Pläne vor, nach denen die AEG in »Daimler-Benz Industrie« umbenannt und in eine reine Beteiligungsholding als Auffangbecken für alle Tätigkeiten des Gesamtkonzerns umgewandelt werden sollte, die weder zu Mercedes noch zur Dasa paßten.[57] Wenig Platz war darin für die Hausgeräte, dafür aber sollte der Dieselmotorenhersteller MTU aus Friedrichshafen am Bodensee dazukommen. Weiter schrieb das Magazin: »Daß sich die Schwaben längerfristig auch aus der Automatisierungs- und Energietechnik zurückziehen, daran lassen Insider keinen Zweifel.« Was bleiben sollte, waren die Bahntechnik und die Mikroelektronik, beides Bereiche, bei denen Daimler-Benz auf der industriellen Führung beharrte.

Am 8. Dezember 1993 verabschiedete der AEG-Aufsichtsrat die Neuausrichtung der AEG innerhalb des Daimler-Benz-Konzerns: Das Unternehmen umfaßte nach eigenem Verständnis nunmehr jene »Geschäftsaktivitäten, die zum verkehrstechnischen Stammgeschäft des Technologiekonzerns Daimler-Benz die schienengebundenen Produkte und Systeme beisteuern«. Außerdem sollte es »den für alle Konzernteile wichtigen Technologiezugriff in der Mikroelektronik« sichern sowie »industrielle Konzernaufgaben wahr[nehmen], die nicht im engeren Sinne zum Automobilbereich oder zur Luft- und Raumfahrt gehören, sowie diejenigen, die aus dem eigenen technischen Stammgeschäft hervorgegangen sind«[58]. Im einzelnen war die strukturelle Neuausrichtung mit der Übernahme der Mehrheit und damit der industriellen Führung bei der Temic (Erhöhung des AEG-Anteils von 50 auf 51 Prozent), der Zuordnung der MTU Friedrichshafen (bisher bei der Dasa), dem Verkauf der Hausgeräte an Electrolux und der Abgabe des Lichttechnik- und Zählergeschäfts verbunden.

Mit dem Konzept einer »AEG Daimler-Benz Industrie« wurde der letzte Versuch unternommen, die AEG als Teil des Technologiekonzerns Daimler-Benz zu positionieren. Kaum war das Konzept verkündet, wurde es von der Wirtschaftspresse verrissen. Im »Handelsblatt« war zu lesen, die AEG erinnere nunmehr eher »einer Sammelstelle für alle jene Aktivitäten, mit denen die Stuttgarter Technologiemanager nichts anzufangen wußten. Mit immer neuen Strategien versuchte man die eigene Konzeptionslosigkeit und den Verfall zu kaschieren«[59]. Die »Börsen-Zeitung« notierte: »Als Sammelbecken aller außerhalb des Automobil- sowie Luft- und Raumfahrtbereichs von Daimler liegenden industriellen Aktivitäten, verlagert sich die Verantwortung für Strategie (und damit Ergebnis) zusehends nach Stuttgart. Darüber hinaus verliert die AEG auf operativer Ebene in dem Maße Gestaltungsmöglichkeiten, wie sie sich als Juniorpartner in Allianzen retten muß. Für ein ›Stand alone‹ reichen in den meisten Bereichen die Umsatzgröße, der Marktanteil oder die technologische Position nicht aus.«[60]

Innerhalb der AEG stieß die Neupositionierung ebenfalls auf erhebliche Skepsis. Die Verkäufe wurden eher als Beitrag zur Destabilisierung und weniger als Versuch zur Stärkung des Restportfolios wahrgenommen. Vorstandschef Stöckl versuchte, sich diesen resignativen Tendenzen entgegenzustellen, und warb für die Umstrukturierung des Konzerns mit dem Argument, daß sich die AEG angesichts der rasanten wirtschaftlichen Veränderungen in der Welt der Elektrotechnik in einem Zustand »kreativer Destabilisierung« befände. Stöckl weiter: »Die Frage ist allein, was wir daraus machen: Steinbruch oder Durchbruch!« Natürlich sollte es ein Durchbruch werden, ein Turn-around, »von dem ab es nur noch in einer Richtung, nämlich aufwärts, und das mit ungebrochenem Trend, gehen darf«[61]. Vorerst jedoch deutete hierauf nur wenig hin, denn 1993 erlitt die AEG beim operativen Geschäft ein Ergebnis von minus 500 Millionen Mark. Alles in allem betrug der Jahresfehlbetrag 1,2 Milliarden Mark, wobei allein der Konzernumbau mit 607 Millionen Mark zu Buche schlug.

Verkauf der Hausgerätesparte

Als AEG-Chef Stöckl im Oktober 1993 dem Aufsichtsrat des Konzerns tiefgreifende Strukturmaßnahmen vorstellte, meinte er, diese würden zu »einer fundamentalen Stärkung der Position dieses Unternehmens im Daimler-Benz Konzern führen, allerdings mit einer etwas anderen Schwerpunktsetzung, als es dem Traditionsverständnis der AEG entspreche«[62]. Der gravierendste Eingriff in dieses Traditionsverständnis war zweifellos der Verkauf der Hausgerätesparte, der schon seit Jahrzehnten immer wieder in Erwägung gezogen worden war, vor dessen Vollzug man jedoch wegen der nur schwer absehbaren Folgen zurückschreckte. Denn die Markenidentität der AEG bezog sich inzwischen hauptsächlich auf das Hausgerätegeschäft, obwohl die AEG nach ihrem eigenen Verständnis in erster Linie ein Ausrüster von Kraftwerken, von Energieübertragungsanlagen, Lokomotiven etc. war.

Mit der Fertigung von Hausgeräten hatte man zwar schon wenige Jahre nach Firmengründung begonnen. Nach dem Zweiten Weltkrieg erlangte sie eine herausragende Bedeutung. Dies wurde im Konzern nicht ungern gesehen, weil sich auf diese Weise der Firmenname einer breiten Bevölkerungsschicht einprägte. Hinzu kam, daß der Hausgerätebereich Ende der fünfziger Jahre einen der erfolgreichsten Werbeslogans in der deutschen Nachkriegsgeschichte (»Aus Erfahrung Gut«) eingeführt hatte und die damit verbundene Wertung auf die ganze AEG übertragen wurde.

Zur Zeit des Vergleichs war vergeblich versucht worden, den Bereich an den schwedischen Electrolux-Konzern zu verkaufen. Nach Trennung von Marken wie Alno, Neff, Zanker, Küppersbusch und BBC konzentrierte sich die AEG auf ihre Stammarke und brachte neue, stromsparende sowie umweltfreundliche Geräte auf den Markt. Außerdem verzichtete sie bewußt auf die Teilnahme an ruinösen Preiswettkämpfen zu Lasten der Qualität und positionierte seine Produkte erfolgreich im oberen Preissegment.

Seitdem sich Mitte der achtziger Jahre Daimler-Benz bei der AEG engagierte, spielte die Hausgerätesparte bei der Einbindung des AEG-Potentials in einen integrierten Technologiekonzern nur die Rolle eines disponiblen Geschäftsbereichs. Der Stuttgarter Mutterkonzern war primär am vermuteten High-Tech-Potential der AEG interessiert, weniger an Waschmaschinen und Geschirrspülern. Der Verkauf war demzufolge nur eine Frage der Zeit. Dementsprechend kamen immer wieder Gerüchte auf, nach denen der Bereich veräußert werden sollte. Beispielsweise erwähnte das »manager magazin« eine

Daimler-Benz-Studie, die sich mit Berührungspunkten zwischen der AEG und anderen Unternehmensbereichen befaßte. Danach paßten die Hausgerätesparte, die Elektrowerkzeuge-Fertigung, ein Teil der Bürotechnik sowie die Produktion von Zählern und Leuchten besser zu Konkurrenzunternehmen. Ungeachtet dessen wurde seitens der AEG immer wieder betont, wie sehr das Ansehen mit den Hausgeräten verbunden sei; die Fertigungsmethoden der Hausgeräte ließen sich außerdem auf andere Sparten übertragen, und schließlich brächten die Hausgeräte einen »ordentlichen Cash-flow«.[63]

Nach der Übernahme der Aktienmehrheit durch Daimler-Benz schien es zunächst, als sei die Diskussion um die Zukunft der Hausgerätefertigung verstummt. Der Bereich erwirtschaftete Gewinne in zweistelliger Millionenhöhe (1988: 54 Millionen Mark) und expandierte. Seit 1989 gingen die Erträge jedoch zurück. 1990 lag das Ergebnis bei minus 73 Millionen Mark.

Während die AEG einerseits versuchte, ihre zwar kränkelnde, aber prestigeträchtige Sparte wieder zu sanieren, wurden andererseits Maßnahmen zur späteren Herauslösung getroffen. Der erste Schritt war die Gründung der rechtlich selbständigen AEG Hausgeräte AG am 1. Juni 1990 – Aufsichtsratschef Reuter beeilte sich zu betonen, »daß damit auf keinen Fall auf die Mehrheit und die Führung durch die AEG verzichtet wird«[64]. Die neue Tochtergesellschaft mit Sitz in Nürnberg wurde mit einem Grundkapital von 150 Millionen Mark ausgestattet. Sie beschäftigte rund 12000 Mitarbeiter und setzte weltweit etwa drei Milliarden Mark um.

Nach der rechtlichen Verselbständigung begann die AEG-Führung mit der Suche nach Partnern für den Hausgerätebereich. Im Mai 1991 hielt Stöckl Allianzen im Hausgerätegeschäft für möglich. Hartnäckig hielten sich Gerüchte einer Drittelbeteiligung der AEG an der Bosch-Siemens Hausgeräte GmbH, die jedoch dementiert wurden.[65] Im Herbst 1991 bekräftigte Stöckl dann jedoch, »daß es überzeugende Gründe gibt, im Hausgerätebereich auch künftig tätig zu sein«. Er betonte die »herausragende Bedeutung, die diese Geschäftsfeld für unser Marken- und Unternehmensimage hat«. Außerdem sei dessen geschäftliche Position augenblicklich recht günstig.[66] Nach einem internen Papier ergaben sich für die AEG-Führung folgende Alternativen: Eine Fortsetzung des Geschäftsbetriebs in ausschließlich eigener Verantwortung kam nicht in Frage, vor einem Verkauf wurde allerdings deutlich gewarnt: Am Markt werde die Marke AEG untrennbar mit AEG-Hausgeräten in Verbindung gebracht; ohne Markennamen werde der AEG-Konzern marken- und somit identitätslos. Statt dessen wurde die Bildung von Kooperationen angestrebt, weil es dieser Sparte an notwendiger kritischer Größe fehlte und die Ergebnisse deshalb auch bei vollständiger Auslastung der Fabriken nicht befriedigend waren. Hinzu kam, daß das Hausgerätegeschäft vor allem in den ausländischen Vertriebsgesellschaften einen beträchtlichen Teil der dortigen Strukturkosten abdeckte, im Grunde genommen also diese Gesellschaften erheblich mitfinanzierte. Allerdings drohte diese Stütze einzustürzen, da für den Hausgerätesektor das Auslandsgeschäft einbrach.

Im Mai 1992 war endlich ein Partner gefunden worden. Es handelte sich um die schwedische Electrolux AB, mit der man schon 1982 Verhandlungen geführt hatte und mit der man sich nun auf eine langfristige Zusammenarbeit bei der Herstellung elektrischer Hausgeräte verständigte. Zu diesem Zweck erwarb Electrolux für 80 Millionen Mark eine Beteiligung von zehn Prozent an der AEG Hausgeräte AG. Gleichzeitig beteiligte sich die AEG mit einer zehnprozentigen Wandelanleihe an Electrolux. Der schwedische Konzern erhielt außerdem eine Option auf den Erwerb weiterer zehn Prozent der Anteile zum Preis von 100 Millionen Mark zum 1. Januar 1994 und »entgegen der heutigen strategischen Zielsetzung«[67] ein Vorkaufsrecht auf die restlichen 80 Prozent einschließlich aller Weiße-Ware-Aktivität innerhalb der AEG-Auslandsvertriebsgesellschaften und der zeitlich unbegrenzten Nutzung des Markenzeichens AEG für Hausgeräte.

Die Hausgeräte der AEG konnten als Träger des Markennamens noch solange ihr identitätsstiftendes Gewicht in die Waagschale werfen, solange sich dies betriebswirtschaftlich rechtfertigen ließ. Als es jedoch 1993 in Deutschland zum Konjunktureinbruch kam, stiegen die AEG-Verluste dramatisch an und drohten auch auf den Hausgerätebereich überzugreifen. Vorstand und Aufsichtsrat akzeptierten daher den Ausstieg aus der inzwischen wieder halbwegs profitablen Sparte. Der Verkauf wurde bis zuletzt geheimgehalten. Noch im Juli 1993 wies die Geschäftsleitung entsprechende Gerüchte weit von sich. Gegenüber den »Nürnberger Nachrichten« bekräftige Hausgerätechef Carlhanns Damm, »daß eine Kapitalbeteiligung der Schweden darüber [d.h. über die vereinbarten 20 Prozent] hinaus kein Thema sei«[68]. Im November hieß es allerdings schon, die AEG verhandele zwar mit Electrolux, wolle aber zum Verkauf der Hausgerätesparte an das schwedische Unternehmen keine Stellung nehmen – ein sicheres Indiz dafür, daß der Verkauf unmittelbar bevorstand.

Als am 8. Dezember 1993 der Aufsichtsrat das neue Strukturkonzept für die AEG verabschiedete, war der Verkauf der Hausgeräte die bedeutendste Maßnahme, die in diesem Zusammenhang getroffen wurde. Intern wie extern wurde dieser Schritt rein wirtschaftlich begründet. Die bisherige Zusammenarbeit mit Electrolux habe nicht ausgereicht, die Synergieeffekte voll auszuschöpfen, durch die Abgabe an einen potenten Partner werde der Bereich letzten Endes gestärkt. Dieses Argument, das sich in Anbetracht der Marktsituation nicht von der Hand weisen ließ, veranlaßte schließlich auch die aufgeschreckten Arbeitnehmervertreter im Aufsichtsrat, dem Verkauf zuzustimmen.

Ende 1993 erwarb Electrolux zunächst – wie vereinbart – weitere zehn Prozent an der AEG Hausgeräte AG.[69] Am 4. Mai 1994 konnten die Verhandlungen zur vollständigen Abgabe abgeschlossen werden. Insgesamt entrichtete der schwedische Konzern einen hohen Betrag, nämlich 730 Millionen Mark, zahlbar in drei Raten innerhalb von 18 Monaten nach dem Kauf, und übernahm außerdem sämtlich Finanzschulden.[70] Nachdem im Juni 1994 die europäischen Kartellbehörden zugestimmt hatten, wurde die AEG Hausgeräte AG am 1. Oktober 1994 in den Electrolux-Konzern integriert, der auch ohne zeitliche Begrenzung das Markenzeichen übernahm.[71]

Die Folgen des Verkaufs waren für die AEG weitreichend, vor allem für deren ausländische Vertriebsgesellschaften, die fast 40 Prozent ihres Geschäftsvolumens verloren und komplett restrukturiert werden mußten.

»AEG Daimler-Benz Industrie«

Im April 1994 wurde der AEG die Ende 1993 beschlossene neue Identität verpaßt, und sie nannte sich nun offiziell »AEG Daimler-Benz Industrie«[72]. Die Einführung des neuen Signets war Ausdruck des Bemühens, sich von den Hausgeräten als bisherigem Markenträger zu distanzieren. In einer aufwendigen Werbekampagne (Slogan »Zukunft beginnt täglich«) wurde versucht, das neue Erscheinungsbild und das neue Selbstverständnis im Bewußtsein einer breiten Öffentlichkeit zu verankern. Auch die Führungskräfte sollten auf die neue Identität eingeschworen werden. Noch einmal wurden deren Reihen fest geschlossen und das Signal zum Aufbruch gegeben. Im neuen »Mission Statement« legte sich die AEG nicht nur auf das Erzielen von Gewinnen fest, sondern verständigte sich darauf, womit und auf welche Weise diese Gewinne erzielt werden sollten: »Wir wollen darauf hinarbeiten, die AEG zu einem weltweit tätigen Anbieter von Problemlösungen auf der Basis elektrotechnischer und elektronischer Produkte und Systeme mit hoher technischer Kompetenz in ausgewählten Tätigkeitsgebieten mit starker bis führender Stellung in den relevanten Märkten zu machen.«[73] Die breit angelegte Imagekampagne erreichte jedoch nicht die gewünschte Wirkung. In der Tageszeitung »Die Welt« bemerkte Heide Neukirchen: »Mit Verwechslungen wird die AEG wohl trotzdem noch lange leben müssen, denn was Verbraucher über hundert Jahre kennen, das vergessen sie nicht in wenigen Monaten.«[74] Schließlich stand auch die geschäftliche Entwicklung im Widerspruch zum neuen Selbstverständnis des Konzerns, denn Ende 1993 war die AEG wieder dort angekommen, wo sie sich schon vor dem Vergleich befand: Von Quartal zu Quartal mußte die Einschätzung der geschäftlichen Entwicklung korrigiert werden. Das im Budget prognostizierte Wachstum von zehn Prozent erwies sich als völlig unrealistisch. Am Jahresende lag der Umsatz um 3,4 Prozent unter dem Vorjahreswert. Der Verlust im operativen Geschäft belief sich auf 500 Millionen Mark, verursacht im wesentlichen durch eine geringe Auslastung der Fabriken, Preisverfall und höhere Rückstellungen. Erneut offenbarte sich das Dilemma der AEG: ein zu geringer Marktanteil, ein zu geringer Fertigungsanteil im Ausland, fehlende Vertriebsrepräsentanz und technischer Rückstand. Der Verlust konnte gegenüber 1992 nur deshalb klein gehalten werden, weil der Strukturaufwand geringer ausfiel und bedeutende Aktivitäten verkauft wurden. So erbrachte die Abgabe des Hausgerätegeschäfts sowie die Veräußerung weiterer Geschäftsfelder einen Gewinn von 300 Millionen Mark.[75]

Anfang 1994 wurden die Zählerfabrik in Hameln und das Werk für Lichttechnik in Springe ausgegründet und zum Kauf angeboten. Während über Hameln mit der britischen GEC verhandelt wurde, suchte man für das Zweigwerk in Springe einen anderen Interessenten. Anfang Mai 1994 unterzeichneten die AEG und die niederländische

Prestigeobjekt mit Anlaufschwierigkeiten: Erstmals 1994 in Frankfurt am Main wurde von der AEG ein automatisches Passagier-Transfersystem (»People-Mover«) in Betrieb genommen

Philips Lighting eine Absichtserklärung über den Erwerb der Lichttechnik durch Philips.

Die hohen Verluste der Motorenfabriken in Bremen (Lloyd Dynamowerke, LDW), Mönchengladbach (Schorch GmbH) und Terrassa/Barcelona (FMT) machten auch dort eine Bereinigung unumgänglich. Es war beabsichtigt, die Gesellschaften wieder profitabel zu machen. Schorch sollte außerdem verkauft oder in eine Kooperation eingebracht werden. Zu diesem Zweck wurde das Tochterunternehmen zum 1. Januar 1995 in eine Schorch Elektrische Maschinen und Antriebe GmbH und in die AEG Schorch Transformatoren GmbH aufgeteilt.

Im April 1994 beschlossen die AEG und die französische Groupe Schneider, mit Wirkung vom 1. Januar des folgenden Jahres ihre Arbeitsbereiche auf dem Gebiet Steuerungs- und Regelungstechnik zusammenzulegen (AEG Schneider Automation). Verhandlungen mit Schneider über ein Gemeinschaftsunternehmen in der Energietechnik scheiterten jedoch.[76]

Ebenfalls im April legten die AEG und die Bremer Atlas Elektronik GmbH ihr Geschäft auf den Arbeitsgebieten Schutz- und Netzleittechnik in der AEG Atlas Schutz- und Leittechnik GmbH zusammen. Das Unternehmen wurde von der AEG, die 75 Prozent der Anteile hielt, industriell geführt. Im Dezember veräußerte die AEG den Bereich Heizungsregelungssysteme der AEG Zähler GmbH an die G. Kromschröder AG in Osnabrück. Am selben Tag konnten die Verhandlungen mit der New Yorker Schlumberger Limited über die Veräußerung der AEG Zähler GmbH zum 1. Januar 1995 abgeschlossen werden. Die Bereinigung des Portfolios ging durch diese Verkäufe zwar beschleunigt voran, neue Konturen ließ der Konzern jedoch immer noch nicht erkennen. Vielmehr hinterließen die Veräußerungen den Eindruck eines beschleunigten Erosionsprozesses.

DAS ENDE

Die Gründung der ABB Daimler-Benz Transportation (ADtranz)

Am 26. März 1995 überraschten die Chefs von Daimler-Benz und ABB, Edzard Reuter und Percy Barnevik, die Öffentlichkeit mit der Ankündigung, das Bahngeschäft beider Konzerne in einem Unternehmen zusammenzulegen. Betroffen waren davon der gesamte AEG-Schienenfahrzeugbereich (1,5 Milliarden Mark Umsatz) und die ABB Henschel AG (2,7 Milliarden Mark Umsatz). Daimler-Benz zahlte, da der AEG-Bereich wesentlich kleiner war, an ABB einen Ausgleich von 900 Millionen US-Dollar. Ferner vereinbarten Daimler-Benz und ABB, das Gemeinschaftsunternehmen nach dem »arms-length-Prinzip« führen zu lassen, so daß keiner der Partner die Führung übernehmen konnte. Damit war die Bahntechnik, die erst ein Jahr zuvor zum eigentlichen Unternehmenszweck der AEG erklärt worden war, nicht mehr operativ geführt.

Vor dem AEG-Aufsichtsrat begründete Stöckl den Schritt zur Gründung von ADtranz mit der angespannten Situation auf dem Bahnmarkt: Danach sei die Situation durch einen drastischen Preisverfall, einem »traumatischen« Anstieg der Kapazitäten in der deutschen Bahnindustrie seit der Wiedervereinigung sowie durch die Deregulierung des Marktes gekennzeichnet. Die AEG habe, so Stöckl, vor der Alternative gestanden, entweder aus dem Bahngeschäft ganz auszusteigen oder sich auf die Herstellung von Fahrzeugen des Nahverkehrs (z.B. Straßenbahnen) zu beschränken. Zum selbständigen Ausbau des Geschäftsfeldes reiche die Kraft nicht aus. Keiner der sonstigen Bahnhersteller sei bereit gewesen, seinen Anteil zugunsten der AEG zu verkaufen.

Mit Gründung eines Gemeinschaftsunternehmens auf dem Bahnsektor tat sich die AEG mit einem in technischer wie wirtschaftlicher Hinsicht ungleichen Partner zusammen. Bei Daimler-Benz hatte man zwar am Ausbau des Bahntechnikgeschäfts festgehalten, aber hierzu reichten weder die kaufmännische noch die technologische Kompetenz der AEG aus. Insofern kam das Zusammengehen mit ABB der Stuttgarter Konzernführung nicht ungelegen. Daimler-Chef Reuter, der Ende Mai 1995 von seinem Posten abgelöst werden sollte, konnte damit am Schluß seiner Dienstzeit ein positives Zeichen setzen.

Nachdem im Oktober 1995 die Europäische Kommission der geplanten Fusion mit der Auflage zugestimmt hatte, daß die zum AEG-Geschäftsfeld Bahnsysteme zählende

Mit einer ICE-Garnitur warben AEG und Siemens 1994 in den USA für die Leistungsfähigkeit der deutschen Bahnindustrie

Kiepe Elektrik GmbH veräußert werden müßte, wurde am 1. Januar 1996 die ABB Daimler-Benz Transportation GmbH als internationale Holdinggesellschaft mit Sitz in Berlin gegründet. Als Markenname wurde von einer englischen Werbeagentur die Bezeichnung »ADtranz« gewählt, die sich aus den Namen beider Konzerne, dem englischen Wort Transportation und den Buchstaben A bis Z zusammensetzte, womit der Anspruch ces neuen Unternehmens unterstrichen werden sollte, das ganze Spektrum der Bahntechnik abzudecken. Mit Gründung der ADtranz sicherte sich der Daimler-Benz-Konzern eine wesentliche Beteiligung an der strategisch wichtigen Bahntechniksparte sowie eine Option auf deren spätere vollständige Übernahme.

In der Tat war es Daimler-Benz gelungen, mit Gründung von ADtranz dem Schienenfahrzeugbau wieder eine Perspektive zu geben. Aus eigener Kraft hätte die AEG dies nicht geschafft. Jedoch war auch die Bahntechniksparte von ABB langfristig nicht allein überlebensfähig. Auch sie litt unter Verlusten. Für ABB bot es sich außerdem an, sich über das Gemeinschaftsunternehmen langfristig vom Bahngeschäft zu trennen, freilich erst dann, wenn das neue Unternehmen rentabel geworden war. Dann nämlich ließe sich der Anteil mit Gewinn an den Partner verkaufen.

Mit Gründung von ADtranz endete der Versuch der AEG, aus eigener Kraft ein weltweit führender Komplettanbieter von Bahntechnik zu werden. Vor dem Zweiten Weltkrieg zählte die AEG zu den wirtschaftlich bedeutendsten und technisch führenden Unternehmen im Lokomotivbau. Als einziger Konzern war sie in der Lage, sowohl den elektrischen als auch den mechanischen Teil elektrischer Bahnfahrzeuge zu bauen. Mit dem Verlust des großen Hennigsdorfer Werks vor den Toren Berlins nach 1945 ging diese Fähigkeit verloren. Wie auch Siemens und BBC mußte die AEG mit den Herstellern mechanischer Teile kooperieren. Die Struktur des deutschen Eisenbahnmarkts in der Nachkriegszeit brachte es mit sich, daß die Unternehmen der Bahnindustrie zwar kontinuierlich mit Aufträgen versorgt wurden, auf dem nationalen Markt jedoch nur selten in direkter Konkurrenz zueinander standen. Die Entwicklung neuer Bahnfahrzeuge erfolgte in der Regel unter Leitung der Deutschen Bundesbahn. Im Ausland bildete die deutsche Bahnindustrie Arbeitsgemeinschaften und sicherte sich auf diese Weise den Zugang auch zu entfernten Märkten, wie zum Beispiel in Südafrika oder Südkorea.

Als die AEG-Bahntechnik 1988 ihr 100jähriges Jubiläum feierte, war sie mit 370 Millionen Mark Jahresumsatz das kleinste Geschäftsfeld im Konzern. Wenig später, nach dem Fall der Berliner Mauer und der innerdeutschen Grenze, eröffneten sich der AEG neue Kooperationsmöglichkeiten vor allem mit ihrer früheren Lokomotivfabrik in Hennigsdorf bei Berlin. Diese hatte sich nach dem Zweiten Weltkrieg zu einem gewaltigen Konzern entwickelt. Als Stammbetrieb des VEB Lokomotivbau-Elektrotechnische Werke »Hans Beimler« (LEW) war sie unter anderem Monopolanbieter elektrischer Lokomotiven in der DDR. Vor allem im Hinblick auf den riesigen Markt im Osten Europas und in der damaligen UdSSR, die von der LEW bevorzugt beliefert wurde, schien zunächst eine Kooperation und später eine Übernahme attraktiv. In der Tat konnte die AEG zum 1. Januar 1992 ihre ehemalige Lokomotivfabrik zurückerwerben. Es war dies ein wichtiger Schritt auf dem Weg zum Anbieter kompletter Bahnsysteme. Allerdings fehlte noch der wichtige Bereich der Signaltechnik, den die AEG im Zuge eines Aktientausches 1942 an Siemens abgegeben hatte.

Zugleich zeichneten sich auf dem Eisenbahnmarkt bedeutende Umbrüche ab. Wurden bis dahin die meist staatlichen Aufträge in enger Kooperation mit den anderen Bahnherstellern ausgeführt, trat an die Stelle dieser kartellähnlichen Verbindungen die offene Konkurrenz. Um weiter auf dem Markt bestehen zu können, mußten die Bahnhersteller nicht nur zu schärferer Kalkulation übergehen, sondern auch die sogenannte Systemfähigkeit erreichen, das heißt, den mechanischen und den elektrischen Teil von Bahnfahrzeugen in eigener Regie zu fertigen.

Ein entsprechendes Ziel wurde bei der AEG 1990 definiert. Man wollte eine Spitzenposition im internationalen Wettbewerb und eine fünfprozentige Umsatzrendite vor Steuern erreichen. Dazu sollten die MAN Bahntechnik in Nürnberg und das Bahngeschäft von MBB in Donauwörth übernommen werden. Außerdem war eine 50prozentige Beteiligung an der Preussag-Tochter Linke-Hoffmann-Busch GmbH (Jahresumsatz 300 Millionen Mark), der Krupp Verkehrstechnik (Jahresumsatz 500 Millionen Mark) sowie eine 50prozentige Beteiligung am Schienenfahrzeugbereich von LEW (Jahresumsatz 500 Millionen Mark) und am bisherigen Kombinat Schienenfahrzeuge der DDR (Jahresumsatz 3,5 Milliarden Mark) vorgesehen. Insgesamt peilte man eine Steigerung des Umsatzes von 700 Millionen Mark (1990) auf 5,5 Milliarden Mark an. Damit hätte die AEG nicht nur die ersehnte Systemfähigkeit erworben, sondern wäre auch unbestrittene Nummer eins im deutschen Bahngeschäft geworden.

Die Folge der Zukäufe auf dem Gebiet der Bahntechnik war eine Umsatzexplosion auf eine Milliarde Mark (1991). Trotz aller Anstrengungen blieb die AEG kleinster Anbieter und drohte von der Konkurrenz überrollt zu werden. So steigerten die beiden nationalen Konkurrenten, Siemens und ABB, ihr Engagement in der Bahnsparte ebenfalls und operierten dabei erfolgreicher: So hatte sich Siemens unter anderem an der Duewag AG, an der Krauss-Maffei Verkehrstechnik GmbH, der österreichischen SGP-(Simmering Graz Pauker-)Verkehrstechnik Ges.m.b.H. beteiligt. ABB integrierte den Schienenfahrzeugbau von Thyssen Henschel AG und die Berliner Waggon Union. ABB und Siemens erreichten 1993 mit ihrer Bahntechnik jeweils einem Umsatz von 2,7 Milliarden Mark, die AEG lediglich 1,5 Milliarden Mark.

Nachdem die AEG 1990 die Schienenverkehrstechnik von MAN (MAN GHH Schienenverkehrstechnik GmbH) und über diese wiederum diejenige von MBB erworben hatte, gelang es nicht, weitere Unternehmen zu erwerben, um auf diese Weise die auf dem Weltmarkt erforderliche Größe und Durchsetzungskraft zu erreichen. So blieb der AEG nur noch der tschechische Hersteller ČKD (Českomoravska-Kolben-Danek A. S.) aus Prag. Jedoch auch dieses Gemeinschaftsunternehmen kam nicht zustande. Es gelang lediglich, Mitte März 1993 die Düsseldorfer Kiepe Elektrik GmbH, einen Ausrüster von Straßenbahnen und Hersteller von Komponenten für die Bahnstromversorgung, von GEC Alsthom zu übernehmen.

Infolge zahlreicher Zukäufe war außerdem die Führung des Bahnbereichs kaum koordiniert. Es gab Parallelentwicklungen und -fertigungen. Das Werk in Hennigsdorf leistete zwar einen Umsatzbeitrag von 400 Millionen Mark, brachte aber dem Bahnbereich keine deutliche Strukturverbesserung. Die Fabrik, Lieferant großer Serien von Lokomotiven für den gesamten Ostblock, war für die Bedürfnisse des westlichen Markts viel zu groß – und der östliche existierte nicht mehr.

Der Druck, der auf dem Geschäftsfeld lastete, war so groß, daß sich die AEG auf die Suche nach einem starken Partner machen mußte. Dabei fand die Konzernführung Unterstützung durch die Muttergesellschaft, deren Ziel es war, bei einem möglichen Gemeinschaftsunternehmen die Führung zu übernehmen. Bereits im Sommer 1991 nahmen Vertreter von AEG und Siemens Gespräche auf, in die beide Seiten allerdings nicht mit hohen Erwartungen gingen. Reuters Vorstellungen sahen ein Gemeinschaftsunternehmen vor, das unter industrieller Führung von Daimler-Benz stehen sollte. Der im Herbst 1992 gestartete Versuch, eine Kooperation mit Siemens im Bahnbereich zustande zu bringen, schien zunächst einen günstigen Verlauf zu nehmen, mußte aber im März 1993 abgebrochen werden, nachdem das Bundeskartellamt Bedenken angemeldet hatte.

Die Umstrukturierung des AEG-Konzerns im Herbst 1993 wertete die Bahnsparte zum vorrangigen Unternehmenszweck auf. Der Bereich befand sich einerseits noch im Aufbau, gleichzeitig ergab sich erheblicher Sanierungsbedarf. Die Bahnsysteme der AEG litten, obwohl dem gesamten Geschäft mittelfristig gute Perspektiven eingeräumt wurden, wie die gesamte deutsche Bahnindustrie unter erheblichen Überkapazitäten. Diese waren unter anderem durch die Reform der Deutschen Bundesbahn verursacht worden, die de facto zu einem mehrjährigen Beschaffungsstopp führte. Wie groß die Überkapazitäten waren, zeigte sich am Beispiel der ostdeutschen Deutschen Waggonbau AG (DWA), die noch 1992 in der Lage war, jährlich 5200 Einheiten auf die Gleise zu stellen, mehr als die gesamte westdeutsche Bahnindustrie. Die Überkapazitäten verschärften nicht nur den Wettbewerb unter den Bahnherstellern, sondern führten auch dazu, daß Aufträge zu ungünstigen Konditionen hereingenommen wurden, um die Beschäftigung in den eigenen Unternehmen zu sichern.

Der Preisverfall bei Bahnfahrzeugen zwang alle Bahnhersteller Deutschlands zu schnellem Handeln mit dem Ziel drastischer Kostensenkungen. Im Fall der AEG wurde für den Bahnbereich am 9. November 1993 ein Strukturkonzept bestätigt, das die Aufgabe der Fabrik an der Berliner Nonnendammallee vorsah, mit deren Errichtung erst 1983, also während des Vergleichs, mit Unterstützung des Berliner Senats begonnen worden war und die nun nach Hennigsdorf verlegt werden sollte, woraufhin die Berliner Landesregierung prompt ihre finanzielle Unterstützung zurückverlangte. Insgesamt wollte man bei der AEG im Bahnbereich 1500 Arbeitsplätze abbauen. Da die Kooperation mit der tschechischen ČKD nicht zustande kam, wurden schließlich nur 1400 Stellen gestrichen.

Jedoch auch diese Sanierungsschritte reichten offenbar nicht aus, die Bahnsparte auf ertragreichen Kurs zu führen. Zwar konnte die AEG 1994 mit der Vorstellung eines Lokomotivprototypen (»12X«) nachweisen, daß sie hinsichtlich der technologischen Kompetenz gegenüber der Konkurrenz aufgeholt hatte, die wirtschaftliche Lage veränderte sich allerdings nicht. Um wenigstens Marktanteile zu halten und Arbeitsplätze zu sichern, nahm die AEG Aufträge herein, die nicht rentabel abgewickelt werden konnten und das Ergebnis des Bereichs lange Zeit belasten mußten. Ein Beispiel war der 1994 erteilte Auftrag der Deutschen Bahn AG zum Bau von 80 Lokomotiven und die Option über weitere 400 Fahrzeuge der Baureihe 145 sowie der Auftrag zum Bau von Neigetechnik-Triebzügen (Baureihe 611), die faktisch ohne die bis dahin übliche langjährige technische Erprobung in Serie gefertigt wurden und später im Bahnbetrieb für Pannen sorgten.

Ende 1994 war noch nicht absehbar, wann der Bahnbereich in der Lage sein würde, die geforderten schwarzen Zahlen zu schreiben. Die Muttergesellschaft Daimler-Benz, der weiterhin sehr daran lag, im Bahnbereich eine bedeutende Rolle zu spielen, sah sich in Anbetracht der Lage zum Handeln herausgefordert. In einer ähnlichen Situation befanden sich auch andere Hersteller von Schienenfahrzeugen, darunter Asea Brown Boveri (ABB).

Kare Vagner, Vorstandsmitglied für den Bahnbereich bei ABB, lud Ende 1994 AEG-Chef Stöckl zu einem Treffen am Züricher Flughafen ein. Dort eröffnete der dänische Manager Stöckl, daß auch für ABB eine Fortsetzung der Bahnaktivitäten ausschließlich in eigener Regie zu riskant erscheine und man deshalb Möglichkeiten einer Kooperation oder Fusion mit dem entsprechenden Geschäftszweig der AEG ausloten wolle. Anfang 1995 wurden direkte Verhandlungen aufgenommen.

Die Gründung der ABB Daimler-Benz Transportation sicherte beiden Eignern nicht nur das Überleben ihrer Bahnsparten, sondern eröffnete diesem Geschäftszweig langfristig bessere Marktchancen. Die Gründung von ADtranz erfolgte für die AEG jedoch in einer sehr kritischen Phase. Kaum zwei Jahre war es her, als ein »Mission Statement« die Bahntechnik zum wesentlichen Unternehmenszweck der AEG erklärte. Nunmehr wurde dieses Geschäftsfeld in ein Tochterunternehmen eingebracht, an dem die AEG zu 50 Prozent beteiligt war und das von ihr strategisch nicht geführt wurde. Deutlicher noch, als dies beim Verkauf der Hausgerätesparte der Fall war, mußte sich für Außenstehende die Frage nach dem Fortbestand des Unternehmens stellen. Es wurde zusehends schwieriger, Argumente für den Fortbestand der AEG zu finden.

Schlußakkord

In seiner Ausgabe vom 23. Oktober 1995 berichtete das Nachrichtenmagazin »Der Spiegel« vom »Ausverkauf bei AEG«. Die Bereiche Energie- und Automatisierungstechnik sollten an GEC Alsthom verkauft, die Zentrale aufgelöst und der Rest der AEG direkt der Holding unterstellt werden. Der Name AEG werde aus dem Handelsregister gestrichen. Derartige Vermutungen waren allerdings nicht neu. Indizien, die auf eine mögliche Auflösung der AEG in ihrer bestehenden Form hindeuteten, waren schon zu Beginn der neunziger Jahre von der Presse aufgegriffen worden. Seither wurde in regelmäßigen Abständen darüber berichtet und spekuliert. Im November 1993 mutmaßte die »Wirtschaftswoche«, daß »sich die Schwaben längerfristig auch aus der Automatisierungs- und Energietechnik zurückziehen, daran lassen Insider keinen Zweifel«. Was bleiben sollte, waren die Bahntechnik und die Mikroelektronik, beides Bereiche, bei denen Daimler-Benz auf der industriellen Führung beharrte. Ende Oktober 1994 sorgte die AEG erneut für Schlagzeilen, als »Der Spiegel« die Sanierungsbemühungen der AEG für gescheitert erklärte.[77]

AEG-Chef Stöckl befand sich zum damaligen Zeitpunkt in einer wenig aussichtsreichen Situation. Immer wieder hatte er versucht, die Strategie des Kaufens und Verkaufens von Unternehmensteilen nach außen glaubwürdig zu vertreten – am Ende vergeblich. Rückblickend urteilte er: »Leider war wiederholt ein Schuß Optimismus zuviel festzustellen, der hinterher zu Enttäuschungen führte. Zugleich aber gab es einen ständigen Wettlauf zwischen Strukturmaßnahmen und Verschlechterungen im wirtschaftlichen Umfeld. Sie gehen einen Schritt nach vorn und finden sich dennoch einen Schritt weiter zurück.«[78] Ungeachtet dessen peilte Stöckl für das Jahr 1995 erneut schwarze Zahlen an: Als Umsatzziel waren für die AEG 14,5 Milliarden Mark vorgesehen, von dem die Industrieautomatisierung vier Milliarden Mark, die Bahnsysteme 2,5 Milliarden Mark, die Hausgeräte und die Energietechnik jeweils drei Milliarden Mark und die Mikroelektronik vier Milliarden Mark beitragen sollten. Tatsächlich erlitt der Konzern in jenem Jahr einen Verlust von 2,256 Milliarden Mark, wovon allein 1,5 Milliarden Mark auf Strukturmaßnahmen entfielen.

Mitte Dezember 1994 sorgte ein kurzer Bericht in der »Wirtschaftswoche« mit dem Titel »Aus für die AEG«[79] in der Zentrale des Unternehmens für erhebliches Aufsehen. Darin hieß es, der designierte Daimler-Benz-Chef, Jürgen Schrempp, beabsichtige, den Technologiekonzern zum integrierten Verkehrskonzern umzubauen. In dieses Konzept, so die »Wirtschaftswoche«, passe die AEG nicht mehr hinein. Nur die Bereiche Bahnsysteme und Mikroelektronik blieben erhalten und würden direkt an die Konzernzentrale angehängt. Die MTU Friedrichshafen, die ohnehin von der AEG ohne Kapitalbeteiligung nur geführt wurde, sollte zu Mercedes-Benz gehen. Der Rest der AEG werde aufgelöst, die noch freien Aktionäre ausbezahlt.

Mehr oder weniger griff dieses Szenario der späteren Realität vor, denn schon Ende 1994 hatte der AEG-Vorstand Überlegungen angestellt, die Struktur des Konzern grundsätzlich zu überprüfen. Dabei wurden die Geschäftsfelder unter anderem an ihrer Größe und Stellung am Markt auf existierende und zu erwartende Wettbewerbsgegebenheiten, Ergebnis- und Renditeziele sowie ihren Kapitalbedarf untersucht. Ausgangspunkt der Überlegungen war die anhaltend schlechte Ertragslage, die einen Fortbestand des Unternehmens nun endgültig in Frage stellte. Schrempp stellt dazu fest, es sei »für Daimler-Benz wegen der Begrenztheit der Ressourcen wirtschaftlich nicht vertretbar, weitere erhebliche Sanierungsmittel aufzuwenden«.[80]

Die Notwendigkeit gravierender struktureller Veränderungen betraf vor allem die Bereiche Energie- und Automatisierungstechnik, die nunmehr als disponibel dargestellt wurden. Zu den Kerngeschäftsfeldern zählten nur noch die Bahnsysteme, die Mikroelektronik, die Postautomatisierung und die MTU Friedrichshafen. Für den Aufbau und die Struktur der AEG konnte ein solches Denkmodell nicht ohne Konsequenzen bleiben. Grundsätzlich boten sich folgende Maßnahmen an: Verkauf der verbliebenen Kerngeschäftsfelder an Daimler-Benz, Veräußerung der Anteile an der AEG (damals 87 Prozent) durch Daimler-Benz (ohne Kerngeschäftsfelder oder mit einem bzw. mehreren Kerngeschäftsfeldern), Verkauf der disponiblen Geschäftsfelder an eine Tochtergesellschaft der Daimler-Benz AG und Verschmelzung der AEG AG auf Daimler-Benz oder

Veräußerung der disponiblen Geschäftsfelder an Dritte durch die AEG AG mit anschließender Verschmelzung der AEG mit der Daimler-Benz AG. Von allen diesen Optionen wurde schließlich die letzte gewählt.

Eine definitive Entscheidung über das Schicksal der AEG war damit aber noch nicht gefallen. Die Spekulationen um die Zukunft des Konzerns dauerten an und erhielten immer mehr neue Nahrung, je näher der für den 25. Mai 1995 anberaumte Dienstantritt Jürgen E. Schrempps als neuer Vorstandsvorsitzender der Daimler-Benz AG rückte, woran die allgemeine Erwartung eines Kurswechsels in der Konzernstrategie geknüpft wurde.

Bei Daimler-Benz wartete man jedoch nicht erst den Führungswechsel ab, sondern unterzog seit Anfang 1995 die Geschäftsfelder des gesamten Konzerns einer gründlichen Überprüfung – ein Prozeß, der sich bis weit in den Herbst hineinzog und in dessen Verlauf nicht nur die Auflösung der AEG, sondern auch beschlossen wurde, dem defizitären niederländischen Flugzeughersteller Fokker seitens der Dasa keine weiteren Kredite zu gewähren und diesen damit in ein Vergleichsverfahren laufen zu lassen. Dies bedeutete im Endeffekt das Ende des von Edzard Reuter initiierten Konzepts zum Aufbau eines integrierten Technologiekonzerns.

Unter diesen Umständen konnte die AEG-Führung strategische Planungen nur noch unter erheblichem Vorbehalt vornehmen. Dennoch versuchte die Konzernführung nach wie vor, das Überleben des Konzerns durch Kooperationen zu sichern. Eine der interessantesten Aktivitäten, die in diesem Zusammenhang standen, war der Versuch, mit dem britischen Konzern Rolls Royce ins Geschäft zu kommen. Das Ergebnis dieser Bemühungen war negativ: Während seitens des AEG-Geschäftsfeldes Energietechnik versucht wurde, die Energiesparte von Rolls Royce zu übernehmen, versuchte diese genau das das Umgekehrte.

Nachdem im Sommer 1995 keine Entscheidungen gefallen waren, wandte sich am 9. August der Gesamtbetriebsrat des AEG-Konzerns in einem besorgten Brief an den neuen Daimler-Benz-Chef Schrempp und setzte sich darin für einen Erhalt der AEG in ihrer tradierten Struktur (»AEG Classic«) ein. Anfang September lag Schrempps Antwort vor. Er machte das Überleben des Elektrokonzerns von dessen künftiger Rendite anhängig. Zwei Wochen später teilte Stöckl in einer Rede vor dem Vorstand und Gesamtbetriebsrat mit: »Wegen der gesamtstrategischen Ausrichtung des Daimler-Benz-Konzerns sind unsere Geschäftsbereiche Anlagen und Automatisierungstechnik sowie Energieverteilung nicht mehr als Kerngeschäftsfelder des Konzerns eingestuft.« Lediglich die Temic, die MTU und das im Aufbau befindliche Gemeinschaftsunternehmen auf dem Gebiet der Bahntechnik wurden noch zu den Kerngeschäftsfeldern der AEG gezählt.[81]

In der ersten Oktoberhälfte verdichteten sich dann Gerüchte über eine direkte Anbindung der AEG an Daimler-Benz. Am 20. Oktober stellte der AEG-Vorstand während einer Strategieklausur fest, daß ohne umfangreiche Investitionen oder die Hereinnahme von Partnern die AEG keine stabilen Erträge erwirtschaften könne. Drei Tage später teilte Vorstandschef Schrempp vor den Aufsichtsräten von Daimler-Benz mit, daß von den AEG-Geschäftsfeldern Energie- und Automatisierungstechnik keine soliden Kapitalrenditen zu erwarten seien.

Das endgültige »Aus« folgte am 8. November 1995, jenem Tag, an dem der Aufsichtsrat des Daimler-Benz-Konzerns tagte. Noch war nicht eindeutig bestimmt, wie die Restaktivtäten der AEG verwaltet werden sollten. Allerdings stand wohl schon fest, daß es eines Konzernüberbaus künftig nicht mehr bedürfe.

Am folgenden Tag unterrichtete Stöckl seine Vorstandskollegen in Frankfurt vom Verlauf der Daimler-Benz-Aufsichtsratssitzung und bestätigte deren grundlegende Bedeutung für das weitere Schicksal der AEG. Die Auflösung des Konzernüberbaus, also der Konzernzentrale, sei, so Stöckl, allerdings nur als »Szenario« diskutiert worden.[82] Zugleich präsentierte der AEG-Chef den Fahrplan zur Durchführung eines ganzen Pakets an Strukturmaßnahmen, die er gemeinsam mit zwei Vorstandsmitgliedern hatte ausarbeiten lassen. Zunächst wurde ein Ablaufplan (»Masterplan«) vorgestellt, mit dem Ziel, die Strukturmaßnahmen »insbesondere bezüglich der freien Aktionäre und der Pensionäre« abzusichern. Hierzu sollte ein Team ausgewählter Mitarbeiter und externer Berater gebildet werden. Diesem übergeordnet waren jeweils die Vorstandsvorsitzenden der AEG und der Daimler-Benz AG sowie ein sogenannter Lenkungskreis, der sich aus Mitgliedern des Daimler-Benz-Vorstands zusammensetzte.[83]

Am 19. Dezember 1995, nach einer Sitzung des Wirtschaftsausschusses, ließ die Konzernführung verlauten, daß die weltweit tätigen Bereiche Energietechnik mit 9000 Mitarbeitern und zwei Milliarden Mark Umsatz sowie Automatisierungstechnik mit 6000 Beschäftigten und 1,5 Milliarden Mark Umsatz mit wirtschaftlicher Wirkung vom 1. Januar des folgenden Jahres verkauft werden sollten. Die Verkaufsverhandlungen zogen sich bis Ende 1996 hin. Die Energietechnik wurde an GEC Alsthom veräußert, die Automatisierungstechnik ging an Cegelec, die bereits 1995 den Bereich antriebsorientierte Automatisierungstechnik erworben hatte. (1998 erwarb GEC Alsthom – mittlerweile in ALSTOM umfirmiert – den Bereich Cegelec, so daß die ehemaligen AEG-Geschäftsfelder Energie- und Automatisierungstechnik im wesentlichen wieder in einem Konzerverbund vereinigt wurden.) Kleine Arbeitsgebiete der Energietechnik und Opto- und Vakuumelektronik sollten an eine Gesellschaft veräußert werden, deren Anteile ein von der CWB Capital Partners Ltd., London (eine Tochter der Westdeutschen Landesbank und der britischen Standard Chartered Bank), verwalteten Beteiligungsfonds hält. Dabei handelte es sich um die Lloyd Dynamowerke GmbH, Bremen, die Schorch Elektrische Maschinen und Antriebe GmbH, Mönchengladbach, die AEG Fabrica de Motores S.A., Terrassa/Barcelona, die AEG ELOTHERM GmbH, Remscheid, die Elektro-Mechanik GmbH, Wenden, und die AEG Sensorsysteme, Weinheim.

Wie löst man einen Konzern auf?

Schlußakkord: AEG Chef Ernst Georg Stöckl (links) und Daimler-Benz-Chef Jürgen E. Schrempp am 6. Juni 1996 auf der letzten AEG-Hauptversammlung in Berlin

Am 17. Januar 1996 besiegelte der AEG-Aufsichtsrat das förmliche Ende, indem er die Verschmelzung der AEG auf die Daimler-Benz AG beschloß. Zwar widersprachen die Arbeitnehmervertreter den Auflösungsplänen, doch machte Aufsichtsratschef Schrempp von seinem Doppelstimmrecht Gebrauch. Was nun folgte, war die geschäftsmäßige Abwicklung eines Konzerns. Bereits im Dezember 1995 hatte man im Daimler-Benz-Konzern ein »Steering Comittee« eingerichtet, das die ordnungsgemäße Abwicklung des Konzerns beaufsichtigte. Die eigentliche Abwicklung war ein äußerst umfängliches und kompliziertes Vorhaben, in dessen Verlauf zunächst nahezu das gesamte Vermögen der AEG auf eine Tochtergesellschaft, die EHG Elektroholding GmbH (EHG), übertragen und anschließend die AEG auf die Daimler-Benz AG verschmolzen wurde. Diese Aufgabe blieb einer Gruppe von Experten beider Konzerne vorbehalten.

Ausgliederung und Verschmelzung waren Teil eines »umfassenden Konzepts für die Neuordnung der Geschäftsaktivitäten« der AEG »im Rahmen des Daimler-Benz-Konzerns«. Als Ziele wurden die »Konzentration der Ressourcen von Daimler-Benz auf die Bereiche Bahnsysteme, Mikroelektronik und Postautomatisierung« definiert. Die anderen Geschäftsfelder (Energie- und Automatisierungstechnik) sollten verkauft werden, da »eine zukunftsweisende Ausbaustrategie ... einen erheblichen Kapitaleinsatz erforderlich gemacht hätte, der in keinem vertretbaren Verhältnis zur strategischen Bedeutung dieser Bereiche für Daimler-Benz gestanden hätte«. Die Verschmelzung auf die Muttergesellschaft wurde außerdem deshalb bevorzugt, weil auf diese Weise knapp 700 Millionen Mark sogenannter vororganschaftlicher Verlustvorträge, also noch nicht ausgeglichener Verluste, die von den Einkünften abgezogen werden können und die noch aus der Zeit vor Inkrafttreten des Beherrschungs- und Gewinnabführungsvertrags stammten, für Daimler-Benz nutzbar gemacht werden konnten. Als weiteres Ziel wurde die »Berücksichtigung des Status quo der Pensionsansprüche ausgeschiedener Arbeitnehmer der AEG« (rund 40000 Personen) definiert.[84]

Durch die Übertragung fast sämtlicher Vermögenswerte beschränkte sich die AEG »im wesentlichen auf die Funktion einer Holding«, die auf die Muttergesellschaft verschmolzen werden sollte. Für die freien Aktionäre der AEG wurde im Zuge der anstehenden Verschmelzung ein Umtauschverhältnis von 7:1 für den Aktientausch festgelegt. Allerdings blieb das alte, aus dem Beherrschungs- und Gewinnabführungsvertrag bestehende Verhältnis von 5:1 bis zum Zeitpunkt der Verschmelzung bestehen. Bis Anfang Juni 1996 erhöhte sich der Daimler-Benz-Anteil an der AEG durch Aktientausch auf über 97 Prozent.

Abgabe bzw. Veräußerungen von Teilen des AEG-Konzerns (1988–1996)

1988	Kanis GmbH (Dampfturbinenanlagen, an ABB)
	Feinmechanische Werke Mainz (75%, an Mannesmann Rexroth)
	Telefunken Rádio es Televiso/Telefunken da Amazonia (an Grandiente Electronica)
1989	Kanis Energie GmbH (55%-Anteil, an European Gas Turbine Company, EGT)
1990	Telefunken Sendertechnik GmbH, TFS (an Deutsche Aerospace AG, Dasa)
	Kleinmotorenaktivität (50%-Anteil im Gemeinschaftsunternehmen mit Electrolux AB)
	AEG Forschungsinstitute (an Daimler-Benz)
	Telefunken Systemtechnik und Telefunken Sendertechnik (an Dasa)
	Elektro-Assekuranz GmbH (an Daimler-Benz Interservices, debis)
	Werbeagentur Dr. Kuhl GmbH (75%-Anteil, an Daimler-Benz Interservices, debis)
1991	AEG KABEL Aktiengesellschaft (an Alcatel Cable S.A.)
	Elektrowerkzeuge (an Atlas Copco)
	AEG Mobile Communication (an Matra Communication)
1992	Bürotechnik (AEG Olympia, Schließung)
	Temic Telefunken Kabelsatz (an Electro Wire)
1993	Gasturbinenfertigung (an GEC Alsthom)
1994	AEG-Hausgeräte AG (an Electrolux)
	Lichttechnik (an Philips Lighting)
	AEG Olympia (Restaktivität an ELITE-Gruppe, Hongkong)
	Heizungsregelungssysteme der AEG Zähler GmbH (an G. Kromschröder AG)
1995	AEG Zähler GmbH (an Schlumberger Limited)
	Antriebsorientierte Automatisierungstechnik (51%-Anteil an Cegelec S.A., Gründung des Gemeinschaftsunternehmens Cegelec AEG Drive Systems GmbH)
1996	AEG Schienenfahrzeuge GmbH (Fusion der Bahnaktivität der AEG und der Asea Brown Boveri AG, ABB, Gründung der ABB Daimler-Benz Transportation, ADtranz, AEG-Anteil: 50%)
	Bereiche Energietechnik und Industrieautomatisierung (an GEC Alsthom und Cegelec S.A.)
	AEG Niederspannungstechnik GmbH (an General Electric Co.)
	AEG Aktiengesellschaft (Verschmelzung auf die Daimler-Benz AG)
	Temic, ABB Daimler-Benz Transportation (50%-Anteil) und AEG Electrocom (an Daimler-Benz AG)
	Anfang April 1997 übernahm die Siemens AG die AEG-Electrocom von Daimler-Benz und ordnete sie ihrem Geschäftsfeld Automatisierungstechnik in Nürnberg zu

Am 6. Juni 1996 fand in Berlin die letzte Hauptversammlung der AEG statt, die die Verschmelzung des Konzerns auf Daimler-Benz bestätigte. Am 5. und 20. September 1996 erfolgte die Eintragung der Verschmelzung der AEG Aktiengesellschaft auf die Daimler-Benz AG in die betreffenden Handelsregister.

Bis Ende 1996 hatte die EHG Elektroholding GmbH vereinbarungsgemäß die verbliebenen Kerngeschäftsfelder (50-Prozent-Anteil an ADtranz und 51-Prozent-Anteil an der Temic) an die Muttergesellschaft zu Verkehrswerten verkauft. Die Postautomatisierung wurde 1997 direkt an die Siemens AG veräußert.

Die »Neuordnung der AEG-Geschäfte« kostete Daimler-Benz rund 1,6 Milliarden Mark.[85] Nach der Auflösung des Konzerns trugen immerhin noch mehr als 30 Unternehmen den Namen AEG, allen voran die ehemalige Hausgerätesparte. Sie alle scharen sich um ein weltberühmtes Markenzeichen, so daß manchem externen Beobachter eine Zeitlang noch der Eindruck vermittelt wurde, als existiere die AEG auch weiterhin.

Ende eines markanten Gebäudes: Fast 50 Jahre bestimmte das AEG-Hochhaus die Silhouette am südlichen Mainufer in Frankfurt. Zwischen 1949 und 1951 errichtet, sollte es zunächst das Bundesarbeitsministerium beherbergen. Dieses nahm jedoch in Bonn seinen Sitz. Statt dessen zog die AEG ein und blieb dort bis 1996. 40 Kilogramm Sprengstoff ließen das Hochhaus am 9. Mai 1999 binnen weniger Sekunden zusammensinken

Was bleibt?

In Deutschland besitzt die Marke AEG nach wie vor einen hohen Bekanntheitsgrad. In zahlreichen Lizenzverträgen haben der Lizenzgeber, die Licentia Patent-Verwaltungs GmbH, eine hundertprozentige Tochter der EHG Elektroholding GmbH, und die Lizenznehmer vereinbart, die Rechte an der Marke aufrechtzuerhalten.

Träger des Markennamens nach Auflösung des AEG-Konzerns (Stand: Juli 1999):

AEG Hausgeräte GmbH, Nürnberg
AEG Mobile Communication GmbH, Ulm
AEG Elektrowerkzeuge, c/o Atlas Copco Elektrowerkzeuge GmbH, Winnenden
AEG Lichttechnik GmbH, Springe
AEG Anglo Batteries GmbH, Ulm
AEG Anlagen- und Automatisierungstechnik c/o ALSTOM Anlagen- und Automatisierungstechnik GmbH
AEG Elektrofotografie GmbH, Warstein
AEG Identifikationssysteme GmbH, Ulm
AEG Infrarot-Module GmbH, Heilbronn
AEG Intermas GmbH, Mörfelden-Walldorf
AEG Kondensatoren und Wandler GmbH, Berlin
AEG Leitungs- und Netzbau GmbH, Potsdam
AEG Gesellschaft für moderne Informationssysteme mbH, Ulm
AEG Niederspannungstechnik GmbH, Neumünster
repas AEG Automation GmbH, Dreieich
repas AEG Software GmbH, Berlin
AEG Solartechnik c/o Technotherm GmbH, Nürnberg
AEG SVS Power Supply Systems GmbH, Warstein-Belecke

Drei einst weltberühmte
Buchstaben – abgestellt
im Hof eines Berliner
Museums

VERSUCH EINER BILANZ

Selbst mit größtem Wohlwollen kann sich eine Analyse der AEG-Geschichte nicht vor der Erkenntnis verschließen, daß es sich bei dem quälend langen Niedergang des Konzerns um einen klassischen Fall unternehmerischen Versagens handelte. Die »Financial Times« brachte es auf die griffige Formel, wonach es sich beim Niedergang der AEG um eine Fallstudie handelte, »wie ein unterkapitalisiertes Unternehmen mit schwachem Management und einer gewissen Dosis an Pech zu einem kommerziellen Desaster wurde«[1]

Der Entschluß zur Auflösung der AEG fiel zwar bei der Muttergesellschaft Daimler-Benz, aber die Ursachen, die dazu führten, sind in erster Linie bei der AEG selbst zu suchen und reichen weit in deren Vergangenheit zurück. Die Erfolgsgeschichte des Elektrokonzerns war schon immer von dunklen Schatten begleitet. Für ein fremdfinanziertes Unternehmen wie die AEG lagen Chancen und Risiken stets nahe beieinander. Zwar setzten die Beschäftigten im Verlauf der 113jährigen Geschichte des Unternehmens zahlreiche technische Meilensteine, sie verstanden es aber häufig nicht, diese geschäftlich zu nutzen. Gerade bei neuen Entwicklungen zeigte die AEG am Anfang ihrer Geschichte enorme Stärken, am Ende eklatante Schwächen und mußte die Vermarktung mancher aufsehenerregenden Neuheit ihrer Konkurrenz überlassen.

Die Geschichte der AEG, die im April 1883 mit Gründung der Deutschen Edison-Gesellschaft für angewandte Elektricität (DEG) ihren Anfang nahm, war bis zum Ausbruch des Ersten Weltkriegs die Geschichte eines einzigartigen Erfolgs. In nur drei Jahrzehnten entwickelte sich aus einem bescheidenen Unternehmen zur Herstellung elektrischer Glühlampen ein Weltkonzern mit über 66 000 Beschäftigten. Die AEG war in einer Zeit groß geworden, in der sich die Elektrizität zum Motor der Industrialisierung entwickelte. Das Unternehmen wurde außerdem in ein äußerst günstiges konjunkturelles Umfeld hinein gegründet, in eine Phase stürmischen Wachstums vor dem Hintergrund eindrucksvoller Globalisierungsschübe in der Weltwirtschaft.

Die AEG verdankte ihren Aufstieg nicht nur günstigen Rahmenbedingungen, sondern auch dem eisernen Willen ihres Gründers Emil Rathenau. Die Blütezeit des Konzerns endete, als Rathenau 1912 die Führung aus gesundheitlichen Gründen abgeben mußte und es daraufhin an der Konzernspitze prompt zu Machtkämpfen kam, die das

Wohlergehen des Unternehmens nicht eben förderten. Die AEG verharrte noch eine Weile auf hohem Niveau, verlor dann aber – noch im Verlauf des Ersten Weltkriegs – ihre Spitzenstellung sowohl gegenüber der ausländischen als auch der inländischen Konkurrenz. Sie konnte zwar den Verlust ihrer Auslandsmärkte zeitweilig durch Rüstungsaufträge kompensieren, fand jedoch nach 1918 nicht mehr den Weg zurück zu ihrer ursprünglichen Dynamik.

Vielmehr tanzte die AEG wie ein Korken auf den Wellen konjunktureller Schwankungen. Der verschlissene Maschinenpark wurde zu spät ersetzt, was den Konzern viel Geld kostete, etliche Tochterunternehmen erlitten Verluste. Nach Ausbruch der Weltwirtschaftskrise geriet die AEG sogar an den Rand der Zahlungsunfähigkeit. Nur mühsam und mit erheblicher zeitlicher Verzögerung gegenüber der Konkurrenz gelang 1936 die Sanierung. Drei Jahre später begann der Zweite Weltkrieg, in dessen Verlauf die AEG wenig, unmittelbar danach fast alles verlor. Die Geschichte des AEG-Konzerns vor und nach dem Ende des Zweiten Weltkriegs ist also nur bedingt vergleichbar, auch wenn es in den Führungsetagen und der dort herrschenden Zielsetzung – nämlich ein weltweit operierendes Universalunternehmen der elektrotechnischen Industrie aufzubauen und den Konkurrenten Siemens zu überholen – eine hohe Kontinuität gab.

Obwohl die AEG nach 1945 rund 75 Prozent ihrer Substanz durch Demontagen und Enteignungen verlor, gelang der Wiederaufbau – fast aus dem Nichts – atemberaubend schnell und mit Krediten bezahlt. Allerdings bewegte sich die AEG nach 1945 finanziell auf äußerst dünnem Eis. Das imposante Erscheinungsbild, das der Konzern vermittelte, entsprach nicht seiner tatsächlichen Befindlichkeit.

Anfang der sechziger Jahre befand sich die AEG an einem Scheideweg. Einerseits war es eindrucksvoll gelungen, den Wiederaufbau zum Abschluß zu bringen. Zugleich jedoch offenbarte der Konzern gefährliche Schwächen. Die Gewinne im elektrotechnischen Stammgeschäft gingen zurück. Neue Geschäftsfelder, wie etwa die Kernenergietechnik und die Mikroelektronik waren erst im Aufbau begriffen. Hinzu kam, daß die hierarchisch aufgebaute und patriarchalisch geprägte Führungsstruktur die Entfaltung innovativer Kräfte behinderte.

Weit schwieriger ist es, eine Antwort auf die Frage zu finden, ob es möglich gewesen wäre, die Konjunkturanfälligkeit der AEG langfristig zu reduzieren. War die AEG zu Beginn der sechziger Jahre stark genug, ihre Eigenkapitalbasis dauerhaft zu verbessern und höhere Rücklagen zu bilden, ohne um ihre Marktstellung fürchten zu müssen? Fehlte der Konzernspitze dazu der Wille? Bestand überhaupt die Notwendigkeit einer solideren Finanzpolitik, zu einer Zeit, in welcher der wirtschaftliche Aufschwung in der Bundesrepublik Deutschland in ein Wirtschaftswunder mündete?

Die niedrige Eigenkapitalquote und die hohe Verschuldung wurden zwar von der Konzernführung schon frühzeitig als Problem erkannt, aber es boten sich kaum Auswege. Die AEG mußte nach dem Krieg in weit höherem Umfang als andere Wiederaufbauarbeit leisten und zugleich dem Konzern langfristig eine bedeutende Marktstellung sichern. Dies wiederum verlangte nach einer offensiven Unternehmensstrategie. Eine konservative Finanzpolitik hätte höchstens zu einer verhaltenen Expansion geführt, verbunden mit der Gefahr, gegenüber der Konkurrenz zurückzufallen und wichtige Marktanteile zu verlieren. Vor allem in den fünfziger Jahren, einer Zeit stürmischen Wiederaufbaus, bestand für eine derartige Zurückhaltung auch keine dringende Notwendigkeit, zumal die Umsatzsteigerungen mit Gewinnsteigerungen verbunden waren und der Konzern seine Kredite zurückzahlen konnte. Auf dieser Grundlage zu wirtschaften, bedeutete jedoch, sich erneut in hohe Konjunkturabhängigkeit zu begeben. Die AEG konnte ihren expansiven Kurs nur bei anhaltend gutem Konjunkturverlauf halten. Jede negative Veränderung der wirtschaftlichen Rahmenbedingungen, jeder Umsatz- und Gewinneinbruch mußte daher als Alarmsignal gewertet werden.

Die AEG-Führung sah zu Beginn der sechziger Jahre also keine Möglichkeit, auf Expansion zu verzichten. Die Flucht nach vorn war im Prinzip ein richtiger Entschluß, der allerdings erhebliche finanzielle Risiken barg und ein Höchstmaß an unternehmerischen Fähigkeiten erforderte, woran es in der AEG-Führung mangelte. So fixierte sie sich ganz auf die Steigerung des Umsatzes. Als Meßlatte diente stets der große Konkurrent Siemens. Langfristige wirtschaftliche und technische Ziele wurden aus den Augen verloren. Der Gewinn geriet in Vergessenheit. Der Zukauf einer Vielzahl von Tochtergesellschaften machte deren einheitliche Leitung nahezu unmöglich. Die Sektoren Energieerzeugung und -verteilung wurden zugunsten des Hausgerätebereichs und der sogenannten Braunen Ware vernachlässigt, die Mikroelektronik und die Automatisierungstechnik in ihrer Bedeutung unterschätzt, die Nachrichten- und Datentechnik, in der die AEG Schwächen zeigte, nicht gestärkt. Nur in der Atomenergietechnik setzte die Konzernführung auf eine langfristige Zukunftsentwicklung, wählte aber eine unausgereifte Technik, was zum finanziellen Fiasko führte.

Als es 1973/74 infolge einer Steigerung der Ölpreise in der Bundesrepublik Deutschland zu einem Konjunktureinbruch kam, rutschte der Konzern – von einem Jahr zum anderen – in eine existenzbedrohende Krise. Auslöser hierfür waren die hohen Rückstellungen, welche die AEG-Führung bilden mußte, um die Folgen ihres gescheiterten Engagements im Atomenergiegeschäft zu tragen. Die finanziellen Kräfte waren schnell erschöpft. Die AEG begann daher, sich vor allem von den noch profitablen Bereichen zu trennen, um ihre Verluste auszugleichen. Durch den Verkauf ertragreicher Unternehmensteile gelang es aber nur für kurze Zeit, das Unternehmen zu stabilisieren.

Eine Radikalkur zur Sanierung des Konzerns hätte eine erhebliche Verringerung des Umsatzes bedeutet. Die Reduzierung des Konzerns auf einige Kerngeschäftsfelder – vom damaligen Vorstandschef Hans Groebe zaghaft eingeleitet – wurde für Walter Cipa zum Leitfaden seines Handelns. Was jedoch letzten Endes zu diesen Kerngeschäftsfeldern zählen sollte und was nicht, darüber erzielte die Konzernführung keine Einigung.

In den siebziger Jahren begann das Management verstärkt, die dezentrale Unternehmensstruktur dazu auszunutzen, sich der Kontrolle durch die Konzernzentrale zu entziehen, so daß diese als operatives Führungsinstrument ins Leere griff. Wie konnte es dazu kommen? Eine Antwort ist nicht leicht zu finden, weil die entsprechenden Beschlüsse der Unternehmensführung nur wenig über die Praxis aussagen. Es deutet jedoch einiges darauf hin, daß die Konzernzentrale als operatives Führungsinstrument deshalb nicht funktionierte, weil in der Unternehmensstrukturreform der sechziger Jahre ein Konstruktionsfehler steckte: Ziel der Reform war es, den Geschäftsbereichen größere Selbständigkeit zu gewähren. Dies hätte bedeutet, daß sich die Konzernzentrale künftig mit der Rolle einer Finanzholding hätte begnügen müssen. Statt dessen jedoch blieb sie als operatives Führungsinstrument erhalten. Der damalige Konzernchef Hans Heyne setze sogar alles daran, die gesamte Führungsstruktur auf seine Person zuzuschneiden. Letzten Endes führte dieser Widerspruch zwischen einem tradierten autoritär-patriarchalischen Führungsstil und der Einsicht in die Notwendigkeit des organisatorischen Wandels dazu, daß sich vor allem das leitende Management in den Geschäftsbereichen der Kontrolle durch die Zentrale stillschweigend entzog. Die Befehle aus der Zentrale wurden zwar erteilt und von den Empfängern quittiert. Zur Ausführung kam es aber häufig nicht, und es war auch niemand da, der den Ungehorsam bestraft hätte. Das Management konnte die Anweisungen der Konzernführung erfolgreich konterkarieren, ohne dafür zur Verantwortung gezogen zu werden. Die Tatsache, daß die Geschichte der AEG seit 1974 im wesentlichen Krisengeschichte war, verdankt sie auch dieser paradoxen Situation.

Immer wieder wurde versucht, die Rolle und Funktion der Konzernzentrale neu zu definieren. Jedoch hatte sich die Führungsriege der AEG nie zu einer wirklich dezentralen Führungsstruktur durchringen können, vermutlich aus Angst, die Kontrolle über den Konzern zu verlieren und dessen Auseinanderbrechen zu provozieren. Erst ganz am Schluß wurde sie – eher beiläufig – im Zuge der Verschmelzung des Konzerns mit Daimler-Benz aufgelöst.

Eine weitere Ursache für das Scheitern der AEG war die Führungsproblematik, die sich wie ein roter Faden durch die Geschichte der AEG zog. Der Konzern galt einst als ein Unternehmen mit hoher personeller Kontinuität. Zwischen 1883 und 1956 standen nur vier Vorstandsvorsitzende an seiner Spitze: Emil Rathenau (1883–1915), Felix Deutsch (1915–1928), Hermann Bücher (1928–1946) und Friedrich Spennrath (1947–1955). Zwischen 1956 und 1982 waren es dann insgesamt acht Vorstandsvorsitzende (zum Vergleich: bei Siemens drei). Allein schon diese Diskontinuität wirft ein bezeichnendes Licht auf den Zustand des Konzerns.

Ende der fünfziger Jahre begannen sich Vorstand und Aufsichtsrat über das Führungspersonal ernste Sorgen zu machen. Das Durchschnittsalter der Fabrikdirektoren betrug 51 Jahre, das der Bürochefs 55 Jahre und das der Prokuristen 53 Jahre. Eine Verjüngung, so wurde festgestellt, ließe sich jedoch nur allmählich durchführen, weil »jüngere Kräfte in ausreichendem Maße nicht vorhanden« waren.[2] Zum damaligen Zeitpunkt hätten vor allem diejenigen Jahrgänge in Führungspositionen hineinwachsen müssen, die infolge des Kriegs erheblich dezimiert worden waren. Es fehlte eine ganze Generation.

Die Strukturreform, die 1957 von Hans C. Boden eingeleitet und später von Hans Heyne fortgesetzt wurde, löste die Führungsproblematik ebenfalls nicht. Heyne notierte damals: »Gefahrenpunkt für AEG: ausserordentlicher Mangel an Führungskräften ... Hier liegt für die AEG die Existenzfrage«.[3] Zweifellos war es Heynes Verdienst, dem Konzern eine moderne und auf Teamarbeit ausgerichtete Führungsstruktur gegeben zu haben. Am Aufbau einer neuen Führungsgeneration war ihm jedoch nicht gelegen. Vielmehr ging es ihm darum, seine eigene Macht über das Ende seines Mandats als Vorstandsvorsitzender hinaus zu sichern. Heynes Nachfolger Hans Bühler war bei Dienstantritt sogar noch älter und neigte ebenfalls zu einem autokratischen Führungsstil.

Bühlers Nachfolger Groebe vermochte es nicht, im Konzern einen grundlegenden Kurswechsel zu vollziehen. Vermutlich sah er dafür auch keine Notwendigkeit. Die Entwicklung langfristiger unternehmenspolitischer Perspektiven gehörte offenbar nicht zu seinen Stärken. Bühler beabsichtigte, als Aufsichtsratsvorsitzender die Geschicke der AEG auch weiterhin zu bestimmen. Groebe mußte sich als Vorstandschef der AEG einerseits von seinem dominanten Förderer und Vorgänger Bühler emanzipieren und zugleich ein umfangreiches Krisenmanagement bewältigen. Groebe fand daher kaum Gelegenheit, in der Personalpolitik Akzente zu setzen.

Dies änderte sich unter Walter Cipa. Er hatte schnell erkannt, daß die Krisenentwicklung des Konzerns Folge »einer über viele Jahre grundlegend mangelhaften Personalpolitik« war.[4] Zu einer ähnlichen Einschätzung kam auch eine 1979 von ihm initiierte interne Untersuchung, in der festgestellt wurde, daß die bestehende Unternehmensorganisation zu schwerfällig war, die Vorstände der Unternehmensbereiche sich zu wenig um die Lage »vor Ort« kümmerten, daß es zu viele Entscheidungsebenen und zu wenig geschultes Führungspersonal gebe.[5]

Cipa sah zu Recht in der verfehlten Personalpolitik die Ursache für den schleichenden Niedergang. Allerdings trug er nicht nur zur Fortsetzung, sondern auch zur Beschleunigung der Krise bei. Cipa scheiterte schließlich an einer Reihe von Fehlentscheidungen. Einerseits hatte er zahlreiche Kontroll- und Lenkungsinstanzen geschaffen, gleichzeitig aber die dezentralen Konzernstrukturen fortbestehen lassen, die es den Geschäftsbereichen weiterhin ermöglichten, Entscheidungen der Konzernzentrale zu konterkarieren. Außerdem deklassierte Cipa einen Teil seiner Führungsmannschaft, indem er an die Spitze der zu Betriebsführungsgesellschaften umfunktionierten Geschäftsfelder quasi Vorstände zweiter Klasse setzte. Der geschäftlichen Entwicklung der AEG schadete diese Unternehmenspolitik sehr.

Anders als sein Vorgänger, der gegen Ende seiner Dienstzeit weitgehend isoliert war, verstand es Heinz Dürr dank seines ausgeprägten Kommunikationstalents, sich als Integrator zu profilieren, und trug damit wesentlich zum Gelingen des Vergleichsverfahrens bei. Während des Vergleichs legte außerdem die Führungsmannschaft des Konzerns genau jene Selbstdisziplin an den Tag, die sie zuvor hatte vermissen lassen. Nachdem die AEG am 9. August 1982 den Vergleichsantrag gestellt hatte, zeigte sich unter dem Eindruck der akuten Gefährdung des eigenen Arbeitsplatzes ein radikal geändertes Verhalten vieler Führungskräfte. Heinz Dürr bemerkte später dazu: »Die Tatsache, daß AEG-Telefunken im Vergleich ist, hat gegenüber der früheren Situation eine erhebliche Veränderung im Verhalten der Mitarbeiter mit sich gebracht. Es hat dazu geführt, daß Lösungen eingegangen wurden, die vor dem Vergleich, sowohl bezüglich des inhaltlichen als auch hinsichtlich des zeitlichen Faktors, nicht durchführbar waren. Hierzu zählen sowohl die Anstrengungen, um durch eine reduzierte Kapitalbindung den Vergleich finanziell erfolgreich durchführen zu können, als auch ein erhöhtes Kosten- und Ertragsbewußtsein.«[6]

Eine dauerhafte Lösung der Führungsprobleme war – wie sich später zeigen sollte – damit jedoch nicht verbunden. Denn kaum hatte die AEG den Vergleich überstanden, ließ der Elan ihrer leitenden Angestellten wieder nach. Ende 1984 mußte Dürr feststellen: »Eine zentrale Frage der Zukunft der AEG wird sein, wie es uns gelingen wird, das Führungspotential zu verbessern. In der gegebenen Situation des Konzerns müssen wir in erster Linie auf eigene Leute zurückgreifen. Deshalb muß besonderer Wert auf eine konzentrierte Aus- und Weiterbildung auf allen Ebenen gelegt werden. Zu diesem Thema gehört auch die Festlegung der Führungsstruktur des Konzerns, die wir uns für 1985 vorgenommen haben.«[7] Dürr knüpfte an diese neue Führungsstruktur große Erwartungen, rechnete 1986 aber damit, daß bis »zur endgültigen Wirksamkeit einige Jahre« noch vergehen würden.[8] Jedoch auch danach hatte sich an der Misere der Führungsstrukturen kaum etwas verändert.

Hatte die AEG nur schlechte Führungskräfte? Gewiß nicht. Tatsache jedoch ist, daß es der Führungsmannschaft einschließlich Vorstand nicht gelang, den Niedergang des Unternehmens aufzuhalten. Vielleicht läßt sich in der Rückschau die Führung des Konzerns mit einem Orchester vergleichen, das sich aus vielen eigenwilligen Solisten zusammensetzt, die nicht im Konzert spielen wollen oder können. Unter solchen Umständen konnte es keinem Vorstandsvorsitzenden gelingen, den Konzern nach seiner Stabführung spielen zu lassen.

Neben der Personalproblematik ist als weitere Krisenursache der immer wieder unternommene Versuch zu nennen, den Konzern trotz aller Sanierungsbemühungen so groß wie möglich zu erhalten. Dies mußte fast zwangsläufig zu einer fast illusionären Einschätzung der Lage, der Bedeutung und der Marktstellung des Unternehmens führen. Hinzu kam, daß die Planqualität zu wünschen übrig ließ, Chancen und Risiken wurden nicht sorgfältig genug ausgewogen. Es herrschte mangelnde Transparenz bei Segmentergebnissen, Konzepte waren nicht hinreichend durchdacht worden. Es fehlte an Disziplin beim Umsetzen von Beschlüssen, an Kosten- und Risikobewußtsein. Es gab kein ergebnisorientiertes Denken und Handeln. Zwar war es das Verdienst Walther Cipas, gegen diese Mißstände massiv Widerstand geleistet zu haben, es gelang ihm jedoch nicht, die bei der AEG vorherrschenden Denkstrukturen und Handlungsweisen zu ändern. Sein Konzept zur Beseitigung der Folgen falscher Investitionspolitik, ungezügelter Expansion und mangelnder Kontrolle, mißlang, weil er die angekündigten Maßnahmen nicht durchsetzen konnte.

Am Ende der Amtszeit Cipas befand sich der Konzern am Rand des Zusammenbruchs. Die Fehler des Managements, die über Jahrzehnte fortgeschrieben worden waren, hatten sich zu »einem unlösbar gewordenen Problemknoten« verschnürt.[9] Die Möglichkeit einer Insolvenz der AEG ist allerdings nicht erst 1983, sondern bereits 1973 in der Öffentlichkeit erörtert worden, als das Engagement in der Kernenergietechnik in ein Desaster mündete. Ende des Jahrzehnts stand der Konzern vor dem Ruin. Die Hauptgläubiger und Aktionäre entschlossen sich 1979 dazu, durch einen Kapitalschnitt den Konzern zu retten. Dieser Schritt war längst überfällig, jedoch nicht unumstritten, da er dem Ansehen des Unternehmens schwer schadete. Man handelte schließlich doch, um möglicherweise einem staatlichen Eingriff zuvorzukommen, wie ihn die Arbeitnehmervertreter forderten. Es wäre dies ein Präzedenzfall gewesen, den die Industrie auf jeden Fall verhindern wollte.

Es zeigten sich jedoch schon im Laufe des Jahres 1980, daß die Kapitalmaßnahmen nicht ausreichten, um den Konzern zu stabilisieren. Für den neuen Vorstandsvorsitzenden Dürr war dies eine bittere Erkenntnis. Bei seinem Amtsantritt hatte er noch geglaubt, mit den Kapitalmaßnahmen 1979/80 seien die Ursachen der Krise beseitigt; nun mußte er feststellen, daß die Problemlösung viel tiefer und breiter anzusetzen war. Das Bewußtsein, in einem Krisenkonzern zu arbeiten, hatte sich bei den meisten Führungskräften längst manifestiert; es war Bestandteil des Konzerns geworden.

Nicht nur Dürr, sondern auch der AEG-Aufsichtsrat schienen 1980 an ein Ende der Krise zu glauben. Entsprechend ungehalten war die Reaktion, als der Vorstandsvorsitzende erneut schlechtere Zahlen als prognostiziert präsentieren mußte. Wiederum gelang es nur durch Notverkäufe im Jahr 1981 ein positives Bilanzergebnis vorzulegen. Die Lage schien schließlich so aussichtslos zu sein, daß Dürr nur noch die vage Hoffnung hegte, den Konzern in juristisch selbständige Einheiten zerlegen zu können, diese unter dem Dach einer Holding zusammenzufassen und möglichst viele Partner an den einzelnen AEG-Gesellschaften zu beteiligen. Was im Frühjahr unter dem Begriff »AEG '83« als Konzept vorgestellt wurde, ließ sich jedoch kaum noch verwirklichen. Vielmehr stellt sich die Frage, ob das Konzept überhaupt eine realistische Perspektive vermittelte.

Die Eröffnung des gerichtlichen Vergleichsverfahrens, das die AEG im August 1982 beantragte, wurde als Sensation empfunden. In den folgenden Wochen hing das Schicksal der AEG am seidenen Faden. Es herrschte auf allen Seiten Nervosität. In der Öffentlichkeit wurde über die AEG erregt diskutiert, nicht immer zum Vorteil des Konzerns. »Laßt sie doch pleite gehen!« verlangte beispielsweise »Stern«-Chefredakteur Henri Nannen in einem Leitartikel am 26. August 1982 und stand mit seiner Forderung sicher nicht allein.[10] Die Bemühungen aller Betroffenen waren am Ende jedoch darauf konzentriert, genau dies zu verhindern.

Der Wille, die AEG nicht in Konkurs gehen zu lassen, korrespondierte mit dem der Unternehmensführung, eine Zerlegung des Konzerns zu verhindern. Diese Möglichkeit war zuletzt im Konzept »AEG '83« ins Auge gefaßt worden. Hierzu sollte sich Heinz Dürr später deutlich äußern: »Ein Hauptgrund, daß wir vom Vergleich nicht in den Konkurs gerutscht sind, war unsere konsequente Haltung, den Konzern als Ganzes durch den Vergleich zu bringen und den Zentrifugalkräften, die in jedem Konzern bestehen, entgegenzuwirken.«[11] Diese Strategie war jedoch keineswegs das Ergebnis emotionaler Aufwallungen, vielmehr steckte dahinter die Befürchtung, die AEG werde möglicherweise zerlegt, ihre ertragreichen Teile Wettbewerbern übergeben und der Rest dem Konkurs ausgeliefert.[12]

Grundsätzlich erklärten sich die führenden Banken des Konsortiums bereit, den Vergleich zu finanzieren, wenn auch zunächst ohne große Begeisterung, denn dies war mit finanziellen Opfern verbunden. Zur Bereitstellung zusätzlichen Geldes bestand allerdings keine Alternative, denn im Fall eines Konkurses oder eines Liquidationsvergleichs wäre die Quote der Gläubiger erheblich niedriger (rund 15 Prozent) als bei einem Vergleich (mindestens 35 Prozent) ausgefallen. BP-Chef Hellmuth Buddenberg hatte auf diesen Umstand am 8. August 1982 im Aufsichtsrat hingewiesen. Auch sein Kollege Manfred Meier-Preschany von der Dresdner Bank äußerte gegenüber den Vertretern des AEG Bankenkonsortiums: »Kardinalfrage ist: Was gewinnen wir im Falle eines Konkurses, was bei einem erfolgreichen Vergleich?«[13] Ein Konkurs der AEG hätte – schon allein wegen der Größe des Insolvenzfalls – enormen sozialen Sprengstoff enthalten und den Glauben in die Funktionsfähigkeit des Wirtschaftssystems der Bundesrepublik Deutschland schwer erschüttert.

Am Ende lenkten die Banken ein. Strittig blieb allerdings die Frage der AEG-Auslandsschulden. Hier zeigten die ausländischen Geldhäuser keine Bereitschaft zur Übernahme und drängten – letzten Endes mit Erfolg – auf ein Stillhalteabkommen mit den ausländischen Gläubigern. Darüber hinaus bemühten sich die Banken, dem Eindruck entgegenzutreten, sie hätten die Kulmination der AEG-Misere zu verantworten. Statt dessen verwiesen sie auf die zögerliche Haltung des Bundes bei der Gewährung von Bürgschaften. In der Tat hatte es zahlreiche vergebliche Bemühungen seitens des Konzerns gegeben, zu einer Einigung zu kommen. Allerdings sind Zweifel angebracht, ob ein Vergleich der AEG überhaupt hätte abgewendet werden können. Hätte das Bankenkonsortium noch einmal einen Liquiditätsstützungskredit gewährt – immerhin ging es um 275 Millionen Mark – wäre der AEG höchstens noch eine Galgenfrist von einigen Monaten eingeräumt worden. Möglicherweise hätte sie dann tatsächlich Konkurs anmelden müssen.

Insofern kam am 9. August 1982 eine für das weitere Überleben der AEG günstige Konstellation zusammen: Während sich das Bankenkonsortium auf die Gewährung eines weiteren Kredits nicht einigen konnte, erteilten die potentiellen Partner einer Kooperation bzw. Beteiligung Absagen, so daß das Konzept »AEG '83« hinfällig wurde und sich die Frage einer weiteren finanziellen Stützung des Konzerns erübrigte. Die frühzeitig eingesetzte Aussage, die Vergleichsquote der AEG lasse sich errechnen, hätte der Vergleichsverwalter Wilhelm-Andreas Schaaf bei einer späteren Vergleichsanmeldung vermutlich nicht mehr getroffen.

Fast alle Veröffentlichungen über die erfolgreiche Bewältigung des Vergleichsverfahrens hinterlassen den Eindruck, daß dieses unter Vermeidung öffentlichen Aufsehens mit großer Disziplin und Zielstrebigkeit durchgeführt wurde. Es war in der Tat eine große Leistung aller Beteiligten. Im Kontext der gesamten AEG-Geschichte ist der Vergleich ein zwar spannendes Kapitel, er darf jedoch in seiner Bedeutung nicht überschätzt werden. Jedenfalls brachte er nicht den von Heinz Dürr ersehnten »Befreiungsschlag«[14]. Zwar ist zwischen August 1982 und September 1984 – anders als beim Kapitalschnitt 1979/80 – die völlig verfahrene finanzielle Situation des Konzerns bereinigt worden, aber andere strukturelle Probleme – allen voran die Ungenauigkeit in den Ergebnisprognosen und die Führungsproblematik – wurden nicht gelöst. Hinzu kam der Abfluß technischer Kompetenz durch den Verkauf von Unternehmensteilen.

Hatte die AEG nach der Bewältigung des Vergleichs noch eine Chance? Aus heutiger Sicht wissen wir, daß der Elektrokonzern keineswegs saniert und die Gefahr eines neuerlichen Zusammenbruchs nicht gebannt war. Das Management war sich dieser Gefahr aber durchaus schon Mitte der achtziger Jahre bewußt. Damals herrschte daher auch keine Euphorie, sondern eher Nachdenklichkeit vor. Einen zweiten Vergleich, so die vorherrschende Meinung im Konzern, werde die AEG nicht durchstehen. Vor diesem Hintergrund war Heinz Dürr mit dem Einstieg von Daimler-Benz das größte unternehmerische Kunststück seiner Laufbahn gelungen. Hierdurch wurde nochmals eine Chance geboten. Was aber vielfach, vermutlich auch im Daimler-Benz-Konzern übersehen wurde, war der Umstand, daß die AEG durch den Vergleich überhaupt erst sanierbar geworden war.

Es hätte unmittelbar nach Beendigung des Vergleichsverfahrens eines zweiten großen Kraftakts bedurft, einer radikalen Bereinigung des Portfolios, in dessen Verlauf die AEG sich vom Universalunternehmen zum Systemanbieter, zum Spezialisten in der elektrotechnischen Industrie entwickelt hätte. Die Frage einer solchen radikalen Bereinigung war schon 1979 vom AEG-Aufsichtsratsmitglied Dietrich Wilhelm von Menges aufgeworfen worden. Dieser erinnerte daran, daß im »Gegensatz zu Siemens ... die AEG die Zerschlagung ihrer Betriebe in Berlin nicht überwunden« habe und »durch die unglückselige Ehe mit GE an einem sinnvollen Ausbau ihres Auslandsgeschäfts gehindert worden« sei. Der Versuch, durch die Fusion mit Telefunken »die Flucht nach vorn anzutreten«, sei an »personellen Zufällen und Unzulänglichkeiten gescheitert«.[15] Bezeichnenderweise forderte von Menges radikale Konsequenzen. Für die AEG bestehe nun »kein unternehmerischer Zwang mehr, in der Größenordnung von Siemens zu agieren«. »Es stellt sich nunmehr die Frage, ob eine Zusammenfassung der verschiedenen Sparten des Elektrogeschäfts, von der Energie- und Industrietechnik bis zur Bürotechnik, in der Gruppe AEG-Telefunken unternehmerisch noch sinnvoll ist.«[16]

Ähnlich dachte man rund sieben Jahre später wohl auch im Daimler-Benz-Konzern, als es darum ging, die als wertvoll erachteten Potentiale des AEG-Konzerns auszusuchen. Zu konkreten Schritten kam es dann aber nicht. Vielmehr ließ der Stuttgarter Konzern seine neue Frankfurter Tochtergesellschaft zunächst einige Jahre für sich selbst entscheiden. Der AEG bot sich damit die einmalige Chance des Wiederaufstiegs zu alter Größe – aber auch die unmittelbare Gefahr des erneuten Scheiterns. Heinz Dürrs Ziel war es, die AEG als Ganzes zu erhalten – ein großes Ziel, das Bewunderung verdiente. Nach den Jahren des Abbaus, der Defensive wollte man wieder in die Offensive gehen, wieder einen führenden Platz in der Riege der deutschen Industriekonzerne einnehmen, so wie es einst war. Das Gegenteil hätte jedoch geschehen müssen. Die AEG hätte eine Chance gehabt, wenn die Konzernführung unmittelbar nach Bewältigung des Vergleichs genau das verkündet hätte, was sie immer vermeiden wollte: die radikale Reduzierung der Geschäftsfelder und damit die Zerlegung des Konzerns. Ein solches Vorhaben war in den Jahren 1984 und 1985 gegenüber der Belegschaft, die mit Aussicht auf den Erhalt ihres Unternehmens und damit ihrer Arbeitsplätze den Vergleich mitgetragen hatte, jedoch nicht durchsetzbar gewesen.

Erst Anfang der neunziger Jahre, nach Dürrs Weggang, wurde von seinem Nachfolger Ernst Georg Stöckl eine Bereinigung des Portfolios vorgenommen. Am 18. Oktober 1991 führte er dementsprechend vor dem Aufsichtsrat aus, daß »unsere AEG der kleinste Generalist« unter den Großen der elektrotechnischen Industrie sei, »ein Unternehmen, das auf vielen Gebieten seinen historischen Platz hat, aber für sich noch nicht in Anspruch nehmen kann, im Hinblick auf zukünftig zu erwartende Bedingungen eben diese kritische Größe in einzelnen Tätigkeitsgebieten zu besitzen«. Und er schlußfolgerte: »Es stellt sich also die Frage, auf welchen Gebieten wir langfristig als strategische Geschäftsfelder tätig sein wollen.« Als Konsequenz zog Stöckl daraus den Schluß, »daß wir in allen Geschäftsfeldern nach Möglichkeiten für externes Wachstum, d. h. zu Verbindungen mit kompetenten und komplementären Unternehmen suchen müssen. Je nach Ausgangslage müssen die denkbaren Joint Ventures, Allianzen und Beteiligungen nachhaltige Verbesserungen ... versprechen«. Ähnlich wie einst schon Walter Cipa teilte Stöckl die Arbeitsgebiete des AEG-Konzerns in »strategische Kernarbeitsgebiete«, »abzusichernde/unterstützende Arbeitsgebiete mit niedrigerer Priorität« und »Stand-Alone-Arbeitsgebiete« ein, wobei die letztgenannten aber nicht automatisch verkauft werden sollten.[17]

Doch Stöckls Doppelstrategie, einerseits sich aus Geschäftsbereichen zurückzuziehen und gleichzeitig in den verbliebenen Geschäftsfeldern eine Vorwärtsstrategie zu betreiben, scheiterte. 1995 bekannte er vor der Hauptversammlung: »Wir befinden uns unverändert im Wettlauf zwischen Strukturmaßnahmen einerseits und Wettbewerbsverschärfungen sowie negativen Konjunktureinflüssen andererseits.«[18] Die AEG geriet am Schluß ihrer Geschichte in eine ähnliche Situation wie in den siebziger Jahren, als infolge zahlreicher Notverkäufe immer mehr Bereiche ihre Marktstellung verloren.

Die europäischen Elektrokonzerne 1993

Konzern	Umsatz (in Milliarden Mark)
Siemens	78,5
Philips	48,8
Alcatel-Alsthom	48,5
ABB	46,5
Bosch	34,4
GEC	22,1
Thomson	22,0
Electrolux	17,7
AEG	11,6
Ericsson	10,4

Es steht außer Frage, daß die AEG eines der spannendsten Kapitel deutscher Industriegeschichte schrieb, weil sie so schnell groß wurde, weil sie so lange litt, wiederaufgerichtet wurde und am Ende doch scheiterte. Warum aber dauerte es so lange bis zum Ende? Immerhin reichte der Beginn der Krise des Konzerns bis in das Jahr 1973 zurück. War es der Glaube, daß große und traditionsreiche Unternehmen nicht sterben dürfen?

Vielen führenden Wirtschaftslenkern erschien der Untergang eines Unternehmens wie der AEG, das lange Zeit trotz seiner fast aussichtslosen wirtschaftlichen Lage noch hohe technologische Kompetenz bündelte, kaum denkbar. Die AEG wurde immer wieder nicht nur als sanierungswürdig, sondern auch als sanierungsfähig betrachtet. Der Reiz, es noch einmal zu versuchen, war stets groß. Zuletzt allerdings lohnte sich der Versuch nicht mehr, denn der Konzern war ausgezehrt. Und es fehlte der Führung das technische Ziel, das im Einklang mit kaufmännisch-kalkulatorischem Denken anvisiert werden sollte. Damit war es Emil Rathenau einst gelungen, der AEG einen atemberaubenden Aufstieg zu verschaffen. Am Ende wurde die AEG ausschließlich von Kaufleuten geführt, die verzweifelt versuchten, durch Kaufen und Verkaufen innovative Kräfte zu entfesseln.

Die Geschichte der AEG zeigt also, daß auch große Unternehmen sterben können, vor allem dann, wenn sie aus ihrer Geschichte keine Lehren ziehen.

FUSSNOTEN

EINLEITUNG

1 Hans K. Herdt, Hommage auf die AEG, Führungskräftetreffen Schloß Reinhartshausen, 12. Juni 1996, veröffentlicht von der AEG, S. 5–11, hier S. 8.

2 Alois Riedler Emil Rathenau und das Werden der Großwirtschaft, Berlin 1916; Artur Fürst, Emil Rathenau. Der Mann und sein Werk, Berlin 1915; Felix Pinner, Emil Rathenau und das elektrische Zeitalter, Leipzig 1918 (= Große Männer. Studien zur Biologie des Genies, Bd. 6).

3 Aus der Fülle an Publikationen seien an dieser Stelle genannt: Zum Gedächtnis an Walther Rathenau, hrsg. v. der Allgemeinen Elektricitäts-Gesellschaft, o. O. [Berlin] 1922; Etta Federn-Kohlhaas, Walther Rathenau. Sein Leben und Wirken, Dresden 1927; Gerhard Hecker, Walther Rathenau und sein Verhältnis zu Militär und Krieg, Boppard 1983, und Harry Graf Kessler, Walther Rathenau. Sein Leben und sein Werk, mit einem Nachwort und Anmerkungen von Cornelia Lasberg, Frankfurt a. M. 1988.

4 Paul Ufermann und Carl Hüglin, Die AEG. Eine Darstellung der Allgemeinen Elektricitäts-Gesellschaft, Berlin 1922.

5 50 Jahre AEG (als Manuskript gedruckt), hrsg. v. der Allgemeinen Elektricitäts-Gesellschaft, Berlin 1956.

6 75 Jahre AEG, Berlin/Frankfurt a. M. 1958.

7 Forschen und Schaffen. Beiträge der AEG zur Entwicklung der Elektrotechnik bis zum Wiederaufbau nach dem Zweiten Weltkrieg, hrsg. v. der Allgemeinen Elektricitäts-Gesellschaft, bearbeitet von Bruno Schweder, 3 Bde., Berlin 1965.

8 100 Jahre AEG, hrsg. v. der Zentralabteilung Öffentlichkeitsarbeit der AEG Aktiengesellschaft, o. O. [Frankfurt a. M.] 1983.

9 Manfred Pohl, Emil Rathenau und die AEG, Mainz 1988.

10 Harry Czepuck, Ein Symbol zerbricht. Zur Geschichte und Politik der AEG, Berlin (Ost) 1983; Gert Hautsch, Das Imperium AEG-Telefunken. Ein multinationaler Konzern, Frankfurt (Oder) 1979 (= Marxistische Paperbacks Nr. 88); Eberhard Koebel-Tusk, AEG Energie – Profit – Verbrechen, Berlin (Ost) 1958; Hans Radandt, AEG ein typischer Konzern, Berlin (Ost) 1958.

11 Hierzu: Jörg Schmalfuß, Das Archiv und Museum der AEG. Schatzkammer deutscher Industriegeschichte, in: Deutsches Technikmuseum Berlin, Museumsjournal 1/98, S. 55–57.

12 Benjamin B. Ferencz, Lohn des Grauens, Frankfurt a. M. 1981. (Less than Slaves. Jewish Forced Labor and the Quest for Compensation, Cambridge/Mass. 1983.)

13 Schreiben des AEG-Vorstands an die Conference on Jewish Material Claims Against Germany, Office for Germany, Bonn, 24.8.1960. Das Schreiben der AEG wurde von Jewish Claims bestätigt: Schreiben Dr. Ernst Katzenstein, Director for Germany, Conference on Jewish Material Claims Against Germany, 24.8.1960. Siehe auch: Ferencz, Lohn des Grauens, S. 148–152.

ERSTER TEIL: AUFSTIEG

ANFANG UND DURCHBRUCH

1 Dankrede Emil Rathenaus anläßlich seines 70. Geburtstages, A.E.G.-Zeitung, Festnummer: 11.12.1908, S. 12–18, hier S. 16.

2 Ebd., S. 16 f.

3 So Jürgen Kocka in seinem grundlegenden Aufsatz: Siemens und der aufhaltsame Aufstieg der AEG, in: Tradition 17 (1972), H. 3/4, S. 125–142, hier S. 132.

4 50 Jahre AEG, S. 42.

5 Beschluß der AEG-Generalversammlung (Hauptversammlung) vom 23.5.1887. Siehe hierzu Attest des Kgl. Preuß. Amtsgerichts I, Berlin, ausgestellt am 1.3.1889.

6 AEG-Firmenarchiv [künftig zitiert: FA], Abschriften des Protokoll-Buchs 2 des Aufsichtsrats der Allgemeinen Elektricitäts-Gesellschaft, 3.11.1891–30.10.1902, S. 112 f.

7 Hermann Bücher, Beitrag zur wirtschaftlichen Geschichte der AEG (= Vortrag gehalten am 10. November 1941 in den AEG-Fabriken Brunnenstraße anläßlich der am 24. September 1941 erfolgten Übernahme Telefunkens, o.D. [1942]), S. 8 f., FA.

8 Conrad Matschoß, Die geschichtliche Entwicklung der Allgemeinen Elektricitäts-Gesellschaft in den ersten 25 Jahren ihres Bestehens, Sonderdruck aus: Beiträge zur Geschichte der Technik und Industrie. Jahrbuch des Vereins deutscher Ingenieure, 1909, I. Band, S. 11; Pinner, S. 227.

9 Deutsch, Lebenserinnerungen (unveröffentlichtes Manuskript), Kap. I., S. 82 f. und S. 85. Siehe auch: 50 Jahre AEG, S. 149, FA.

10 50 Jahre AEG, S. 156.

11 Ebd., S. 11 und S. 12.

12 Riedler, S. 171.

13 Brief an Dr. Meissner, Berlin, 26.11.1907, in: Walther Rathenau, Briefe, 1. Bd., Dresden 1926, S. 52–56, hier S. 55.

KARRIEREKNICK EINES GROSSKONZERNS

14 Der Kampf zwischen Walther Rathenau und Felix Deutsch um die Nachfolge Emil Rathenaus, Zwischentexte, in: Walther Rathenau. Briefwechsel: 1897–1920 / Walther Rathenau; Maximilian Harden. Mit einer einleitenden Studie hrsg. v. Hans Dieter Hellige, München 1983 (= Walther-Rathenau-Gesamtausgabe, Bd. 6), S. 662 f. Siehe auch: Rathenau, Tagebuch 1907–1922, S. 173, und Protokoll der Aufsichtsratssitzung vom 3.12.1912, Abschriften des Protokoll-Buchs 3 des Aufsichtsrats der Allgemeinen Elektricitäts-Gesellschaft, 30.10.1902 – 11.7.1918, S. 85, FA.

15 Geschäftsbericht über das Geschäftsjahr vom 1. Juli 1916 bis 30. Juni 1917, S. 7, FA. 50 Jahre AEG, S. 202 und S. 206; Schulin, S. 86; Hecker, S. 306 und S. 347, sowie Wilfried Feldenkirchen, Siemens 1818–1945, München/Zürich 1995, S. 50.

16 Geschäftsbericht über das Geschäftsjahr vom 1. Juli 1915 bis 30. Juni 1916, S. 7, FA.

17 Bücher, Beitrag zur wirtschaftlichen Geschichte der AEG, S. 9; Ausführungen Herrn Geheimrat Dr. Bücher in der GV [= Generalversammlung] der AEG am 21.8.1936, S. 1 f., FA.

18 Ufermann, Hüglin, S. 78.

19 Bücher, Beitrag zur wirtschaftlichen Geschichte der AEG, S. 10.

DIE AEG IM »DRITTEN REICH«

20 Rede des Führers der AEG, Geheimrat Dr. H. Bücher, im Sportpalast Berlin am 22. März 1934, S. 6.

21 Zitiert nach Louis P. Lochner, Die Mächtigen und der Tyrann. Die deutsche Industrie von Hitler bis Adenauer. Einzige vom Verfasser authorisierte deutsche Ausgabe, besorgt von Theodor Büchner unter Mitarbeit von J. K. Thiel, Darmstadt 1955, S. 85.

22 Aussage Albert Speers am 21. Juni 1946. Der Prozess gegen die Hauptkriegsverbrecher von dem Internationalen Militärgerichtshof Nürnberg 14. November 1945 –1. Oktober 1946, Bd. XVI, Amtlicher Text in deutscher Sprache, Verhandlungsniederschriften 11. Juni 1946 – 24. Juni 1946, S. 569.

23 Bücher, Beitrag zur wirtschaftlichen Geschichte der AEG, S. 3.

24 Ebd., S. 20.

25 »Die AEG stand abseits«. Funk's Aussagen über die Beziehungen zwischen Nationalsozialismus und Wirtschaft, o. O. o. J. (1945), FA.

26 Die Stellung der AEG zur Rüstung 1945, S. 7, FA.

27 Protokoll der AEG-Bilanzpressekonferenz, 9.2.1940, S. 10, FA.

28 Bücher, Beitrag zur wirtschaftlichen Geschichte der AEG, S. 12, FA.

29 Bericht Dr. Friebe, Fabriken-Leitung (FL), 13.8.1946, zitiert nach: Walter Nausner, Neue Machtzentren in der deutschen Kriegswirtschaft 1942–1945. Die Wirtschaftsagenturen der SS, das Amt des Generalbevollmächtigten für den Arbeitseinsatz und das Reichsministerium für Bewaffnung und Munition/Reichsministerium für Rüstung und Kriegsproduktion im Nationalsozialistischen Herrschaftssystem, Boppard am Rhein 1994 (= Schriften des Bundesarchivs 45), S. 144.

30 Hierzu: Ferencz, Lohn des Grauens, S. 149 und S. 152.

31 Geschäftsbericht über die Geschäftsjahre vom 1. Oktober 1944 bis 30. September 1950, S. 10.

32 Feldenkirchen, Siemens. Von der Werkstatt zum Weltkonzern, S. 174.

33 Entlassungsauftrag des Public Safety (Special) Branch HQ Military Government Hansestadt Hamburg o. J. Siehe auch: Office of Military Government Berlin Sector Property Control Branch an Public Safety (Special) Branch HQ Military Government Hansestadt Hamburg, 1.5.1947, FA.

ZWEITER TEIL: DER PHÖNIX STEIGT AUS DER ASCHE

IMPROVISATION UND WIEDERAUFBAU

[1] Zur Bewertung der AEG-Verluste im Zweiten Weltkrieg und in der Zeit bis 1949: Ehemalige Fabriken, Büros und Beteiligungen der AEG auf dem Gebiet der ehemaligen DDR bzw. Ostberlins, Ausarbeitung des AEG-Firmenarchivs, 8. November 1991. Die genannten Zahlen beziehen sich auf den Stand des Vermögens zum 30.9.1944. Siehe hierzu auch die Ausführungen Friedrich Spennraths anläßlich der AEG-Generalversammlung am 21. März 1950, FA.

[2] Geschäftsbericht über die Geschäftsjahre vom 1. Oktober 1944 bis 30. September 1950, Rede Friedrich Spennraths in der Generalversammlung der AEG am 21. März 1950, FA.

[3] Aufzeichnung Ohl (= Regierungsbaumeister Wilhelm Ohl, Leiter der AEG-Bahnabteilung), 5.8.1946, FA.

[4] Ausführungen Dr. Boden in der Generalversammlung der AEG am 21.3.1950, S. 2 f., FA

[5] Geschäftsbericht über die Geschäftsjahre vom 1. Oktober 1944 bis 30. September 1950, S. 12, FA.

[6] Ausführungen des Herrn Dr. Boden in der Generalversammlung der AEG am 21. März 1950, S. 3 f., FA.

[7] Protokoll der Sitzung des Aufsichtsrats am 18.11.1949, S. 5, FA.

[8] Protokoll der AEG-Aufsichtsratssitzung am 5.11.1952, S. 1, FA.

[9] Geschäftsbericht über das Geschäftsjahr vom 1. Oktober 1955 bis 30. September 1956.

[10] Protokoll der Sitzung des Finanzausschusses des Aufsichtsrats, 1.9.1955, S. 1, FA.

[11] Protokoll der AEG-Aufsichtsratssitzung am 20.2.1959, S. 5, FA.

[12] Protokoll der Sitzung des Finanzausschusses des Aufsichtsrats am 6.8.1956, S. 2, FA.

AM SCHEIDEWEG

[13] Protokoll der AEG-Aufsichtsratssitzung am 5.7.1957, S. 4, FA.

[14] Protokoll der AEG-Aufsichtsratssitzung am 20.11.1958, S. 3, FA.

[15] Vortrag Bodens am 24.2.1959, S. 3 und S. 5, FA.

[16] Protokoll der AEG-Aufsichtsratssitzung am 20.2.1959, S. 6, FA.

[17] Vortrag Bodens am 24.2.1959, S. 8, FA.

[18] Protokoll der AEG-Aufsichtsratssitzung am 19.11.1959, S. 3 f., FA.

[19] Vortrag Bodens am 24.2.1959, S. 3, FA.

[20] Trauerrede Hans C. Bodens, 24.2.1962, gedrucktes Manuskript, FA.

[21] Lebenslauf Dr.-Ing. Hans Heyne, FA. Siehe auch: Elektrotechnische Zeitschrift 65 (1944), Heft 21/22, 1.6.1944, S. 1f., FA.

[22] Ausführungen von Friedrich Spennrath, Protokoll der AEG-Aufsichtsratssitzung am 5.11.1952, S. 2, FA.

[23] Heyne in der Sitzung des Personalausschusses des Aufsichtsrats am 20.2.1963, S. 1. Siehe auch Vortrag von Heyne am 13.5.1963 (Tonbandprotokoll), S. 11, FA.

[24] Protokoll der AEG-Aufsichtsratssitzung am 20.2.1962, S. 1. Zum Tod Bäurles: Pressemitteilung der AEG, 15.1.1962, FA.

[25] Protokoll der AEG-Aufsichtsratssitzung am 28.9.1962, S. 3, FA.

[26] Hierzu findet sich ein Hinweis im Protokoll der Sitzung der Aufsichtsräte von AEG und Telefunken am 10.12.1964, S. 7, FA.

[27] Protokoll der AEG-Aufsichtsratssitzung am 28.9.1962, S. 3 f. und 5 f., FA.

[28] Referat Heynes für die Präsidialsitzung des AEG-Aufsichtsrats am 22.4.1965, S. 3 f., FA.

[29] Protokoll der AEG-Aufsichtsratssitzung am 28.9.1962, S. 2, FA.

[30] Rede Heynes in der Hauptversammlung der AEG in der Präsidialsitzung des Aufsichtsrats von Telefunken am 10.5.1965, S. 3, FA.

[31] Zeitschrift für das gesamte Kreditwesen, 15.3.1963. Siehe auch: Die Zeit, 3.12.1965.

[32] Dies konstatierten u. a. Die Welt, 5.6.1965, die Süddeutsche Zeitung, 11.12.1964, und Die Zeit, 11.6.1965.

[33] Protokoll der AEG-Aufsichtsratssitzung, 25.5.1964, S. 1 f., FA.

[34] Ergebnisbericht über die gemeinsame Sitzung des Vorsitzers und der stellvertretenden Vorsitzer der Aufsichtsräte von AEG und Telefunken sowie der Vorsitzer der Vorstände von AEG und Telefunken am 10.5.1965, 21.5.1965, S. 3, FA.

[35] Ebd.

[36] Kurt Wendt, Neue Formen für alte Firmen. AEG und Telefunken werden verschmolzen, in: Die Zeit, 19.5.1966.

[37] Protokoll der AEG-Aufsichtsratssitzung am 28.11.1963, S. 1, FA.

[38] Der Spiegel, 24.9.1973. Siehe hierzu auch: Heynes »neuer Stil« bei der AEG, in: Wirtschaft intern, 25.2.1963.

[39] Ein Triumvirat, in: Der Tagesspiegel, 11.12.1964. Siehe auch: Der Spiegel, 24.11.1965.

[40] Kurt Wendt, Ohne Liebe für den Nachfolger. Porträt Hans Heyne, in: Die Zeit, 3.12.1965. Siehe auch Max Kruk, Nach dem Schüttelfieber. Die AEG braucht jetzt dringend Ruhe, in: Frankfurter Allgemeine Zeitung, 24.12.1965.

[41] Kommuniqué der Aufsichtsratssitzung der AEG am 22.12.1965, FA. Siehe auch: Meldungen in: Handelsblatt, 24.11.1965; Industriekurier, 25.11.1965, und: Die Welt, 3.12.1965.

[42] Referat für die AEG-Aufsichtsratssitzung am 22.4.1965, 21.4.1965, S. 2 f., und Einleitung für die AEG-Aufsichtsratssitzung am 17. Mai 1965, FA.

[43] Protokoll der AEG-Aufsichtsratssitzung der AEG am 1.12.1965, S. 1, S. 3 f., S. 6 und S. 8 f., FA.

[44] Protokoll der AEG-Aufsichtsratssitzung am 22.12.1965, S. 1. und S. 4. Siehe auch Kommuniqué der Aufsichtsratssitzung am 22.12.1965, FA.

FORCIERTE EXPANSION: »OHNE KONZEPT, MARSCH«?

[45] Bernd Hansen, Im Prinzip ist die AEG wohl nicht mehr zu sanieren, in: Deutsches Allgemeines Sonntagsblatt, 4.11.1979.

[46] Protokoll der Sitzung des Personal-Ausschusses des Aufsichtsrats am 1.12.1965, S. 2, FA.

[47] Rede Bühlers auf der Hauptversammlung, abgedruckt in: Männer der Wirtschaft, Reden und Berichte, Beilage der Zeitschrift Das Wertpapier, Nr. 6a/1968.

[48] Zitiert nach: Frankfurter Allgemeine Zeitung, 3.5.1969.

[49] Geschäftsbericht über das Geschäftsjahr vom 1. Januar 1969 bis 31. Dezember 1969, S. 29.

[50] Referat von Dr. Hans Bühler zum Jahresabschluß und Geschäftsbericht 1969, S. 4 und S. 9, FA.

[51] Kurt Wendt, Wider die Amerikaner. Flurbereinigung in der deutschen Industrie geht weiter, in: Die Zeit, 8.11.1968.

[52] Dr. Robert Platow-Brief 48, 28.4.1969.

[53] AEG kauft ein. In fünf Jahren größer als Siemens, in: Capital 9 (1970), Nr. 2.

DRITTER TEIL: DIE KRISE

DER ANFANG

[1] Protokoll der Aufsichtsratssitzung am 22.10.1975, S. 5, FA.

[2] Geschäftsbericht über das Geschäftsjahr vom 1. Januar 1971 bis 31. Dezember 1971, FA. Siehe auch: Referat Groebes auf der Pressekonferenz anläßlich der Veröffentlichung des Geschäftsberichts 1971, AEG Pressemitteilung Nr. 2195, 2.5.1972, S. 3, und Rede Groebes in der Hauptversammlung am 15.6.1972, Sonderdruck, FA.

[3] Geschäftsbericht über das Geschäftsjahr vom 1. Januar 1972 bis 31. Dezember 1972. Vgl. hierzu auch die Berichte in: Frankfurter Allgemeine Zeitung, 22.4.1972, und: Deutsche Zeitung – Christ und Welt, 15.12.1972.

[4] Capital 11 (1972), Nr. 5, S. 68.

[5] Der Platow-Brief, Nr. 46, 21.4.1972.

[6] Protokoll der Sitzung des Präsidiums des Aufsichtsrats am 11.4.1973, S. 14; Brief Cipas an Groebe, 31.1.1978. Siehe auch: Brief Cipas an Groebe, 20.6.1978, FA.

[7] Die Eigenkapitalquote (Ekq) setzt sich aus dem Eigenkapital, geteilt durch das Eigen- und Fremdkapital, multipliziert mit 100 zusammen. Es handelt sich dabei um die »Vertikale Finanzierungsregel«, die aus dem Bankensektor stammt. Die Banken gehen davon aus, daß ein gesundes Unternehmen eine Ekq = 50 Prozent haben müsse.

[8] Referat Groebes auf der Bilanzpressekonferenz, 2.5.1973, AEG Pressemitteilung Nr. 2783, 2.5.1973, S. 8, FA.

[9] Ebd., S. 13.

[10] Präsidialsitzung 28.11.1973, Referat Dr. Groebe, Geschäftliche Situation von AEG-Telefunken, S. 11, FA.

[11] Zitiert nach: Der Platow-Brief, 5.2.1973.

[12] Zitiert nach: Handelsblatt, 4.5.1973.

[13] Siehe hierzu Bericht in: Wirtschaftswoche, 3.8.1973. Siehe auch: Börsengerüchte über eine angebliche Bundesbürgschaft für AEG-Telefunken, kolportiert am 27.7.1973 und an den folgenden Tagen, von Friedrich Bender, Leiter der AEG Presseabteilung, 31.7.1973, FA.

[14] Zitiert nach: Ulrich Blecke, Programm auf Jahre gestört. Mißmanagement AEG-Telefunken, in: manager magazin 2 (1973).

[15] Referat Semlers für die Vorstandssitzung am 13.6.1972, S. 14, FA.

[16] Hannoversche Allgemeine Zeitung, 20.9.1973. Wenig aussagekräftig ist dagegen die AEG Presseerklärung vom 19.9.1973.

[17] So das manager magazin 3 (1975).

[18] Friedrich Bender, Öffentlichkeitsarbeit: Bericht über die derzeitige Situation bei AEG-Telefunken und Vorschläge für eine Intensivierung der ÖA [Öffentlichkeitsarbeit], gerichtet an Dr. Hans Groebe, datiert auf den 6.6.1975, S. 3, FA.

[19] Geschäftsbericht über das Geschäftsjahr vom 1. Januar 1974 bis 31. Dezember 1974.

[20] Protokoll der Vorstandssitzung am 21.1.1975, S. 6, FA.

KATALYSATOR DER KRISE: DAS FIASKO MIT DER KERNENERGIETECHNIK

21 Zur grundsätzlichen Entscheidung bei der AEG siehe auch: Rede von Dr. Hans C. Boden in der Hauptversammlung am 19.3.1959, FA.

22 Hans-Joachim Braun, Walter Kaiser, Energiewirtschaft, Automatisierung, Information seit 1914, Berlin 1997 (= Propyläen-Technikgeschichte, hrsg. v. Wolfgang König, Bd. 5), S. 306.

23 Protokoll der Aufsichtsratssitzung am 4.12.1975 in München, S. 5, FA.

24 Bericht Walter Cipas während der Sitzung des Aufsichtsrats von AEG-Telefunken am 18.9.1978, S. 12, FA.

25 Protokoll der Aufsichtsratssitzung am 19.6.1975, S. 2, FA.

26 Protokoll der Aufsichtsratssitzung am 18.9.1978, S. 12, FA.

DER AUSSTIEG AUS DEM GESCHÄFT MIT GROSSEN COMPUTERN

27 Lothar Burchardt, Wie alles begann. Von Funkstrahl über Pintsch zu TELEFUNKEN, in: Erkennen, worauf es ankommt, hrsg. v. der AEG Electrocom., Konstanz 1994, S. 51 f.

28 Protokoll der Vorstandssitzung vom 13.8.1975, S. 10, FA.

EXKURS: AEG UND SIEMENS – EIN WETTLAUF UNGLEICHER KONKURRENTEN

29 Die neue AEG. Der Vergleich ist erfüllt, aber hält das Fundament?, in: Industriemagazin, September 1984. Siehe hierzu auch: Das hat uns keiner zugetraut, in: Industriemagazin, 15.9.1984, und: Lutz E. Dreesbach, Beim 100jährigen Firmenjubiläum wieder gesund und munter?, in: Handelsblatt, 3.12.1979.

30 Siehe zum Beispiel: Hans K. Herdt, Die AEG vor zehn Jahren, in: Börsen-Zeitung, 30.7.1992.

31 Hans Otto Eglau, Ende eines Trauerspiels, in: Die Zeit, 10.12.1995.

32 Kocka, Siemens und der aufhaltsame Aufstieg der AEG, S. 125.

33 Heidrun Homberg, Rationalisierung und Industrialisierung. Arbeitsmarkt – Management – Arbeiterschaft im Siemens-Konzern Berlin 1900–1939, Berlin 1991, S. 350.

34 Heidrun Homberg, Die Neuordnung des Marktes nach der Inflation. Probleme und Widerstände am Beispiel der Zusammenschlußprojekte von AEG und Siemens 1924–1933 oder »Wer hat den längeren Atem?«, Manuskript (abgedruckt in: Gerald D. Feldman [Hrsg.], Die Nachwirkungen der Inflation auf die deutsche Geschichte 1924–1933, München 1985, S. 117–156, hier S. 117. Hierzu auch: Feldenkirchen, Siemens, S. 325 f.

35 Homberg, Die Neuordnung des Marktes nach der Inflation, S. 6 und S. 18.

36 Feldenkirchen, Siemens. Von der Werkstatt zum Weltkonzern, S. 174.

37 Protokoll der AEG-Aufsichtsratssitzung am 20.2.1959, S. 6, FA.

38 Zitiert nach: Capital 16 (1977), Nr. 1.

SANIERUNGSVERSUCHE

39 Protokoll der Aufsichtsratssitzung, 4.12.1975, S. 9, FA.

40 AEG Pressemitteilung Nr. 3577, 17.3.1975.

41 Frankfurter Allgemeine Zeitung, 20.8.1975.

42 Protokoll der Sitzung des Personalausschusses des Aufsichtsrats am 18.8.1975, FA.

43 Günter Ringleb, Hoffentlich geht's gut, in: Handelsblatt, 21.8.1975.

44 Protokoll der Aufsichtsratssitzung am 22.10.1975, S. 8, FA.

45 Protokoll der Vorstandssitzung 5. und 8.6.1975, S. 12. Siehe auch: Protokoll der Aufsichtsratssitzung am 4.12.1975, S. 4.

46 Ebd. Siehe auch AEG-Aufsichtsratssitzung, 28.11.1973, S. 9, FA.

47 Christoph Wehnelt, Cipa: Wenn ich in fünf Jahren schwarze Zahlen schreibe..., in: Frankfurter Rundschau, 9.9.1975.

48 Referat von Herrn Dr. Walter Cipa auf der Pressekonferenz des Unternehmens, 10.11.1976, AEG Pressemitteilung Nr. 4171, 10.11.1976. Siehe auch Brief Cipas an Timm, 8.3.1979, und Protokoll der Aufsichtsratssitzung am 23.4.1979, FA.

49 Vortrag vor dem Präsidium des Aufsichtsrats am 28.10.1976. Anlage zu einem Brief Cipas an Timm, 8.3.1979, S. 14. Siehe auch: Protokoll der Aufsichtsratssitzung am 9.11.1976, S. 48, FA.

50 Protokoll der Aufsichtsratssitzung am 9.11.1976, S. 2 und S. 3, FA.

51 Ebd., S. 5.

52 Siehe hierzu auch: Blut, Schweiß und Tränen, Interview mit Walter Cipa, in: manager magazin, Juni 1977, S. 62.

53 Protokoll der Aufsichtsratssitzung am 9.11.1976, S. 8, FA.

54 Blut, Schweiß und Tränen, S. 62.

55 Protokoll der Aufsichtsratssitzung am 6.12.1978, S. 11, FA.

56 Die Neuorganisation des Konzerns im Inland, Auszug aus dem Geschäftsbericht 1976, Sonderdruck, 1976, FA. Siehe auch: Kommuniqué der Aufsichtsratssitzung vom 21.4.1976, AEG Pressemitteilung Nr. 3926, 21.4.1976.

57 Frankfurter Allgemeine Zeitung, 24.4.1976.

58 Untersuchung Hayek Engineering, Überprüfung der Plausibilität der geplanten Personalcptimierung und Kurzstudie zur Materialwirtschaft, vorgelegt am 14.3.1980, Anlage zum Protokoll der Aufsichtsratssitzung am 18.6.1980, S. 5, FA.

59 Hierzu: Aktennotiz 8.3.1979, betr.: Untersuchung der Personalveränderungen im Führungskreis AEG-Telefunken INLAND im Zeitraum 1977–79, FA.

60 AEG-Pressemitteilung Nr. 4170, 9.11.1976.

61 Protokoll der Aufsichtsratssitzung, 4.12.1975, S. 5, FA.

62 Protokoll der Aufsichtsratssitzung am 19.10.1977 und Protokoll der Aufsichtsratssitzung am 23.4.1979, S. 3, FA.

63 Lampe, Generaldirektor-Regiment, in: Frankfurter Allgemeine Zeitung, 17.4.1979.

64 Protokoll der Aufsichtsratssitzung am 18.9.1978, S. 24 f., FA.

65 Protokoll der Vorstandssitzung am 12.7.1975, S. 7.

66 Vortrag von Hans Heyne am 13.5.1963, S. 30, FA.

67 Zitiert aus: Stellungnahme zu den Umsatz- und Ergebnisabweichungen gegenüber Budget 1978 der Allgemeinen Elektricitäts-Gesellschaft AEG-Telefunken (Kurzfassung) der Deutschen Warentreuhand-Aktiengesellschaft vom 14.11.1978, FA.

68 Protokoll der Aufsichtsratssitzung am 26.4.1978, FA.

69 Stellungnahme zu den Umsatz- und Ergebnisabweichungen gegenüber Budget 1978 vom 14.11.1978, S. 13, FA.

70 Protokoll der Aufsichtsratssitzung am 6.12.1978, S. 24 f., FA.

RETTUNG AUF ZEIT

71 Brief Cipas an Timm, 8.3.1979, S. 3 f., FA.

72 Vortrag Cipas in der Aufsichtsratssitzung am 29.1.1979, Anlage 1: Situation bei Olympia, FA.

73 Protokoll der Aufsichtsratssitzung am 18.9.1978, S. 2. Siehe auch: Brief Cipas an Groebe, 31.1.1978, FA.

74 Brief Cipas an Timm, 8.3.1979, S. 4, FA.

75 Protokoll der Sitzung des Finanzausschusses des Aufsichtsrats am 9.2.1981, Anlage 1, S. 7, FA.

76 Protokoll der Aufsichtsratssitzung am 23.4.1979, S. 2 f., FA.

77 Ebd., S. 4 f. und S. 9.

78 manager magazin, Januar 1979, S. 36–38.

79 Protokoll der Aufsichtsratssitzung am 20.6.1979: Referat Cipa, ebd., S. 3 und S. 5.

80 Protokoll der außerordentlichen (a. o.) Sitzung des Aufsichtsrats am 24.10.1979, Anlage: Information über den Stand der Konsolidierungsplanung bei AEG-Telefunken, S. 16, FA.

81 Ebd., S. 10. Lt. Hayek-Gutachten wurde die Zahl von 13 000 als Untergrenze bezeichnet. Darstellung des Sanierungskonzepts, Vortrag Walther Cipas auf der Sitzung des Präsidiums des Aufsichtsrats am 30.11.1979, S. 2, FA.

82 Zitiert nach: Brief Cipas an Timm, S. 11, FA.

83 Protokoll der Sitzung der Anteilseignervertreter im Aufsichtsrat am 23.4.1979, S. 4, FA.

84 Aufsichtsratssitzung am 20.6.1979: Referat Cipa (Stand: 18.6.1979), S. 13 f., FA.

85 Protokoll des Finanzausschusses des Aufsichtsrats von AEG-Telefunken am 3.12.1979, S. 3, FA.

86 Hans K. Herdt, Die AEG vor zehn Jahren, in: Börsen-Zeitung, 30.7.1992.

87 § 92, 2 AktG = Beantragung des Konkurses oder Vergleichsverfahrens. Protokoll der Aufsichtsratssitzung am 14. Januar 1980, S. 4, FA.

88 Protokoll der Aufsichtsratssitzung am 3.12.1979, S. 2, FA.

89 Protokoll der a.o. Sitzung des Aufsichtsrats am 15.1.1980, S. 2. Siehe auch: Übersicht über die wichtigsten Ereignisse im AEG-Telefunken-Konzern während der Amtszeit von Dr. Hans Friderichs als Aufsichtsratsvorsitzender, S. 1, FA.

90 Protokoll der Aufsichtsratssitzung am 3.12.1979, S. 2, FA.

91 Protokoll der a.o. Sitzung des Aufsichtsrats am 15.1.1980, S. 4, FA.

92 Hierzu Hinweise in der Rede Heinz Dürrs anläßlich seiner offiziellen Verabschiedung als Vcrstandsvorsitzender der AEG am 11.12.1990, FA.

93 Übersicht über die wichtigsten Ereignisse im AEG-Telefunken-Konzern während der Amtszeit von Dr. Hans Friderichs als Aufsichtsratsvorsitzender, S. 1, FA.

94 Protokoll der a.o. Sitzung des Aufsichtsrats am 15.1.1980, S. 3, FA. Zur Rolle Friderichs bei der Berufung Dürrs siehe auch: Finanz und Wirtschaft (Schweiz), 19.9.1984, und Jens Peter Eichmeier, Dürr blieb standhaft, in: Stuttgarter Nachrichten, 18.9.1984, und Bericht in: Börsen-Zeitung, 3.12.1988.

95 Protokoll der a.o. Sitzung des Aufsichtsrats, 20.1.1980, S. 3, FA.

96 So von Menges, Mitglied des Aufsichtsrats, auf der AEG-Aufsichtsratssitzung am 24.10.1979, Protokoll der a.o. Sitzung des Aufsichtsrats am 24.10.1979, S. 2, FA.

97 Protokoll der Aufsichtsratssitzung am 23.4.1980, S. 4–6, FA.

98 Protokoll des Finanzausschusses des Aufsichtsrats am 22.4.1980, S. 10, FA.

99 Protokoll der Sitzung der Anteilseignervertreter im Aufsichtsrat am 23.4.1980, S. 5 f., FA.

100 Protokoll der Aufsichtsratssitzung am 17.9.1980, S. 3 f., FA. Siehe auch: Untersuchung Hayek Engineering, Überprüfung der Plausibilität der geplanten Personaloptimierung und Kurzstudie zur Materialwirtschaft, vorgelegt am 14.3.1980, Anlage zum Protokoll der Aufsichtsratssitzung am 18.6.1980, S. 11, FA.

101 Ebd., S. 5 f.

102 Untersuchung Hayek Engineering, ebd.

103 Protokoll der Aufsichtsratssitzung am 22.6.1981, S. 4, FA.

104 Ebd., S. 9.

105 Protokoll der Sitzung des Präsidiums des Aufsichtsrats von AEG-Telefunken am 22.6.1981, S. 4. Siehe auch Protokoll der Aufsichtsratssitzung am 4.12.1980, Anlage 1, Bericht zur Geschäftslage (Dürr), S. 15 und S. 16, FA.

106 Protokoll des Finanzausschusses des Aufsichtsrats am 4.12.1980, S. 5, FA.

107 Ebd., S. 3.

108 Ebd., S. 8.

109 Ebd., S. 11.

110 Ebd., S. 3.

111 Protokoll des Finanzausschusses des Aufsichtsrats von AEG-Telefunken am 22.6.1981, S. 3, FA.

112 Protokoll der Sitzung des Präsidiums des Aufsichtsrats von AEG-Telefunken am 22.6.1981, S. 2, FA.

113 Bericht über die Geschäftslage und Informationen über die wesentlichen Aussagen des Referats von Herrn Dürr auf der Hauptversammlung (1981), S. 15, FA.

114 Protokoll des Finanzausschusses des Aufsichtsrats von AEG-Telefunken am 6.4.1981, S. 2 und S. 4, FA.

115 Protokoll des Finanzausschusses des Aufsichtsrats von AEG-Telefunken am 22.6.1981, S. 4, FA.

116 Memo [Heinz Dürr] für die Präsidiumssitzung am 8.9.1981, S. 2 f., FA.

117 Referat Dürr, 24.9.1981, S. 16 f., FA.

118 Protokoll des Finanzausschusses des Aufsichtsrats von AEG-Telefunken am 9.2.1981, Anlage 1, S. 1 und S. 4, FA.

119 Hierauf hatte auch schon Walther Cipa aufmerksam gemacht, siehe Brief Cipas an Timm, 8.3.1979, S. 15, FA. Auf der Sitzung des Finanzausschusses des Aufsichtsrats am 22.4.1980 stellte Meier-Preschany fest, daß 90 Prozent des Jahresfehlbetrags durch Verluste in- und ausländischer Beteiligungsgesellschaften verursacht worden sind. Protokoll des Finanzausschusses des Aufsichtsrats von AEG-Telefunken am 22.4.1980, S. 3 f., FA.

120 Protokoll der Sitzung der Anteilseignervertreter im Aufsichtsrat von AEG-Telefunken am 23.4.1980, S. 2, FA.

121 Referat Dürr, 24.9.1981, S. 9, FA.

122 Ebd., S. 8.

123 Ebd., S. 19a.

124 Vorbereitung, Tagesordnung der Präsidiumssitzung des AEG-Aufsichtsrats, 8.9.1981, FA.

125 Ebd.

126 Protokoll der Sitzung des Finanzausschusses des AEG Aufsichtsrats, 24.9.1981, S. 4, FA.

127 Ebd., S. 9.

128 Referat Heinz Dürr beim Konsortialtreffen 23.10.1981, S. 1, FA.

129 Protokoll der Aufsichtsratssitzung am 29.4.1982, S. 3 f., FA.

130 Protokoll der gemeinsamen Sitzung von Präsidium und Finanzausschuß des Aufsichtsrats von AEG-Telefunken am 22.10.1981, S. 4 f., und Ergebnisprotokoll über ein Gespräch zwischen AEG-Telefunken AG (AEG), Robert Bosch GmbH (RB), Mannesmann AG (Megawatt) am 21.10.1981, FA.

131 Übersicht über die wichtigsten Ereignisse im AEG-Telefunken-Konzern während der Amtszeit von Dr. Hans Friderichs als Aufsichtsratsvorsitzender, S. 3, FA.

132 Siehe hierzu: Berichte Dürrs und seines Finanzchefs Brandt über die Bilanz 1981 auf der Geschäftsberichts-Pressekonferenz des Konzerns am Montag, 10.5.1982, AEG Pressemitteilung Nr. 7477, 10.5.1982. Protokoll des Finanzausschusses des Aufsichtsrats von AEG-Telefunken am 4.12.1980, S. 7, FA.

133 Protokoll der Aufsichtsratssitzung am 29.4.1982, S. 3 f., FA.

134 Bericht Dürrs zum laufenden Geschäftsjahr 1982, S. 18, FA.

135 Sitzung des Finanzausschusses des AEG Aufsichtsrats, 23.11.1981, Referat Dürr, S. 15, FA.

136 Ebd., S. 3–5.

137 Protokoll der Aufsichtsratssitzung am 23.4.1979, S. 3 und S. 5, FA.

138 Protokoll der Sitzung des Finanzausschusses des Aufsichtsrats von AEG-Telefunken am 4.12.1980, S. 3, FA.

139 Protokoll des Finanzausschusses des Aufsichtsrats von AEG-Telefunken am 22.4.1981, S. 4 f., FA.

140 Protokoll der Sitzung des Finanzausschusses, 24.9.81, S. 31 f., FA.

141 Bericht Dürrs zur Geschäftslage 1980, S. 12. Siehe auch: Referat Dürr, 24.9.81, FA.

142 Protokoll der Sitzung des Präsidiums des Aufsichtsrats von AEG-Telefunken am 27.5.1982, S. 6, FA.

[143] AEG-Pressemitteilung Nr. 7483, 14.6.1982.

[144] Protokoll der gemeinsamen Sitzung von Präsidium und Finanzausschuß des Aufsichtsrats, 21.6.1982, S. 5 und S. 8. Siehe auch: Protokoll über die gemeinsame Sitzung von Präsidium und Finanzausschuß des Aufsichtsrats von AEG-Telefunken am 21.6.1982, S. 5, und Protokoll der Aufsichtsratssitzung am 21.6.1982, S. 4 f., FA.

[145] Protokoll der gemeinsamen Sitzung von Präsidium und Finanzausschuß des Aufsichtsrats, 21.6.1982, S. 4, FA.

[146] Ebd., S. 2.

[147] Hinweis in der Rede Heinz Dürrs anläßlich seiner offiziellen Verabschiedung als Vorstandsvorsitzender der AEG, 11.12.1990, S. 7, FA.

[148] Bericht Dürrs in der Vorstandssitzung vom 4. und 6.8.1982, Blatt 6, FA.

[149] Protokoll der gemeinsamen Sitzung von Präsidium und Finanzausschuß des Aufsichtsrats von AEG-Telefunken am 21.6.1982, S. 2, FA.

[150] Ebd., S. 4. Siehe auch: Protokoll des Finanzausschusses des Aufsichtsrats von AEG-Telefunken am 14.6.1982, S. 2, FA.

[151] Hans Friderichs, »Notiz über das heutige Telefonat mit Graf Lambsdorff auf Vancouver Island 19.00 Uhr«, 2.8.1982, FA.

[152] Lt. Aussage von Hans Friderichs, Protokoll über die Sitzung der Mitglieder der Anteilseigner im Aufsichtsrat von AEG-Telefunken am 8.8.1982, 20.45 Uhr, in den Räumen der Dresdner Bank AG, Entwurf, 24.8.1982, S. 2, FA. Siehe auch: Protokoll der Sitzung des Aufsichtsrats am 9.8.1982, S. 1, ebd., und Heinz Dürr, Bericht über die Situation des AEG-Telefunken Konzerns, 9.8.1982, S. 2. Siehe auch Berichte: Frankfurter Allgemeine Zeitung, 6. und 9.8.1982, und: Handelsblatt, 9.8.1982.

VIERTER TEIL: DER VERGLEICH

DER 8. AUGUST 1982

[1] Protokoll über die Sitzung der Mitglieder der Anteilseigner im Aufsichtsrat von AEG-Telefunken am 8.8.1982, Entwurf, 24.8.1982, FA.

[2] Protokoll über die Sitzung der Mitglieder der Anteilseigner, 8.8.1982, S. 4 f., FA.

[3] Ebd., S. 3 und S. 5.

[4] Ebd., S. 2 f.

[5] Protokoll der Vorstandssitzung vom 8.8.1982, Blatt 4, FA.

[6] Ebd., S. 6.

[7] Protokoll über die Sitzung der Mitglieder der Anteilseigner, 8.8.1982, S. 6 f., FA.

DER 9. AUGUST 1982

[8] Telegramme Dürrs an Mitglieder des Aufsichtsrats vom 3. und 4.8.1982, FA.

[9] Dürr, Bericht über die Situation des AEG-Telefunken Konzerns, 9.8.1982, S. 3, FA.

[10] Ebd., S. 4. Hierzu wurde in der Sitzung des Aufsichtsrats festgestellt, daß dieser den Vorstand bei der Entscheidung über Eröffnung eines Vergleichsverfahrens nur beraten kann. Siehe Protokoll der Sitzung des Aufsichtsrats, 9.8.1982, S. 1, FA.

[11] Dürr, Bericht über die Situation des AEG-Telefunken Konzerns, 9.8.1982, S. 6, FA.

[12] Protokoll der Sitzung des Aufsichtsrats, 9.8.1982, S. 3, FA.

[13] Zuletzt soll noch ein Betrag von zehn bis 15 Millionen Mark strittig gewesen sein. Siehe hierzu: Frankfurter Allgemeine Zeitung, 6.8.1982, und: Die Zeit, 5.8.1982.

[14] Protokoll der Sitzung des Aufsichtsrats, 9.8.1982, S. 8, FA.

[15] Beschluß des Vorstands von AEG-Telefunken AKTIENGESELLSCHAFT vom 9.8.1982, 15.30 Uhr, über die Beantragung des gerichtlichen Vergleichsverfahrens »zur Vermeidung des Konkurses«, FA.

[16] Ebd., S. 9.

[17] »Antrag des Vorstands auf Eröffnung des gerichtlichen Vergleichsverfahrens über das Vermögen der AEG-Telefunken AKTIENGESELLSCHAFT ...« vom 9.8.1982, FA.

[18] Ebd., S. 3.

[19] Chronologie des Vergleichsverfahrens der AEG-Telefunken AKTIENGESELLSCHAFT Frankfurt am Main, Berlin 1984 [Künftig zitiert: Chronologie des Vergleichsverfahrens], S. 2, FA. In einem Interview mit dem manager magazin äußerte sich Schaaf später zu den Umständen seiner Ernennung: »Das Geld hatte ich und niemand sonst«, Interview mit Wilhelm Schaaf, in: manager magazin 6 (1986).

20 Rede Heinz Dürrs anläßlich seiner offiziellen Verabschiedung als Vorstandsvorsitzender der AEG am 11.12.1990, FA. Beschluß des Vorstands AEG-Telefunken vom 21.9.1982, betr.: Umsetzung der Maßnahmen aus dem Lagebericht Aktionsprogramm AEG-Telefunken vom September 1982. Zur Berufung Kuhns siehe auch: Vorstandsrundschreiben der AEG-Telefunken Nr. 12/82, 13.8.1982.

21 Rundschreiben Nr. 11/82 des AEG-Vorstands zur Einsetzung einer Vergleichskommission, 12.8.1982. Siehe auch: Rundschreiben Nr. 1/82 der Vergleichskommission vom 16.8.1982 und Beschlußvorlage für den Vorstand vom 11.8.1982, FA.

22 Zitiert nach: Handelsblatt, 18.9.1984.

23 Protokoll der Vorstandssitzung, 10.8.1982, Blatt 7, FA.

24 Industriemagazin, September1988.

25 »Das Geld hatte ich und niemand sonst«, Interview mit Wilhelm Schaaf, in: manager magazin 6 (1986).

26 Inge Adham, Ein Silberstreif am Horizont, in: Die Welt, 22.9.1984. Siehe auch: Frankfurter Allgemeine Zeitung, 12.8.1982.

27 Protokoll Bankentreffen Zürich 12.08.1982, Anlage 2, und Protokoll der Sitzung des Aufsichtsrats, 9.8.1982, S. 2, FA.

28 Protokoll der Vorstandssitzung, 13.8.1982, S. 2, FA.

29 »Das Geld hatte ich und niemand sonst«, Interview mit Wilhelm Schaaf, ebd.

30 AEG Pressemitteilung Nr. 7640, August 1982. Siehe auch: AEG Pressemitteilung Nr. 7649, 17.8.1982.

31 Dürr, Bericht über die aktuelle Lage des Konzerns, 23.9.82, S. 1, FA.

32 Protokoll des Finanzausschusses des Aufsichtsrats von AEG-Telefunken am 2.12.1982, S. 4, FA.

33 Notiz von Heinz Dürr über ein Gespräch bei der Dresdner Bank am 29.10.1982, S. 1, FA.

34 Rundschreiben Nr. 7/82 der Vergleichskommission vom 23.8.1982. Siehe auch: Erklärung des Vorstands und des Vorläufigen Vergleichsverwalters vom 19.8.1982, FA.

35 Vortrag Heinz Dürr: Unternehmensportrait AEG, USW, 6.10.1986, S. 6; Dürr, Bericht über die Lage des Konzerns, 23.9.1982, S. 3. Zu Kuhn: Protokoll der Sitzung des Aufsichtsrats von AEG-Telefunken am 23.9.1982, S. 1. Vgl. auch Referat HD [= Heinz Dürr] vor dem Bankenkonsortium am 14.9.1982, Vorstandsarchiv, Bankenkonsortium, Juni bis Oktober 1982, FA.

36 Ebd.

37 Protokoll der Aufsichtsratssitzung am 23.9.1982, S. 3, FA.

38 Übersicht über die wichtigsten Ereignisse im AEG-Telefunken-Konzern während der Amtszeit von Dr. Hans Friderichs als Aufsichtsratsvorsitzender, S. 5, FA.

39 AEG Pressemitteilung Nr. 7702, 1.11.1982.

40 Dürr, Bericht über die Lage des Konzerns, 23.9.1982, S. 7. Siehe auch: Protokoll der Aufsichtsratssitzung am 3.12.1982. S. 7, FA.

41 Protokoll der AEG-Aufsichtsratssitzung am 28.11.1963, S. 5, FA.

42 Protokoll Aufsichtsratssitzung 3.12.1982, S. 7 f., FA. Siehe auch: AEG Pressemitteilung Nr. 7646, 20.8.1982. Am 24. Mai 1983 wurde für die Fachbereiche Bahntechnik und Leistungselektronik und Anlagenbau der Grundstein für zwei neue Fertigungsstätten in Berlin-Spandau und in Berlin-Marienfelde gelegt. AEG Pressemitteilung Nr. 7882, 24.5.1983.

43 Protokoll des Finanzausschusses des Aufsichtsrats von AEG-Telefunken am 2.12.1982, S. 2 f., FA.

44 Protokoll des Finanzausschusses des Aufsichtsrats von AEG-Telefunken am 2.5.1984, S. 4, FA.

45 So z.B. die Formulierung bei Jens Peter Eichmeier, Dürr blieb standhaft, in: Stuttgarter Nachrichten, 18.9.1984. Siehe auch: Frankfurter Allgemeine Zeitung, 13.9.1984, und: Handelsblatt, 18.9.1984.

46 Protokoll des Finanzausschusses des Aufsichtsrats von AEG-Telefunken am 2.12.1982, S. 2, FA.

47 Protokoll der Aufsichtsratssitzung am 5.12.1984, S. 2.

48 Dürr, Bericht über die Lage des Konzerns, 23.9.1982, S. 7. Siehe hierzu auch: AEG-Telefunken Strukturmaßnahmen 1982–83, 16.8.982, S. 4. Hinweis Heinz Dürr, Notiz über Gespräch mit Herrn Werthen am 28.09.1982, FA. Siehe auch Notiz von Hans Friderichs an Heinz Dürr, 6.10.1982, ebd.

49 Wirtschaftswoche, 4.5.1984.

50 Dürr, Notiz über Gespräch mit Herrn Werthen, ebd.

51 Protokoll Aufsichtsratssitzung, 3.12.1982, S. 9, FA. Es handelte sich dabei um eine Ergänzung zum Lagebericht 9/82. Siehe auch: AEG Pressemitteilungen Nr. 7709, 13.10.1982, und Nr. 7718, 25.10.1982.

52 Notiz von Heinz Dürr über ein Gespräch bei der Dresdner Bank am 29.10.1982, S. 1, FA.

53 Zitiert nach AEG Pressemitteilung Nr. 7769, 3.12.1982.

54 Protokoll des Finanzausschusses des Aufsichtsrats von AEG-Telefunken am 2.12.1982, S. 4, FA.

55 Notiz Dr. Kuhn an Dürr + Verteiler, Betr.: Jahresergebnis 1982, S. 2. Siehe auch: Notiz Dr. Kuhn an Dürr + Verteiler, Betr.: Jahresergebnis 1982 gemäß Prognose 9/82 im Monatsbericht September 1982; Vortrag Dürr auf der Aufsichtsratssitzung, 3.12.1982, S. 23, und Protokoll der Aufsichtsratssitzung am 29.4.1983, S. 3, FA.

56 Vortrag Dürr (Anlage) auf der Aufsichtsratssitzung, 3.12.1982, S. 24, FA.

BESTÄTIGUNG DES VERGLEICHS

[57] Protokoll der Aufsichtsratssitzung vom 3.12.1982, S. 3. Das Vertragskonzept zwischen der Telefunken Fernseh und Rundfunk GmbH (TFR) und Grundig war bereits mit Auflagen vom Bundeskartellamt genehmigt worden. Protokoll des Finanzausschusses des Aufsichtsrats von AEG-Telefunken am 2.12.1982, S. 3, FA.

[58] Bericht Dürrs in der Sitzung des Aufsichtsrats von AEG-Telefunken am 25.3.1983, S. 2, FA.

[59] Protokoll der Sitzung des Aufsichtsrats von AEG-Telefunken am 25.3.1983, S. 3, FA.

[60] Zitiert nach: Heinz Dürr, Unternehmensportrait AEG, 6.10.1986, FA.

[61] Beschluß des Amtsgerichts Frankfurt am Main vom 18.3.1983. Siehe hierzu auch: Wirkungen des bestätigten Vergleichs, Rundschreiben Nr. 1/83 der Vergleichskommission, 24.3.1983, FA.

[62] Protokoll Aufsichtsratssitzung, 3.12.1982, S. 17, FA, und AEG Pressemitteilung Nr. 7812, 25.2.1983, sowie AEG Pressemitteilung Nr. 7824, 18.3.1983. Siehe auch: Übersicht über die wichtigsten Ereignisse im AEG-Telefunken-Konzern während der Amtszeit von Dr. Hans Friderichs als Aufsichtsratsvorsitzender, S. 6, und: Bericht über den aktuellen Stand des Vergleichsverfahrens. Die Lage des Konzerns im Februar 1983, S. 10, FA.

[63] Protokoll der Aufsichtsratssitzung am 4.12.1980, Anlage 1, Bereich zur Geschäftslage (Dürr), S. 18; Protokoll des Finanzausschusses des Aufsichtsrats von AEG-Telefunken am 4.12.1980, S. 3, und Vortrag von Cipa, Protokoll der Aufsichtsratssitzung am 14.1.1980, S. 7, FA.

[64] Protokoll des Finanzausschusses des Aufsichtsrats von AEG-Telefunken am 6.4.1981, S. 4. Siehe auch: Memo [Heinz Dürr] für die Präsidiumssitzung 08.09.81, S. 3 f., und: Übersicht über die wichtigsten Ereignisse im AEG-Telefunken-Konzern während der Amtszeit von Dr. Hans Friderichs als Aufsichtsratsvorsitzender, S. 3, FA.

[65] Schreiben des Vorstands des Pensions-Sicherungs-Vereins, Versicherungsverein auf Gegenseitigkeit, an den AEG-Vorstand, 16.7.1982, und Schreiben des Vorstands der AEG an den Vorstand des Pensions-Sicherungs-Vereins, 7.7.1982, FA.

[66] Angabe Dürr, Protokoll über die Sitzung der Mitglieder der Anteilseigner im Aufsichtsrat von AEG-Telefunken am 8.8.1982, 20.45 Uhr, in den Räumen der Dresdner Bank AG, Entwurf, 24.8.1982, S. 2 und S. 4, FA.

DIE AEG IM VERGLEICH

[67] Berichte über das Geschäftsjahr 1982 und das laufende Geschäftsjahr 1983, 10.5.1983, AEG Pressemitteilung Nr. 7880, 10.5.1983.

[68] AEG Pressemitteilung Nr. 7981, 2.12.1983.

[69] Ebd., S. 15.

DIE AUFHEBUNG DES VERGLEICHSVERFAHRENS

[70] Rundschreiben Nr. 1/84 der AEG Vergleichskommission zur Aufhebung des Vergleichsverfahrens, 4.10.1984, FA.

NACH DEM VERGLEICH

[71] Schätzungen in: Kölnische Rundschau, 19.9.1984; Finanz und Wirtschaft (Schweiz), 19.9.1984.

[72] Lt. Aufstellung des Zentralbüros (Z11), 3.9.1984, FA.

[73] Protokoll des Finanzausschusses des Aufsichtsrats von AEG-Telefunken am 7.5.1985, S. 3, FA.

[74] Kurt Breme, Heiko Tornow, Die Sanierer, in: Stern, 3.12.1981.

[75] Jürgen Jeske, Laokoon und die Sanierer. Die AEG und die Banken, in: Frankfurter Allgemeine Zeitung, 3.11.1981.

[76] Hans K. Herdt, Die AEG wie neugeboren, in: Börsen-Zeitung, 15.9.1984.

[77] Protokoll der Aufsichtsratssitzung am 3.3.1983, S. 6, FA.

[78] Bericht über den aktuellen Stand des Vergleichsverfahrens. Die Lage des Konzerns im Februar 1983, 3.3.83, S. 12.

[79] Protokoll des Finanzausschusses des Aufsichtsrats, 2.5.1984, S. 4, FA.

[80] Referat Dürr, Sitzung Finanzausschuß des Aufsichtsrats am 5.12.84, S. 8–11 und S. 13 f., FA.

[81] Protokoll Aufsichtsratssitzung, 3.12.1982, S. 4, FA.

[82] Ebd., S. 4 und S. 12.

[83] Bericht über den aktuellen Stand des Vergleichsverfahrens. Die Lage des Konzerns im Februar 1983, S. 6.

[84] Referat von Heinz Dürr, Vorstandsvorsitzender der AEG, anläßlich der Bilanzpressekonferenz, 5.5.1986, AEG Pressemitteilung Nr. 8454, 5.5.1986, FA.

[85] Ausführungen des Vorstandsvorsitzenden Heinz Dürr auf der Ordentlichen Hauptversammlung von AEG-Telefunken am 29.6.1984. Abdruck in: Blick durch die Wirtschaft, 13.7.1984.

[86] Checkliste Vorstands-Aufgaben 1984/85, 28.5.1984, S. 4, FA.

[87] Protokoll der Aufsichtsratssitzung am 7.5.1985, S. 3, FA.

[88] Inge Adham, Vergleich erfüllt, in: Die Welt, 18.9.1984

89 Protokoll des Finanzausschusses des Aufsichtsrats von AEG-Telefunken am 5.12.1984, S. 2, FA.
90 Anhang 2 des Protokolls der Aufsichtsratssitzung am 5.12.1984.
91 Protokoll der Sitzung des Finanzausschusses des Aufsichtsrats am 5.12.84, FA.
92 Protokoll des Finanzausschusses des Aufsichtsrats von AEG-Telefunken am 5.12.1984, S. 4, FA.
93 Nach Art des Hauses, in: manager magazin 5 (1985).
94 Sitzung des Finanzausschusses des Aufsichtsrats, 5.12.84, S. 1, FA.

FÜNFTER TEIL: EPILOG ODER: DIE DAIMLER-BENZ-JAHRE DER AEG

DAIMLER-BENZ STEIGT EIN, DIE BANKEN STEIGEN AUS

1 Edzard Reuter, Schein und Wirklichkeit. Erinnerungen, Berlin 1998, S. 332.
2 Edzard Reuter, Rede zur Verabschiedung Heinz Dürrs am 11. Dezember 1990, FA. Siehe auch: Hans K. Herdt, Großer Bahnhof für Dürr, in: Börsen-Zeitung, 13.12.1990.
3 Hans Otto Eglau, Ende eines Trauerspiels, in: Die Zeit, 10.12.1995.
4 Ebd.
5 Zum Beschluß zur Namensänderung: Protokoll der Aufsichtsratssitzung am 7.5.1985, S. 5, FA.
6 Hinweis in der Rede Edzard Reuters anläßlich der Verabschiedung von Heinz Dürr, 1.12.1990, S. 6, FA, sowie Reuter, Schein und Wirklichkeit, S. 322 und S. 332.
7 Daimler-Benz: Übernimmt sich der Riese?, in: Der Spiegel, 16.4.1988.
8 Protokoll des Finanzausschusses des Aufsichtsrats von AEG-Telefunken am 3.12.1979, S. 5, FA.
9 Protokoll der außerordentlichen Sitzung des AEG-Aufsichtsrats am 13.10.1985, S. 3, FA.
10 Protokoll über die Sitzung des Präsidiums des AEG-Aufsichtsrats am 31.01.1986, S. 2, FA.

DER STEINIGE WEG ZUM ERHOFFTEN WIEDERAUFSTIEG

11 Jürgen Jeske, Ein Stück von Daimler-Benz. Zum Unternehmensvertrag mit AEG, in: Frankfurter Allgemeine Zeitung, 18.4.1988.
12 Der zweite Frühling in besseren Kreisen, in: Industriemagazin, Juni 1988.
13 Hans K. Herdt, Die AEG vor zehn Jahren, in: Börsen-Zeitung, 30.7.1992.
14 Bericht von Herrn Dürr zur aktuellen Geschäftslage und Ausblick 1986, FA.
15 Ausführung von Heinz Dürr auf einer Pressekonferenz am 14.10.1985, AEG Pressemitteilung Nr. 8380, 14.10.1985, S. 2.
16 Zur Modcomp-Problematik: Protokoll der AEG-Aufsichtsratssitzung, 20.10.1989, S. 2 f., FA.
17 Protokoll über die Sitzung des Präsidiums des AEG-Aufsichtsrats am 31.01.1986, S. 1, FA.
18 Protokoll der Sitzung des Aufsichtsrats 18.2.1992, FA.
19 Protokoll der außerordentlichen Sitzung des AEG-Aufsichtsrats am 5.5.1988, S. 4, FA.
20 Protokoll der Sitzung des AEG-Aufsichtsrats, 14.4.1989, S. 10, FA.
21 Internes Jahresabschlußreferat der AEG 1988, S. 41.
22 AEG: Schöne Worte, schlechte Zahlen, in: Börsen-Zeitung, 13.4.1991.
23 Protokoll der AEG-Aufsichtsratssitzung, 19.10.1996, S. 2, FA.
24 Am 15. Oktober 1990 ernannte der Aufsichtsrat der Daimler-Benz AG Stöckl zum neuen AEG-Chef. Am 7. November 1990 wurde er zugleich stellvertretendes, ab 1. Januar 1992 ordentliches Vorstandsmitglied bei Daimler-Benz.
25 Ulrich Viehöver, Ein Ausputzer auf Kurs. Ernst Georg Stöckl, ein Auto-Manager aus dem Mercedes-Benz-Konzern, wird Nachfolger von Heinz Dürr, in: Wirtschaftswoche, 19.10.1990.
26 Hans K. Herdt, Großer Bahnhof für Dürr, in: Börsen-Zeitung, 13.12.1990.
27 Hans K. Herdt, Heinz Dürr. 60 Jahre, in: Börsen-Zeitung, 14.7.1993. Siehe auch Andreas Richter, Das Ende der AEG, in: Stuttgarter Zeitung, 18.1.1996.
28 Ein deutliches Signal war die Titelgeschichte »Der Minus-Mann« im Industriemagazin 6 (1990).
29 Reuter, Schein und Wirklichkeit, S. 380 f.
30 Ulrich Viehöver, Daimlers schwerer Fall, in: Wirtschaftswoche, 11.1.1991.
31 Stuttgarter Nachrichten, 16.10.1990.

[32] Frank A. Linden, »Auf einmal geht's«, in: manager magazin, Mai 1991.

[33] Protokoll der AEG-Aufsichtsratssitzung, 13.2.1991, S. 2, FA.

[34] Ebd., S. 3.

[35] Protokoll der AEG-Aufsichtsratssitzung vom 19.10.1990, S. 4 und S. 6 f., FA.

[36] Bericht Heinz Dürrs zu Überlegungen zur Struktur der AEG, Anhang 2 zur Niederschrift der AEG-Aufsichtsratssitzung am 19.10.1990, FA.

[37] Protokoll der AEG-Aufsichtsratssitzung am 14.4.1989, S. 13, FA.

[38] Protokoll der AEG-Aufsichtsratssitzung am 19.10.1990, S. 6, FA.

[39] 1995 wurde der AEG-Anteil auf 51 Prozent erhöht.

[40] Anton Hunger, Mit Skalpell und Brechstange, in: Industriemagazin, November 1991. Siehe auch: Frank A. Linden, »Auf einmal geht's«, in: manager magazin, Mai 1991.

[41] Dies schreibt das Industriemagazin in seiner Ausgabe vom 30.8.1991.

[42] Zitiert nach: Hunger, Mit Skalpell und Brechstange, ebd. und Wall Street Journal, 2.12.1991.

[43] Wir werden nicht immer kleiner werden. Für AEG-Chef Stöckl sind Gewinne schon greifbar nahe, in: Stuttgarter Zeitung, 16.11.1991 (Interview: Klaus-Dieter Oehler).

[44] Jürgen Dunsch: Pflegefall AEG, in: Frankfurter Allgemeine Zeitung, 11.11.1991.

[45] Joachim Weber, Geschichte eines Substanzverzehrs, in: Handelsblatt, 10.12.1993.

[46] AM ERFOLG GEMESSEN, Rede von Ernst Georg Stöckl anläßlich des Führungskräftetreffens am 18.2.1993 in Dresden, FA.

[47] Czerwensky intern, 14.4.1993.

[48] AM ERFOLG GEMESSEN, Rede von Ernst Stöckl, ebd., FA.

[49] Aus Erfahrung rot, in: manager magazin, April 1993.

[50] Ebd.

[51] »Schlimm, wirklich schlimm«. Edzard Reuters Brandrede vor Daimler-Führungskräften ist in Auszügen abgedruckt im: manager magazin, September 1993.

[52] manager magazin, September 1993.

[53] Karl-Heinz Lange, Daimlers Irrfahrt. Edzard Reuter ist mit dem Konzept vom Technologiekonzern gescheitert, in: Die Woche, 18.6.1993.

[54] Noch einige Schleifen, in: Der Spiegel, 20.9.1993.

[55] Hierzu: Bericht von Herrn Dürr zum Thema Überlegungen zur Struktur der AEG, Anhang 2 zur Niederschrift der AEG-Aufsichtsratssitzung der AEG Aktiengesellschaft am 19.10.1991, FA.

[56] Edzard Reuter gegenüber dem Süddeutschen Rundfunk am 27. Oktober 1993.

[57] »Auf einmal geht's«, in: manager magazin, November 1993.

[58] AEG-Pressemitteilung Nr. 93, April 1994.

[59] Torsten Riecke, Kein Ruhmesblatt, in: Handelsblatt, 1.11.1995. Siehe hierzu auch: Heide Neukirchen, Selbst Siemens fürchtet die AEG heute wieder, in: Die Welt, 31.7.1994.

[60] Claus Döring, Die AEG in der Dauersanierung, in: Börsen-Zeitung, 19.4.1994.

[61] Redemanuskript Stöckl, Entwurf, 11.4.1994, FA.

[62] Protokoll der AEG-Aufsichtsratssitzung am 22.10.1993, S. 2, FA.

[63] Frankfurter Allgemeine Zeitung, 28.10.1988.

[64] Protokoll der AEG-Aufsichtsratssitzung am 9.4.1990, S. 6, FA.

[65] Industriemagazin, August 1991.

[66] Protokoll der AEG-Aufsichtsratssitzung vom 18.10.1991, S. 3, FA.

[67] Protokoll der AEG-Aufsichtsratssitzung, 23.6.1992, S. 2, FA.

[68] Nürnberger Nachrichten, 9.7.1993.

[69] Auswertung der internen AEG-Jahresabschlußreferate, 1993, S. 7.

[70] AEG-Pressemitteilung Nr. 102, 4. Mai 1994. Im internen AEG-Jahresabschlußreferat 1994 ist davon die Rede, daß Electrolux im Inland 560 Millionen Mark und im Ausland 159 Millionen Mark gezahlt sowie 255 Millionen Mark an Verbindlichkeiten übernommen habe, Internes AEG-Jahresabschlußreferat 1994, S. 9.

[71] Siehe: Konzept AEG Daimler-Benz Industrie, Vortrag Ernst Georg Stöckls auf der Aufsichtsratssitzung der Daimler-Benz AG am 7.4.1994, FA.

[72] Es handelte sich dabei um ein Nennzeichen; der juristisch korrekte Unternehmensname lautete weiterhin »AEG Aktiengesellschaft«. Siehe: Konzept AEG Daimler-Benz Industrie, Vortrag Ernst Georg Stöckls auf der Aufsichtsratssitzung der Daimler-Benz AG am 7.4.1994, FA.

[73] Ebd.

[74] Neukirchen, Selbst Siemens fürchtet die AEG heute wieder, in: Die Welt, 31.7.1994

[75] Internes AEG-Jahresabschlußreferat 1994, S. 1 f.

[76] AEG-Pressemitteilung, 19.4.1994, und Reuter, Schein und Wirklichkeit, S. 380.

DAS ENDE

77 Wie in der Natur, in: Der Spiegel, 31.10.1994.

78 Interview mit AEG-Chef Ernst Georg Stöckl über das Ende des Traditionskonzerns: »Stellenabbau geringer als erwartet« – Künftig in der Ausbildung tätig, von Rolf Obertreis, in: Stuttgarter Nachrichten, 6.4.1996.

79 Wirtschaftswoche, 15.12.1994.

80 Protokoll der a. o. Sitzung des AEG-Aufsichtsrats am 17.1.1996, S. 2–4, FA.

81 Rede des AEG-Vorstandsvorsitzenden, 14.9.1995. Vgl. hierzu auch die von Stöckl 1996 verbreitete offizielle Lesart: Rede Ernst Georg Stöckls in der Außerordentlichen Hauptversammlung der AEG, 6.3.1996, FA.

82 Protokoll der AEG-Vorstandssitzung vom 9.11.1995, S. 4 f., FA.

83 Ebd., S. 5 f.

84 Ausgliederung des Vermögens der AEG Aktiengesellschaft auf die EHG Elektroholding GmbH und Verschmelzung der AEG Aktiengesellschaft mit der Daimler-Benz Aktiengesellschaft, o. O., o. J. (1996), Teil I, S. 18. Siehe hierzu auch Angaben im Protokoll der AEG-Vorstandssitzung vom 20.12.1995, S. 3 f. Siehe auch: die Zusammenfassung der Gründe in der Rede Ernst Georg Stöckls in der Außerordentlichen Hauptversammlung der AEG 6.3.1996, FA.

85 Angaben in: Rede des Vorstandsvorsitzenden Jürgen E. Schrempp auf der Hauptversammlung der Daimler-Benz AG am 22.5.1996 in Stuttgart, abgedruckt in: Headline Spezial (Mitarbeitermagazin von Daimler-Benz).

VERSUCH EINER BILANZ

1 Wolfgang Münchau, Lingering death of AEG a lesson in mismanagement, in: Financial Times, 20.12.1995. Siehe auch: Otto Schwarzen, Requiem auf die AEG, in: Süddeutsche Zeitung, 7.3.1996.

2 Protokoll der Sitzung des Personalausschusses des Aufsichtsrats vom 20.2.1959, S. 2 f., FA.

3 Ergebnisbericht über die gemeinsame Sitzung des Vorsitzers und der stellvertretenden Vorsitzer der Aufsichtsräte AEG und Telefunken sowie der Vorsitzer der Vorstände von AEG und Telefunken am 10.5.1965, 21.5.1965, S. 3, FA.

4 Protokoll der AEG-Aufsichtsratssitzung am 9.11.1976, S. 48, FA.

5 Protokoll der AEG-Aufsichtsratssitzung am 3.12.1979, S. 12 und S. 14, FA.

6 Bericht über den aktuellen Stand des Vergleichsverfahrens, Die Lage des Konzerns im Februar 1983, 3.3.1983, S. 12, FA.

7 Referat Dürr Sitzung Finanzausschuß des Aufsichtsrats am 5.12.84, S. 14, FA.

8 Finanzausschuß auf Aufsichtsratssitzung 19.2.86, Bericht von Herrn Dürr zur aktuellen Geschäftslage und Ausblick 1986, FA.

9 Franz Thoma, Die lange Tragödie der AEG, in: Süddeutsche Zeitung, 10.12.1993.

10 Henri Nannen, Laßt sie doch pleite gehen!, in: Stern, 26.8.1982.

11 Vortrag Heinz Dürr, Unternehmensportrait AEG, USW, 6.10.1986, S. 17, FA.

12 Entwurf für Rede Dürr 11.12.1990, S. 9, FA.

13 Stichwortprotokoll über die Sitzung der Konsortialbanken von AEG-Telefunken am 14.9.1982, S. 17, FA.

14 Bericht Dürrs in der Vorstandssitzung vom 4. und 6.8.1982, Blatt 6, FA.

15 Dietrich Wilhelm von Menges, Vermerk, 7.1.1979, S. 5 f., FA.

16 Notiz von Menges an Groebe, 4.4.1979, S. 2 f., FA.

17 Protokoll der Aufsichtsratssitzung vom 18.10.1991, S. 4, FA.

18 Rede Ernst Georg Stöckls anläßlich der Hauptversammlung, 17.5.1995, AEG-Pressemitteilung, 17.5.1995.

Die Göttin des Lichts – eine allegorische Figur, auf dem Eisenbahnrad über die Weltkugel rollend, eine elektrische Glühlampe in der Hand – war das erste Firmenzeichen des AEG-Konzerns. Der Entwurf geht vermutlich auf Ludwig Sütterlin zurück

Allgemeine
Elektricitäts-
Gesellschaft.

CHRONIK DER AEG

1883	Gründung der Deutschen Edison-Gesellschaft für angewandte Elektricität (DEG)
1884	Gründung der Städtischen Elektricitäts-Werke AG zu Berlin (A.G.StEW, ab Oktober 1887 »Berliner Elektricitäts-Werke«, BEW) durch die DEG
	Erstes Kleinkraftwerk (Blockstation) der DEG
	Erste Fabrik der DEG (Berlin, Glühlampenwerk Schlegelstraße)
1885	Deutschlands erstes öffentliches Kraftwerk (Berlin)
	Erstes Vertriebsbüro eröffnet (München)
1886	Erste elektrische Hausgeräte im Angebot
1887	Umfirmierung der DEG in Allgemeine Elektricitäts-Gesellschaft (AEG)
1888	Einrichtung eines Pensionsfonds für Angestellte
	Aufnahme der »Construction elektrischer Bahnen«
	Erster praktisch brauchbarer Drehstrommotor der Welt
	Erste Auslandsgesellschaft gegründet (Compania General Madrilena de Electricidad, Spanien)
	Beteiligung an der Gründung der Aluminiumindustrie Neuhausen AG
1890	Beteiligung an der Edison General Electric Co.
1891	Erstes komplettes Straßenbahnnetz Europas (Halle/Saale)
1892	Edison General Electric Co. fusioniert mit der Thomson-Houston Electric Co. und der Thomson-Houston international Electric Co. zur General Electric Co. (GE)
	AEG und Siemens & Halske erwerben gemeinsam die Akkumulatorenfabrik AG, Hagen
1893	Gründung der Elektrochemischen Werke GmbH, Bitterfeld
1894	Beteiligung an der Kraftübertragungswerke Rheinfelden AG
1895	Erstes AEG-Warenzeichen (»Göttin des Lichts«)
	Gründung der Bank für elektrische Unternehmungen (Elektrobank, Zürich)

1896/97 Fabrikneubauten auf dem Gelände Brunnenstraße in Berlin

1897 Die Deutsche Bank scheidet aus dem Bankenkonsortium der AEG aus (1898: Neues Konsortium unter Führung die Berliner Handels-Gesellschaft)

1898 Inbetriebnahme des Kabelwerks Oberspree

1899 Einrichtung einer »Funkentelegraphischen Abteilung« (System Slaby-Arco)

1901 Kauf der Allgemeinen Automobil-Gesellschaft (später Nationale Automobil-Gesellschaft AG, Berlin, NAG)

1902 Aufnahme des Turbinenbaus

1903 Gesellschaft für drahtlose Telegraphie mbH (Telefunken) von AEG und Siemens gegründet

Aufnahme der Fabrikation von Schreibmaschinen (Olympia)

1907 Der Architekt, Formgestalter und Graphiker Peter Behrens wird künstlerischer Beirat der AEG

1909 Baubeginn des Fabrikkomplexes Hennigsdorf bei Berlin

AEG-Firmenzeichen, Entwurf Franz Schwechten, 1896

AEG-Firmenzeichen, Entwurf Peter Behrens, 1908

Entwurf Peter Behrens, 1908

Firmenzeichen der Nationalen Automobilgesellschaft, Entwurf Peter Behrens, 1908

1910 Beginn des Flugzeugbaus

1912 Patente für die erste Elektronenverstärkerröhre der Weit erworben (Firmenkonsortium unter Beteiligung der AEG)

1915 20. Juni. Tod Emil Rathenaus

Berliner Elektricitäts-Werke (BEW) in das Eigentum der Stadt Berlin übergeben

Weltweit größtes Dampfkraftwerk (Zschornewitz bei Bitterfeld) in Betrieb

1917 Erdschlußspule in Hochspannungsanlagen

1918 Beteiligung an der Deutsche Werft AG

1919 Zusammenführung der Glühlampenfabrikation von AEG, Siemens & Halske und der Auergesellschaft zur Osram GmbH KG

Firmensignet der AEG, Entwurf Peter Behrens, 1914

1919	Beteiligung an der Deutschen Luft-Reederei GmbH
1921	Interessengemeinschaft mit den Linke-Hoffmann-Werken zum Aufbau eines Stahlwerks in Hennigsdorf
1922	24. Juni. Walther Rathenau ermordet
1923	Elektrotechnische Fabrik Elfa in Frankfurt am Main erworben
1923/24	Reichsmark-Eröffnungsbilanz nach dem Ende der Inflation
1924	Beginn der Entwicklung des Fernsehens bei Telefunken
1927/28	AEG-Umsatz überschreitet die Marke von 500 Millionen Reichsmark
1928	Inbetriebnahme des AEG-Forschungsinstituts in Berlin
	Felix Deutsch gestorben

AEG

Entwurf Peter Behrens, 1928

1929	Einstieg der General Electric Co. (GE) bei der AEG
1929/30	Weltwirtschaftskrise: Umsatzrückgang von 580 auf rund 520 Millionen Reichsmark
1930	Hermann Bücher alleiniger Vorstandsvorsitzender
1930/31	Gründung der Büssing-NAG Vereinigte Nutzkraftwagen AG zum Bau von Lkw
1931/32	Umsatzrückgang auf 220 Millionen Reichsmark
1933	Carl Fürstenberg, seit 1921 Vorsitzender des Aufsichtsrats der AEG, stirbt in Berlin
	Übernahme der Beteiligung an der Borsig Lokomotiv-Werke G.m.b.H.
1933/34	Rückzug aus der Lkw- und Pkw-Fertigung
1934/35	Umsatzsteigerung auf 273 Millionen Reichsmark
1935	Präsentation des ersten Tonbandgerätes der Welt (»Magnetophon«)
1936	Kapitalschnitt im Verhältnis 3 : 1
1936	Erstmaliger Einsatz einer elektronischen Fernsehkamera durch Telefunken
1936/37	Umsatzsteigerung auf 487 Millionen Reichsmark
1938	Auslieferung der 5000sten elektrischen Lokomotive
1938/39	Umsatzsteigerung auf rund 604 Millionen Reichsmark
1941	Vollständige Übernahme von Telefunken
1942	Verschmelzung der Gesellschaft für elektrische Unternehmungen AG (Gesfürel), Berlin, auf die AEG
1945–48	Enteignung sämtlicher Produktionsstätten und Vertriebsbüros in der Sowjetischen Besatzungszone Deutschlands, Wieder- und Neuaufbau zahlreicher Fabriken in den westlichen Besatzungszonen
1947	Friedrich Spennrath übernimmt von Hermann Bücher den Vorstandsvorsitz

1950 Gründung der TELDEC Telefunken-Decca Schallplatten GmbH (Anteil AEG: 50 %)

1951 Erste Dividende der Nachkriegszeit

1953 Betriebsverfassungsgesetz: 14 Arbeitnehmervertreter in den Aufsichtsrat gewählt

Gründung des Telefunken-Forschungsinstituts in Ulm

1954 Umfirmierung der Olympia Büromaschinen GmbH in »Olympia Werke AG«

1955 Grundkapital um 55 Millionen Mark auf 165 Millionen Mark erhöht

1955/56 Umsatz der AEG (juristische Person) überschreitet erstmals die Milliardengrenze

1956 Hans C. Boden übernimmt den Vorstandsvorsitz

1957 Kapitalerhöhung um 55 Millionen Mark auf 275 Millionen Mark

Neubau des AEG-Forschungsinstituts in Frankfurt am Main/Niederrad

1957/58 Gründung des Instituts für Automation

1958 75jähriges Firmenjubiläum

Auftrag zum Bau des ersten deutschen Versuchskernkraftwerks in Kahl/Main

Aufnahme der Fertigung von Waschvollautomaten (»Lavamat«)

Übernahme der Pintsch Electro G.m.b.H., Konstanz, durch Telefunken (später Telefunken Computer GmbH)

1959 Digitalrechner TR 4, erste in Europa entwickelte Großrechenanlage

---

1960 Die Verwaltung der Telefunken G.m.b.H. bezieht das am Ernst Reuter-Platz in Berlin gebaute neue Hochhaus

Umbenennung der N.S.F. Nürnberger Schraubenfabrik und Elektrowerk G.m.b.H. in »Nürnberger Schwachstrom-Bauelemente Fabrik G. m. b. H.« (später Werk der Telefunken Microelektronik GmbH)

Bau eines Halbleiterwerks in Heilbronn (Telefunken)

1961 Erstes deutsches Stereo-Rundfunkstudio (Sender Freies Berlin)

1962 Hans Heyne neuer Vorstandsvorsitzender

Auftrag zum Bau des Atomkraftwerks Gundremmingen (250 Megawatt Leistung)

Walter Bruch meldet das PAL-Farbfernsehsystem zum Patent an

1963 Umwandlung der Telefunken G.m.b.H. in eine Aktiengesellschaft

Neugliederung der AEG in horizontale und vertikale Geschäftsbereiche

Auftrag zum Bau des Kernkraftwerks in Lingen (250 Megawatt Leistung)

Beteiligung von 58,7 % an der F. Küppersbusch & Söhne AG (bis 1974 auf 96,4 % erhöht)

Firmenzeichen (»Brikett«), 1960

1964 Verkauf der Beteiligung an der Neckarwerke Elektrizitätsversorgungs AG

Erster gemeinsamer Geschäftsbericht von AEG und Telefunken mit Jahresabschluß für den Konzern Inland

Mehrheit an der Elektronische und Luftfahrtgeräte GmbH (ELEKLUFT) in Bonn

1965 Bertold Gamer löst Hans Heyne als Vorstandsvorsitzender ab

Gründung der AEG International AG, Zürich

Erstes vollständig automatisiertes Briefverteilsystem (40 000 Sendungen pro Stunde)

Gründung der KRT Kernreaktorteile GmbH, Frankfurt am Main, durch AEG und General Electric Co.

Mehrheitsbeteiligung an der Kabelwerk Duisburg AG (87,4 %)

Beteiligung an der Norddeutsche Kabelwerke AG auf 91,5 % erhöht

Kauf der Betefa Berliner Telefonschnur-Fabrik GmbH, Berlin

Dezember. Rücktritt Hans Heynes als Aufsichtsratsvorsitzender, Hans C. Boden erneut zum Vorsitzenden des Aufsichtsrates gewählt

Rücktritt Berthold Gamers als Vorstandsvorsitzender, Hans Bühler zum Nachfolger gewählt

Jahresüberschuß: 99 Millionen Mark

1966 Verschmelzung der Kabelwerk Duisburg und der Norddeutschen Kabelwerke AG zur Vereinigten Draht- und Kabelwerke AG

Eingliederung weiterer Beteiligungsgesellschaften:

- Vereinigte Draht- und Kabelwerke AG, Berlin und Duisburg
- Sachsenwerk Licht- und Kraft-AG, München
- Hydrawerk AG, Berlin
- Elektrofinanz AG, Berlin
- Nationale Automobil-Gesellschaft AG, Berlin

Beherrschungsverträge mit der Olympia Werke AG und der Ludw. Loewe & Co. AG

Übertragung der AEG-Anteile an der Ludw. Loewe & Co. AG, der Hartung-Jachmann GmbH und der Typograph GmbH auf die Deutsche Industrieanlagen GmbH (DIAG)

Bau der ersten deutschen Vier-System-Lokomotive

Veräußerung der 40%-Anteile an der Bayerischen Zugspitzbahn AG

Gründung der AEG Finanz-Holding S.A. in Luxemburg

Jahresüberschuß 92 Millionen Mark

AEG-TELEFUNKEN

AEG TELEFUNKEN

Firmenzeichen AEG-Telefunken, Entwurf 1966

1967 1. Januar. Übertragung des Geschäfts der Telefunken AG auf AEG und Umfirmierung in ALLGEMEINE ELEKTRICITÄTS-GESELLSCHAFT AEG-TELFUNKEN

Lizenzvertrag mit der General Electric Company zum Bau von Prozeßrechnern

Kauf von 66% (1970 auf 74% erhöht) der Geschäftsanteile der Eltro GmbH, Heidelberg

Start des Farbfernsehens in der Bundesrepublik Deutschland nach dem PAL-System

Gründung der AEG-Zanussi S.p.A. durch AEG-Telefunken und die A. Zanussi S.p.A.

Übernahme von 75% an der Linde Hausgeräte GmbH (1978 auf 100% erhöht), in Duofrost Kühl- und Gefriergeräte GmbH umfirmiert

Verkauf der restlichen 39,6-Prozent-Beteiligung an der Neckarwerke Elektrizitätsversorgungs-AG

Jahresüberschuß 155 Millionen Mark

1968 35%-Beteiligung an der Hartmann & Braun AG (H & B), bis 1980 auf 83,4% erhöht

AEG-ETI Elektrik Indüstrisi A.S. (AEG ETI, Gemeinschaftsgründung mit der türkischen Eti-Bank) nimmt Produktion auf

Sperrminorität von 15% an der Kommanditgesellschaft Telefonbau und Normalzeit Lehner & Co., Frankfurt am Main; bis 1980 auf 41% erhöht

Gründung der Kraftwerk Union AG (KWU) durch AEG (50%-Anteil) und Siemens (50%)

Gründung der Transformatoren Union AG (TU) durch AEG (50%) und Siemens (50%) und Einbringung der Geschäftsaktivitäten 1969

Übernahme der Telefunken Radio Televisione S.p.A., Mailand

Jahresüberschuß 110 Millionen Mark

1969 Mehrheitsbeteiligung von 94% an der Kabelwerk Rheydt AG

Mehrheit an den NEFF Werken, Carl Neff GmbH

Erwerb von 51% an der AKO-Werke GmbH & Co.

Vollständige Übernahme der Steatit-Magnesia AG, Lauf/Pegnitz (Neuordnung in 1971 zu CRL Electronic Bauelemente [100%] und Rosenthal Stemag [25%])

17%-Beteiligung an der ALKEM, Alpha-Chemie-Metallurgie GmbH, 1970 auf 30% erhöht

51%-Beteiligung an der Alno-Möbelwerke GmbH & Co. KG

Erwerb der Geschäftsanteile der Kuba-Imperial GmbH, Umbenennung in Imperial GmbH Radio Fernsehen Phono (IMPERIAL)

Jahresüberschuß 108 Millionen Mark

1970	Hans Bühler übergibt den Vorstandsvorsitz an Hans Groebe
	AEG-Telefunken steht an zwölfter Stelle in der Weltrangliste der größten Elektrounternehmen und beschäftigt weltweit 178 000 Mitarbeiter
	Kauf der Witte Heiztechnik GmbH & Co
	Übernahme der Signalbau-Huber München KG
	Erster Mikrowellenherd (»Micromat«)
	Ausgründung AEG Isolier- und Kunststoff GmbH, Kassel (1971, 50 % an Hoechst verkauft, 1981 zurückgekauft)
	Jahresüberschuß 105 Millionen Mark
1971	Gründung der Zanussi Elettrodomestici S.p.A. (AEG-Anteil 25,01 %)
	Erwerb einer Minderheitsbeteiligung von 26 % an der Feinmechanischen Werke Mainz GmbH (FWM, bis 1986 auf 99 % erhöht)
	Mehrheitsbeteiligung an der Designa Deutsche Signal-Gesellschaft mbH (1973 auf 100 % erhöht)
	Übernahme der Hermann Zanker KG, Maschinen- und Metallwaren-Fabrik
	Verkauf des 26,5 %-Anteils an der Hochtief AG für Hoch- und Tiefbau
	Vorstellung des TED-Bildplattensystems
	Gründung der Telefunken Fernseh und Rundfunk GmbH mit Einbringung des Fernseh- und Rundfunkgeschäfts
1971	Jahresüberschuß 79 Millionen Mark
1972	Gründung der Telefunken Computer GmbH durch die AEG (50 %) und die Nixdorf AG, dort Einbringung des AEG-Großrechnergeschäfts
	Mehrheitsbeteiligung (75 %) an der BBC-Hausgeräte GmbH, später auf 100 % erhöht, in Rondo Hausgeräte umfirmiert (Einstellung der Geschäftstätigkeit 1982)
	Jahresüberschuß 45 Millionen Mark
1973	Einbringung der Reaktor-Abteilungen von Siemens und AEG in die Kraftwerk Union AG (KWU) (mit den Anteilen an ALKEM und KRT)
	Jahresüberschuß 94 Millionen Mark
1974	Veräußerung des 50 %-Anteils an der Telefunken Computer GmbH
	Gründung der Telefunken Semiconductors Philippines Inc., Manila
	Vertrag über den Bau einer Schreibmaschinenfabrik in der Sowjetunion (Olympia Werke AG)
	Beschluß des Aufsichtsrats, Gespräche mit Siemens über die Zukunft der KWU aufzunehmen
	Jahresfehlbetrag 664 Millionen Mark

1975 Jürgen Ponto als Nachfolger von Hans Bühler zum Vorsitzenden des Aufsichtsrats gewählt

AEG-Verwaltungsgebäude (»Hochhaus«) in Frankfurt am Main an Allianz veräußert

Telefunken-Hochhaus in Berlin verkauft

Einstellung der Fertigung von Spulen-Tonbandgeräten bei Telefunken

Grundkapital auf 929,8 Millionen Mark erhöht

Großauftrag zur Lieferung von Gasturbinen, Kompressoren und des gesamten Rohrleitungssystems für eine Ferngasleitung in der Sowjetunion

Anteile an der Osram GmbH (35,8 %) an Siemens verkauft

Restliche AEG-Anteile (8 %) der General Electric Corp, USA, durch die Dresdner Bank AG erworben

Fertigung von Schwarzweißfernsehgeräten eingestellt

Unternehmensführung durch Walter Cipa reformiert, Gründung abhängiger Betriebsführungsgesellschaften

Schließung der Berliner Fabrik Ackerstraße (Kleinstmotoren), des Werks Zeil (in Franken) sowie der Produktionsstätte Vechta

Jahresfehlbetrag 77 Millionen Mark

1976 Walter Cipa neuer Vorstandsvorsitzender

Verkauf der 50 %-AEG-Anteile an der Kraftwerk Union AG (KWU) an Siemens

Reduzierung des AEG-Anteils an der Transformatoren Union AG (TU) von 50 % auf 25 % (Verkauf an Siemens)

Jahresüberschuß 397 Millionen Mark

1977 Jürgen Ponto, Sprecher des Vorstands der Dresdner Bank AG und Vorsitzender des Aufsichtsrats von AEG-Telefunken, ermordet. Prof. Dr. phil. Bernhard Timm zum Nachfolger gewählt

Übernahme der restlichen Anteile an der Linde Hausgeräte GmbH, Umfirmierung in Duofrost Kühl- und Gefriergeräte GmbH

AEG-Anteile an der Industrie Zanussi S.p.A. wieder veräußert

Jahresüberschuß acht Millionen Mark

1978 Beteiligung an der Hartmann & Braun AG auf 74,79 % erhöht (1980 83,33 %)

Zehn Arbeitnehmervertreter für den neu zu bildenden Aufsichtsrat der AEG gewählt

Generalunternehmerschaft für den Bau von zehn Schnellbooten der Klasse S 143 für die Bundesmarine

Schließung der Hausgerätewerke Uffenheim und Bruchsal angekündigt

Einstellung der Fertigung elektronischer Rechenmaschinen in Braunschweig (Olympia AG)

1978 Umfirmierung der Allgemeine Elektricitäts-Gesellschaft AEG-TELEFUNKEN Aktiengesellschaft in AEG-TELEFUNKEN Aktiengesellschaft

Erste Briefsortiermaschine mit vollautomatischem Adressenleser

Jahresfehlbetrag 347 Millionen Mark

1979 AEG-Telefunken (49 %) und Thomson-Brandt gründen die Europacolor S.A., einen Farbbildröhrenhersteller mit Einbringung des Farbbildröhrengeschäfts

Rücktritt Walter Cipas angekündigt

Jahresfehlbetrag: 968 Millionen Mark

1980 Kauf einer Beteiligung von 25 % an der Modular Computer Systems Inc. (MODCOMP), USA (1986 auf 100 % erhöht)

Gründung der ATM Computer GmbH, Konstanz, durch AEG (75 %) und MODCOMP, mit Einbringung der Prozeßdatenverarbeitung, 1986 auf 100 % erhöht, 1997 veräußert

Außerordentliche Hauptversammlung. Genehmigung des Kapitalschnitts, Heinz Dürr neuer Vorstandsvorsitzender, Hans Friderichs neuer Aufsichtsratsvorsitzender

Neue Führungsstruktur

Gründung des Geschäftsbereichs Elektronische Bauelemente mit Sitz in Heilbronn

Einbringung des Geschäfts der CRL Electronic Bauelemente GmbH in Draloric Electronic GmbH, Nürnberg, und Veräußerung an Corning Glass, USA

Jahresfehlbetrag: 278 Millionen Mark

1981 Veräußerung der Beteiligung an der Hartmann & Braun AG (83 %) an Mannesmann

Neue Betriebsvereinbarung löst Ruhegeldstatut ab, künftige Ruhegeldansprüche auf zirka ein Drittel reduziert

Erwerb einer 50 %-Beteiligung an der GEI-Gesellschaft für elektronische Informationsverarbeitung mbH, später Erwerb aller Anteile

50 %-Anteil der AEG an Teldix GmbH, Heidelberg, an Bosch verkauft

Auftrag zur Lieferung von 47 Gasturbinen für Kompressorstationen an die UdSSR

Übernahme des 50 %-Anteils an der DEBEG GmbH von Siemens

Verkauf des 49 %-Anteils an Europacolor S.A. an Thomson-Brandt

Gründung der E.P.T.C. European Power Tool Corp. S.A., Paris (AEG, Peugeot je 50 %), durch Einbringung AEG Elektrowerkzeuge GmbH und des entsprechenden Bereichs von Peugeot

Übertragung der AEG-Anteile an Telefonbau und Normalzeit (T&N) in die Telenorma Beteiligungsgesellschaft (Anteil AEG zunächst 25 %, später auf 15,3 % gesunken, restliche Anteile: Bosch)

Gründung der AEG-Telefunken Nachrichtentechnik GmbH mit Sitz in Backnang, Einbringung der Nachrichtentechnik

Veräußerung von 49 % an der AEG-Telefunken Nachrichtentechnik GmbH an Allianz, Bosch, Mannesmann

Jahresüberschuß Konzern (weltweit) 24 Millionen Mark (nach Forderungsverzicht der Konsortialbanken in Höhe von 240 Millionen Mark)

1982 Verkauf der 50%-Anteile an der TELDEC Telefunken-Decca Schallplatten GmbH, Hamburg

Verkauf von Signalbau Huber Designa GmbH (SHD), München/Kiel

Gründung der »J2T Holdings B.V.« durch die Telefunken Fernseh und Rundfunk GmbH, Hannover, die JVC Victor Company of Japan, Ltd., Tokio, und die Thorn EMI plc., London

AEG und die United Technologies Corporation, Hartford, Connecticut, USA, unterzeichnen Grundsatzvereinbarung zur Gründung eines Joint Venture (AEG 49 %); Gründung der Telefunken electronic GmbH, Heilbronn (TEG) mit Einbringung des Halbleitergeschäfts. Tochtergesellschaften u.a. in Österreich und auf den Philippinen

9. August. AEG-Telefunken stellt beim Amtsgericht Frankfurt am Main den Antrag auf Eröffnung eines gerichtlichen Vergleichsverfahrens

17. August. Vergleichsanträge der Küppersbusch AG, Neff-Werke GmbH (Anschlußkonkurs 22. Oktober 1982) und der Zanker GmbH (Anschlußkonkurs 1. Oktober 1982) und damit Ausscheiden (mit Beteiligungen) aus der AEG

Einziehung der 51%-Anteile an der Alno-Möbelwerke GmbH Co. KG, Pfullendorf durch Miteigentümer

»Strukturkonzept« für Berlin: Schließung der Betriebsstätten an der Brunnenstraße

31. Oktober. Eröffnung des gerichtlichen Vergleichsverfahrens

Einziehung des 51%-Anteils der AEG an der AEG-Telefunken Nachrichtentechnik GmbH durch Allianz, Bosch, Mannesmann

Jahresfehlbetrag: 85 Millionen Mark (nach Ertrag aus Forderungserlaß von 2,029 Milliarden Mark)

1983 Verkauf von 75% der Telefunken Fernseh und Rundfunk GmbH an die Thomson-Brandt (hierbei u.a. Veräußerung der Anteile an IMPERIAL und Telefunken Radio Televisione S.p.A., Mailand)

18. März. Bestätigung des Vergleichs durch das Amtsgericht Frankfurt am Main

19. April. 100. Geburtstag der AEG

19. September. Aufhebung des gerichtlichen Vergleichsverfahrens

Jahresüberschuß: 37 Millionen Mark

1984 Verkauf der 51%-Anteile an der AKO-Werke GmbH, Wangen (im Allgäu)

Verkauf des 25%-Restanteils der Telefunken Fernseh und Rundfunk GmbH an Thomson-Brandt

Jahresüberschuß: 311 Millionen Mark

1985

1985 Übernahme von 48 % der Olympia-Aktien von der Gesellschaft für Elektrowerke mbH (GfE)

27. Juni. Umfirmierung der AEG-TELEFUNKEN Aktiengesellschaft in AEG Aktiengesellschaft

14. Oktober. Die Daimler-Benz Aktiengesellschaft unterbreitet den Aktionären der AEG ein Kaufangebot, um eine Mehrheitsbeteiligung an der AEG zu erwerben

Jahresüberschuß: 0 Mark

1986 AEG nimmt von der European Power Tool Corporation S.A. die Anteile an der AEG Elektrowerkzeuge GmbH

Einstellung der Geschäftstätigkeit der Duofrost Kühl- und Gefriergeräte GmbH

Erhöhung des Anteils an der Modular Computer Systems Inc. (MODCOMP), Fort Lauderdale, USA. von 25 % auf 100 %

1986 Jahresüberschuß: 0 Mark

1985, Firmenzeichen der AEG-Hausgeräte

1987 Veräußerung des 15,3 %-Anteils an Telenorma

Veräußerung des 25 %-Anteils an Transformatoren-Union AG an Siemens

Erwerb 80 %ige Beteiligung an der Kollmorgen Ireland Ltd., Ennis, Irland (später umfirmiert in AEG Servo Systems Ltd., ASSL, und Anteil auf fast 100 % erhöht)

Gründung AEG Anlagenvermietung GmbH & Co. Frankfurt oHG und Einbringung des Grundvermögens der AEG

Jahresüberschuß: 0 Mark

1988 Beherrschungs- und Gewinnabführungsvertrag mit der Daimler-Benz AG

Veräußerung von 75 % der Anteile an der Feinmechanischen Werke Mainz GmbH

Einbringung der Informations- und Kommunikationstechnik in die AEG Olympia AG und damit Zusammenfassung mit der Bürotechnik

Übernahme der »Industrial Automation Systems Group« von Gould, Modicon Inc., North Andover, USA

Erwerb Minderheitsbeteiligung (26 %) an der ElectroCom Automation Inc., Arlington, Texas, USA

Erwerb der Bahnaktivitäten der Westinghouse Electric Corporation, Pittsburgh, USA; Gründung der AEG Westinghouse Transport Systeme (AWTS)

Veräußerung des Bereichs Dampfturbinenanlagen der AEG KANIS GmbH an die Asea Brown Boveri Aktiengesellschaft (ABB)

Erwerb 39 %ige Beteiligung an der Siliconix Inc., Santa Clara, USA

Veräußerung der brasilianischen Gesellschaften Telefunken Radio e Televisao und Telefunken da Amazonia

Jahresüberschuß: 27 Millionen Mark

1989 Übernahme von 51 % des Kapitals an dem Schaltgerätehersteller E.I.B. S.A., Dison, Belgien

Gasturbinenfertigung der AEG Kanis in Kanis Energie GmbH eingebracht; AEG-Anteil: 45 %, Anteil European Gas Turbine Company (EGT) bzw. GEC Alsthom: 55 %

Aufteilung der AEG Olympia AG in AEG Olympia Office GmbH, AEG Electrocom GmbH und Telefunken Sendertechnik GmbH

50 %-Beteiligung der AEG an der Matra-Tochtergesellschaft Matra-MHS S.A., Nantes

Erwerb der Automatisierungsaktivitäten der Westinghouse Electric Company, Pittsburgh (AEG Automation Systems Corp.)

Jahresüberschuß: 275 Millionen Mark

AEG OLYMPIA

1989, Firmenzeichen der AEG Olympia AG

1990 AEG und Siemens gründen die EUPEC Europäische Gesellschaft für Leistungshalbleiter mbH & Co. KG durch Einbringung der jeweiligen Geschäftsaktivitäten

Übernahme der Schorch GmbH, Mönchengladbach, von der Berliner Bergmann Elektro GmbH (1995 geteilt in AEG Schorch Transformatoren GmbH und Schorch Elektrische Maschinen und Anlagen GmbH)

Ausgründung des Bereichs Hochfrequenztechnik, Marine- und Sondertechnik in die TELEFUNKEN Systemtechnik GmbH (TST) und Veräußerung an die Deutsche Aerospace AG (DASA, bei Daimler Benz). Hierbei auch Übertragung der Anteile an ELEKLUFT, Eltro und DEBEG

Übertragung der TELEFUNKEN Sendertechnik GmbH auf DASA

Veräußerung der AEG Forschungsinstitute an Daimler-Benz AG

Erste Vertriebsniederlassung in der DDR (Magdeburg)

Ausgründung der Kleinmotorenaktivitäten in AEG Kleinmotoren GmbH, Oldenburg, und Einbringung in das Joint Venture FHP Motors GmbH (AEG und Electrolux AB je 50 %)

Rechtliche Verselbständigung des Geschäftsbereichs Hausgeräte (AEG Hausgeräte AG)

Anteile an der MAN GHH Schienenverkehrstechnik GmbH (AMS) Bereich Waggonbau und der Schienenfahrzeugaktivitäten der Messerschmitt-Bölkow-Blohm GmbH (MBB) erworben

AEG und die EAW-Automatisierungstechnik Aktiengesellschaft, Berlin, gründen die AEG EAW Zähler GmbH, Berlin-Treptow (AEG-Anteil 51 %)

Gründung der AEG Mobile Communication GmbH mit Sitz in Ulm, mit Einbringung der Geschäftsaktivitäten

1990	Erhöhung des Anteils an Siliconix Inc., USA auf 80 %
	Übertragung der EAS Assekuranz Vermittlungs-GmbH, der Werbeagentur Dr. Kuhl GmbH und der Geschäftstätigkeit der GEI-Gesellschaft für elektronische Informationsverarbeitung mbH auf debis (Daimler-Benz)
	Jahresfehlbetrag vor Ergebnisübernahme: 205 Millionen Mark
1991	Ernst Georg Stöckl neuer Vorstandsvorsitzender
	Gründung der AEG Hungaria Kft (AHU) in Budapest (veräußert 1996), der AEG Ceskoslovensko spol. s.r.o. in Prag und der FAEL, Zabkowice bei Breslau (gemeinsam mit der staatlichen polnischen Außenhandelsgesellschaft Elektrim, 1995 gemeinsam mit dem Bereich Zähler veräußert)
	Kauf der Starkstromanlagen Dresden GmbH (SAD), Gründung der AEG Leitungs- und Netzbau GmbH in Potsdam und AEG Postautomation GmbH, Berlin-Marzahn
	MATRA Communication S.A., Quimper, Frankreich übernimmt 90 % der Kapitalanteile der AEG Mobile Communication GmbH (AMC), Ulm
	Abbau der M-Bahn-Versuchsstrecke in Berlin
	Veräußerung des gesamten Bereichs AEG Kabel (AEG KABEL Aktiengesellschaft, Mönchengladbach mit diversen Tochtergesellschaften) an Alcatel, Paris (ohne die vorher ausgegründete TEMIC Telefunken Kabelsatz GmbH, Mülheim)
	Verkauf des Bereichs Elektrowerkzeuge (AEG Elektrowerkzeuge GmbH) an Atlas Copco, Schweden
	Rückzug aus der Bürotechnik (AEG Olympia) zum 31.12.1992 beschlossen. Schließung 1992, Übertragung vertrieblicher Restaktivität auf Olympia Office Vertriebsges. mbH (Veräußerung 1994), Übertragung der Serviceaktivität auf OSG Office Service GmbH (Veräußerung 1993)
	Jahresfehlbetrag vor Ergebnisübernahme: 624 Millionen Mark
1992	Bildung des Joint Venture TEMIC Telefunken Microelektronik GmbH (TEMIC), Heilbronn, auf dem Bereich der Mikroelektronik (AEG 50 %, MBB 50 %, ab 1995 51 % bei AEG), Übertragung seitens AEG von Telefunken Electronic GmbH, TEMIC Telefunken Kabelsatz GmbH, Siliconix (80 %), Matra MHS (50 %), FHP Motors (50 %) und anderen
	Veräußerung TEMIC Telefunken Kabelsatz GmbH durch TEMIC
	Jahresüberschuß vor Ergebnisübernahme: zehn Millionen Mark
1993	Veräußerung AEG Isolier- und Kunststoff GmbH
	Veräußerung der restlichen Anteile von 45 % an der Kanis Energie GmbH an GEC Alsthom
	Jahresfehlbetrag vor Ergebnisübernahme: 1,19 Milliarden Mark

1994	Gründung AEG Atlas Schutz- und Leittechnik GmbH, Frankfurt am Main, mit Sacheinbringung (AEG 74 %, Atlas 26 %, später auf 100 % erhöht, Veräußerung 1997)
	Veräußerung des Bereichs Hausgeräte an Electrolux, Schweden
	Erwerb der restlichen 74 %-Anteile an ElectroCom Automation Inc., Arlington, Texas, USA
	Einbringung der Lichttechnik in AEG Lichttechnik GmbH, Springe, und Veräußerung an Philips
	Jahresfehlbetrag vor Ergebnisübernahme: 357 Millionen Mark
1995	Einbringung des Bereichs Antriebsorientierte Automatisierungstechnik einschließlich der Beteiligung an ASSL (Irland) in AEG Anlagen- und Antriebssysteme GmbH und Übertragung auf Cegelec AEG SAS gegen 49 % der Anteile
	Einbringung des Bereichs Zähler in die AEG Zähler GmbH, Springe, und Veräußerung an Schlumberger, USA (einschließlich der Anteile an AEG EAW Zähler GmbH und FAEL und weiterer Beteiligungen)
	Joint Venture AEG Schneider Automation mit Schneider, Paris, auf dem Gebiet Steuerungs- und Regelungstechnik (AEG-Anteil 50 %). Darin u.a. Einbringung von Modicon, Inc. und AEG Automation GmbH (1994 ausgegründet)
	Joint Venture ADtranz mit ABB (ABB Daimler-Benz Transportation) durch Einbringung aller Aktivitäten im Bereich Bahnen (Bahnfabriken Berlin, Hennigsdorf und Pittsburgh, ehem. MAN GHH Schienenverkehrstechnik, Nürnberg, FABEG, Bretten, Kiepe Elektrik, Düsseldorf)
	Jahresfehlbetrag vor Ergebnisübernahme: 2,256 Milliarden Mark
1996	Veräußerung von AEG Elotherm GmbH, Elektro-Mechanik GmbH, Lloyd Dynamowerke GmbH, AEG Sensorsysteme GmbH (vormals Internationale Fluggeräte und Motoren GmbH), Schorch Elektrische Maschinen und Antriebe GmbH, AEG Fabrica de Motores S.A. (Spanien) u.a. an die Elexis Elektroholding AG
	Veräußerung des 50 %-Anteils an den JV Kleinmotoren (FHP Motors GmbH) an Electrolux
	Veräußerung des 50%-Anteils am Joint Venture EUPEC an Siemens
	Veräußerung des Geschäfts der Modular Computer Systems Inc. (MODCOMP), USA
	Veräußerung des 50 %-Anteils am Joint Venture AEG Schneider Automation an Schneider, Paris
	Ausgründung (1994) des Geschäfts Niederspannung in AEG Niederspannungstechnik GmbH und Veräußerung des weltweiten Geschäfts an General Electric Co. (GE), USA
	Übertragung des Restvermögens der AEG auf die EHG Elektroholding GmbH (EHG), Frankfurt am Main

Daimler-Benz Industrie

AEG

1994

1996 Ausgründung (zum 1. Januar) des Geschäfts Energietechnik in die AEG Energietechnik GmbH und Veräußerung des weltweiten Geschäfts AEG Energietechnik an GEC Alsthom, Paris. Hierbei u.a. Veräußerung der Anteile an AEG Sachsenwerk, AEG Schorch Transformatoren, AEG Starkstromanlagen Dresden (SAD), E.I.B., AEG ETI

Veräußerung der 49%-Anteile an Cegelec AEG SAS

Ausgründung (zum 1. Januar) des Geschäfts in die AEG Automatisierungstechnik GmbH, Frankfurt am Main, und Veräußerung des weltweiten Geschäfts (AAT) an Cegelec, Paris

20. September. AEG Aktiengesellschaft auf Daimler-Benz AG verschmolzen

Veräußerung des 50%-Anteils an ADtranz an Daimler-Benz AG

Veräußerung des 51%-Anteils an der TEMIC an Daimler-Benz AG

1997 Veräußerung des Bereichs Postautomatisierung an Siemens (AEG Electrocom GmbH, AEG Postautomation GmbH, ElectroCom Automation Inc.)

TABELLEN

Entwicklung von Beschäftigtenzahl und Gewinn der AEG 1883–1943/44

Geschäftsjahr	Beschäftigte	Gewinn	
1883		173 984,17 Mark[1]	
1884		481 076,79 Mark[2]	
1885		640 478,61 Mark[2]	
1886		6 467 720,44 Mark[2]	
1893/94	3 400	2,2 Mio. Mark[1]	
1899/1900	17 300	10,7 Mio. Mark[1]	(Umsatz: 100 Mio.)
1900/01	14 600	9,7 Mio. Mark[1]	
1901/02	14 800	5,6 Mio. Mark[1]	
1902/03	18 300	5,6 Mio. Mark[1]	
1903/04	27 500	8,6 Mio. Mark[1]	
1904/05	30 400	10,9 Mio. Mark[1]	
1905/06	34 000	18 Mio. Mark[1]	
1906/07	30 700	14,8 Mio. Mark[1]	
1907/08	32 000	15,9 Mio. Mark[1]	
1908/09	33 000	16,4 Mio. Mark[1]	
1909/10	41 700	18,4 Mio. Mark[1]	
1910/11	60 800	22,1 Mio. Mark[1]	
1911/12	70 200	24,4 Mio. Mark[1]	
1912/13	68 700	28,9 Mio. Mark[1]	
1913/14	66 100	18,9 Mio. Mark[1]	(Umsatz: 316 Mio.)
1914/15	54 000	21,2 Mio. Mark[1]	
1915/16	58 200	27,2 Mio. Mark[1]	
1916/17	79 300	30,3 Mio. Mark[1]	(Umsatz: 534 Mio.)
1917/18	73 000	37,2 Mio. Mark[1]	
1918/19	58 500	27 Mio. Mark[1]	
1919/20	63 300	45,7 Mio. Mark[1]	
1920/21	51 400	82,4 Mio. Mark[1]	

Geschäftsjahr	Beschäftigte	Gewinn	
1921/22		166,6 Mio. Mark[1]	
1922/23	59 900	104 652 674 024 635 Mark[1]	
1923/24	57 500	7,2 Mio. RM [1]	
1924/25		0,8 Mio. RM [1]	
1925/26		10,7 Mio. RM [1]	
1926/27		2,3 Mio. RM [1]	
1927/28	65 000	16,5 Mio. RM[1]	(Umsatz: 510 Mio. RM)
1928/29	60 000	19,1 Mio. RM[1]	(Umsatz: 580 Mio. RM)
1929/30	55 000	14,2 Mio. RM [1]	(Umsatz: 520 Mio. RM)
1930/31	46 000	15 Mio. RM[1]	(Umsatz: 370 Mio. RM)
1931/32	27 400	- 7,3 Mio. RM	(Umsatz: 220 Mio. RM)
1932/33	24 000	- 2,6 Mio. RM	(Umsatz: 180 Mio. RM)
1933/34	37 500	- 57,2 Mio. RM	(Umsatz: 234 Mio. RM)
1934/35	42 000	- 57,2 Mio. RM	(Umsatz: 273 Mio. RM)
1935/36	49 000		(Umsatz: 316 Mio. RM)
1936/37	57 000	7,5 Mio. RM	(Umsatz: 397 Mio. RM)
1937/38	65 000	7,6 Mio. RM[1]	(Umsatz: 487 Mio. RM)
1938/39	72 000	7,6 Mio. RM[1]	(Umsatz: 541 Mio. RM)
1939/40		7,6 Mio. RM[1]	
1940/41		10,2 Mio. RM[1]	
1941/42		12,6 Mio. RM[1]	
1942/43		13,2 Mio. RM[1]	
1943/44		13,2 Mio. RM[1]	(Umsatz: 1,64 Mrd. RM)

[1] Reingewinn

[2] Bruttogewinn

Entwicklung von Umsatz, Beschäftigtenzahl und Gewinn der AEG 1945/46–1996

(Zahlen vor 1965 ohne Tochtergesellschaften)

Geschäftsjahr	Umsatz	Beschäftigte	Gewinn
1945/46	87 Mio. RM	9 600	
1948/49	213 Mio. DM	23 900	
1950/51	432 Mio. DM	32 600	4,4 Mio. DM
1951/52	534 Mio. DM	32 000	4,4 Mio. DM
1952/53	617 Mio. DM	35 100	6,2 Mio. DM
1953/54	736 Mio. DM	40 600	7,0 Mio. DM
1954/55	918 Mio. DM	46 800	9,9 Mio. DM
1955/56	1,097 Mrd. DM	51 500	14,8 Mio. DM
1957/58	1,31 Mrd. DM	57 600	35,3 Mio. DM
1958/59	1,38 Mrd. DM	57 700	38 Mio. DM
1959/60	1,57 Mrd. DM	63 200	44 Mio. DM
1960/61	1,8 Mrd. DM	67 500	47 Mio. DM
1961/62	2,07 Mrd. DM	69 500	52,3 Mio. DM
1962/63	2,2 Mrd. DM	67 600	57,6 Mio. DM
1963[1]			16 Mio. DM
1964	3,8 Mrd. DM	128 000	65 Mio. DM
1965	4,6 Mrd. DM	142 000	
1966	4,8 Mrd. DM	138 000	74 Mio. DM[3]
1967	5,2 Mrd. DM	135 500	73 Mio. DM[3]
1968	5,8 Mrd. DM	146 400	77 Mio. DM[3]
1969	7,5 Mrd. DM	164 000	86 Mio. DM[3]
1970	9,1 Mrd. DM	178 000	92 Mio. DM[3]
1971	10,1 Mrd. DM	166 000	61 Mio. DM[3]
1972	10,7 Mrd. DM	166 000	65 Mio. DM[3]
1973	11,8 Mrd. DM	175 000	70 Mio. DM[3]
1974	11,0 Mrd. DM	170 000	– 684 Mio. DM Jahresfehlbetrag
1975	12,7 Mrd. DM	162 000	– 106 Mio. DM Jahresfehlbetrag
1976	13,5 Mrd. DM	161 000	– 26 Mio. DM Konzernverlust
1977	14,2 Mrd. DM	158 000	– 684 Mio. DM Jahresfehlbetrag
1978	14,1 Mrd. DM	162 600	– 205 Mio. DM Jahresfehlbetrag
1979	14,2 Mrd. DM	154 000	– 968 Mio. DM Jahresfehlbetrag
1980	15,1 Mrd. DM	145 000	– 278 Mio. DM Jahresfehlbetrag (Konzern Inland)
1981	14,8 Mrd. DM	123 700	24 Mio. DM Jahresüberschuß
1982	13,2 Mrd. DM	92 700	85 Mio. DM Jahresfehlbetrag
1983	11,5 Mrd. DM	76 600	40 Mio. DM[2]

Geschäftsjahr	**Umsatz**	**Beschäftigte**	**Gewinn**
1984	11,0 Mrd. DM	73 190	104 Mio. DM[2]
1985	10,8 Mrd. DM	73 190	51 Mio. DM[2]
1986	11,2 Mrd. DM	76 260	101 Mio. DM[2]
1987	11,6 Mrd. DM	78 870	98 Mio. DM[2]
1988	13,4 Mrd. DM	87 078	– 32 Mio. DM[2]
1989	12,2 Mrd. DM	76 230	– 465 Mio. DM[2]
1990	13,1 Mrd. DM	76 949	– 205 Mio. DM Jahresfehlbetrag
1991	14 Mrd. DM	76 338	– 183 Mio. DM Jahresfehlbetrag
1992			– 635 Mio. DM Betriebsergebnis
1993	11 Mrd. DM	58 921	– 1,2 Mrd. DM Jahresfehlbetrag
1994		ca. 50 000	– 350 Mio. DM Jahresfehlbetrag
1995			ca. – 723 Millionen Mark (Betriebsergebnis)
1996			

[1] Rumpfgeschäftsjahr 1.10.1963–31.12.1963

[2] Ergebnis aus gewöhnlicher Geschäftstätigkeit

[3] Jahresüberschuß

Die AEG-Beteiligungen 1939

AEG-Union Elektrizitäts-Gesellschaft, Wien	91,7 %
Aero-Union A.-G., Berlin	25 %
Bayerische Zugspitzbahn A.-G., Garmisch[1]	40 %
Borsig Lokomotiv-Werke G.m.b.H., Berlin und Hennigsdorf	100 %
Deutsche Betriebsgesellschaft für drahtlose Telegraphie G.m.b.H., Berlin[1]	33,96 %
Deutsche Fernkabel G.m.b.H., Berlin	< 25 %
»Elgiba« Societate de Distributia Electricitatei in Banat S.A.R., Bukarest[2]	
Geathom S.A. (AEG-Als Thom-I.G.E. Co.)	> 25 %
General Eléctrica Española S.A., Bilbao	< 25 %
Gesellschaft für elektrische Zugbeleuchtung m.b.H., Berlin	100 %
Grundstücks- und Werkstätten-Gesellschaft Wildau m.b.H., Berlin	> 99 %
Hartung-Jachmann A.-G., Berlin[1]	> 99 %
Hennigsdorfer Terrain- u. Hafen-G.m.b.H., Berlin	100 %
Hochtief A.-G. für Hoch- und Tiefbauten vorm. Gebr. Helfmann, Essen[1]	12,9 %
Hydrawerke A.-G., Berlin[1]	100 %
Kade & Co. Preßspanfabrik, G.m.b.H., Sänitz	33,33 %
Klangfilm G.m.b.H., Berlin	45 %
Kohlenveredlung und Schwelwerke A.-G., Berlin	> 25 %
Lloyd-Dynamowerke A.-G., Bremen	> 99 %
Merseburger Überlandbahnen A.-G., Merseburg	< 25 %
Dr. Paul Meyer A.-G., Berlin	> 99 %
N.V. Internat. AEG Electriciteits Mij., Amsterdam	100 %
Nationale Automobil-Gesellschaft A.-G., Berlin[1]	> 99 %
Neuroder Kohlen- und Thonwerke, Neurode	< 25 %
Oldenburger Moorkultur G.m.b.H., Ramsloh	50 %
Olympia Büromaschinenwerke A.-G., Erfurt[1]	> 99 %
Osram G.m.b.H., Kommanditges., Berlin[1]	29,189 %
Papierfabrik G.m.b.H. vorm. Brüder Kämmerer, Osnabrück[1]	50 %
Pallas Apparate-Ges.m.b.H., Berlin	90 %
Quarzlampen-Gesellschaft m.b.H., Hanau	50 %
Rosenthal-Isolatoren G.m.b.H., Selb[1]	50 %
Sachsenwerk Licht- und Kraft- A.-G., Dresden-Niedersedlitz[1]	> 75 %
Slaskie Kolejki Sp. Akc., früher Schlesische Kleinbahn Sp. Akc., Kattowitz	51,06 %
Sociedad Electro Metallurgica Argentina S.A. (Sema), Buenos Aires	ca. 30 %
Telefunken Ges. f. drahtl. Telegraphie m.b.H., Berlin[1]	50 %
Vereinigte Eisenbahn-Signalwerke G.m.b.H., Berlin	33,33 %
Vereinigte Lausitzer Glaswerke A.-G., Weißwasser/Berlin	< 25 %
Verkehrsbetriebe Oberschlesien A.-G., Gleiwitz	50 %
Werkstätten und Wohnungen G.m.b.H., Berlin	100 %

[1] Diese Beteiligungen bestanden noch 1950 [2] Nicht ausgewiesen

AEG-Betriebe und Beteiligungen auf dem Gebiet der Sowjetischen Besatzungszone Deutschlands (SBZ) sowie im sowjetischen Sektor Berlins 1945

Betriebe der AEG im sowjetischen Sektor Berlins

Fernmelde- und Apparatefabrik Oberspree (FAO) (Fernmeldetechnik, Kabelzubehör)
Röhrenfabrik Oberspree (RFO) (Röhren für alle Zwecke)
Röhrenfabrik Oberspree (RFO), Zweigniederlassung Biesdorf bei Berlin
Kabelwerk Oberspree (KWO) (Isolierte Leitungen, Drähte, Kabel)
Metallwerke Oberspree (MWO) (Blankes Leitungsmaterial, gewalzt und gezogen, Halbzeuge)
Fabrik für Transformatoren und Hochspannungsgeräte (TRO) einschließlich AEG Hochspannungsinstitut (HI), Oberschöneweide (Transformatoren, Hochspannungsschaltgeräte)
Fabrik für Gerätebau, Oberspree (GBO), Berlin-Oberschöneweide (Scheinwerfer)
Apparatefabriken (AT) (Niederspannungsschaltgeräte, Stromrichter, Meßgeräte, Rundfunkgeräte, Gleichrichter)
K-Werkstätten (K-Ru), Berlin-Rummelsburg; Bahnwerkstatt (Bw) Berlin-Rummelsburg (Schalttafeln, -pulte und -schränke, Eisenkonstruktionen und Blecharbeiten, Verbindungsmaterial für Starkstromanlagen)
Fernkabel- und Apparatefabrik (FAF)

Betriebe der AEG in der Sowjetischen Besatzungszone Deutschlands (SBZ)

Fabriken Hennigsdorf (Hdf), Hennigsdorf bei Berlin (einschl. AEG-Fahrkartendrucker GmbH, Borsig Lokomotivwerk und Rosenthal-Isolatoren G.m.b.H. [RIG-FR])
Fabrik Annaberg, mit Betriebsstätten in Crottendorf und Scheibenberg (FAG)
Fabrik Bautzen (Zweigniederlassung der AEG Fernmelde- und Apparatefabrik Oberspree [FAO])
Fabrik Großräschen (Zweigwerk der AEG Röhrenfabrik Oberspree, RFO)
Technisch-Physikalische Werkstätten (TPW) mit Betriebsstätten in Thalheim/Erzgebirge, Gornsdorf, Brünlos und Jahnsdorf
Fabrik Wildau bei Berlin
Fabrik Köppelsdorf, Sonneberg/Thüringen
Fabrik Reichenbach i. V. (Zweigwerk der AEG Apparatefabriken [AT], Berlin-Treptow, und der AEG-Fabriken Brunnenstraße, Berlin)
Fabrik Teichwolframsdorf (Zweigwerk der AEG Apparatefabriken, Berlin-Treptow [AT])
Fabrik Dorndorf (Zweigwerk der AEG-Fabrik Mülheim/Ruhr)
Fabrik Mühlhausen (Zweigwerk der AEG Maschinenfabrik Brunnenstraße [Mf])
Reparaturwerk Oschersleben (Bode)
S-Werkstatt und Lager Osterwieck (bei Wernigerode/Harz)
Bücherei der Technisch-literarischen Abteilung der AEG, Tanna/Schleiz
Betriebsstätte Mühlwand bei Reichenbach i. V. (Verlagerungsbetrieb der AEG-Fabrik Brunnenstraße)
Hauptbuchhaltung (Verlagerungsort Radeberg/Sa.)

Betriebsstätte Niederschlema (Verlagerungsbetrieb der AEG-Fabrik für Transformatoren und Hochspannungsgeräte [TRO])
Betriebsstätten Pirna-Copitz und Flöha (Verlagerungsbetriebe der AEG Apparatefabriken [AT], Berlin-Treptow)
Verlagerungsbetrieb Lengenfeld/Erzgebirge
Verlagerungsbetrieb Wallendorf
Verlagerungsbetrieb Frankenberg/Sa.
Verlagerungsbetrieb Stolpen
Verlagerungsbetrieb Meißen (Verlagerungsbetrieb des KWO und MWO)

Grundstücksgesellschaften der AEG
Grundstücks-Aktiengesellschaft Marwitz
Hennigsdorfer Terrain- und Hafengesellschaft m.b.H. (HTHG)
Werkstätten und Wohnungen GmbH (WWG), Berlin
Grundstücks- und Werkstätten-Gesellschaft, Wildau mbH, Berlin
Gemeinnützige Bau-Aktiengesellschaft, Oberschöneweide
Wohnungsbaugenossenschaft Annaberg

Telefunken Gesellschaft für drahtlose Telegraphie m.b.H. Berlin
Geräte- und Röhrenwerk Erfurt
Röhrenwerk Neuhaus/Thüringen
Röhrenlager und Werkstatt Bad Blankenburg
Geschäftsstelle Dresden
Geschäftsstelle Leipzig mit Werkstatt und Lager in Geithain/Sa.
Funkversuchsanlagen Brück/Mark
Entwicklungsstelle Blankenburg/Thüringen
Prüffelder Calbe/Elbe
Erprobungsstelle Diepensee, Mark
Entwicklungsstelle Klettenberg
Forschungsstelle Bad Liebenstein
Lager Rottenbach/Thüringen
Verlagerungsbetrieb Stollberg
Leuchtstoff GmbH, Berlin, Verlagerungsbetriebe: Steinbach/Thüringen, Friedrichroda, Arnstadt

Beteiligungen der AEG
Kohlenveredlung und Schwelwerke Aktiengesellschaft, Berlin; Betriebsstätten: Köthen/Anh. und Gölzau (Post Köthen/Anh.) mit Raffinerie und Kraftwerk
- DBV – Deutscher Braunkohlenöl-Vertrieb GmbH
- Nateg – Nationale Erdöl-Gesellschaft mbH
- KBV Kosag Brennstoff-Vertrieb GmbH

– KÜG Kosag Unterstützungseinrichtung GmbH

Betriebsstätte Freiberg/Sa. der Hydra-Werke AG, Berlin

Pallas Apparate GmbH, Berlin

Fahrzeugbeleuchtung GmbH (Fabeg), Berlin

Deutsche Fernkabel GmbH

Behälter & Apparatebau GmbH

Debeg (Deutsche Betriebsgesellschaft f. drahtlose Telegraphie), Berlin

AEG Leuchten GmbH, Berlin

Magnetophon GmbH, Berlin

Werkstatt und Lager der AEG Fahrkartendrucker GmbH

Elfa Elektrotechnische Fabrik GmbH

Werkbau u. Betriebs-Gesellschaft mbH, Berlin

AEG Elektrochemie GmbH, Berlin (Projektierungs- und Vertriebsgesellschaft)

Gesellschaft zur Erforschung ausländischer Erzvorkommen

AG f. deutsche Elektr. Wirtschaft, Berlin

Treuhandverwaltung f. deutsch-niederl. Finanzabkommen

Transocean GmbH, Berlin

Metallwerke Oberspree (MWO) GmbH

Deutsche Kabelwerke Aktiengesellschaft (DKW)

– Betrieb Ketschendorf, Stadtteil von Fürstenwalde/Oder

– Verlagerungsbetrieb: Affalter/Erzgebirge

– Deka-Pneumatik GmbH

– Deka-Kabel- und Gummibedarf GmbH

– Deka-Siedlungs-GmbH, Ketschendorf

Zweigniederlassung Finow/Mark bei Eberswalde der Finow Kupfer- und Messingwerke Aktiengesellschaft, Berlin

– Kupferwerk Ilsenburg AG., Zweigwerk der Finow Kupfer- und Messingwerke Aktiengesellschaft in Ilsenburg/Harz

– Wohlfahrtsstiftung der Finow Kupfer- und Messingwerke AG. Gesellschaft mit beschränkter Haftung, Berlin

– Hausgesellschaft mit beschränkter Haftung, Finow

– Richard Herbig & Co GmbH, Berlin

– Finower Industrie Gesellschaft mit beschränkter Haftung, Finow

– Sächsische Metallhandels GmbH, Leipzig

Olympia-Büromaschinenwerke AG, Erfurt

Sachsenwerk Licht- und Kraft-Aktiengesellschaft

– Betriebsstätte Niedersedlitz

– Betriebsstätte Radeberg

Vereinigte Lausitzer Glaswerke A.G., Weißwasser-Berlin (mit Werken in Weißwasser/Oberlausitz, Tschernitz/Niederlausitz, Kamenz/Sa., Fürstenberg/Oder)

Nationale Automobil-Gesellschaft (NAG), Berlin-Oberschöneweide

– NAG, Abteilung Prestowerke, Zweigniederlassung Chemnitz

– NAG, Grundstücksverwaltung Leipzig-Wahren

Rosenthal-Isolatoren G.m.b.H.

Kaolin Ton- und Sandwerke GmbH, Halle/Saale

Merseburger Überlandbahnen AG

Neuroder Kohlen- und Tonwerke

Haus der Elektrotechnik e. V., Leipzig

AGO-Flugzeugwerke, Oschersleben (Zweigwerk der AEG Röhrenfabrik Oberspree [RFO])

LITERATURAUSWAHL

Alles elektrisch. 100 Jahre AEG Hausgeräte, hrsg. von der AEG Hausgeräte AG, Abt. Öffentlichkeitsarbeit, Nürnberg 1992.

Lothar Buchardt, Wie alles begann. Von Funkstrahl über Pintsch zu TELEFUNKEN, in: Erkennen, worauf es ankommt, hrsg. von der AEG Electrocom., Konstanz 1994.

Peter Czada, Die Berliner Elektroindustrie in der Weimarer Zeit, Berlin 1969.

Harry Czepuck, Ein Symbol zerbricht. Zur Geschichte und Politik der AEG, Berlin (Ost) 1983.

Friedrich Fasolt, Die sieben größten deutschen Elektricitäts-Gesellschaften, ihre Entwicklung und Unternehmertätigkeit, Dresden 1904.

Etta Federn-Kohlhaas, Walther Rathenau. Sein Leben und Wirken, Dresden 1927.

Wilfried Feldenkirchen, Siemens 1818 – 1945, München/Zürich 1995.

Ders., Siemens: Von der Werkstatt zum Weltunternehmen, München/Zürich 1997.

Benjamin B. Ferencz, Lohn des Grauens, Frankfurt am Main 1981.

Forschen und Schaffen. Beiträge der AEG zur Entwicklung der Elektrotechnik bis zum Wiederaufbau nach dem Zweiten Weltkrieg, hrsg. von der Allgemeinen Elektricitäts-Gesellschaft, bearbeitet von Bruno Schweder, 3 Bde., Berlin 1965.

75 Jahre AEG, Berlin/Frankfurt am Main 1958.

50 Jahre AEG (als Manuskript gedruckt), hrsg. von der Allgemeinen Elektricitäts-Gesellschaft, Berlin 1956.

Artur Fürst, Emil Rathenau. Der Mann und sein Werk, Berlin 1915.

Carl Fürstenberg. Lebensgeschichte eines deutschen Bankiers. Niedergeschrieben von Hans Fürstenberg, Düsseldorf/Wien 1968.

Gert Hautsch, Das Imperium AEG-Telefunken. Ein multinationaler Konzern, Frankfurt am Main 1979 (Marxistische Paperbacks Nr. 88).

Gerhard Hecker, Walther Rathenau und sein Verhältnis zu Militär und Krieg, Boppard 1983.

Hans K. Herdt, Hommage auf die AEG, Führungskräftetreffen Schloß Reinhartshausen, 12. Juni 1996, veröffentlicht von der AEG.

Heidrun Homberg, Rationalisierung und Industrialisierung. Arbeitsmarkt – Management – Arbeiterschaft im Siemens-Konzern. Berlin 1900 – 1939, Berlin 1991.

100 Jahre AEG, hrsg. von der Zentralabteilung Öffentlichkeitsarbeit der AEG Aktiengesellschaft, o. O. [Frankfurt am Main] 1983.

Harry Graf Kessler, Walther Rathenau, Wiesbaden o. J. [1962].

DERS., Walther Rathenau. Sein Leben und sein Werk, mit einem Nachwort und Anmerkungen von Cornelia Lasberg, Frankfurt am Main 1988.

Jürgen Kocka, Siemens und der aufhaltsame Aufstieg der AEG, in: Tradition 17 (1972), H. 3/4, S. 125–142

Eberhard Koebel-Tusk, AEG Energie – Profit – Verbrechen, Berlin (Ost) 1958.

Louis P. Lochner, Die Mächtigen und der Tyrann. Die deutsche Industrie von Hitler bis Adenauer, Darmstadt 1955.

Karl-Heinz Ludwig, Technik und Ingenieure im Dritten Reich, Königstein/Ts. 1979.

Felix Pinner, Emil Rathenau und das elektrische Zeitalter, Leipzig 1918 (Große Männer, Studien zur Biologie des Genies, Bd. 6).

Manfred Pohl, Emil Rathenau und die AEG, Mainz 1988.

Hans Radandt, AEG ein typischer Konzern, Berlin (Ost) 1958.

Walther Rathenau, Briefe. Erster Band, Dresden 1926.

DERS., Briefwechsel: 1897–1920/Walther Rathenau; Maximilian Harden, m. e. einl. Studie hrsg. von Hans Dieter Hellige und Ernst Schulin, München 1983 (Walther-Rathenau-Gesamtausgabe, Bd. 6).

Edzard Reuter, Schein und Wirklichkeit, Erinnerungen, Berlin 1998.

Imre Révész, Walther Rathenau und sein wirtschaftliches Werk, Dresden 1927.

Alois Riedler, Emil Rathenau und das Werden der Großwirtschaft, Berlin 1916.

Jörg Schmalfuß, Das Archiv und Museum der AEG. Schatzkammer deutscher Industriegeschichte, Deutsches Technikmuseum Berlin, in: Museumsjournal 1 (1998), S. 55–57.

Ernst Schulin, Walther Rathenau. Repräsentant, Kritiker und Opfer seiner Zeit. Göttingen/Zürich/Frankfurt am Main 1979.

Peter Strunk, Die Karriere Walther Rathenaus in der AEG, in: Die Extreme berühren sich. Walther Rathenau 1867 – 1922, Berlin 1993 (Katalog der Ausstellung des Deutschen Historischen Museums in Zusammenarbeit mit dem Leo Baeck Institute, New York), S. 45–54.

Paul Ufermann und Carl Hüglin: Die AEG. Eine Darstellung der Allgemeinen Elektricitäts-Gesellschaft, Berlin 1922.

Astrid Zipfel, Public Relations in der Elektroindustrie. Die Firmen Siemens und AEG 1847 bis 1939, Köln/Weimar/Wien 1997.

Zum Gedächtnis an Walther Rathenau, hrsg. von der Allgemeinen Elektricitäts-Gesellschaft, o.O. [Berlin] 1922.

PERSONEN- UND ORTSREGISTER

BILDNACHWEIS

Soweit nicht anders angegeben, stammen alle in diesem Buch abgedruckten Fotos und Dokumente aus dem Bestand des AEG-Firmenarchivs im Deutschen Technikmuseum Berlin.

Bildarchiv Preußischer Kulturbesitz: S. 38

dpa: S. 132 f. (Dieter Klar), S. 137 (Hoffmann), S. 150 (Heinz Wieseler), S. 180, S. 199

Landesbildstelle Berlin: S. 2

Joachim Schneider-Wentrup: S. 201

Peter Strunk: S. 202 f.